零售买手操典
从基础到时尚

RETAIL BUYING
From Basics to Fashion
Richard Clodfelter

[美] 理查德·克劳菲特　著

蒋敏丽　译

顾彤宇　校

东华大学出版社

图书在版编目 (CIP) 数据

零售买手操典 / [美] 克劳菲特著 . 蒋敏丽译 .—上海：
东华大学出版社，2015.8
ISBN 978-7-5669-0810-0

I. ①零　II. ①克　②蒋　III. ①零售—基础知识 IV. ① F713.32

中国版本图书馆 CIP 数据核字（2015）第 143168 号

Retail Buying 4th Edition
by Richard Clodfelter
Copyright ⓒ 2013 by Bloomsbury Publishing Inc.
Chinese(Simplified Characters) Edition
Copyright ⓒ 2015 by Donghua University Press Co.,Ltd
published by arrangement with Bloomsbury Publishing Inc.

合同登记号：09-2014-344

责任编辑　徐建红　吴川灵
封面设计　Callen

零售买手操典
从基础到时尚

[美] 理查德·克劳菲特　著
蒋敏丽　译　顾彤宇　校

出　　　　版：东华大学出版社 (上海市延安西路 1882 号，200051)
本 社 网 址：http://www.dhupress.net
天猫旗舰店：http://dhdx.tmall.com
营 销 中 心：021-62193056　62373056　62379558
电 子 邮 箱：425055486@qq.com
印　　　　刷：苏州望电印刷有限公司
开　　　　本：889mm × 1194mm　1/16
印　　　　张：20.75
字　　　　数：650 千字
版　　　　次：2015 年 8 月第 1 版　2018 年 7 月第 2 次印刷
书　　　　号：ISBN 978-7-5669-0810-0
定　　　　价：79.80 元

前　言

　　写《零售买手操典》的目的在于培养那些将要从事零售商品企划的学生。全书向学生们介绍了零售买手在履行日常职责时所运用的基本概念、原则以及技巧。书中还有大量涉及商品企划职业的内容。不仅分析了不少传统零售店铺，而且谈到了各种非传统类型的零售形式，如邮寄订单、在线销售和直销等。

　　全书介绍了科技在零售买货中的应用，还有买手运用的基本数学计算方法，学生们可以复习和巩固技能。总的来说，本书的目标在于让学生可以运用书中介绍的知识，学会如何制订切实有效的买货策略。

　　《零售买手操典》以一种富有挑战性、切合实际的方式，用许多特色专题来解释零售理念。这些都是为了保证书中内容简明扼要，让学生加深理解。

　　每一章里都有今日印象介绍目前零售企业中实际采用的商品企划理念、策略以及技术的最新亮点。每篇今日印象都与这一章节中介绍的内容息息相关，使之更为生动有趣，让学生们感到身临其境。教师们也许可以给学生布置功课进行调研，来更新每篇今日印象中的内容，或者将其运用于他们可能更为熟悉的其他零售行业。

　　每一章里至少有一篇未来趋势介绍与趋势有关的内容。每一章里都包含一些主题，最重要的趋势集中讨论这些主题的大体发展方向。在某些章节中，学生们会研究过去发生过的趋势；然而在大多数的章节中，则要面对最近的趋势变化。当然就其本质而言，在本书写作及出版的过程中又有新的趋势在孕育中。教师们和学生们都应该不断关注商业市场，在新的趋势刚刚崭露头角时就发现它。时刻注意市场变化是贯穿买手整个职业生涯的一项任务。

　　书中各种素材不仅仅让学生看到买手进行的各种类型的活动，而且给他们提供了培养商品企划技巧的机会。例如，对买货任务的分解步骤进行这样的介绍：确定并了解潜在顾客，进行销售预测，制订六个月商品计划，规划商品分类，制订分类计划，确定选择供应商的标准，准备访问市场，与供应商谈判，下订单，以及协调促销活动。

　　在全书中可以找到关于现行的买货方法与技巧的最新资讯。学生们会更多地了解到零售商面临的趋势和挑战，如合并、在线销售以及全球化；零售买手对科技及互联网越来越多的运用；对市场调查及预测采用移动营销；越来越重视集中买货；通过更为有效的预测来锁定顾客；通过像数据仓储、数据挖掘以及数据库营销这样的技术来了解顾客；通过电子标签 RFID 技术和快速反应策略更为有效地控制存货；以及与供应商谈判的更为实用的技巧。

书中还介绍了对于重要问题的各种观点，适合在课堂上进行探讨和辩论。例如，阐述了对以下问题的各种不同看法：特定类别零售商店的未来前景，对集中买货的运用，买货办事处的未来以及进行国内采购的运动。

全书中列举了很多参考书目，可以作为进一步学习研究的推荐读物。这些参考书目向学生们介绍了对买手们研究趋势和进行买货决策非常重要的消息来源。

每一章的开头都有"行动目标"列表，每一章的结尾都对这一章里的要点进行总结。与零售买货相关的词汇在文中突出显示，并在每一章的末尾列成词汇表。

书中包括各种各样的问题。"阅读理解"可以作为课堂讨论以及回顾章节内容的题目。"分析与应用"类问题让学生们有机会分析相应章节中列举的买货原则。每一章都有一个部分题为"连接网络"，介绍了一些利用互联网进行的活动，用以巩固文中学到的内容。

本书中有各种表格列举了对零售买手的工作在很多方面产生影响的最新数据，采用照片来举例说明目前实体店和展示室中的零售方式，介绍了买手所用的表格样张以展示买手们可能会碰到的各种记录。

在第一部分了解买货的零售环境中，我们得知要想获得成功，买手必须了解发生买货的零售环境。前三章介绍了各种类型的零售企业的买货方式和步骤。在第一章里，向学生们介绍了买货，从市场营销的角度提出了会影响买手进行许多决策的因素。这里还讲述了新兴及发展中的零售业态，探讨了零售商所面临的趋势与挑战。在第二章里，同学们要研究零售业中的商品企划职业，文中介绍了买手、助理买手以及商品经理的职位描述，还有如何对零售买货职业进行规划的内容，另外，这一章还着重讲了利用可以量化的指标来评估买手的业绩。在第三章里，学生们会了解买手的工作如何因各种不同的零售业态而产生差异，文中介绍了零售企业的组织架构，着重说明了商品企划部门和其它部门之间的关系，这一章还重点讲了如何评估买手制订的战略决策是否成功。

第二部分准备制订买货决策探讨了一旦买手了解商业市场，又需如何去了解顾客以及影响未来销售的趋势。在第四章里，学生们研究当他们在进行买货决策时能获得什么信息来源，文中讲述了内部资源和外部资源，并强调了买货办事处扮演的角色。在第五章里，介绍了帮助买手更好地理解顾客的内容，讲述了消费市场的最新变化，探讨了顾客购物的原因，研究了如何运用各种技术（如数据库营销、数据挖掘和数据仓储）来锁定顾客。在第六章里，学生们获知顾客要购买什么类型的产品，研究新的产品趋势，特别是有吸引力的流行产品，解释了生命周期与流行传播理论。

第三部分商品采购的计划与控制说的是现在的买手如何了解顾客，以及买手要运作并准备制订买货计划的工作环境。在第七章里，讲述了预测的范围，学生们探索有效地进行销售预测的步骤，另外还谈到了关于预报存货需求的预测决定。在第八章里，学生们学习如何为流行商品与基本商品制订商品计划。在第九章里，学生们规划商品分类并制订分类计划。在第十章里，介绍了不同的存货控制计划，并讲解了买手们所需的数学计算方法，讲述了与采购计划和商品控制有关的快速反应。

第四部分采购商品涉及已经制订好商品计划的买手们现在如何准备好挑选供应商，向其采购。在第十一章里，学生们研究各种类型的供应商，学习如何确定挑选供应商的标准，强调了要发展零售商与供应商之间的合作伙伴关系。在第十二章里，详细讲解了拟定市场访问计划的步骤，介绍了买手经常采用的谈判方法，重点在于制订的谈判策略要能产生双赢的结果。在第十三章里，学生们研究为计划好的商品寻找海外货源，列举了其好处与缺点。在第十四章里，讲述了销售条款和特殊的买货情况，介绍了下达最终订单的过程。

第五部分激励顾客购买讲的是一旦店铺的商品采购好了，买手们可能要负责参与其它零售活动来激励顾客购物。在第十五章里，学生们研究对到店商品进行定价以及对库存商品进行价格调整所需的数学计算方法。在第十六章里，学生们研究可以对买手采购的商品进行推销的促销活动，学习如何制订并协调促销活动。

附录 A 零售业基本数学公式作为参考手册，可以复习商品企划中用到的基本数学。附录 B 决策的制订概括了在教学活动和零售买货职业中进行个人或团队决策的方法步骤。为了便于学生快速查询关键术语，术语词汇表里收集了书中有关零售买货的 250 多个术语。

作者

鸣 谢

书中写到的有关当下买货实践的内容是许多零售业专家向我提供的。在前几个版本的撰写过程中，来自 Parisian, Bloomingdale's，Rich's，Lowe's，Hartmarx Corporation, Walmart, Carolinas-Virginia Fashion Exhibitors，Belk 和 Belk Store Services 的代表们为我解答了许多问题。此外，还有很多人向我提供了书中大量丰富翔实的资料和数据。特别感谢零售商 JCPenney 让我在其南卡罗莱纳州的哥伦比亚商店里以及德克萨斯州的达拉斯总部中完成了为期两周的教授实习，还要特别感谢 Direct Marketing Association 和 Direct Marketing Educational Foundation 允许我加入这两个直接营销和交互营销的协会。

我还要感谢本书原稿的评论家们提出了许多有益的建议，这些导师经验丰富而又有创意，他们是：Wiregrass Georgia Technical College 的 Phyllis Lightsey，Fashion Institue of Design & Merchandising 的 Sheila Espy；Point Loma Nazarene University 的 Nancy K. Murray 以及 U of North Texas 的 Melanie Stewart。

衷心感谢 Fairchild 的前任编辑 Mary McGarry 和 Joann Muscolo 对前几个版本的指导和鼓励。最后，我要特别感谢这个版本的 Fairchild 编辑们：Jaclyn Bergeron, Amy Butler 和 Linda Feldman。

作者

目　录

第一部分

了解
买货的零售环境

第一章

今天的买货环境

行动目标

- 认识在零售业中市场营销理念的重要性
- 运用定位和锁定目标顾客来制订零售战略
- 确定用于锁定零售顾客的方法
- 列举并描述新兴的零售业态
- 辨明零售和买货的趋势

欢迎进入令人兴奋的买手世界！买货是所有零售企业每天都在履行的众多职能之一。就其本质而言，零售业是充满活力、千变万化的。仅仅在一个季节中，一家零售商的商品分类和市场定位都可能会有变动，事实上有可能在一夜之间，商品的定价、促销和存货水平就可能发生改变。买手们身处快速变化的环境之中，每一天都在做关于商品企划的决定。

引言

零售（retailing）包括所有将货物和服务销售给最终消费者的商业活动，不过零售并不一定要有店铺。目录销售、自动贩卖机、网上销售以及挨家挨户上门销售都适用于零售的范畴。然而，无论零售在何处发生，总要有人实施买货这个职能。**买货**（buying）是指挑选和采购产品以满足消费者欲望和需求的商业活动，包括要在以下这些领域中进行错综复杂的决策：

- 预测消费者望和需求。
- 规划商品分类以满足消费者的欲望和需求。
- 挑选可以提供所需商品的供应商。
- 与供应商谈判合同事宜。
- 给商品定价。
- 进行销售和存货记录。
- 商品追加定货。

在接下去的几周时间里，你们将学习更多关于买货的内容，以及培养完成这些基本买货任务所需的技能。不过首先要讲述的是发生买货的零售业大环境，并研究对零售和买货都会产生影响的趋势。

市场营销导向

零售商的成功直接取决于消费者的满意度，因此，作为一个买手，你必须对消费者的欲望和需求做出积极反应。让我们来看一看影响今天所有零售商的市场营销理念。

以消费者为导向

近年来，零售业越来越以消费者为导向。事实上，一种关于零售商想以哪种方式来经营业务的思想体系已经形成。从根本上来说，这一思想体系是建立在**市场营销理念**（marketing concept）的基础上的，也就是说认为所有的商业活动都应努力满足消费者的欲望和需求。作为买手，你必须认清消费者想要什么，然后以消费者愿意承担的价格提供能满足他们欲望和需求的商品。

没有计划就不可能贯彻市场营销理念，也不可能让消费者满意。**零售策略**（retail strategy）是指引零售商的全局性框架或行动计划。通常情况下，店主或管理团队规划思想体系、制订目标、确定目标顾客、制订战术并掌控行动，这些可以指导店铺员工一段时间，通常是一年或更长一些时间。拥有市场营销理念且以消费者为导向的店铺与那些只关心卖掉一件商品获利多少的商店相比，总是拥有更为合理的商品库存，能让消费者更满意，而在商品的花色品种、款式尺码上都有更大的选择余地。

成功的策略让零售商有别于其竞争对手，并能制订出吸引特定消费群体的商品分类。花费精力设计出好的策略，可以使零售商的各方面努力发挥协同作用，管理层必须制订出完整的策略来协调各种因素，诸如店铺选址、商品分类、定价及促销等。举例来说，买手也许选择了最适应消费者需求的产品，但是店铺选址不佳会导致销售业绩不能尽如人意。

零售商店的定位

零售商要做的不仅仅是制订策略，他们还必须确定消费者是如何感知店铺**形象**（image）的。例如，消费者可能认为你的店铺有创意、很保守、够高档、够经济、很昂贵或是时尚弄潮儿。他们的看法有可能与你制订的策略相符，也有可能大相径庭。

实际上所有的零售商都在意消费者对他们的看法。制订零售策略的关键部分就是如何创立并维护你们打算在消费者心目中树立的形象。每一家零售商都通过选择商品分类、定价政策以及促销方案来确立其在市场中的地位。**定位**（positioning）是指识别消费群体并开展零售活动以满足消费者需求。例如，一家男装店可以定位为高档的、价位适中的或是折扣店。Neiman Marcus 自身定位面向注重身份地位的高层次消费者，提供独家专卖的优质商品，要价相对较高，采用独特的印刷广告。Walmart 则与之相反，利用折扣价和广告宣传，以其花色品种齐全的商品特色锁定注重价值的中产阶级消费者。

锁定目标顾客

定位的第一步是为你们的产品找到合理的市场。**市场**（market）是指有能力、有期望并且愿意购买产品的人群，——换句话说，就是你们的潜在顾客。市场有各种各样的类型和规模——有些很大，而有些则很小。不管怎样，市场就是零售策略的服务对象。

没有哪家零售商可以服务于每个消费者，因为消费者的欲望和需求千差万别。今天，成功的零售商不会试图面面俱到，而是尝试为**细分市场**（market segment）服务，即一群有着相似的需求或者其它重要特性的潜在顾客。把整个市场划分成各个部分的行为称为**市场细分**（market segmentation）。当零售商进行市场细分时，他们会尝试识别出具有共同特征的特殊消费群体并为之提供服务。通过识别及了解这些可能的消费群体，买手可以为满足这些群体的确切需求而对商品分类进行量身定制。细分市场用到的四种典型数据类型是：（1）人口数据；（2）地理数据；（3）行为数据；（4）心理数据。

人口数据

顾客诸如年龄、性别、家庭人口、经济收入、受教育程度、职业以及种族等的特征被称为人口数据（demographic data）。零售商根据那些对购买他们所售商品会有影响的特征来区分潜在顾客。举个例子，所有年龄的消费者都有可能购买某一特定产品，但是其中大部分人的年收入都高于 30,000 美元。在这种情况下，零售商在采购该产品之前就应该确认一下这一地区年收入超过 30,000 美元的人数是否充足。

地理数据

消费者住在哪里，如邮政编码、街区、城市、县、州或地区等方面的信息称为**地**

理数据（geographic data）。作为买手，你必须确定你所在的地理区域内是否有足够多的潜在消费者会购买你采购的商品。举个例子，某个产品在城市中可能有很高的销量，但是居住在小镇里的顾客不会去买它。

行为数据

与顾客购物行为有关的信息中包含着**行为数据**（behavioristic data）。举个例子，大部分零售商都想搞清楚多数顾客购物的时间，或是他们购物的平均数额。了解这些信息有助于买手确保有充足数量的商品让顾客想买就买。

心理数据

有关消费者的生活方式、兴趣爱好以及意见看法等方面的信息称为**心理数据**（psychographic data）。在某些情况下顾客的个性特点影响到他们去哪里购物，购买什么。举个例子，定期到 Walmart 进行采购的顾客的动机可能是为了省钱。

大部分零售商采用以上这些数据源中的一种或者几种来将其顾客划分成群体或细分市场。零售商努力整理消费者的档案，尝试向他们提供服务，为他们采购合适的商品，以最有效的方式进行展示和推广。阅读未来趋势"锁定现有顾客"，了解更多有关某些零售商是用什么方法锁定其现有顾客，并保留这些顾客的。

由于细分市场各有各的消费方式，能满足一个群体的产品未必适合另一个群体。例如，住在城市中的上班族与住在佛罗里达的退休者有着不同的需求。这些差异要求你将整个市场细分成更加容易管控的部分。

目标市场营销的种类

大规模市场营销不再是常态；美国市场是由许多更小的细分市场或称**缝隙市场**（niches）所组成的。零售商必须使他们的策略与特殊的细分市场相匹配，才能创造出竞争优势。当你认识到你们的市场特征，并将市场进行细分后，应该要识别你们的**目标市场**（target market），即你们店铺所关注的特定消费群体。通常，零售商会采用以下方法中的某一种来锁定他们的顾客：（1）无差别；（2）集中化；（3）多元化。

无差别目标市场营销

零售商尝试取悦于所有消费者的做法称为**无差别目标市场营销**（undifferentiated target marketing）。传统超市和药房采用的就是这种无差别目标市场营销方法，他们对潜在顾客的定义非常宽泛。大部分百货商店以前采用的也是无差别目标市场营销，然而今天其中有许多已经改变了这种方法。例如，（JCPenney）近年来删减了很多产品种类，如玩具和家用电器，从而缩小了其目标市场。

集中化目标市场营销

专注于某一部分的市场即**集中化目标市场营销**（concentrated target marketing）。女式鞋店或高档熟食店就是这样做的，它们明确地选择了自己希望锁定的消费者群体。注意力集中在某个细分市场上的零售商不会再三心二意，试图吸引每一个消费者。

多元化目标市场营销

零售商关注的消费者不止一种类型的，称为**多元化目标市场营销**（multisegment target marketing）。他们针对多个不同的消费群体提供独特的商品，不过这些群体可能有着相似的特征。例如，高大男式服装店吸引着两类独特但又相似的人群。在某些情况下，这种吸引力会直接指向完全不同的细分市场。例如，超市会同时为全职妈妈和单身人士储备微波炉餐，在这种情况下，对这两个人群需要不同的广告宣传策略和产品花色组合。

今天，大多数零售商通过识别特定目标市场并想方设法吸引他们来使自己脱颖而出。目录销售零售商广泛运用目标市场选择这一技术。L.L. Bean 只是众多有效运用目标市场概念的目录销售商之一。除了一本通用目录之外，这家销售商如今已经有了许多针对其它不同零售缝隙市场的目录，针对男士、女士、加大号型、儿童、旅行者、钓鱼爱好者以及猎人都分别有单独的目录。图 1.1 展示了不同人群用目录购物的数据。

作为买手，制订并执行计划与你们店铺的零售策略直接相关。管理层必须明确店铺定位，识别目标顾客，树立店铺形象以及确定店铺在市场中的地位。如果管理层顺利完成这些任务，在顾客眼中店铺令人满意，那么你作为买手，工作会更容易开展。

图 1.1
企业对企业及消费者市场的目录销售

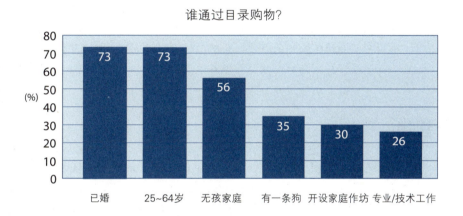

谁通过目录购物？

新兴及发展中的零售业态：消费者在何处购物？

未来的零售形式可能会与今天的完全不同，因为零售业正在不断变化中，买货职能也要不断变化。如果你要成为一个成功的买手，那就需要了解现在顾客在何处购物，将来他们又会去哪里买东西。

零售业仿佛处于流动状态，因为顾客一直都在找寻新的东西。如果想要获得成功，零售商必须不断关注新的市场导向，并且随之做出反应。在这一节中，我们将讲述一些新兴的零售业态，也将研究每一种零售业态在买货过程中的关键要素。

直接营销

直接营销（direct marketing）是指与精心选定的顾客个体之间直接联系，这样既能立即得到回应，又能培养持久的顾客关系。直销商的交流经常以一对一的互动为基础。他们根据定义的很小的细分市场的需要，甚至是个体买家的需求度身定制特别优惠和营销传播。

对于今天的很多公司来说，直接营销不仅仅是补充性的渠道或媒介。对这些公司来说，直接营销，特别是网上零售，可能是构成其经营业务的唯一途径。一些公司，例如戴尔电脑和亚马逊网站，刚开始只是直销商。而其它公司，如 Egghead Software，是以传统的店面销售方式起家的，但近来已经放弃了店铺，取而代之的是仅在互联网上出现。

许多战略家为直接营销成为零售业态新的未来而欢呼，他们向往有一天所有的采购和销售都只需要在公司与顾客之间直接沟通即可，从而转变顾客对于便利性、速度、价格和服务的期望。他们认为顾客的这些期望会在整个经济中引起反响，并最终影响到各个行业，无论是企业对企业还是企业对消费者的电子商务模式。

直接营销在许多方面让顾客受益。首先是便利，顾客无需面对堵车，不用四处寻找停车场，也不必在商店过道里挤来挤去到处寻找产品并进行检验。他们可以翻阅目录或是在网上浏览，通过比较进行购物。大部分直接营销商从不打烊，顾客一周七天、一天二十四小时都可以购物。与商店相比，直销通常能给顾客提供选择范围更广，花色品种更多的商品。例如，购物中心里的商店受场地限制，产品的颜色与尺码有限；而直接营销商一般把所有的商品都放在一起，因此几乎什么颜色和尺码都有。

直接营销也让卖家受益匪浅。直接营销是建立顾客关系的有力工具。有了今日的科技，直接营销商可以选择小的群体，甚至是个别顾客，根据他们的特殊需求和欲望提供个性化的商品，并且将这些商品通过个性化的传播方式推广给顾客。互联网因其一对一的互动性质成为特别强有力的直接营销工具。

目录营销

互联网对目录销售产生了巨大冲击。面对来自互联网零售的日益加剧的竞争，许多分析家预测如我们今日所见的邮购目录会消亡。事实上，有超过四分之三的目录销售公司现在是在互联网上展示商品、接收订单的。例如，Land's End 现在从网上接到的咨询要比来自印刷目录得更多。然而，支持零售商继续使用目录的人们声称，顾客不会整天蜷缩在椅子里，用拇指玩着电脑，梦想着他们要买什么东西。

电子零售

电子零售以多种形式出现，将在未来影响所有的零售商。电子零售分为三种：电视频道购物、数字信息亭以及互联网购物。电子零售给消费者提供便利，让他们得以通过可不断更新的、比一般目录更为流行的购物媒体在家中购物。

电视购物频道

随着电视购物频道的发展，如 HSN 和 QVC，在家购物越来越方便。除了帮助消费者购物之外，购物频道也能让人们获知信息，得到娱乐。这样方便的购物对于职业妇女和年纪大的人来说特别有吸引力。

数字信息亭

遍及美国的许多零售商和购物中心还使用另一种电子零售方式：在数字信息亭中安装类似电子游戏机那样的触屏式电脑终端。消费者在**数字信息亭**（kiosks）中观看不同产品的广告视频，并收集广告商品的优惠券。数字信息亭与消费者交流并诱使他们购物。

这些电脑终端是电子零售的一种，看来在那些销售人员流动性很大的店铺中相当有效。它们能给顾客提供产品信息，并确实有助于顾客购物。Eyeworks, Clarion Cosmetics 和 Elizabeth Arden 就以这种方式顺利采用了这项技术。在 Clarion 的电脑终端上，顾客回答关于她们自己的具体问题，例如有关肤色和面部特征的，然后电脑会推荐给她们最适合的 Clarion 产品。

这项科技可能会在大多数零售领域得到应用。例如，有些地毯店在适当位置上安装有电脑终端，向顾客提出问题，诸如房间是什么类型的？有没有孩子？养不养宠物？在什么价格范围？根据这些问题的回答来确定最适合顾客需要的产品。所推荐的商品不一定非得是店里有的——零售商提高了销售，却无需增加库存；对那些因为在店里没有看见任何感兴趣的产品而未能购物的顾客则可以下单定做。在使用数字信息亭的地方也可以增加销售。市场研究表明，顾客更信任由电脑终端，而不是由销售人员给出的销售建议。这些计算机终端也为零售商提供了强大的市场调查工具，因为系统会采集与之互动的人们的详细信息。

互联网零售

在线零售（online retailing）持续发展，前景一片光明。许多市场观察家预测，互联网终有一天会取代杂志、报纸甚至店铺，成为消息的来源和采购的货源。对于其他人来说，这种想法只是痴人说梦。诚然，对于某些公司来说，在线市场将成为唯一的商业通道；但是对于大部分公司来说，在线市场将仍然只是市场的一个主要途径，在一个全面综合的市场营销组合中与其它途径共同运作。如今兴起的是那些**传统实体店**（bricks-and-mortar）零售商——过去在大街上或购物中心里开设门店的公司——有许多正在走发展**虚拟店铺**（clicks-and-mortar）之路。换句话说，这些零售商除了他们的传统门店外，还在网上发展业务。

对于零售商来说，通过互联网直接营销获得额外的好处，比如降低成本、加快速度、提高效率。在线零售商避免了维护门店的费用，及随之而来的租金、保险及公用事业费。在线零售商，如 Amazon.com，还得益于顺畅的现金流。例如，Amazon 在顾客下单后第二天就可以从信用卡公司收到现金，然后零售商可以在持有这些现金将近 45 天以后才与供应商结算。

图 1.2
大部分在线零售商仍然必须依靠传统广告来吸引顾客

在线零售商享有的另一个优势是节省了原本需用于广告印刷的费用。通过电子方式通讯要比用纸质邮件通信节省大笔开支。例如，公司制作数码目录比印刷、邮寄纸质目录的成本低得多，在线促销也有更大的弹性，允许零售商随时对产品报价、产品组合作出调整，在线目录可以每天乃至每隔几个小时就进行一次调整，让产品的种类、价格及促销适应变化中的市场条件。然而，为了获得新的顾客，大部分在线零售商还在印刷广告，如图 1.2 所示。互联网的确是全球性的媒介，让买家和卖家可以在分秒之间从一个国家点击到另一个国家，即使是小型的在线营销商也会发现他们与全球市场连接在一起。然而，互联网也带来了挑战，这里有数以百万计的网站，信息量之大令人瞠目结舌。因此，在互联网徜徉对顾客来说会令人眼花缭乱，无所适从，而且是很耗时的。许多在线购物者还担心会有不择手段的窥探者拦截他们的信用卡号码，进行未授权的购物消费。缺乏隐私一直是许多在线购物者最担心的事。

超级商店零售

超级商店（superstore）这个词最早出现在超级市场产业中，当时食品杂货店扩大经营规模，网罗了各种各样的日用品。然而，如今这个词的解释范围更广，可以指任何一家比常规商店大的、销售特定品种的商品的店铺。这些店铺往往是其所在地区同类型商店中最大的，包括仓储会员店、超级购物中心以及超级专卖店。

超级购物中心

超级购物中心（supercenters）是指特大型的超级市场和日用百货商店，从食品到家用电器应有尽有。在欧洲，这个概念发展为**超大型自助商场**（hypermarkets），但是那些超级市场纯粹是面积大（28,000~46,000m²），在美国从未能够被人接受。折扣零售商在美国到处都建有相互类似的超级购物中心，但是这些商店可能只有 21,000m²，有的可能更小约 14,000m²，例如 Walmart 超级购物中心、Big Kmarts 和 Super Targets。

支持这些超级购物中心的战略是他们手中掌握着代表 80% 的顾客的日常所需的产品，以及避开专门商品或滞销商品。知名品牌的商品分类适应中等收入的顾客；不过，由于所需存货太多以及风险过大，超级购物中心会避免走时髦路线。

来自其它零售商的反应也是增加商店面积。Kroger 食品连锁店现在对新开店的标准是 6,400m²，而在 20 世纪 80 年代这一标准曾经是 4,000m²。新商店达到盈利所需的时间比早期商店要少一半。

仓储会员店

仓储会员店真的是个巨大无比的仓库，几乎什么都卖，一般数量都很大。商店不怎么装修，几乎没有销售人员协助，没有特别的装饰，也没有送货。顾客甚至有可能要在购物时避让叉车。

大部分仓储会员店都是会员制商店，顾客要支付年费。许多会员并不是个人购物，将近三分之一的会员是企业主，在专门为他们设置的特殊购物时段里大量采购企业所需商品。

大多数仓储会员店都有如下共同特征：

- 场地平均面积达 9,000m² 以上。
- 品种有限，平均 5,000 个库存单位 SKUs(stock-keeping units)，价格通常比其它零售商店要低 20%~40%。

近年来，许多仓储会员店已经整合。现有三家公司约占九成市场：Sam's Club, BJ's Wholesale Club 以及 Costco。

超级专卖店

超级专卖店（specialized superstore）通常提供一到三个尺码完备花色齐全的商品种类，其折扣价格使得处在同一地区的其它零售商无法与之匹敌。这类商店也被称为"品类杀手"，因其完全占领某一个产品品类的市场而得名。超级专卖店面积约900~3,000m²，不过购物很方便，因为店内到处都有醒目的标记。

Toys "R" Us 是第一家验证这种方式行得通的商店。从那以后，在零售领域出现了销售各种不同产品品类的超级专卖店，如录像带、书籍、音乐、家庭园艺，甚至手工艺品等。在办公用品领域出现了一些最新的超级专卖店，最大的要数 Office Depot 和 Staples 了。

分析家预测，要成为成功的超级专卖店必须具备一些条件：（1）总的交易额至少要在每年十亿美元以上；（2）小型零售商的市场份额仍然占据主导地位；（3）产品的库存单位增长迅速，而传统零售商无法提供产品的所有种类。只要有这些条件存在，超级专卖店在该领域就有机会。然而，说起来容易做起来难，要鉴别哪些领域可以设立超级专卖店，可能要比实践这一概念更容易。

零售商面临的趋势与挑战

在当今快速变化的市场中，零售商需要识别趋势与挑战，并迅速作出反应。**趋势**（trend）是指大方向上的变化或动向。在零售业中，至关重要的是能预测趋势并在其充分影响市场之前处理好。零售商能为将来作打算的唯一方式是在几十年前就预测到会影响零售业的压力，而如果他们想要生存下来的话，就必须针对这些变化想出对策。

零售业正在经历着变革。要在零售业中获得成功，就需要有对要做的事情胸有成竹的强有力的决策者。所有零售商必须将自身定位为购物的目的地，而不仅仅是消费者闲逛的地方。买手们要选择商品及进行其它商品企划决策，因而对于让他们的店铺成为消费者的购物目的地起着举足轻重的作用。

零售商还面临着其它一些会对零售买货产生直接影响的趋势、挑战及市场压力，其中有一些将在下面的章节中谈到。阅读未来趋势"弹出式商店：明天将不再出现的店铺"，会对零售业的这一最新趋势有更多了解。

经济

经济形势有望从过去十年的末期开始的衰退中继续好转。对那些小心翼翼地监测着经济脉动的零售商来说，吸引压抑许久的消费者需求就会提高销售，产生意外之喜。然而，失业率与房屋销售下滑仍然是零售商在经济复苏时的主要顾虑。这就意味着零售买手们必须继续控制库存，为顾客采购合适的商品；他们必须不断监测经济脉动。

顾客

在过去十年中，购物者在零售商店里花的时间少了，而且将来会更少。零售商必须适应这些时间不够用的购物者。将来，购物者也许会愿意用编辑好的产品种类来替代无休止的选择。此外，独家商品和差别化的产品组合会成为零售买手用来吸引顾客到店的有效手段。

普通顾客的人口特征也发生了变化。我们今天必须认识到在不同的人口结构组群之间存在着明显的差异，聪明的零售商正在关注这些差别，而且更为直接地满足他们的目标市场的需求。美国是个多元文化的社会，那些迎合增长中的种族多样化的零售商应当能提高他们的市场份额，因为非洲裔美国人、拉丁裔美国人和亚裔美国人的数量持续增加。女性和同性恋者在当今社会中的话语声也更为响亮，非传统型的家庭现在也正常化了，不再有违常理。

整个婴儿潮时期的人口——出生于1946~1964年之间的7,500万美国人——如今接近退休期，这一重大变化要求所有零售商对他们的整个定位策略再次进行评估。一些零售专家相信婴儿潮一代人已经日落西山，未来零售消费的领头羊将是X世代、Y世代甚者是Z世代中的消费者。然而，如何理解这些科技娴熟、以价格为主导的购物者将成为所有零售买手面对的挑战。

在专注于科技和节约成本的同时，零售商还要一直重视客户服务。提供高水准的服务让顾客满意，这给了所有零售商一种令自己的店铺有别于竞争对手的途径。零售买手绝不能忽视他们的首要目标是服务顾客这一事实。

对价值的要求高于价格和质量。再也不会出现名牌产品从商品货架上一扫而空的现象，除非零售商能够清晰地表明这一产品优于价格更低的同类商品。今天的消费者还想要在用美元购物的同时产生附加值，就像信用卡积点可以换免费汽油，飞行里程可以累计以换取免费机票，或是未来购物可以享受折扣。

今天的顾客处于控制地位。21世纪的顾客是信息至上的，他们积极参与市场营销过程，要求即时满足，追求品质。零售商的问题应该是要确定他们的顾客想要什么样的服务。在Nordstrom，客户服务可能意味着训练有素的销售人员悉心照顾购物者；在Walmart，可能是指平价商品的库存充足，结账队伍很短，这样顾客才不会失望而归。对每个零售商来说，无论这个服务是什么，让购物者保持愉快总是更重要的。

最后，出色的零售商是在价值而非价格的基础上竞争。低廉的价格也许是他们零售策略中的一个重要因素，但这从来都不是唯一因素。顶尖的零售商给了顾客他们想要的——换句话说，让顾客觉得物有所值。例如，Home Depot的成功并不只是合理的价格和可供选择的商品在起作用，还要归功于在店里配备了教消费者如何自己动手的工作人员。IKEA的成功不只是低价家具的作用，而是易于组装、款式时髦的低价家具起的作用。

商店

在近年的经济衰退中幸存下来的零售商店很可能发现他们处在一个竞争较少的环境中。在大部分零售领域中，活动范围正变得越来越窄。大规模的市场很快变得不合时宜，消费者市场分裂为数以百计的不同地域、不同种族、不同经济收入和不同年龄的细分市场，在这些细分市场之中还穿插着数以千计的特殊缝隙市场。在特殊购物选择上已经有了重点发展。

有前瞻性的零售商变身为差别化零售商——他们决定了自己要在商业市场上代表什么并且亮出自己的立场身份。看看这些零售商——Target、Neiman Marcus、Gap、Walmart和IKEA，他们每一家都称得上占有特殊地位，或是在商业界中占领了特定的缝隙市场——每一家都很有身份，很有个性。换句话说，他们的店铺是与类似的零售商有区别的。

科技也会影响在店购物体验。未来，顾客将不再需要在零售商的店里站在镜子前面花上几个小时来试穿衣服，他们可以步入能读取她们尺寸的全息影像设备中，这个设备能让顾客看见自己身穿选中的服装的效果。

在一些店铺中，顾客们已经接受以店内的互动技术作为工具，让他们的购物体验更方便更精彩。举例来说，当顾客去一家商店购买高尔夫球棍时，会被带到设在店内的电子剧场，在那里，他们在自己最喜爱的球洞前用不同的球棍挥杆的动作投射在屏幕上，并进行分析。

对零售商来说，关键是要将自己看成、定义和定位为**目标商店**（destination stores）——即顾客购物的目的地。也就是说，零售商必须努力集中注意力，为特定观众展现出一幅商品及服务的清晰画卷，让他们成为顾客有意识寻找的店铺，而不是他们随意逛逛的地方。像 IKEA 这样的店铺是用陈列和摆设将自身定位为购物目的地的。

零售公司中的每一个成员，特别是买手，必须对商店有清晰的愿景——它是什么、不是什么，如何让顾客对它情有独钟。出色的零售商目标明确，并充分表现在其组织架构中。零售商不可能面面俱到，但他们应对顾客投其所好。

电子商务

互联网销售在不断发展着。事实上，在线销售的增速有望持续超过其它任何一种零售渠道。对于在线顾客来说，产品的研究和价格的对比一直很重要，但他们越来越多地转向电子商务网站，搜寻更广泛的产品种类。此外，在线顾客还在寻求更强的个性化的私人定制。有了科技，最机敏的零售商就能给每一个顾客——而不仅仅是大手大脚花钱的人——配上私人购物助理。有了科技，零售商能了解消费者们的消费偏好、尺码乃至家里的装饰风格。

对于零售商来说，光有一个电子商务网站还远远不够，他们必须不断创新。竞争优势将属于最能有效利用科学技术，能将高科技和现实之间的差距缩至最小的零售商。

信息技术

今天，科技不仅能告诉零售商销售什么东西，还能告诉他们如何进行销售，怎样才能一直销售下去。技术进步不仅让零售商得以更精准地锁定目标顾客，而且能与消费者进行持续的对话。**数据库营销**（database marketing）让零售商得以开发程序，在跟踪、分析顾客行为的基础上不断提供信息。零售商对他们目标市场的行为了解得越多，对市场的细分就越精确，从而带来高度定向的沟通。

顾客数据库（customer database）是关于个体顾客或潜在顾客的综合性数据的有组织的集合体——包括人口方面、地理方面、行为方面及心理方面的数据。企业用数据库来确定潜在顾客，决定哪些顾客应受到特殊待遇，加深顾客忠诚度，以及重新激活顾客购物。尽管浩大的顾客数据库曾经一度为财力雄厚的大型零售连锁店独占，如今计算能力的成本已经下降，几乎任何一家零售商都能进入这一领域。然而，只有关于顾客的大量信息储存在某处是不够的，还必须在其基础上制订相应的策略。

市场营销和新媒体

触及购物者的营销努力会不断变化和发展。像 Facebook 和 Twitter 这样的社交新媒体不会在未来短时间内消散，但媒体对其的海量关注与炒作会冷却。零售商要关注社交媒体对他们销售产生的冲击。然而，评估社交媒体的效用是项新的挑战。零售商应该评估什么？例如，网站的点击率，在其它网站上被提及的次数，以及吸引到的新顾客数量，这些只是可以评估的部分变量；其它因素如网络热议可能无法量化。另一方面，播客和在线视频网站，如 YouTube，给零售商提供了通过传递完美的高质量内容来更好地教育顾客并提高销售的潜力。

手持设备将给零售商提供另一条直接向特定顾客进行销售的途径。目前超过半数的美国人拥有智能手机，这些设备在消费者接收产品信息及进行购物方面将逐渐占据重要地位。阅读题为《American Eagle 和 Sephora：用移动营销拓展销售》的《今日印象》，可以更多地了解这两家零售商在他们的零售策略中是如何运用移动科技的。

全球化

另一项重大变化就发生在市场内部。这儿有世界经济的全球化以及由此引起的经济体之间的相互依存。全球有更多的市场正在向美国企业敞开大门。事实上，许多顶尖的美国商业企业在国外市场中的份额增长率比在国内市场的增长率更高。贸易壁垒的消除和新兴市场的涌现使得全球化这一趋势如虎添翼。

零售商在国外成功的案例包括 Walmart，它现在是墨西哥和加拿大最大的零售商。除了 Walmart 之外，Gap 也已经在日本开设门店，Toys "R" Us 则是现在日本最大的玩具零售商。

其它趋势与挑战

零售业的竞争从未像今天这样激烈，小型零售商的生存环境受到威胁。不过当他们能激励员工了解自己的商品并提供优质的客户服务时，即使是小商店也能与大卖场一决高下。精明的零售商会把注意力集中在他们每天来工作的真正原因——顾客身上。零售商，特别是买手，必须探索、寻找、触及和调查新的令人激动的方法，来满足他们那些千变万化的顾客。

要预知未来所有的趋势和挑战是不可能的，但零售商必须预测趋势，并制订和执行策略，让自己得以适应这瞬息万变的商业环境。2009 年，一家国家级零售刊物作出如下预测——"经济衰退将在 2009 年第二季度末结束"，"零售商品牌商品的销售将下跌"以及"电子钱包将成为现实"，这些全都说错了。零售商还将继续作出关于未来的错误预测，但他们必须减轻犯错的程度。这需要不断积累零售知识，倾听零售专家的意见，夜以继日的调查研究，以及依靠某些直觉。

最后，要记住好的商品企划从买手开始，买手要了解他们所进的货，并知道要把这些货品销售给哪些顾客。好的商品企划要求买手了解新兴科技的价值，然而又能认识到科技只是提高顾客满意度的工具。好的商品企划还要求买手理解甘冒风险是成功零售的一部分。你是否做好准备，要成为这样的零售买手了？

要点总结

- 零售业处于千变万化的环境之中，因而买货作为零售业的关键职能，必须与市场中持续不断的变化打交道。
- 所有零售和买货活动都应建立在让顾客满意这一市场营销理念的基础上。
- 零售商店不可能让所有人都满意，所以要在人口数据、地理数据、行为数据和心理数据的基础上锁定特殊的细分市场。
- 自身定位和锁定目标顾客是零售商用于建立形象、制订零售策略的重要市场营销工具。
- 零售商通常采用无差别目标市场营销、集中化目标市场营销或多元化目标市场营销来确定其所要服务的细分市场。
- 出现挑战传统零售业的新兴零售业态，包括直接营销（特别是互联网营销）和超级商店。
- 超级商店在不断发展，特别是其中两家最大的折扣零售商——Target 和 Walmart。
- 买手们必须认识和预知零售业中目前正在发生发展的趋势，他们必须建立愿景，让他们的店铺成为顾客购物的目标店铺。

复习回顾

零售买货词汇拓展

如果你的词汇表里没有下面这些词，请参考书后术语词汇表。

行为数据	behavioristic data
实体店	bricks-and-mortar
买货	buying
虚拟店铺	clicks-and-mortar
集中化目标市场营销	concentrated target marketing
顾客数据库	customer database
数据库营销	database marketing
人口数据	demographic data
目标店铺	destination store
直接营销	direct marketing
地理数据	geographic data
超大型自助商场	hypermarkets
形象	image
数字信息亭	kiosk
市场	market
细分市场	market segment
市场细分	market segmentation
市场营销理念	marketing concept
多元化目标市场营销	multisegment target marketing

缝隙市场	niche
在线零售	online retailing
定位	positioning
心理数据	psychographic data
零售策略	retail strategy
零售业	retailing
库存单位	SKU(stock-keeping unit)
超级专卖店	specialized superstore
超级购物中心	supercenter
超级商店	superstore
目标市场	target market
趋势	trend
无差别目标市场营销	undifferentiated target marketing
仓储会员店	warehouse club

阅读理解

1. 列举不需要店铺的零售方式。
2. 指出零售商运用市场营销理念的直接目标。
3. 指出零售策略的组成。
4. 区分 Neiman Marcus 和 Walmart 在市场上是如何给自己定位的。
5. 列举零售商用于细分消费者市场的四种数据类型。
6. 列举目标市场营销的三种类型并加以描述。
7. 哪种零售业态最先开出超级商店？
8. 列举三个能够解释近期目录销售增长放缓的理由。
9. 指出电视购物网络经历增长的原因。
10. 列举超级商店要成功的话必须表现的特性并加以描述。
11. 超大型自助商场在哪里获得了成功？
12. 讲一讲仓储会员店如何与超级市场进行竞争。
13. 讲一讲买手在目标店铺的发展中所起的作用。
14. 讲一讲在今天的零售业中科技起到的新作用。
15. 在线零售商面对的挑战是什么样的？
16. 经济生活中的变化如何影响零售业？
17. 请问什么是信息至上的顾客？
18. 数据库驱动的市场营销是如何让零售买手受益的？
19. 讲述互动式科技可以怎样作为销售工具来使用。

分析与应用

1. 在你的社区内选择一家零售店，描述一下它的管理层是如何运用定位与锁定目标顾客来制订零售策略的，对策略的效果进行评估。

2. 百货商店的数量在减少，你会实施何种零售策略来扭转这种局面？特别要描述一下必不可少的定位策略。

3. 在这十年中，零售商将面临两种趋势：使用电子商务以及信息技术的顾客越来越多。零售买手怎样才能将这些趋势应用到他们的零售策略中？请制订具体策略。

连接网络

1. 在网上寻找一家你所熟悉的零售商的网站，要找一家有实体店的零售商。制作一张图表，比对网店与实体店之间的异同，从这些方面进行比较：产品种类、价格、形象等。

2. 寻找某一家在线零售商的经营宗旨（提示：经营宗旨通常在公司信息中可以找到），请解释这一经营宗旨是如何用于确立零售商在市场中的定位，并建立目标市场的。试解释为什么经营宗旨对于零售买手及其工作如此重要。

今日印象

American Eagle 和 Sephora：用移动营销拓展销售

最近，American Eagle 和 Sephora 这两家零售商采用移动营销作为提高店铺零售额的一种方式。事实上，两家公司的管理层都不约而同地将移动科技视为顾客在店购物与虚拟购物体验之间的最终桥梁。

Sephora 针对顾客推出移动应用软件，让顾客不仅可以购物，还可以观看视频，同时还具有扫描功能。购物者可以用这个软件扫描条形码，获得产品信息以及使用指南的视频。购物者可以在店里连接 Sephora 网站，了解网上售卖的各种产品。移动应用软件还可以让顾客马上了解到最新消息以及零售商正在热议的话题。此外，购物者还可以在店内扫描某件产品，看看其他顾客对它是如何评价的。

到 2010 年底为止，Sephora 的顾客已经在 Sephora.com 网站上提交了 100 多万条对产品的评论。同时，商家声称有 90 万 Facebook 粉丝（而且这一数字还在增长）与他们定期联络。此外，当顾客使用移动软件时，可能会获得只有他们才能拿到的优惠和特价，而且该软件会帮助顾客利用 GPS 找到最近的 Sephora 商店。

管理层感到，这一移动应用软件将会重新定义在 Sephora 的购物方式。软件让顾客购买商品，看到最新发布的产品，查看使用指南视频以及使用说明书，了解其他顾客的打分和评价，检索自己之前的购物信息，登录帐户，确定要购买的商品，甚至创建购物清单。

American Eagle 是另一家采用移动营销技术的零售商。这个商家的移动营销手段包括自家的移动商业网站以及与 shopkick 移动零售应用软件的合作，他们的顾客不仅使用这种移动频道购物，而且还用来娱乐以及与其他同好者沟通交流。

一进入 American Eagle 店，使用 shopkick 软件的顾客就会在他们的智能手机上收到这样的问候语："欢迎光临！您已获得 kickbuck 积分！"顾客试穿衣服也能获得积分，扫描和关注店内商品可以获得更多积分。奖励从购物总额的八五折到只有购物者本人才能获得的特别促销，应有尽有。Kickbuck 积分也可以兑换 Facebook 积分，在线玩游戏，下载音乐，或是在合作店铺里获赠礼品卡。

对于 American Eagle 来说，移动科技成为互联网和商铺之间的特殊连接器。移动软件推送客流进店，一旦顾客到了那儿，又创造了更多在店参与的机会。不过，信息的隐私保护仍然是两家公司首要关注的问题。顾客使用像这样的新式移动科技，有赖于他们感觉到自己的信息是安全无虞的。

你是否能够想出办法让零售买手能运用这些移动软件收集到的信息？移动软件怎么样才能像上文所说的那样，让零售买手更快地看清趋势，更准确地预测销售？

未来趋势

弹出式商店：明天将不再出现的店铺

只开业几个星期就关门大吉，这对大多数零售店铺来说都是重大失败，但有些零售商就是以这样的方式开店的。事实上，这些临时性的零售业务——弹出式商店——在美国各地到处涌现出来。

弹出式商店通常是在空的建筑物或购物中心的闲置铺面房里以售货亭或临时店铺的形式只运营几天或几个月时间的零售空间。另外，这些商店是经过深思熟虑的创新零售策略的一部分，已为许多零售商带来好处。

弹出式商店数量的增长一部分原因是近来美国经济放缓导致超过 20% 的零售铺面房闲置。与去年相比，这些还在增长的空置率使得许多业主更能接受短期租借商业用房。

借用临时用房来清除多余或者过季的商品这个概念并不新鲜。过去，"你一会儿看得见，一会儿看不见"的弹出式店铺概念更多地是与节假日，比如万圣节和圣诞节，联系在一起的，但近年来，这些店铺无论什么时节都蓬勃地发展着。像 Toys "R" Us 这样的零售商也利用弹出式商店来销售从其传统零售店过来的打折商品以及特地为这些零售点生产的物超所值的商品。其它零售商年复一年地回到购物中心里同一个地方做弹出式商店。例如 Calendar Club 和 Hickory Farms 已经固定下来，每年在圣诞季有几个月的时间做弹出式商店——他们几乎所有的销售都在每年的这段时间里完成。

更多时候，零售商采用弹出式商店围绕新产品发布来制造话题和产生刺激，正如 Target 推出的 Proenza Schouler 系列。Gap 也在洛杉矶的一个时尚购物地区开了一家弹出式商店，推销新的高端牛仔产品系列，包括哈利·贝瑞（Halle Berry）和阿什莉·辛普森（Ashlee Simpson）在内的名人出席了商店的发布会。Toys "R" Us 给出了另一个信号：弹出式商店是主流零售业的一部分。2010 年，在圣诞季的几周之内，该零售商在全美各地开设了六百家 Toys "R" Us 快销店。临时店铺令 Toys "R" Us 触及的范围更广，使全美店铺数量翻了一倍。即使是奢侈品商店也会开设弹出式店铺。最近 Hermès 在时尚的东汉普顿开设了一家临时店铺，该店主要经营该品牌著名的丝巾、服装及配饰，以及一些类似沙滩巾和凉鞋之类的夏季特色商品。

弹出式商店也已经成为刚刚崭露头角的设计师用来制造与品牌有关的话题以及测试品牌能否站稳脚跟的一种流行方式。Comme des Garçons 的设计师川久保玲 Rei Kawakubo 在 2004 年首开先河，从柏林到巴塞罗那开出了很多弹出式商店。其他时尚零售商和设计师也如法炮制，成功地用弹出式商店来制造关于新品牌、新设计的话题。

弹出式商店可以成为零售策略成功的典范，可以提醒传统零售商，怎样不断改变商品组合和产品选择，做到最适合顾客的需求。弹出式商店的销售和客流也能给零售商提供足够的信息，这不仅有助于确定在附近部署一家永久门店，还能知道在那儿备什么货，以及该给顾客什么样的体验。

弹出式商店的潜在缺点是零售商可能会暂时找到一个理想的地点，但在将来却回不去：新房客也许愿意以更高的租金来签订长期租约。也许更困难的是为临时铺位备货：零售买手不得不在没有历史销售记录的情况下小心翼翼地决定会有哪些特定的产品好卖，以及需要订购多少数量，目标是在弹出店关闭时，所有产品都销售一空。

弹出式商店已经获得公认，成为许多商家零售策略的重要组成部分。对许多消费者来说，在一家只开几个星期的店里购物多少有点兴奋和刺激。

锁定现有顾客

在今天高度竞争的零售环境和低水平的个位数销售增长率的背景下，经营好现有顾客——无论是忠实顾客还是漠不关心的顾客——其重要性是非常关键的。零售商最常见的失败就是没能运用锁定目标顾客的技巧来对待他们的现有顾客。技巧之一是按照下面所列清单来给现有顾客分类，然后零售商可以决定哪些顾客应因其忠诚而获得奖励，但更为重要的是哪些顾客已准备好去竞争对手那儿购物。

对现有顾客分类的框架之一如下：

- 追随型。这类购物者大部分购物都在你们店里进行，他们定期频繁出入于许多部门。
- 安全型。这类购物者大部分购物都在你们店里进行，并且认为你们店还行，他们也频繁出入于许多部门。
- 敏感型。这类顾客定期到你们店里购物，但相比你的竞争对手而言，顾客并不真的喜欢你们店。这些购物者来购物是图个方便或离得近，或者也没什么其它店能吸引他们。
- 脆弱型。这类顾客定期在你们店不止一个部门中购物，但他们真的不喜欢这么做。事实上，这群人中有很大一部分都在积极寻找更好的店铺取而代之。
- 不满型。这类购物者经常光顾你们店的某个部门，但大部分购物都去其它店。他们并不是真的喜欢经常去购物的其它店，但至少比你们店要强。很多时候这些购物者都在积极寻找更加可以接受的店铺取而代之。

可以根据从商店数据库调取的信用卡购物记录来将顾客划分成各个群体。例如，可以在数据库里设置参数，使其在监测到在预定周期内顾客购物及消费下降时触发。举例来说，你会发现某个顾客一直以来在你们店里每月消费 150 美元，而现在购物总共才 25 美元。

一旦发现了这些顾客，下一步要做的就是采取措施挽留可能会流失的顾客，并利用这些信息来巩固顾客与店铺之间的联系。

可能还需要更为广泛的调查研究，你需要确定这些顾客为什么会如此易变，现在他们去哪里消费。一旦分析所需的数据全都有了，你们就能研究要做些什么来确保那些脆弱型的购物者不会变节。

最大的机会目标是那些处在即将离开你们店的边缘顾客——敏感型、脆弱型和不满型。如果你们关注这些群体，用能够打动他们的卖点加以吸引，你们店就能留住他们，使他们成为忠实顾客。

　　实施这样的计划所面临的最根本的挑战是要获得有关顾客购物模式的数据。记住，为了获得一个新顾客而付出的努力是挽留住现有顾客的五倍。为了锁定这样的目标顾客是值得付出时间和财力的。

第二章

零售业中的买货职能

行动目标

- 认识对买手的工作范围会产生影响的因素
- 描述买手、助理买手和商品经理的工作职责
- 确定成为一个买手所需的条件
- 规划与买货生涯相关的职业道路
- 确定将来会影响买货生涯的趋势
- 解释如何对买手的绩效进行评估
- 计算绩效量化目标，包括单项加价率和累积加价率

正如你在上一章里读到的，零售业处于千变万化的环境之中。正是因为这种变化已经成为常态，在这一领域的工作会既令人兴奋又充满挑战，而在零售业中最具有挑战性的职能就是买货。正如其名称所隐含的意思，买手要执行的一项重要任务就是购买商品，并且他们还必须花时间去分析市场信息，阅读最新的商业杂志，跟上市场潮流。买手只有在彻底了解顾客、市场、产品以及竞争对手之后，才能开始购买商品——而这些需要经过仔细的研究和分析。

在阅读这一章时，你有机会仔细审视买手们要做些什么，以及若要在这一领域获得成功，你需要具备什么条件。这里为你呈现出可能的职业道路和目前的就业预测，这些能帮助你进行职业规划。如果你选择买手这一职业，你会发现它要求苛刻，但只要你从事的是自己真心喜欢的事情，你就不会介意这些。

买手的工作

对于大学生来说，买货通常充满着吸引力，因为他们看见的是频繁出差去一些令人兴奋的地方，如纽约、洛杉矶、巴黎或米兰，以及买货旅途中要花费成千上万美元去购买最新款的时装，这些是多么诱人啊！旅行可能是令人激动的，但通常情况下买手眼中的城市全部风景，只是在去往酒店或是商品市场的路上，从出租车中看到的浮光掠影，在节奏忙乱的市场周里也腾不出时间来观光。要决定用那成千上万的美元购买什么商品令人紧张，出于这一经济上的责任感，买手的工作压力重重。然而，很多人喜欢这种来自于有责任进行决策的压力。如果你喜欢这种挑战，可以考虑选择买手这个职业。不过，如果你喜欢的是安静思考、压力较小的常规工作，买货可能就不适合你了。

要概括买手职业包含哪些内容有点困难，因为现有零售商的种类千姿百态，你在前面章节中读到的趋势和变化对买手执行的活动也有影响。

影响买手工作范围的因素

在零售机构中，首要工作内容是采购商品的人称为**买手**（buyers）。在这一章里你们会看到，买手的工作比采购商品复杂多了。影响买手工作范围的三个因素是：（1）经营范围；（2）组织架构；（3）零售机构的规模。

经营范围

零售商的经营范围决定了买手的责任。**基本商品**（basic merchandise）的买货与**流行商品**（fashion merchandise）截然不同。基本商品是指企业应该一直备有库存的产品。基本商品有着稳定的消费者需求，因此每年的销售量都没什么变化，买手需要采购的基本商品的数量将由对去年销售记录和今年销售趋势的分析以及营销计划来决定。对流行商品来说情况就不一样了，去年卖得非常好的流行商品今年可能根本就卖不动，流行商品的买货在更大程度上要依赖于对消费需求和市场趋势的预测。

今天，在大部分零售店铺里，基本商品越来越少了，流行影响到了几乎所有种类的商品。例如，厨房用品五彩缤纷，款式多样，床单、墨镜都有不少设计师品牌，汽车的款型也年年在变。

流行买手们花费大量时间在市场上四处找寻合适的商品，为的是能给他们的店铺带来其竞争对手所不具备的独特的商品或时尚的外观。他们也在寻找能赶在竞争对手之前让店铺收到的商品，流行买手甚至可能得去物色专门为他们的店铺生产自有品牌的资源。

折扣店买手可能只要关心找到的商品的价格尽可能最低就行了，独特与否并不是关键问题，他们更有兴趣采购有可靠的销售记录的商品。

组织架构

零售商采取的组织架构的类型也决定了买手的工作职责。今天许多零售商都把公司的买手集中在企业总部，在这种情况下，买手与店铺之间很少甚至没有日常接触。诸如销售人员的管理和库存控制之类的活动是在店铺层面上由经理执行的。大型连锁店，如 JCPenney、Sears 和 Gap 都是以这种方法进行买货的。

在有些零售店里，买手不仅采购商品，而且还负责管理销售区域。他们可能要负责像调度、评估并不断激励销售人员之类的各种活动。在小型独立店铺里，除了经营零售业务的其它所有责任之外，店主通常还包揽了所有买货职责。另外，他或她必须采购店铺经营的所有产品种类。

零售机构的规模

零售机构的规模大小是影响买手工作范围的另一个因素。在小型零售店铺里，买手可能会负责购买好几个部门的所有商品。例如，一个买手也许要采购所有男装和男童装。然而，在大型零售商店中，买手们则更为专门化，他们负责某个大类产品的买货——如男童牛仔裤——而不是一个部门的所有产品。

买手的工作职责

尽管在不同的零售公司中买手的工作职责有所不同，但有些基本的职责是大部分买手都要做到的，其中包括以下这些任务：

- 为一个产品系列、一个部门、一家商店或整个零售组织制订商品企划策略。
- 紧跟当下市场趋势和经济情况。
- 培养对流行趋势的认知。
- 了解和确定消费者的需求和欲望。
- 分析和诠释报告。
- 定期出差进行市场调查。
- 规划及选择商品种类。
- 在供应商面前代表店铺或零售机构。
- 与供应商商谈优惠条件和服务内容。
- 为店铺或零售组织策划并开发自有品牌（由零售商专卖）或进口方案。
- 给商品定价以产生预期利润。
- 尝试新的商品企划趋势和新的供应商。
- 辨别好销产品和滞销产品。
- 维护库存的均衡和多样性。
- 将计划采购、库存水平及交货控制在商品计划的范围内。
- 回顾并定期修正基本商品库存计划。
- 定期与店铺联系或访问店铺，向销售人员及店铺经理咨询。
- 协调促销活动，树立商品陈列的观点。
- 在商圈里的竞争商家购物并进行分析、评价其商品种类、价格和商品陈列。
- 销售、加价、降价、毛利和营业额达标。

大多数零售机构为买手制订的职责描述一般会包含以上大部分内容。

助理买手的角色

在大型零售机构中，买手可能有一个或几个助理协助他们完成工作。**助理买手**（assistant buyers）会被当成买手进行培训。要从事买手职业的大学毕业生通常会在完成管理培训计划之后得到这个工作。

很多文书工作和日常工作可以分派给助理来做。把这些耗时的工作转交给助理后，买手能外出访问市场，更好地完成任务。

分派给助理买手的任务一般包括下面这些：

- 制作日报表，辨别好销产品和滞销产品。
- 补充基本商品的库存。
- 完成降价记录和报告。
- 检查存货记录。
- 跟进供应商的商品订单，保证准时交货。
- 指导向供应商的退货。
- 分析销售日报表。
- 检查商品标价。
- 根据买手提供的信息制作采购订单。

作为买手，你的一部分工作就是培养出能干的助理。让助理买手成为你的团队成员，不要把他们当成工作上的竞争对手。你可以让他们跟你一起在店里查看商品系列，或是出差去访问市场展示间，培养团队工作的氛围。出差回来以后，可以跟他们谈谈你发现的目前的趋势。让他们对商品选择过程提些意见和建议，让你的助理买手了解部门或产品品类的表现如何。

你和助理买手们有一个共同目标——你们部门或产品品类获得成功。作为一个团队，你们能完成得更多更好，而与此同时，你为培养未来的零售买手或经理做出了贡献。

商品经理的角色

在大多数零售机构中，买货职能的管理人员就是**商品经理**（merchandise manager）——买手的直接上级。商品经理设定风格方向、产品系列，以及他们这一个区域的形象并且监督预算，但他们的主要职责是指导买手以及分配他们之间的资源。通常商品经理的职责可以分为四块：（1）计划；（2）指导；（3）协调；（4）控制。

计划

尽管商品经理并不直接参与实际商品采购，他们要对自己负责的商品范围制订政策和设立标准。买手采购的商品必须满足商品经理规定的要求，也要符合管理层确立的店铺形象。

商品经理的另一项计划方面的主要任务是制订预算。买手必须在商品经理制订的财务方针下进行采购，商品计划也必须得到商品经理的批准。商品经理还会参与制订评判买手表现的标准（如销售目标、库存水平或加价）。在制订这些标准时，商品经理应努力争取买手在计划过程中参与其中。当评判标准直接从上面压下去时，可能会引发不满，大多数员工都想要在这样的决策中发表意见。另外，买手的意见和建议对于预算制订过程是至关重要的。

指导

对买手的监督也与培训新的买手相关。很多时候新的买手需要从见多识广的人那里听取忠告，新买手通常不太敢做降价，另外一些则在缺乏约束的情况下想要超买。商品经理可能需要鼓励买手去做降价，把店里的商品处理掉，并且帮助他们在采购时保持均衡感。然而，商品经理必须牢记，他们的职责是建议。在大多数情况下，买手在采购特定品类的商品时可能比经理更为专业。

商品经理还应该让买手们在商业和经济趋势上保持与时俱进。许多买手提起产品和流行趋势来如数家珍，但对总体经济形势及市场情况知之甚少。

协调

由于商品经理通常要指导好几个买手，他们要花费大量时间来协调所有买手，大家必须齐心协力达到管理层想要的形象和销售量。由不同的买手负责采购的商品也必须加以协调，例如，要采购新的丝巾，颜色和图案就必须与另一位买手采购的成衣互补。在许多情况下，商品经理要去协调的促销活动涉及来自好几个部门的商品，有时候他们必须与其它部门如财务部和业务部一起协调商品企划。

控制

商品经理直接参与到他们控制之下的商品区域的绩效评估。他们也必须评价每一个买手的表现，如果一个买手的表现不符合标准，商品经理必须采取纠正措施，那可能意味着要在有问题的地方与买手一起工作，如太多降价，或是将买手从他表现不好的工作岗位上调离。

变化中的零售买手角色

今天，买手的世界比起以往来说更像是一场数字游戏。科技让买手们可以接触到越来越多的数据，让买手的工作比许多年前更为科学。今天，买手们要做的不仅仅是在市场上搜寻最适合的商品、商谈最优惠的交易条件，买手们必须分析以实时和历史格式出现的数字，并在趋势和产品过去表现的基础上作出采购决策。

新的挑战和期望

买手们不能再仅仅依靠对哪个产品会畅销有正确的"预感"了，成功的买手必须成为称职的研究人员和预测家。因为这一工作上的变化，有些零售分析家认为买手这个词可能已经过时了。在一些零售组织中，买手现在指的是"品类经理"，而其他公司则将买手视为店铺顾客们的"采购代理"。阅读未来趋势"职业预测"，了解对买货和采购工作未来的预测。

关于买手工作发生了什么样的变化，有积极的一面，也有消极的一面。尽管充足的数据可以帮助买手在订单数量和库存水平方面作出更恰当的决策，但买手们也会因太多的数据而应接不暇、无所适从。事实上，许多买手被铺天盖地俯拾皆是的数据弄得不知所措，他们接收到的数据量超过了他们能实际运用或执行的数量。

零售环境中的合并之风加剧了大量数据的产生。少量但规模宏大的零售公司意味着每家企业都在增加利润的持续压力下。今天，评估买手的很大一部分不仅是基于销售数字，还要看这些销售的盈利情况。

买手们还必须知道如何以最小的风险给他们的店铺带来新产品，这就使得产品测试和评估逐渐成为买手职责的一部分。他们必须拥有对时尚十分敏锐的眼睛，即便他们本身并不采购流行商品，像手机或电脑之类的产品也有时尚元素，因为它们有许多颜色与型号。

今天，买手们必须熟悉物流。他们需要了解商品流动的成本，包括在城镇之间或跨越全球的货运成本及交货时间。现在越来越重视培养供应商与零售买手之间的合作关系，并且要让这些关系比过去更加紧密——这样做需要花费时间和精力。

买手们必须熟练运用不断增加的科学技术手段。这些科技从复杂精确的计算机程序到天气预报、社交媒体（如 Twitter 和 Facebook）以及互联网等无所不包。电子邮件让买手能一周七天、一天二十四小时与世界交流。然而，电子邮件也有一些缺陷。因为电子邮件既方便好用又便宜，买手们很快会因为每天收到的大量邮件而不堪重负，他们必须花费大量时间来过滤他们的电子邮件，而在多年以前根本不需要这么做。

所有这些数据分析是否让今天的买手更为机械化，缺乏创造力？有些业内人士感到的确如此。然而，对买手们的要求是目光放远，超越由计算机提供的数据。在他们充分吸收并分析了手头上所有的数据之后，仍然需要他们最好的"有根据的推测"。成功的买手最先拿到产品，尽快出手，迅速补货，自始至终保持低成本，并给予顾客他们愿意接受的价格。

科技对买手工作的影响

科技进步在许多零售商店中迅速改变着买手的角色。许多零售商采用了快速反应计算机系统。计算机的运用使得许多店铺可以实行**自动追加系统**（automatic reordering systems）。目前对基本商品采用自动追加，每周会根据销售情况和理想库存模型计划产生订单。反过来，这些计划又是在销售历史和目前趋势的基础上制订的。

计算机技术的实行和自动追加的使用在买货模式上形成了一些趋势：

- 零售商和供应商之间产生了很强的合作关系。
- 产生了更多数量小、频率高的订单。
- 下单的时间离销售季节越来越近。
- 基本商品的补货建立在实际销售、预测和趋势的基础上。

自动追加系统让买手有更多时间来关心其他买货活动，例如挑选商品和策划营销活动，一些零售机构甚至将控制基本商品的补货从买手的职责中去掉了。自动追加让零售商将基本商品转变为补货工作而不是买货工作，买手们可以集中更多的注意力，认真了解顾客，仔细计划采购。例如，在 Dillard's 百货公司，买手们不必为基本商品下订单，因为已经实行了自动追加系统。在这些店铺中，库存管理转变到店铺层面了。

计算机在买手工作的许多其它方面也有重要效用。大多数常规工作都交给计算机处理——让买手能把主要精力集中在分析方面的工作上。计算机用于迅速准确地获取产品和价格列表，追踪库存水平，处理日常订单，以及帮助决定何时进行采购。计算机还记录供应商的历史表现以及发出采购订单。计算机系统大大简化了许多常规数据采集功能，在确定哪些产品好卖方面提高了效率。例如，与计算机相连的收银机，称为销售终端机，让零售组织集中掌握最新的销售和库存水平，随后这些信息可以用于生成销售周报表，反映出受欢迎的产品类型。

买手们也用计算机来快速查看成千上万的商品规格、存货记录以及顾客的购买记录。一些公司与制造商或批发商之间以电子采购系统相连，这些系统提升了选择商品和下达订单的速度，并提供了是否有货和货运方面的信息，让买手得以更好地专心选择货品与供应商。

为买手职业进行规划

现在你知道买手要做些什么，你可能会更坚定地决定将买货作为你的职业选择。就像你考虑任何一项工作一样，你需要将自己的条件与那些已经拥有这份工作的人相比较。成功的买手都有许多鲜明的特点及技能。看看你拥有哪些条件，然后努力扬长"补"短。

所需条件

要成为买手所需的条件包括（1）适当的个性特点；（2）人际关系技巧；（3）商品企划方面的知识和技能。每一项对于你将来成功地做一个买手都至关重要。

个性特点

多数零售经理选择新买手时会考虑他们是否拥有以下个性特点：

热情。你必须对你采购的商品、你的工作和公司充满热情。当你进行市场访问时，在为你的顾客寻找到十分合适的商品时，你一定会感受到发现新事物的惊喜。热情是有感染力的，它会影响到你所接触的每一个人，这种热情最终会传达给你们店铺的顾客。

动力。有抱负和努力工作通常是任何零售业工作要成功的先决条件。买货要有毅力——坚持到底完成工作的能力。可能经常需要长时间地工作。

远见卓识。作为买手，你总是要站得高看得远——看到下一季或下一年。照搬你去年的做法可能会以失败告终。消费需求、流行趋势和市场走向千变万化。作为买手，你必须对这些变化保持警醒，并能未卜先知。在这一行里，通常最先得到某一商品的公司赢得的利润最多。

制订目标的能力。管理层要找的人是为达到目标设定路径并完成目标的人。完成大学学业就是这样一个目标。买手工作的很大一部分包括计划，因此管理层会希望这个人能优化自身的时间来获得较高但切合实际的期望。

在压力下工作的能力。管理层要找的人是能在压力之下工作而镇定自若的人。在买货中，你一完成某个任务，别的任务就在等着了。你很有可能会在同一时间要穷于应付好几项工作任务。

创造力。尽管买手工作大部分都是数字计算和分析工作，他们还是必须有创造力，必须创新。换句话说，他们必须在经营决策上给出方向，让他们的商品范围与竞争对手不同，即使可能销售的是同类产品。当买手们选择迎合消费者欲望和需求的产品时，商品选择也在一定程度上给了他们自我表现的机会。买手们还必须用创造力解决许多他们日常面临的问题。

好奇心和想象力是所有创新的源泉。买手们必须挖掘自身和与之共事的同事身上的这些特质。他们应该乐于考虑新的想法，无论这想法来自何方，甚至顾客也经常会有改变或展示商品的好主意。真正创新的秘诀不是在于只因为不同就去做什么，而是在于做什么会让事情更好。

人际关系技巧

买手的另一项基本条件是拥有团队合作能力。与各种各样的人一起工作对于买手来说是必不可少的，买手们必须能够与上级（商品经理）、下级（助理买手）、供应商、部门经理和销售人员，以及组织中要与他们协调买货活动的其他经理们一起好好工作。买手们要重视别人并表示出他们的关心，买手们经常只是通过倾听就能表现出他们认识到同事们对公司的重要性。与这些听众的每一位合作都需要一套独特的技能。

沟通。对买手来说，沟通十分必要，因为他们经常与人打交道。当他们将产品信息、流行趋势和热情从市场上引导到销售区域和顾客时，沟通至关重要。沟通可能还包括产品信息的口头介绍或发给店铺员工的书面产品报告和公告。广告宣传可能就是在你的报告和公告的基础上创作的，因此你要做到简洁明确，这很重要。你还需要积累技术词汇，这些能清楚地用于你的沟通。

因为今天的店铺和供应商散布在世界各地，简洁明确的书面沟通至关重要。你必须学会用传真、备忘录以及电子邮件有效地发布信息。

领导力。作为买手，你带领着一个团队。对你的经营领域你必须有领导能力，管理层想要的是能创新会激励的人。另一项重要任务是保证其他团队成员服从指令，很多时候你不得不运用你的领导才能去赢得其他人的支持与帮助，进行商品企划并付诸实施。

领导者要灵活应变——有能力应付每天必定会发生的许多变化。对效率高的买手来说，这意味着搭准竞争激烈的局势的脉搏，密切注意变化多端的消费者趋势，知晓经济局势，最重要的是，预见到所有这些变化将会对他们自身以及店铺产生什么影响。当环境需要时，买手们必须有领导能力快速行动，修正他们的战略，更正他们的进程。买手们不能躺在昨天的功劳簿上休息，因为过去的经验可能今天不管用，而且几乎可以肯定对明天没用。

业务知识与技能

除了个性特点与人际关系技巧以外，挑选买手时经常会考虑他们已经拥有的业务知识与技能。买手们必须理解顾客的欲望和需求，并准备好满足他们的要求。尽管大多数零售商会安排培训和实习计划来训练买手，管理层通常还是会寻找有以下条件的人：

教育。在今天，受过高等教育在聘用买手时与其说是例外不如说是常态。许多零售商想要四年制的本科生，但出色的两年制专科生也可以考虑。总的来说，零售商寻找的买手要主修零售管理、流行商品企划、市场营销或是其它密切相关的商业专业。市场营销学、经济学、销售学、计算机应用、人事管理、零售学和商品企划等课程都很重要。

有些文科专业也在考虑之中是因为他们有很强的心理学社会学背景，这两者给予学生广泛的洞察力，可以了解什么会激发顾客的积极性。尽管他们可能不具备业务技能，但他们受的教育培养了他们的自律，提高了他们的智能。

此外，快速发展的科技要求买手能适应变化，培训和再培训有可能成为工作中持续存在的一部分。

分析能力。买手们必须是决策者。定价、选择商品和供应商只是他们每天要做的

决策中的三项而已。有擅长数学的背景是先决条件，对零售方面的数学计算要有充分的理解力。作为买手，你的表现将用数字来衡量，因此你需要数学能力。强大的分析能力给予买手行事果断的信心。现在瞬时通信超出负荷，买手不得不采用一切能用的工具，在一团乱麻中理出头绪，并结合他们自身的判断力和才智，了解情况作出决定。最重要的是，他们不得不平衡果断性与分析力，以防止分析性瘫痪。零售买手梦寐以求的充足的反应时间是种奢望，几乎求之不得。为了满足顾客的需要并超出他们的期望值，买手必须经常性快速作出决定。

你会需要频繁与预算打交道并制订商品销售计划，这两项工作都需要你能够用数据来分析和表达信息。你还必须要将数字报告转化为商品企划策略。

计算机能力。计算机让买手的工作比以往更加数字化、数据化。熟悉计算机对于今天的大多数买手来说很重要，除了计算机操作外，买手还必须会解读计算机输出的内容。

经验。在挑选新的买手时，管理层希望他有一些实际零售经验。销售方面的经验是首选，因为这能给你提供关于消费者欲望和需求的第一手资料；然而，如果你在零售方面没有广泛的经验，可以强调你所拥有的任何经验。例如，要在简历上强调以数字和百分比衡量的业绩，而不是简单描述你的职务。买手们的表现总是用这类绩效标准进行评估的。

每一个零售组织开出的条件可能都有所不同，因此调查一下你有意向去工作的特定公司很重要。图 2.1 展示了一些强调买手条件的招聘广告。仔细看看这些广告，确认下哪些技能你可能已经具备了。

如果你接受了买手的工作，从开始工作的第一天起你就要注意观察。当你承担新的责任时，表现得热切一点不会有错；做个好的观察者，提的问题要恰当。注意着装标准以及其他人是如何互动并完成工作的。所有这些因素都会在你成为成功的买手之路上占有一席之地。

职业路径

几乎没有什么大学毕业生是作为买手进入零售业的。大部分买手的职业生涯都是从**管理培训计划**（management training program）或是助理买手开始的。不管处于哪种情况，你的培训重点都很可能是在销售方面。买手必须了解他们所采购的产品和顾客的欲望与需求。要在这种培训计划上花多少时间，每个公司都不一样。阅读今日印象"Macy's 的实习生计划：你的事业由此起步"来了解更多关于 Macy's 提供的实习机会的内容。许多零售商也有类似的计划。实习是进入管理培训计划的一种很好的方式。

大部分零售商坚信在卖场中工作和接待顾客增加了管理或买手培训方面的基本知识。你的确需要店铺经验来全面了解和体会零售店铺方方面面的情况。顾客能成为很好的教师，而改进现状的最佳方法可能就来自于店员。

大学毕业生需要从零售店铺走上职业道路的主要原因是直接为顾客工作对零售业的导向至关重要，这种体验使参与者产生了与顾客的共鸣以及对店铺员工的理解。当买手们进入公司办公室工作以后，对于处理店员和顾客需求的准备更为充分——他们在情感上与这两个群体都心意相通。

图 2.1
你是否拥有申请这些买货工作所需的技能?

买手

充满活力
不断成长

Aeropostale 是一家迅速发展中的零售商,现正进军时装领域。我们目前有以下机会:

女装买手
与
助理买手

这些富有挑战性的买货就业机会让你可以接触到设计与生产过程。要申请女装买手职位需有三年以上服装买手经验。助理买手职位需有两年以上服装买手经验。申请以上两个职位,应聘者需有进取心,对时尚有敏锐的感觉。有基本针织经验者优先。

我们提供有竞争力的薪资,福利条件优厚,包括商品折扣优惠,有机会拿奖金,工作环境宽松,具有升职潜力。请将你的简历与求职意向投递至: xxxxxxxxx

我们对求职者无论男女一视同仁。

Aeropostale

女装买手

Forman Mills 是一家快速成长、积极进取、企业化的折扣价休闲服装连锁店,位于费城地区。目前正在寻找有丰富的折扣价买货经验的、充满活力的人员。

应聘者需具备:

· 五年以上少女装或/和加大码的折扣价实际买货经验。

· 谈判技巧娴熟。

· 目前与以下品类的品牌商品有联系:淑女装/少女装和/或加大码运动装、内衣及时尚饰品。

· 产品开发能力。

· 职业道德观强。

· 电脑操作能力。

对于找寻成长机会的、有创业精神、有创造性思维的求职者来说机会难得。我们提供优厚的薪资和完善的福利待遇。请在简历中注明薪资要求,发送邮件或传真至:

xxxxxxx

FORMAN MILLS

买手

休闲女装

必须有零售买货经验。必须有产品开发经验。维持最优化的库存水平。需有区域性买货能力。谈判市场营销资金。必须愿意派驻到印第安纳波利斯。机会均等。xxxxxxxxx

买手

女鞋买手
FOX'S

设计师服饰折扣价店。零售商本部设在长岛,有 13 处零售点。寻找女鞋类买手,开发新的鞋类部门。富有竞争力的薪资 + 每周奖金 +401K 退休福利计划。xxxxxxx

买手

运动女装

创设在中西部的零售连锁店。寻找运动女装类买手。需要出差。请将简历和期望薪资发送到:

xxxxxxxx

对你来说,升职意味着作为一个买手,将有更多的产品类别或部门归你买货,或者你将会承担主要部门的买货,收入会增加,压力也随之而来。其它晋升可能会让你成为商品经理,或是担任整个零售组织中商品企划部门的负责人。

在某些零售组织中,买货方面的工作会带你走向管理事业。许多零售买手通过调入店铺成为部门经理从而成就了事业转型。从那里,他们将来可能会晋升到人事、商品企划或业务运作方面的管理职位,一些成功的买手最终可能会成为店铺经理。在许多百货商店中典型的职业道路如图 2.2 和图 2.3 所示。这些职业发展称为**职业阶梯**(career ladders)或**职业路径**(career paths)。职业路径并非一成不变,它们仅仅代表个人在职场中可能会如何发展。

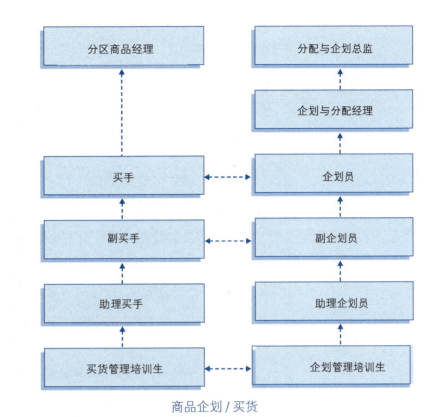

图 2.2
商品企划职业路径示例

商品企划 / 买货

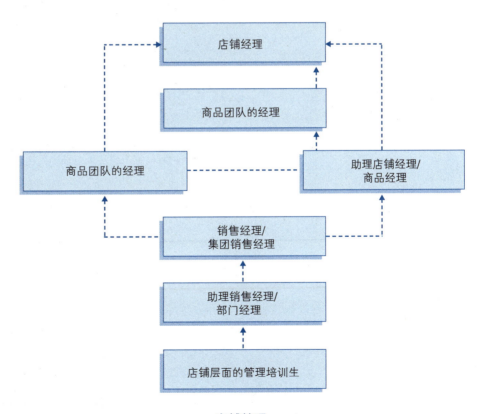

图 2.3
商品企划职业路径也有可能导向店铺管理职位

店铺管理

买货对其它领域也是种极好的培训，并提供了极佳的背景。你可以成为时尚专员、受命收集竞争对手商店情报的零售店雇员、产品测试员或产品设计师。你甚至可能会有很强的创业意向，决定开办自己的零售生意。与买货相关的行业的工作，如采购办事处和服装生产工厂，也有可能代表着职业发展的机会。零售买手拥有的许多技能也可以用于工业产品采购员求职。表2.1列出并简单描述了这些类型的许多工作。

在你面前有许多职业道路与选择。挑选你感兴趣的，加强并提升在那一领域获得成功所需的技能。

表 2.1　零售业中的其它工作

工作岗位	工作内容
助理买手	在买手的指导下工作，一般专做某个产品品类。协助进行销售分析，追加订单，以及采购某些商品
助理部门经理	在部门经理的指导下工作。协助管理员工，控制库存，以及其他店铺营运工作
助理店铺经理	帮助实施商品企划策略和政策。与店员一起工作，并且承担全部店铺营运工作
目录经理	选择要收录在目录中的商品。与供应商合作，下达订单，并监控订单完成情况
部门经理	负责一个部门的商品陈列，分析商品流转情况，对销售人员进行培训和指导
地区经理	负责某一地区所有店铺的人员管理、商品销售、商品陈列、费用控制和客户服务
时尚专员	指导买手评估流行趋势
时尚总监	负责建立和维护零售商的总体流行面貌
管理培训生	大部分大学毕业生踏入零售业的第一步。参加公司入职培训、课堂教学和在职培训，接触到店铺的方方面面
市场调查总监	及时获取并分析相关信息，帮助管理层作出重要决定。深入参与研究方法论与数据收集
商品分析员	计划与评估商品在各家店铺之间的分配，保证商品适时交货，品种合理。根据趋势和历史表现制订品种组合计划
商品经理	对由数个部门或产品品类组成的整个商品部门的买货进行规划、管理与整合
促销经理	策划并实施特惠销售、主题以及促销工具，如竞赛
店铺经理	监督特定店铺的所有人员和经营活动。协调与其他连锁店之间的活动。负责客户服务、商品企划以及人事政策
商品企划副总裁	负责开发所有产品品类并评估其业绩。对增长和利润负有责任

得到买手的工作

由于买手工作的多样性，你可能需要对特定的零售公司进行调查来确定买货在那儿是如何实施的。此外，不同地区之间也有可能有差别。职业规划的重要步骤包括调查研究，对你感兴趣的工作了解得越多越好。最好的办法并不是从文字材料上着手，而是与在那儿工作的买手交谈。当你与他们交谈时，要提一些问题，使对方回答时能透露出在那家零售公司做买手需要满足什么条件。下面是些适合提出的问题：

- "你一般如何安排一周的工作日？"
- "要胜任你的工作，什么技巧和才能是最重要的？"
- "你所面临的最艰难的问题是什么？"
- "除了薪资福利之外，工作本身最大的回报是什么？"
- "如果你决定离开这份工作，驱使你离开的原因是什么？"

类似这样的问题让你领悟到这个工作的正反两面。然而，要认识到零售业中的变化将来会改变买手的工作。表 2.2 中列出了零售买货职位的申请者应聘失败的主要原因。认清你的弱点，制订计划，从今天开始改正缺点。

与同事、朋友、邻居、顾客、供应商以及不管是谁都保持联系，这是你获得买手工作的重要一步。换句话说，建立人际关系网对于找到工作机会非常关键。建立**人际关系网**（networking）包括辨别出那些对你找工作有帮助的人，并与之交流。

一旦你发现某个很有前途的职位空缺，要意识到你不能随随便便地发简历，去面试。例如，不要单单描述你过去或目前的工作职责，而是要说明你在工作上获得什么成绩，特别是那些可以用数字和百分比衡量的业绩。如果你制订过某项安全措施，强调它所减少的在职伤害。如今有许多在线服务，大学毕业生可以在上面发布简历。阅读今日印象 "AllRctailJobs.com：用互联网来查找商品企划类职位"，了解其中一个专注于零售业职位的网站。

零售管理或买货职业会把重大的责任交在你的手上。单单一家大型百货商的一个部门每年就能产生约 200 万美元的收入，需要指导监督十个人或更多员工。买手可能要负责采购数百万美元的商品。有压力，但也有回报。你能承受这样的压力吗？

表 2.2　零售买货类工作岗位的应聘者为什么会失败

- 不良的学习记录——分数很低和 / 或水平很差。
- 性格问题——态度不好，缺乏自信，胆小羞怯，过于内向。
- 缺乏目标或志向——没有积极性，优柔寡断，没有明确的职业规划。
- 缺乏热情——缺少动力，没有一点主动性。
- 不能口头表达自己的意思。
- 未能获得关于公司的情况——对面试准备得不充分。
- 不切实际的薪资要求——更为看重薪资而不是机会，不切实际的期望。
- 个人形象差。
- 不成熟——没有潜在领导力。
- 对买货职业未能做好充分准备——背景不合适。

评估买手的绩效

买货是一种可以很容易设定**量化绩效指标**（quantitative performancemeasurements）的零售业工作，可以用数字来设立标准，比如达到某一销售水平，同时维持某一特定利润百分比。买手在公司中晋升得有多快将取决于他们如何有效地达到标准，或者说达标与否也有可能决定他们能否保住工作。例如，对某一部门或产品品类来说，买手的目标可能是"要确保加价水平维持在45.2%，销售额达到56,000美元，降价控制在2,000美元"。有了明确的目标，评估买手的业绩以及奖励达标的买手也会更容易。

可以评估零售买手的量化绩效指标有很多，这些指标将在本书各章引入相关主题时进行逐一讨论。它们可能因不同的零售商而有所不同，但差不多都以如下这些标准来衡量：

- 净销售额。
- 单项加价率。
- 累积加价率。
- 降价百分比。
- 毛利率。
- 买货余额。
- 存销比。
- 库存周转。
- 利润百分比。

除了类似这个清单中列出来的量化绩效指标以外，买手的表现也可以通过他们如何处理与助理、其他管理人员、供应商以及店铺经理之间的关系来评估。买手工作的一个重要部分就是营造团队氛围。

在这一章里，将详细研究上面清单中的两个绩效指标，其它的将在本书的后面章节中讨论。你会有机会锻炼你的计算能力，计算单项加价率和累积加价率，并更深入地研究这两者如何用于评估零售买手是否成功。

绩效评估：单项加价率

评估零售买手的重要绩效指标之一就是**加价**（markup），即商品成本与其售价之间的差异。设定的加价除了给出合理的赢利以外，还必须足以支付这家企业或者部门的所有营运费用。当然，实际成交价可能会低于吊牌零售价，因此实际加价额是在商品售出后才确定下来的。尽管知道加价的货币金额很重要，通常更为重要的还是知道加价率。零售商对店铺或部门规定的绩效目标一般是以百分比来表示的，而不是数额；在进行对比时，美元数额通常也不太有意义。

计算**单项加价率**（individual markup percentage），首先要确定一件商品的加价金额，即商品零售价减去成本价，然后将加价金额除以零售价。所有这些要素以下面公式表示：

例题

某商品花去零售商 56.32 美元，如果以 112 美元售出，加价率是多少？

题解

加价率 =（零售价 - 成本价）/ 零售价

加价率 =($112-$56.32)/$112

加价率 =$55.68/$112

加价率 =0.4971428

加价率 =49.7%

绩效评估：累积加价率

尽管可以计算出每件商品的加价率，零售商报告得更多的通常还是在一段持续的时间内，某一个产品品类、某一个部门或某个店铺整体的加价率。在这种情况下，加价是指累积加价。**累积加价**（cumulative markup）是指在某一特定时期内所有售出商

例题

在季节开始时，某买手的丝巾库存值如下：

总成本 $3,000

总售价 $5,800

在这个月里，增加的商品库存如下：

50 条丝巾，每条成本 $20，零售价 $40

100 条丝巾，每条成本 $10，零售价 $19

到今天为止，累积加价率是多少？

题解

	成本	零售金额
期初存货	$3,000	$5,800
采购商品	$1,000（50×$20）	$2,000（50×$40）
采购商品	$1,000（100×$10）	$1,900（100×$19）
合计	$5,000	$9,700

下一步，用总零售金额减去总成本来计算总加价金额：

$9,700-$5,000=$4,700

最后，用总加价金额除以总零售金额来计算累积加价率：

$4,700/$9,700=48.5%

累积加价率为 48.5%

品获得的加价额。在将销售业绩与既定目标、过往销售记录，或其它店铺的业绩进行比较时，累积加价更有用。

通常一组商品会有一个累积加价目标，但给一些单项商品规定的加价常常会比这个目标要高，而其它商品的加价则低于目标。累积加价是用在所有商品上获得的总体加价金额除以所有商品的总体零售金额得出的。

买手必须为他们的店铺或部门计划累积加价目标。一个部门里所有商品的累积加价率通常是买手要计划和建立的关键目标之一。为了有效地达到这一目标，商品的采购和定价必须以这种方式进行：在季末要达到累积加价目标。

通过确立目标，买手给了他们自己衡量自身表现的方式。此外，买手们必须在目标完不成时改变策略。通过阶段性地衡量累积加价目标达成的进度，买手们可以在销售季节结束之前对商品企划策略作出改变，此时要达成目标还不算太晚。

如果给一个季节中采购的所有商品都加上同样的加价，那么给商品定价是很简单的，然而这种情况几乎不会发生，有些商品因为这样那样的原因会带来高一些或低一些的加价。有些商品索要的加价很高，是因为失窃风险很高。流行商品通常比基本商品的加价额要高。对流行商品的需求变化很快，今天卖得很好，明天可能就要大减价。还有，当初次引进一种商品时，会用较低的加价来吸引客流进店，之后该商品的零售价可能会反映较高的加价。也可能会有其它因素影响到在某个季节中的加价。制造商也许会在季节中间的时候提高批发价，或者为了抗衡竞争对手的定价，会在季节中降低一部分零售价。

随着季节的推进，买手要追踪他们所采购货品的累积加价。之前描述过的任何一种情况都可能导致一个部门中的商品在加价上有差别；因而，为了达到计划的累积加价率，在当季进行的采购中要用不同的加价来平衡。例如，如果迄今为止的累积加价额下滑，低于部门目标，在未来的采购中就需要更高的加价。买手必须要能估算出新的加价应该是多少才能实现当季计划的累积加价。买手们利用你们已经学过的基本概念进行这种估算，不会很难。

买手们会用单项加价或累积加价之类的计算结果来持续监控特定时间段中店铺或部门的业绩。他们会将这些数字与（1）所设定的目标；（2）部门或店铺的历史记录；（3）行业平均水平相比较。

在大部分零售店，绩效评估是建立在文档记录基础上的正式程序。因为买手为自己负责的商品区域计划及设定可量化目标，要衡量他们的业绩很容易。因此，买手们势必要时时监控绩效评估指标，例如单项及累积加价之类的指标，以及其它一些业绩要素，这些将在本书另外章节中进行探讨。

要点总结

- 买手的主要职能是采购商品，而这需要对数据和趋势进行分析与解读。买手在作出决定之前，必须透彻了解他们的顾客、市场、产品以及竞争。
- 买货对喜欢承担责任进行决策的人来说是充满吸引力和具有挑战性的职业。买手还必须乐于与产品和人打交道。
- 在不同类型的零售店铺买手的工作各不相同。店铺经营的商品，店铺的组织架构以及规模大小都对买手的工作有影响。
- 买手在办公室内外都有很多事情要处理。许多买手带领的团队中都有助理买手从事很多日常工作。
- 在许多零售店中，买手的工作正在发生变化。计算机的使用让买手可以用自动追加系统来处理许多基本商品。
- 在大多数零售店里，买手的直接上级是商品经理。他们的职责可以归纳为计划、指导、协调以及控制。
- 潜在买手应该拥有特定的个性特质、人际关系技巧以及商品知识。受过大学教育通常是个先决条件。
- 在许多商店里，买手能踏上业务和管理这两条职业道路。买手也能走向与他们的工作领域相关的职业，如时尚专员和产品试样员。
- 预测显示买货类工作的就业增长率放缓。
- 对买手的评估采用的是量化绩效指标。对零售买手来说，最关键的绩效指标之一就是加价。

复习回顾

零售买货词汇拓展

如果你的词汇表里没有下面这些词，请参考书后术语词汇表。

助理买手	assistant buyer
自动追加系统	automatic reordering system
基本商品	basic merchandise
买手	buyer
职业路径 / 阶梯	career path/ladder
累积加价	cumulative markup
流行商品	fashion merchandise
单项加价率	individual markup percentage
管理培训计划	management training program
加价	markup
商品经理	merchandise manager
人际关系网	networking
量化绩效指标	quantitative performance measurements

阅读理解

1. 列出买手工作的特点，并分为积极的和消极的两类。
2. 大学生可能一开始会被买手这个工作所吸引，说出其中的原因。
3. 列出在零售组织中会影响买手的工作范围的因素。
4. 区分基本商品的买货与流行商品的买货有什么不同。
5. 总结大型零售商店买货与小商店买货会有什么区别。
6. 说出买手可以怎么做来让助理买手感到自己是商品企划团队的一份子。
7. 自动追加系统是如何改变买手的工作的？
8. 列出自动追加系统给零售商和买手带来哪些便利。
9. 总结一下商品经理在计划方面的职责。
10. 导致许多买手丢掉工作的主要原因是什么？
11. 列出能用来评价买手表现的量化绩效标准。
12. 描述"远见卓识"是如何成为所有买手都需要的特性的。
13. 列出买手必须与之沟通的不同群体。
14. 解释一下买手在工作上如何用书面进行沟通。
15. 讲讲为什么大学学历是许多零售商对未来买手的要求。
16. 在就业的最初几周，大学毕业生将接受成为买手的管理培训。说说他们可能会如何度过这段时间。
17. 概述买手可能走的一条职业道路。

分析与应用

1. 大量的出差机会应视为买手工作的积极还是消极特点？请解释。
2. 随着计算机技术在零售机构中的应用，预测一下买手的工作将如何产生变化？
3. 30 年后，零售业是否还需要买手？请解释。
4. 请讲述商品经理的工作职责。
5. 假设你在应聘一份买手的工作。说说你怎么让面试官知道你拥有以下个性特点：热情、远见卓识、有制订目标的能力。
6. 访问本地零售店里负责商品买货的人。提出类似文中所列出的问题，确定这份工作所需的个性特点和条件，以及工作职责。在课堂中，与其他学生一起比较和对比你的调查结果。

连接网络

1. 访问 http://www.macy.com，查找该公司提供的实习项目之一的特定申请流程。寻找另一家提供实习项目的在线零售商，描述实习期的特点（资格、实习期长度、薪酬等）。

2. 访问 http://www.AllRetailJobs.com，用网站上的搜索功能查找你所在区域内的零售工作机会。

今日印象

Macy's 的实习生计划：你的事业由此起步

许多年以来，Macy's 在夏季的几个月期间提供为期九周、有薪酬的买货/计划的短期实习。实习期是在纽约的 Macy's 总部，可以对买货及计划的职责有个概括的了解，并知道为什么 Macy's 会采购特定商品。实习生在财务分析、广告宣传、职业发展以及沟通技巧方面都能获取经验。最重要的是，实习期给那些从学校一毕业就参加公司的"管理人员发展项目"的人提供了快速进步的基础。

实习生参加业务职能领域的核心课程，如财务分析、采购流程以及商品追踪。此外，他们可以接触到库存分析，到竞争店铺购买以获取相关情报。最重要的是，实习生在提高专业技能时，加入的是亲自动手从实践经验中学习的环境。参与者与系统及店铺计划员协作，帮助分析消费者趋势，目的在于发现潜在的热销品及重要商品。实习生还有机会访问批发市场，与供应商见面。

下列技能和资格是参加实习者所需的：

* 扎实的学业成就，有能力运用分析及量化概念。
* 很强的沟通能力，善于处理人际关系，具备时间管理能力。
* 远见卓识，按轻重缓急来处理项目及多项任务，达成业务目标。
* 出色的经商才能，充分理解认同商业职业道德。
* 有能力促进团队合作氛围。
* 熟练操作 Microsoft Word 和 Microsoft Excel。

除了买货/计划的短期实习之外，Macy's 还提供管理、产品开发以及设计方面的实习机会。这家公司的实习机会值得争取，到你们学校的就业服务办公室去查一查，或者拜访一下 Macy's 到你们学校的招聘人员。实习项目通常在每年三月初就满员了，所以早点开始你的计划吧！

AllRetailJobs.com：用互联网来查找商品企划类职位

当你继续进行零售买货方面的学习研究时，你很可能会开始提这类问题：

* "能找到什么类型的商品企划/买货工作岗位？"
* "这些岗位的工作地点在哪里？"
* "薪酬福利怎么样？"

今天，互联网上有许多网站能回答这类问题，其中之一就是 2001 年三月份推出的 AllRetailJobs.com 网站。该网站已经跃升为面向零售业的招聘类网站的第一位。AllRetailJobs.com 有着将近五万个零售业工作岗位，工作地点遍及全美各地，比任何其它资源提供的零售职位都要多。事实上，网站列出的零售业工作岗位是 Monster.com 的两倍多，Careerbuilder.com 的 14 倍。1,600 余家零售商在 AllRetailJobs.com 网站上登记，包括排名前一百家零售商中的半数以上在内。

面对预算紧张和由大型通用类招聘网站带来的令人失望的结果，许多招聘者转向专门针对特定行业的细分网站，就像这个网站。对许多零售商来说，特定职业网站帮助他们找到应聘者，比通过通用类网站更快更有效。特定职业网站不会像通用类网站那样，充斥着许多资质较差的简历。

在 AllRetailJobs.com 网站上找工作的人可以通过工作类别、工作地点、薪资范围以及关键词免费搜索工作机会，而且当潜在应聘者在线申请这些工作时，他们的电子简历会自动发往相应公司。应聘者也可以通过每周接收到的电子邮件提醒他们关注所有符合自己要求的新工作岗位。此外，招聘者可以保存申请工作的所有应聘人员的电子记录。

AllRetailJobs.com 将零售工作机会划分为两类：管理类职位和计时制岗位。管理类职位包括店铺经理和助理店铺经理、区域经理、买手、跟单和公司职位。计时制岗位包括售货员、收银员、客服代表和仓库办事员。所列出的工作薪酬从标准的小时工资到高达 300,000 美元的六位数字的年薪。这里的职位涉及整个零售行业，包括服装 / 时尚、汽车、大卖场、目录、百货、折扣店、药房、电子产品、五金器具 / 家居装饰、家用品、珠宝、音乐 / 影音 / 书籍、办公用品、特产、运动用品、超市以及玩具 / 业余爱好。

AllRetailJobs.com 还通过零售杂志、互联网资源及向顾客和潜在客户分发的业务通讯刊物推广他们的服务。他们在搜索引擎中排名靠前，有一千多个与零售相关的关键词，还在 TopUSAJobs.com 上交叉发布工作列表。

像 AllRetailJobs.com 这类的互联网工作搜索网站为你开辟出一条职业规划的道路。主动出击，今天就开始寻找完美工作！

未来趋势

职业预测

零售买手需要的主要技能之一就是能准确作出预测。每一年**美国劳工部**（U.S. Department of Labor）的**劳工统计局**（Bureau of Statistics）对各种职业的就业变化和工作前景作出预测。记住，他们是在进行了大量调查和研究了大量数据的基础上作出预测的，就像零售买手一样，但预测并非精密科学。在查看统计局的预测时你还必须认识到这些都是国家层面的推断，预测结果因地区不同以及特定的商业类型而产生变化。然而，这些数据给潜在员工，例如你自己，展现出了对未来工作前景的一个大致印象，有必要把它作为职业前景规划的一部分，好好研究一番。

统计局的信息每年公布在《职业展望手册》（Occupational Outlook Handbook）中，可以在线查询。该出版物将以下类型的工作归为一类：采购经理、买手以及采购代理。以下展示的关于买手的数据包括了批发和零售买手，这类职业的工作在本质上是相似的，因而员工在这些工作之间转换时，技能通常也很容易转化。所有这些岗位都涉及员工努力为公司取得最佳的交易条件——尽可能以最低的成本获取品质最好的产品或服务。在这些岗位上的员工主要通过对销售 / 库存记录的研究，以及及时了解会对他们所销售的产品的供需产生影响的变化来完成这个任务。

2008 年，采购经理、买手以及采购代理在美国占有约 527,400 个工作，在这一数字中，147,700 个为批发或零售买手。劳工统计局预测，总的来说，在所有这个类型的工作岗位中，就业率将在 2008~2018 这 10 年中增长 7%，与接受调查的所有职业的平均值持平。然而，批发或零售买手的就业率几乎不会有什么变化。合并和收购导致买货部门合并，另外，大型零售连锁店正在淘汰本地/区域性买货部门，并且在其总部创建集中买货部门。

数据还显示了该类型职业的收入潜力。2008年，批发和零售买手年薪的中位数为48,710美元，中间50%的人群收入在36,460美元与66,090美元之间，最低的10%的人群收入低于28,710美元，而最高的10%的人群收入则高于90,100美元。

当你准备进入买货类工作或任何其它职业时，你必须密切关注类似《职业展望手册》这样的就业预测，从而确保自己为之准备的工作将来还存在。

第三章

为不同类型的店铺买货

行动目标

- 介绍硬货和软货之间在买货上的差别
- 介绍流行商品与基本商品之间在买货上的差别
- 列出买手为之进行采购的零售业态并加以介绍
- 介绍集中买货
- 了解集中买货的优势和缺点
- 了解集中买货的类型
- 介绍单体独立零售商的买货如何进行
- 解释在零售机构中部门化的基本原理
- 列举部门化的类型并加以说明
- 认识在零售机构中买手需要与其它部门进行协调
- 计算并运用利润百分比作为量化绩效指标来制订并实施零售策略

你在上一章里已经看到，买手的主要职责是为店铺采购能满足顾客需求的商品，对所有的零售店铺来说都是这样，不管它们的规模大小、组织架构如何，或是销售什么产品。你还知道了销售量是评估买手绩效的一个重要指标。然而，在今天的大多数零售店铺中，采购商品的人员与销售商品的人员是分开的。你会发现，采购人员与销售人员的分离对买手来说既有好处也有缺点。本章集中讨论在不同类型的零售店铺中，买货是如何进行的，还会谈到部门化经营法，并对买手和其他部门之间必然发生的协调配合加以讨论。

采购不同类型的产品

无论在什么类型的零售店铺中——不管销售的是什么产品，买手都要完成上一章中谈到的几乎所有职责。当你准备进入零售买货这一职业时，首先要做的决定之一就是确定你对什么类型的商品最感兴趣。你是对软货更感兴趣呢，还是对硬货更感兴趣？**软货**（soft lines）一般是指服装饰品类产品以及家用装饰品，例如床单、窗帘以及浴室用品等。在大部分店铺里，除了这些以外的商品都归类为**硬货**（hard lines），包括五金器具、体育用品、家用电器、家具、玩具、草坪及花园用具之类的产品在内。每个领域都能再细分，这就看店铺的规模大小了。软货可包括女装、男装及童装，这些大类还可以再进行划分——例如，男式牛仔裤或男式正装裤。在大型零售连锁店，一些买手有可能只负责一个产品类别——例如男童牛仔裤。

另一种细分这两个大类的方法是将产品划分为流行款或基本款。基本商品是顾客会长年累月购买的产品，他们希望店铺一直都备有这些产品的库存。例如，短袜、连裤袜以及蓝西装都被认为是软货中的基本款，硬货的基本商品包括芭比娃娃、笔记本或蜡烛等。而流行商品则是指在相对较短的时间内需求量很高的产品——通常只卖一季。流行商品大多是服装服饰，但也有很多硬货。最时新的香氛蜡烛，颜色最热辣的手机外壳，或是特别限量版的芭比娃娃，都会被认为是流行商品。这些商品在店里只出现短短几个月，随后就被下一个流行趋势或最新款型取而代之了。

新买手会发现对基本商品的预测要比流行商品容易得多。基本款的销售一年年的变化不大，而流行商品就不是这么回事儿了。出现在市场上的流行款来也匆匆，去也匆匆。流行款买手必须要在没有去年的销售数字可以借鉴的情况下预测出他们的顾客今年要买什么东西，因为这些商品对店铺来说是全新的。即使看上去与去年相似的产品也不能提供有价值的信息，去年热卖的时髦东西也许今年一点儿也卖不动。

流行款买手要不断地物色新的、有创意的产品并进行采购，他们的买货决策所承担的风险远比只管基本款的买手要高得多。对于许多流行款买手来说，正是这些原因让采购流行商品令人兴奋，充满挑战。此外，因为承担风险所带来的压力，使得流行款买手的薪资收入要高于只采购基本款的买手。适销对路的流行商品会给店铺带来很大收益。

当你进入零售买货的职场时，你的第一份工作很可能是采购基本商品。当你在为这类产品作出采购决策时，在不得不承担采购流行商品的风险及不确定性之前，你的买货技巧会得到培养和磨练。在开启你的买货生涯时，哪种类型的产品让你最感兴趣？

在不同的零售业态下买货

当你决定了自己最感兴趣的是哪些种类的产品以后，就要选择你想在什么类型的零售商店里做买手了。看看你周围的社区，你会发现有形形色色的零售商，你可以在里面工作。其中有些店铺可能位于购物中心或闹市区，其它则可能是独立店铺或是开设在沿街购物中心的门店。这些店铺从小型自营店铺到大型商店应有尽有，大型商店作为连锁店的一员，在全国各地的社区中都会出现。找找看你感兴趣的店铺类型，谁在从事买货工作？他们在本地店铺中有没有买手？所有买货工作是否都是由公司总部的人完成的？这些问题的答案会帮助你缩小潜在雇主的范围。

你对职业的兴趣是在于大型零售商，还是小型独立店？或者你是希望有一天会拥有你自己的零售店铺？在你作出选择之前，需要仔细研究各种不同的零售商——他们之间的相似与不同之处。一方面，你可能应该看看美国最大的一些零售商，这些公司由于其自身的规模和扩张计划，可能会提供许多就业机会。参考表3.1，看一看美国排名前十位的零售商，你还能了解到这些零售商的发展速度有多快。

表 3.1　2011 年美国零售商排名

零售额排名	公司名称	2011 年全美零售额 ($000)	2010 年与2009 年同比	2010 年全美商店数量	2010 年与2009 年同比
1	Wal-Mart	$307,736,000	0.6%	4,358	1.3%
2	Kroger	$78,326,000	6.4%	3,609	−0.4%
3	Target	$65,815,000	3.8%	1,750	0.6%
4	Walgreens	$61,240,000	6.3%	7,456	8.1%
5	The Home Depot	$60,194,000	2.2%	1,966	0.0%
6	Costco	$58,983,000	5.5%	412	2.5%
7	CVS Caremark	$57,464,000	3.5%	7,217	2.0%
8	Lowe's	$48,175,000	2.8%	1,723	1.7%
9	Best Buy	$37,110,000	−0.4%	1,312	11.3%
10	Sears Holdings	$35,362,000	−2.2%	3,484	0.1%

另一方面，你可能会对在一家不属于连锁经营的本地独立店铺开始你的买货工作更感兴趣，这样的决定肯定是有好处的，你面对的压力会更小，对顾客们的欲望和需求会了解更多。不过你可能要为整个商店或整个部门进行采购，你要应付许多不同的产品，这就要求你对产品的知识面要广。在小型独立零售店，升职的机会也有可能会来得更慢一些。然而，不管你在哪里工作，零售买货这一职业都是令人兴奋的，会让你获益匪浅。

当你在做从哪里开始你的买货生涯的决定时，需要研究现有的各种不同类型的零售业态。今天的店铺的样子与若干年前大相径庭，而明天的零售业又会与今天有天壤之别。最大的变化之一是零售店店铺本身的分类，许多零售商之间的界限已经模糊了。

Sears 决定抛出"天天低价"来与折扣店竞争，Kmart 推出设计师品牌来提升档次，折扣店和一些百货公司在其产品种类上增添了食品系列，SuperTargets 现在卖起了食品杂货，而食品杂货店则在卖袜子。在新千年里，很有可能会出现新的零售模式，与传统零售商争夺顾客口袋里的那些钱。零售业出现了哪些新业态，你知道吗？

如你所知，旧的业态在改变，而一般的零售业态仍然存在，但往往形态有所变化，它们中有百货商店、折扣百货商店、直销型折扣店、专门店以及超级市场。

百货商店

百货商店（department stores）是向个人及家庭出售各种商品的企业。这些店铺主要提供花色品种齐全的商品和服务，这些商品和服务根据产品品类划分成各个部门。百货商店的吸引力在于为整个家庭提供一站式的购物服务。

多年以来，在美国占有优势的零售商是像 Sears、JCPenney 和 Macy's 这样的大型百货商店。然而，这种优势受到了其它零售业态的威胁，例如专门百货商店，他们淘汰了利润不高的商品品类，许多专门百货商店只销售服装和家用装饰品。Kohl's 是一家专门百货商店，但它也有折扣店的许多特色。阅读今日印象"Kohl's：百货商店的折扣店策略"来了解更多关于该店是如何淡化百货店与折扣店之间的区别的。

百货商店的未来很可能要看管理层如何恰当地定义公司想要触及到的细分市场，一些百货商店已经对其产品种类连同他们的顾客基础进行了收缩，他们不再试图取悦于每一个人。例如，JCPenney 扩展了服装系列，尝试提供更多的全国性品牌，而且淘汰了其它像家用电器和五金器具之类的产品种类。Sears 在产品组合中增加了许多全国性品牌，取消了又厚又重的目录，多年来致力于展现"Sears 更为温柔的一面"。百货商店意识到如果他们要生存下来，就必须与时俱进。阅读未来趋势"百货商店已走向穷途末路？"了解更多百货商店未来将要面对的问题与挑战。图 3.1 展示了在过去这

图 3.1
近年来百货商店的零售业绩呈现下滑趋势

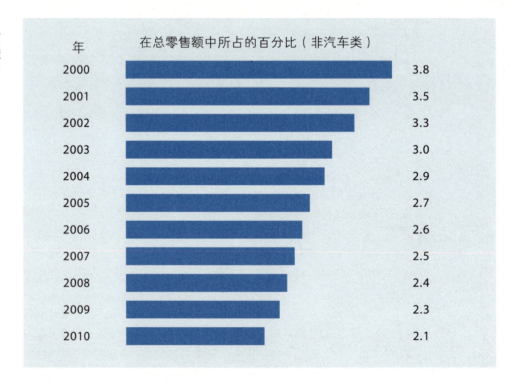

年	在总零售额中所占的百分比（非汽车类）
2000	3.8
2001	3.5
2002	3.3
2003	3.0
2004	2.9
2005	2.7
2006	2.6
2007	2.5
2008	2.4
2009	2.3
2010	2.1

些年里百货商店在总零售额中所占的百分比。

折扣百货商店

像百货商店一样，**折扣百货商店**（discount department stores）注重于一站式购物以满足所有家庭成员的需求，吸引着那些图省钱而不太看重服务的消费者。折扣店提供的全国性品牌一般有很大的选择余地，商店的设施非常简单，向消费者提供服务的现场销售人员也很少，其重点在于低价销售那些在美国广为人知的品牌。他们基本上不经营和百货商店重复的大类，而是集中于快销商品。除了这些区别之外，百货商店通常会提供更多的顾客服务，而折扣百货商店则通过商品陈列鼓励顾客自己挑选。这一领域的巨头包括 Walmart，Kmart 和 Target。

直销型折扣店

许多传统零售店在全国各地设立了**直销型折扣店**（outlet stores）来销售滞销品和过时的商品。Nordstrom 及其 Nordstrom Rack 店是进入这种零售业态的零售商的例子，许多生产厂家也设立直销型折扣店来销售工厂生产过剩的产品，通常折扣很低。直销型折扣店的买手经常要负责开发只在折扣店销售的特殊规格的产品——在传统商店里没有的新商品。买手们必须与其它买手通力合作，这样两个系列才能互补。

有些直销型折扣店甚至可能会在销售季节快结束时销售在传统零售店里有售的相同的商品，其它直销型折扣店还会作为新款式或新型号进入市场的试销店。Polo，Bose，Eddie Bauer，Bassett Furniture 以及 Tommy Hilfiger 只是通过这种零售业态销售商品的一部分生产厂家。在 20 世纪 90 年代，直销型折扣店业态快速发展，但近年来这些类型的商店的发展速度明显放缓。

专门店

专门店（specialty stores）根据满足特殊细分市场的需求的理念，一般专门销售某一个产品系列。事实上，几乎每一个产品品类都有专门店。有店铺专门销售女装、男装、玩具、家用电器、家具、植物和礼品，有些店铺只为左撇子提供产品。专门店在许多产品品类中花色品种非常齐全，成为传统百货商店的劲敌。

小型独立专门店面临窘境，目前只能在许多社区中挣扎求生。随着专门销售某一个产品品类的超级商店以及折扣百货商店（如 Target 和 Walmart）在美国各地的扩张，许多小型专门店零售商无力与之竞争，纷纷倒闭。阅读今日印象"Forever 21：提供更快速的时尚"，了解更多关于一家服装专卖店是如何发展以低价提供别具一格的时装这一成长策略的。

超级市场

超级市场（supermarkets）也是一种百货商店，销售食品、奶制品、肉类、农产品以及一些非食品类商品。为了满足消费者一站式购物的需求，许多超级市场拓宽了其产品范围，涉足诸如工具、健康美容服务、家用品、文具或服装在内的非食品类商品。

超市是第一批提出"超级商店"理念的零售商，以大型设施提供食品和一般商品。然而，今天的特大折扣购物中心与仓储会员店扩展了超级商店的理念，并且将顾客从本地超级市场中吸引过去。

合并和业务收缩也是美国超市零售业的标志。Food Lion 一度曾是美国国内发展最快的连锁超市，但近年来不得不从其向德克萨斯州的扩张中退回。该行业的巨头包括 Kroger，Safeway 和 Albertson's。

连锁商店的买货

随着许多独立零售店的合并与扩张，连锁店的门店数量有非常大的增长。**连锁店**（chain store）是指归属于同一个物主所有的两家或多家店铺。连锁店一般都有一个核心总部，管理所有连锁店铺，采购商品。连锁店铺的架构难以概述，因为它们很复杂。有的连锁店有两三家店铺，而别的连锁店则有数百家门店。连锁店可以是在同一个城市、同一个州、同一个地区，或是在美国范围内到处都有。有些连锁店拥有属下所有单店，而其它的则有一部分店铺是特许经营的。

随着零售店的发展和扩张，管理层想方设法加强对店铺的控制力，努力增加店铺盈利。对所有连锁店铺里商品的花色品种以及店铺的经营方式实行标准化已经成为常用方法。买手岗位从单店中取消，设置在连锁店总部。连锁店通过为许多不同店铺采购相同的商品而拥有了大规模采购能力所带来的优势，有机会提高利润。事实上，一些美国最大的连锁店包揽了某些生产厂家的全部产品。

食品杂货店、百货店、折扣店及药房等连锁店经营的商品种类多样，但有些连锁店专门经营某一产品系列，如鞋类、男装、糖果、珠宝、玩具、轮胎或运动用品。这种专门店的买手可能会只负责一个产品系列或一个品牌的商品。

连锁店的买手为所有连锁店制订销售目标、物色货源、采购要在店内出售的商品。在大多数连锁店，销售与买货职能是分开的。买手们对销售人员几乎不负什么责任，实际上也跟他们没有联系。买手们卸下了销售的职责，就可以把所有的时间都投入到产品和市场知识中，因而，他们成为了产品专家。因为采购与销售的分离，买手们必须通过公告以及其它沟通方式与店铺及销售人员保持联系，因为买手的业绩还是以店铺商品的销售量来衡量的。

集中买货

集中买货（centralized buying）是指所有买货工作都在店铺的核心总部完成，那儿的买手对所有店铺内商品的选择和采购都有权力和责任。集中买货的主要优势如下：

- 由于买手可以在市场上花更多时间，店铺有了稳定的商品供应。买手们以多批次小批量的货物来保持店铺花色品种的齐全和均衡。
- 对连锁店旗下所有店铺的销售进行预测比单独对每家店铺进行预测要更可靠。集中化数据让买手能更准确地预测消费者趋势，因为研究每家单店的小额销售对探查趋势来说可能不够。
- 由专家作出买货决定。集中化的买手只需对个别产品而不是大量产品作出商品决策，他们对商品的知识能有更多的了解。
- 因为不需要为每家店铺单独设买手，费用减少了。去市场出差的差旅费也减少了。
- 采购能力在总部得到整合，这样一来商品的成本更低，因为连锁店在利用数量折扣方面处于更为有利的地位。

集中买货的类型

集中买货通常以三种形式之一出现：（1）集中商品企划方案；（2）仓库调拨方案；（3）价格协议方案。

集中商品企划方案

在采用**集中商品企划方案**（central merchandising plan）的情况下，有一个代表着一组店铺的中心办公室，承担着为所有店铺选择和采购商品的责任。采用这种方案的店铺主要包括 JCPenney 和 Sears 这样的大百货商店，以及 The Limited、Lane Bryant、Old Navy 和 Gap 这样的全美连锁专门店。每家店铺会收到公司总部认为合适的货品。不过这些决策也不是随心所欲做出来的，每家店铺的买货决策都要考虑历史销售及平均吊牌价等因素，集中化的买手要花费大量时间来收集和分析从每家店铺获得的销售和库存数据。买手十分依赖报表，因而对计算机输出的信息产生了很大的依赖性。

这种方法的主要缺点在于可能无法满足单店的需要。店经理也许会对销售那些他们无权选择的商品缺乏热情，甚至可能会对收到的东西吹毛求疵，一些店铺经理甚至可能因商品滞销而对买手颇有微词。

仓库调拨方案

仓库调拨方案（warehouse requisition plan）尝试克服集中商品企划方案的部分局限性，不过一般只适用于经营基本商品的店铺。设立区域性配货中心为本地区多家店铺服务，仓库中储备的商品种类仍然由总部买手决定，不过每一家门店的经理可以调拨他或她希望在自己店里经营的品种。这一方案让经理可以淘汰他们觉得店铺里不需要的商品，或是在他们那个地区不好销的商品。对商品的需求直接发给仓库，通常仓库就在距离店铺不到 24 小时的路程范围内。决定采用这一方案的连锁店在某个地区的店铺数量必须充足，这样设立配货中心才划算。

这个方案有不少优势。通常从配送中心到每家门店之间的运输距离都很短，订单可以很快得到满足。采用仓库调拨方案也减少了每家门店必须储备的存货量。因为店铺的追加单可以更快得到满足，储藏室里储备的商品就可以更少，从而为销售腾出更大的空间。

这个方案广泛应用于食品、药品以及折扣连锁店。百货商店，如 Sears 和 JCPenney 也为他们的许多产品系列设立了仓库；然而，这一方案一般对流行商品不太有效。流行商品变化太快，需要由生产厂家直接送货。流行产品的销售生命太短，不宜在仓库里存放一段时间。

价格协议方案

在**价格协议方案**（price agreement plan）中，仍然由集中化买手选择商品的种类，而且他们还会选定供应商，每家门店向指定供应商进行采购。在研究了以往销售记录与当前趋势之后，集中化买手确定店铺应经营什么商品，然后他们与各个供应商达成协议，经过核准的商品清单会发往每一家门店。清单发出时买手已经谈妥了价格与条件，一些买手甚至会制作目录，每款商品的图片与描述都在上面。

门店的经理可以直接给清单上的制造商下订单。经理从这些选项中选择门店要经营的商品，制造商将货品以小批量的方式直接送到门店。这个方案保持了集中商品企划方案的大批量采购优势，也允许门店经理选择他们感到最适合自己店铺的货品。

集中买货的缺点

如你所知，买货和销售在大部分零售店铺中都已逐渐分离，所获得的优势有盈利能力增加、操作标准化以及控制力增强，不过集中买货也有缺点。

最明显的挑战就是要根据当地条件调整商品的选择，而这可能很困难。由于人口特征不一样，大的尺码和不同颜色在特定地区销售速度也会不一样。季节性商品的时机也会因地而异，美国有些地方的冬天比其它地区来得早。不过，问题也可能并没有听上去那么严重。除了气候变化以外，今天美国所有地方的需求都非常均衡，毫无疑问这要归功于大规模传媒广告和大量消费者的外出旅行。即便集中化买手本身并不在单店所在的地区，也有大量的店铺数据可供他们分析。

集中买货会造成买手与店铺经理之间缺乏合作。当商品销售不好时要界定责任是有困难的。事实上，有些经理会对由总部买手配发的商品无动于衷或带有成见，因为他们在商品的选择上没有发言权。

有时候，集中买货很难挽留住有热情、有见识的销售人员。商品企划部门和买手们的业绩依然靠所售商品的数量来评估，但是采用集中买货解除了买手对销售人员的控制。事实上，除了偶尔去看一下邻近的店铺，许多买手可能从来没有去过绝大部分的连锁门店。

买手有责任告知店铺，商品应以何种方式进行销售。因为这件事无法用口头表达，就需要进行持续不断的文字沟通。然而，书面快报无法替代亲身参与货品选择带来的热情。

为了克服这些缺点，一些连锁店朝着去集中化方向努力，有些曾经是由总部履行的职责授权给了店铺。例如，仓库调拨方案和价格协议方案都在商品选择上给了门店经理更大的发言权。

今天，几乎所有全国性连锁店都采用集中买货，因为它在零售业中占有主导地位，在店铺层面上的抱怨声小了一些。大多数店铺层面上的销售人员从来不知道买货还能采用其它方式进行。事实上，JCPenney 成为最后的坚守者之一，直到 2000 年夏季，每家门店的部门经理还在为店铺制订买货决策。今天，所有买货职能都由位于公司达拉斯总部的买手执行。

组织架构及买货职能

在大型零售企业中，工作职能分派给不同组别的员工——他们被划分为各个部门。**部门化**（departmentalization）是将不同的店铺活动内容划归为各部门或分部，从而产生对门店或连锁店经理负有直接责任的经理。

部门化的类型

部门化通常是建立在工作职能的基础上的，但也有可能建立在产品线或地理位置的基础上，究竟采用哪种方法通常是由公司的规模决定的。

职能部门化是零售店铺组织工作最常用的方法之一。采用**职能部门化**（functional departmentalization），性质相似的活动内容集合在一起成为一个主要职责范围，由专人负责，向店主或公司的主要管理者汇报。

自从 1927 年以来，大部分零售商都采用梅热计划（Mazur Plan），所谓梅热计划是指店铺组织架构的四个基本职能计划，当时保罗·M·梅热（Paul M. Mazur）将这个计划推荐给现在被称为美国零售联合会（National Retail Federation）的组织。他介绍的这四项职能在每一家零售店铺组织架构中都有，无论其规模大小或雇员多少：

- 控制。这个部门负责保护公司的资产，通常分成会计、信贷和财务控制。
- 促销。这个部门的职责通常包括广告宣传、视觉陈列、公共关系、特别活动以及时尚协调。
- 营运。这个部门主要负责库房、维护保养、送货收货以及客户服务。
- 商品企划。这个部门的职责是预测店铺的顾客偏好的商品类型、品质以及价格，并以最为经济的方式采购商品。

今天，许多零售店铺的组织架构还包括人事或人力资源管理的职能部门，这个部门负责面试、员工的安置以及解聘，并负责保管员工资料以及组织培训课程。

产品部门化出现在一些销售多样化产品的零售店铺。采用**产品部门化**（product line departmentalization)的店铺将商品归类为家具、家电、童装或珠宝等。大型食品商店都是以这种方式划分部门的，例如杂货、肉类、农产品、熟食／面包糕点以及健康及美容用品等，由专人负责影响到一个特定产品线的所有业务操作，包括买货和销售。

采用产品部门化，一个买手可以负责一个或几个产品品类。店铺的其它职能也可以用这种方法来划分部门，例如，控制可以划分为应收账款和应付账款；不过，本章讨论的重点是商品企划职能。

店铺也可以同时在职能和产品的基础上来划分部门。例如，一家独立百货商店可以设立店铺的商品企划分部，买手直接向该分部经理负责，每个买手都为特定产品线进行采购。

在许多向全国各地扩张的零售连锁店里可以看到地区部门化。**地区部门化**（geographic departmentalization）是将组织架构按照国内的地理区域进行划分，例如，一些全国性公司可能会有北区、南区、东区和西区分部，各有一名总经理领导，在这名总经理以下会有各种其他经理，每人都有不同的责任范围，通常这些范围就是之前阐述过的职能范围。

有些零售公司非常庞大，这三种类型的部门化可能都会用到——职能部门化、产品部门化以及地区部门化，这种综合型的组织架构见图3.2。

商品企划部门与其它部门的关系

作为一名买手，要想获得成功，你必须了解你的工作职责与公司组织架构中其它工作职责之间的关系，特别是必须了解在你们店铺中买货和销售职能之间的关系。许多公司设计了公司内部结构的**组织架构图**（organizational chart），标明了所有员工以及员工相互之间的关系。几乎没有哪两家零售店铺是以完全相同的方式组织起来的；然而，在每一家零售机构中，总有很多相同以及不同的元素。

任何企业若要高效运转，部门与部门之间必定要有沟通与合作。每个部门的职能都必须定义得清清楚楚，让每个员工都了然于胸。不过，这一节要讲的主要是商品企划部门与店铺其它职能的关系。作为买手，你必须做好准备要与公司其他成员同心协力。

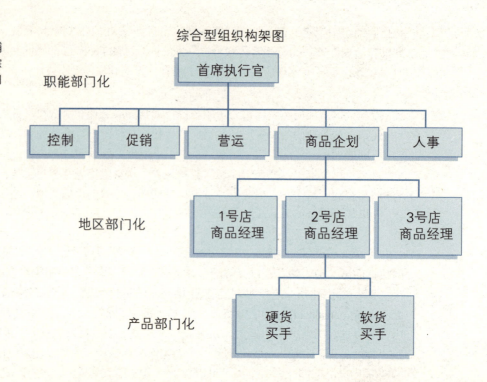

图 3.2
一些零售店铺
的组织架构综
合了几种部门
化类型

综合型组织构架图

职能部门化

首席执行官

控制　促销　营运　商品企划　人事

地区部门化

1号店
商品经理　2号店
商品经理　3号店
商品经理

产品部门化

硬货
买手　软货
买手

买手应知晓商品企划部门与组成店铺组织架构的其它部门的关系。作为买手，你应当对店铺中其它部门有具体的认识，并大致了解每一位员工所承担的职责。例如，在许多大型百货公司，销售人员可能是人事部门聘用的，但商品企划部门可能要负责对他们进行产品知识培训。

买手必须与促销部门紧密合作，提供广告或促销所需的产品信息，买手还必须保证在广告发布前店铺的商品备有库存。

控制部门会开发出店铺要用的记录和控制系统。信息应由买手输入，而这些记录与报表在他们追踪库存水平和作出采购决定时会很有用。买手的预算也是由控制部门审批的，有些店铺要求买手的商品计划在执行之前要通过控制部门的审批；发票也是由该部门给付的，他们的及时付款让买手可以利用供应商提供的现金折扣。许多零售商设立了 IT（**信息技术** /information technology）部门来管理整个店铺所需的电脑。

营运部门对于买手来说是另一个重要合作伙伴。这个部门负责收货、给商品打上标签、并将准确无误地打上标签的商品快速送到销售区域，他们还负责库房里的商品。买手采购的商品如果不送到销售区域，就无法进行销售。

零售店铺的组织架构越来越大，越来越复杂，买手必须了解他们工作的店铺的内部环境。买手不可能单枪匹马地开展工作，如果买手要成功，如果店铺要满足顾客的需求，那么所有部门间的合作与协调不可或缺。

为你自己的店铺买货

你的社区里可能有许多独立公司，如邻家的食品杂货店、五金店、家具店、服装店或鞋店。单体、小型、独立店铺是我们经济的重要组成部分。事实上，美国企业中几乎有半数是由一两个人全权运作的，通常是店主及其配偶、拍档或店员。

在小型独立店铺，店主负责企业经营活动的方方面面，包括所有买货职责在内；因而他或她必须对买货过程有充分的了解。店主不仅要决定为店铺采购什么，而且在商品送来时还可能要收货、验货以及给商品挂上标签，并且很可能还要负责销售。

由于买货和销售活动通常都是由店主在进行，选择顾客需要的商品可能要比大部分全国连锁店容易，因为店主日复一日直接与顾客接触。此外，由于店主正在销售的产品都是由自己采购的，他们很可能非常了解商品，从而对销售充满热情。

千变万化的消费者和虎视眈眈的大型零售商结合在一起，对小型独立零售商来说危机四伏。他们是否还有未来？答案是肯定的，但如果在经营行为上没有一些鲜明的变化是行不通的。阻止像 Walmart 这样的大卖场进入社区只是权宜之计，抵制大型零售商并非良策；小型零售商必须减少或尽可能消除与大型竞争对手之间的对比，让自己与众不同。

与大卖场竞争的策略

独立零售商必须仔细研究他们的细分市场，他们需要弄清楚自己的顾客还会去哪里购物——不管是大商店还是小店铺，然后他们需要去了解这些店，多多益善。玩具零售商应该要知道 Toys "R" Us，成衣零售商要经常跑跑 Forever 21 和 H&M 这样的商店，了解顾客为什么要在那里购物，他们要把自己放在顾客的立场上考虑。独立零售商从他们与大卖场的竞争中学习到的东西越多，就越能在竞争中立于不败之地。大多数小型独立店铺无法在价格和花色品种方面进行竞争，如果顾客想要的是最低价格或大量品种，那么大卖场就赢了。小型独立店铺不能生搬硬套大商店的做法，这些零售商必须另辟蹊径。

小型零售商要知道自己在什么地方会有胜算，在什么地方赢不了。他们采购的商品不可能拿到与大型零售商相同的优惠价格，也不能长期依靠低价进行销售，他们无法从供应商那里得到大型商店才能获得的优惠，无法即时补足存货，也不可能像大商店一样低成本地经营业务。不过，他们还是有一些策略可以实施的。

大部分大商店里经营的商品都不够时尚前卫；这样很安全，但也很乏味。独立店铺要去物色有新意有创意的供应商，并从他们那儿买货。他们要避免经营太多基本商品，那么做虽然可靠，但从商品组合以及盈利能力上看没什么帮助。他们应选择能增添店铺个性，使其与众不同的商品——与大商店经营的品牌不要有雷同。

大部分大商店很少或几乎没有客户服务，这对独立零售商来说真是天赐良机，让他们可以遥遥领先于大型竞争对手。他们需要向购物者提供真正的客户服务，销售人员要熟知所售产品，随叫随到。

大部分大型零售商对科技是非常依赖的，小型零售商要善于利用现有的技术，但不要变成它的奴隶。在小店铺里与销售人员接触对顾客来说应该成为一种鼓舞人心的体验，即使电脑死机了，这些销售员应该还是能做成生意。

许多大型零售商给顾客展现的是"低价"形象，小型独立店铺应尽可能不要把价格当作武器使用。清货应当真的是特别活动，减价幅度要大，促销要强势，目的在于快点卖光老的商品，尽可能快地获得新的商品。

小型零售商获得成功的关键因素之一是对提供给顾客的商品够专业、有热情。大型连锁店并非没有销售专家，但实属凤毛麟角。这种缺失给那些真正懂得产品的小型独立零售商创造了完美的机会。

独特的商品是小型零售商成功的另一关键因素。大部分连锁店都没有能力实施标新立异的商品计划，即使他们一开始是由于独树一帜而开创事业并走向成功之路，但其规模终究造成他们的固步自封。最为独特的一个营销想法不属于连锁店，而是出现在康涅狄格州的 Stew Leonard's 超市。Stew 为店铺的顾客开展了一场"迪斯尼乐园 Disneyland"活动——从宠物动物园到会唱歌的机械动物应有尽有，这种方法奏效了——停车场几乎每天都爆满。

　　对小企业来说，最重要的关键成功因素也许就是全心全意地对待顾客。许多零售商只是把"顾客是上帝"挂在嘴边，几乎没有人会真心实意去这么做。一旦小型零售商知道了他们应该要怎么做，营销和广告宣传就容易多了；他们会更容易辨别出新产品给店铺带来的机遇。更重要的是，顾客感到满意了，就会纷至沓来，他们会找到来此购物而不是去几英里之遥的大型零售商那里的理由。

衡量战略决策是否成功

　　独立零售商或大卖场零售商如何得知他们实施的策略是否成功？正如你们在前一章里学到的，有很多量化绩效指标可以用（如累积加价率、库存周转、销售额、利润等等）。因为小型企业主需要监控的不仅仅是公司的采购 / 买货职能，他们首先要做的可能会是计算利润。**利润**（profit）是指**毛利**（gross margin，销售额减去售出商品的成本）减去营业费用后剩下的金额。大部分零售商有会计人员定期追踪公司利润，然而管理层仍然要去确定需要实施怎样的战略转变来提高总体利润状况。

　　一般来说，利润会显示在**损益表**（income statements 或 profit or loss statements）上，其中包含五个主要组成部分：

- **净销售额**（net sales）代表实际发生的销售额，换句话说，净销售额等于总销售金额减去顾客退货金额。
- **售出商品成本**（cost of goods sold）代表在某一段时间内售出的商品的实际成本。
- **毛利**（gross margin）是售出商品成本和净销售额之间的差额，这个差额覆盖店铺的营业费用和预期利润。
- **营业费用**（operating expenses）是企业经营发生的费用。薪资、租金、广告以及公用事业费都是营业费用。商品的成本不是营业费用。
- **利润**（profit）是从毛利中减去营业费用以后剩下的金额。如果一个企业的营业费用高于毛利，那么就是亏损。

　　详细的损益表包含更多内容，零售商会仔细查看；然而，大多数买手和跟单做的决定可能只会影响净销售额和售出商品成本。在这一章中，我们只研究上面列出的五项主要组成部分。下面的公式说明这些组成部分如何用于确定以币值金额计算的利润：

净销售额 – 售出商品成本
= 毛利 – 营业费用
= 利润 / 亏损（税前）

然而，像这样的原始数字对买手和店主来说要作出比较很困难。例如，从一个阶段到另一个阶段营业额大幅度增加，营业费用也相应增加。在这种情况下，利润金额也许会更大，但占总营业额的比例更小。因此，更为重要的是以每个组成部分的币值除以净销售额的币值来计算这些组成部分所占的百分比。接下去的例题展示了如何运用这个公式。

例题

在一年当中，某花商的净销售额为 200,000 美元，售出商品成本为 105,000 美元，营业费用总计 75,000 美元。完成损益表，说明每一个组成部分的币值和百分比。

题解

首先，在经营收支表中代入你已知的信息如下：

净销售额	$200,000
– 售出商品成本	$105,000
= 毛利	
– 营业费用	$75,000
= 利润	

下一步，从净销售额中减去售出商品成本，得到毛利；因此，毛利等于 95,000 美元（200,000美元 –105,000 美元）。然后，将毛利减去营业费用计算出利润。在这个例子中，利润就等于 20,000 美元（95,000 美元 –75,000 美元）。

现在你需要将币值转换为百分比如下：

净销售额	100.0%($200,000/$200,000)
售出商品成本	52.5%($105,000/$200,000)
毛利	47.5%($95,000/$200,000)
营业费用	37.5%($75,000/$200,000)
利润	10.0%($20,000/$200,000)

如果利润百分比没有达到零售商的期望值，对公式的每一个组成部分进行仔细研究将帮助他们制订未来的战略决策。这一基本公式揭示了有三种途径可以提高公司的利润业绩：（1）提高销售额；（2）降低售出商品成本；（3）减少营业费用。零售商可以决定对一个或所有组成部分转变策略，不过，要做决定必须谨慎，以免利润受到负面影响。

例如，零售商通常会通过降低零售价或投入更多广告来提升销售额，但是这两个策略都需要花钱，增加的销售额必须要补偿因广告而增加的费用或因售价降低而减少的收入。零售商会寻找一些花费少的策略来增加销售额——例如，将商品挪到店铺中更好的位置，或对销售人员进行更好的培训，让他们提高平均销售额。

公式还揭示出，可以通过减少售出商品成本来提高利润。同样，零售商必须仔细考虑他们打算实施的任何策略。例如，找到以较低价格出售同类产品的不同供应商可以降低商品成本，但是新产品可能不适合顾客的口味，使得销售下降而不是提高。另一种方法是从供应商那儿获得数量折扣，达到更低的商品成本。

最后，根据公式看，减少营业费用会增加利润。同样，零售商必须查看他们的每一项支出，分析某个变化可能会对销售产生的影响。例如，减少员工数量能降低营业费用，但这一举动会引起客户服务减少，并可能会降低销售额，从而导致利润减少。

像商品成本百分比、毛利百分比以及利润百分比这样的量化绩效指标警示零售商，如果他们未能在这些方面达到既定目标，那他们的策略可能需要有所变化。可以采取五花八门的战略决策，不过在同一时间作出太多改变不会有好处，因为这么做的话，要确定是哪个改变对利润产生了影响就会很困难。无论是大商场还是小店铺，零售商必须不断监控这类绩效指标，研究他们的决策给企业的全面成功带来的影响。

要点总结

- 个体店铺的组织方式造就了其独特性，店铺的组织架构也会影响到该店铺是如何实施买货的。
- 在许多小型独立店铺，一般由店主负责买货和销售职能。然而，随着店铺发展壮大，就需要部门化的经营方式。
- 零售商店有三种部门化经营方式——职能部门化、产品部门化以及地区部门化。零售店在其组织架构中可以采用这些部门化经营方式中的任意组合。
- 随着店铺的扩张，店主开始探究令他们的营运获利更多的方法。许多连锁店采用集中买货，所有买货工作都掌握在商店总部的手中。
- 集中买货通常以三种形式之一出现——集中商品企划方案、仓库调拨方案或价格协议方案。
- 零售店铺几乎不会采用完全相同的方式组建。作为买手，你必须了解你所工作的店铺是如何组建的，以及对每一个部门如何运作要有个总体的认识。
- 要想获得成功，买手必须与其它部门协调工作。
- 计算并运用利润百分比作为量化绩效指标来评估战略决策的成败。

复习回顾

零售买货词汇拓展

如果你的词汇表里没有下面这些词，请参考书后术语词汇表。

集中商品企划方案	central merchandising plan
集中买货	centralized buying
连锁店	chain store
售出商品成本	cost of goods sold
百货商店	department store
部门化	departmentalization
折扣百货商店	discount department store

职能部门化	functional departmentalization
地区部门化	geographic departmentalization
毛利	gross margin
硬货	hard lines
损益表	income statement
IT（信息技术）	IT (information technology)
净销售额	net sales
营业费用	operating expenses
组织架构图	organizational chart
直销型折扣店	outlet store
价格协议方案	price agreement plan
产品部门化	product line departmentalization
利润	profit
损益表	profit or loss statement
软货	soft lines
专门店	specialty store
超级市场	supermarket
仓库调拨方案	warehouse requisition plan

阅读理解

1. 阐述对小型独立商店店主来说，买货可能要比集中化买手更容易的原因。
2. 比较及对比部门化经营的三种方式，说明零售策略的组成部分。
3. 阐明商品企划部门与其它部门之间协调的具体方面。
4. 阐述集中买货的主要缺点。
5. 列举并探讨集中买货的主要优点。
6. 比较及对比集中买货的三种形式。
7. 哪种方案的集中买货给予店铺经理最大的自由？加以解释。
8. 描述集中买货会怎样改善店铺的商品供应？
9. 描述总部买手进行书面沟通的重要性。
10. 区分百货商店与折扣百货商店之间的差别。

分析与应用

1. 集中买货的缺点是否严重到足以阻碍零售连锁店未来的成长和扩张？解释原因。

2. 试讲述不再与顾客直接接触的买手要怎么进行商品选择才能比店铺或部门经理做得更出色。

3. 作为公司总部的买手，试概述你会采取哪些步骤让经理们和销售人员对你采购的商品充满热情。

4. 作为总部买手，打造一个你能实施的计划，让经理们可以参与到商品选择的过程中来。

连接网络

1. 利用互联网查找表 3.1 中列出的排名前十的零售商中一家目前销售额及零售店铺数量，讲述可以解释在这两方面上升或下降的任何基本原理。

2. 利用互联网来查找某一重要零售商的组织架构图，描述该公司所采用的部门化经营的类型。

今日印象

Forever 21：提供更快速的时尚

Forever 21 是一家美国连锁的服饰专卖店（销售年轻人的时装和饰品），在美国及世界各地都有分店。在短时间内，该连锁店就赢得了为顾客提供更快更便宜的时尚的声誉。这家公司于 1984 年由韩国人 Dong-Won Chang 和他的妻子 Jin Sook 在加利福尼亚州的洛杉矶市建立。到 1997 年，已经有了 40 家连锁店，在加拿大和亚洲市场也开始扩张。最近，在欧洲有新店开张——2010 年在英国，之后的 2011 年，在爱尔兰、西班牙和奥地利又有新店开业。2009 年，Forever 21 的销售额约 23 亿美元。今天，这家快速发展的零售商运营着 Forever 21，XXI Forever，ForLove 21 和 Heritage 1981 品牌旗下的 450 多家店铺。

今天，百货商店的销售可能比较迟缓，但低价位、快时尚品牌的专卖店销售方兴未艾，而 Forever 21 就是这一领域的领导者之一。他们是怎么做到发展这么快速的呢？大部分设计师要用好几个月的时间才能将那些在秀场上崭露头角的时装引进店铺，而 Forever 21 在六个星期里就推出了根据同样的时装重新演绎的衣服。凭借着对流行趋势的不懈追求和对日益广阔的市场的不断适应，Forever 21 已成为零售业大腕，正与欧洲出身的 Zara、Mexx 和 H&M 等快时尚巨头展开竞争。它提供的花色品种也更多。在美国，店铺一般都有 2,300m² 大小，基本上是许多 Anthropologie 或 GAP 店的五倍大小。他们的成功可能还要归功于该公司能针对本地社区特制商品。他们不在每家店铺经营同样的商品，最时髦的款式只提供给特别的几家店。

该连锁店的核心市场是十来岁及年轻的成年人，管理层还在想方设法扩大连锁店对核心市场之外的吸引力。最近有两家最大的门店（8,000~9,000m² 的超大店铺）在加利福尼亚和纽约开业，店铺摩登而雅致，墙面用白色喷漆和镜面装饰，水晶枝形吊灯照明，透明玻璃展柜陈列商品。商品种类繁多，款式从时髦到成熟，应有尽有，包括儿童系列、加大码系列、鞋类、化妆品以及五光十色的饰品。连锁店还发布了一个化妆品系列，没有一款要价高于十美元。店铺还试水了设计师系列，有 Brian Lichtenberg 的 T 恤系列和 Petro Zillia and Rory Beca 的其它系列。

管理层正在作出改变，以便保证持续性发展。该连锁店是否能在店里保持全新的设计，给消费者提供低价位、快时尚？

Kohl's：百货商店的折扣店策略

Kohl's 正在其发源地中西部以外快速扩展，并从全国零售商手中夺取市场份额。Kohl's 以威斯康辛州为基地，销售中等价位的服装、鞋类、饰品及家用产品。连锁店定位在像 Macy's 和 JCPenney 这样的大型购物中心式百货商店与像 Walmart 和 Target

这样的折扣零售商之间的缝隙市场中，生意蒸蒸日上，而且表现优于一些比它大的竞争对手。

Kohl's 在人口密度很高、家庭收入至少在 48,900 美元以上的市场中开设店铺，店铺的选址主要是在有其它知名零售商存在的沿街购物中心。沿街购物中心有现成的停车场，也有着那些想要避开封闭式购物中心熙熙攘攘的人群的顾客。

分析师将 Kohl's 的成功归因于店铺面积相对较小，以及销售人员极少的低成本结构，出于这个原因，Kohl's 能以有竞争力的价格推出知名品牌的产品。Kohl's 店铺既有百货商店的全国性品牌，又结合了折扣购物和集中结算的便利。

Kohl's 商店有着百货商店的氛围，陈列引人注目，设施标识齐备，但它与百货商店的相似之处仅此而已。它不像区域性购物中心，无需支付高昂的租金，营业费用尽在掌握之中。Kohl's 还有意迁入空置的现成大楼中。

商店通常占一层楼面，约 8,000m^2，布置成跑道的样子，商品沿着四周及在中心位置摆放。商品组合中有 25% 的家用品（家用棉织物、家用器皿、家用装饰品）以及 75% 的服装。店内 80% 存货由全国性品牌——从 Bugle Boy 童装到 Oneida 餐具，还有 Norton McNaughton 服装——组成。收银机集中在一起，而不是星罗棋布，这样使员工数量减至最少，并保持很低的管理费用。有些评论家说这一策略有其缺点——主要是客户服务差，例如，由于店里结账用的是相同的出口，顾客在集中收银处大排长龙，移动迟缓。

看来吸引顾客回头的是品牌和价位。零售分析家将 Kohl's 的发展归因于低成本结构，先进的自动化控制系统，与关键供货商之间的牢固关系，以及卓越的执行力。Kohl's 有着积极进取的经营方式，牢不可破的供应商关系，以及专心致志的管理队伍，还得益于其先进的商品企划系统，这些系统使店铺管理层可以提高追踪库存以及解读销售数据的能力。

根据其过往的表现来看，Kohl's 这一零售综合体必将成为更多百货公司及折扣商店未来将要应付的竞争对手。

百货商店的零售买手工作与 Kohl's 的买手有什么不同？折扣商店的零售买手工作与 Kohl's 的买手有什么不同？

未来趋势

百货商店已走向穷途末路？

在 21 世纪初，流传着关于百货商店的可怕的预言。它们还会继续存在下去吗？事实上，在过去十年时间里有 326 家百货商店关门。百货公司的数量也受到了合并的影响，随着合并之风愈演愈烈，百货商店关门的步伐很可能会加快，特别是合并后的公司在同一家购物中心或邻近地区有两家或多家分店的话。

另外，百货商店现在不得不去适应市场上新的现实和购物者不断改变的偏好。例如，许多百货商店由于从他们的商品组合中取消了某些产品品类而失去了一站式购物的吸引力。一些百货商店过度依赖于非独家品牌，而现在这些品牌在其它店铺中随处可见。再者，有些购物中心在交通拥挤的地区，许多百货商店在其中的位置非常不便。

是否可以创造出一种新的百货商店模式呢？近来，Dillard's 百货商店成功转型，将公司从销售徘徊不前、利润不断下降的情况中扭转过来，并跻身于《财富》杂志

2010 年表现最好的十佳股票行列。管理层注重三项策略：（1）清理销售业绩差的店铺；（2）更好地追踪存货；（3）采购品质更好的产品。为了精简其采购策略，Dillard's 采购了量更少但品质更高的品牌，在店铺顾客中引起强烈反响。最后，他们将大部分店铺改成精品店的感觉，使自己的定位界于 Macy's 和 Bloomingdale's 之间，而不是与 Kohl's 之类的折扣店竞争。

其它百货商店可能不得不采取类似的策略。多年以前，每家连锁百货商店都有不同的观点，他们中有许多店铺都独树一帜。今天，大部分百货商店实质上可以互换——看上去几乎是一样的，产品种类也完全相同。百货商店需要让人有新鲜感，要走在流行的前端，而市场营销工作则需要加强这种兴奋感。

百货商店商品组合中，商店自有品牌所占的比例将会，也应当会越来越多，但热销的全国性品牌也很重要，他们不能与最新的名牌产品步调不一致。百货商店必须未卜先知，找的产品要适销对路，符合顾客多变的口味，还必须要以光一般的速度来回应消费者趋势。最重要的是，百货商店必须向顾客承诺高水平的服务，并且履行诺言，说到做到。

今后十年对百货商店来说将是十分关键的，他们必须自寻出路，将自己与其它零售企业区分开来，顾客的购物习惯在不断变化，要创建出能吸引顾客并留住他们的商店。Dillard's 告诉大家，百货商店并未走向穷途末路！

第二部分

准备制订买货决策

第四章

为制订买货决策而获取帮助

行动目标

- 描述零售买手如何运用市场调查
- 区分一手资料和二手资料的差别
- 了解能帮助买手的信息来源
- 了解制订买货决策所需信息的内部和外部来源
- 解释买货办事处对买手的重要性
- 区分不同类型的买货办事处
- 列举并说明买货办事处履行的服务
- 概述选择买货办事处的流程

作为一个买手，你不应该坐在办公室中孤军奋战。在制订决策之前，买手们通常会进行某种形式的市场调查，内部和外部的各种信息来源会有助于你预测消费者需求及进行采购，你还应该物色尽可能多的信息来源，并且加以利用。不过，值得怀疑的是仅靠其中任何一种来源，是否足以提供给你所需的全部信息。

市场调查

市场调查（marketing research）是指对与市场相关的问题进行收集、记录并分析信息的这一系统化的过程。好的市场调查必定是以综合全面、循序渐进的流程进行的，绝不能是杂乱无章的。市场调查涉及到使用从许多不同来源得到的信息或**数据**（data）。作为买手，你要做的不仅仅是必须能找到信息来源，还必须要能分析及运用你收集到的信息。

运用市场调查

最常用的市场调查之一是查找能说明现有经济形势与市场条件的信息，这会帮助你更好地了解你们店铺所处的经营环境。另外，许多店铺想要建立关于顾客在年龄、经济收入、受教育程度以及消费模式等方面的档案。建立顾客档案能帮助你做好日常的商业决策，比如选择采购什么产品，以及选择采用哪种促销方式，你也会对潜在市场的规模以及潜在顾客住在何处感兴趣。市场调查还能用来确定某一地区的失业率、新房开工率，或类似的能用于预测未来销售情况的经济数据。买手可能会用到的经济数据列举在表 4.1 中。你能看到，在制订决策时，买手往往会面临着相互矛盾的数据。

表 4.1　买手可以用来进行预测的几种经济数据

施工许可证 每个月发放的施工许可证总数	↓	−0.15%
耐用品未完成订单 生产厂家未完成的耐用品订单的变化	↑	+0.23%
商品价格 敏感材料价格的变化	↓	−0.04%
股票价格 500 种普通股的平均价格	↑	+0.13%
消费者信心 消费者对经济健康情况的期望	↑	+0.03%
新的工厂、设备 合同和订单，工厂和设备	↓	−0.22%
申请失业金的人数 每周申请失业救济金的人数	↑	+0.15%

对所有经商者来说，如果想要在市场上保持竞争力，满足顾客的欲望和需求，市场调查都是至关重要的。你获得成功的关键将是比你的竞争对手更了解顾客。好的市

场调查让你可以预见并利用顾客身上发生的变化；而对顾客身上发生了什么不够关注的话，就可能导致一些决策失误。最重要的是，市场调查会有助于你不再依靠天马行空的猜想进行决策。

市场调查如何进行及运用将受到店铺规模的影响。大多数小规模零售商承担不起实施和分析数以百计的顾客调查所花费的财力和时间，他们通常依赖于报刊杂志上报道的通用信息。有些零售商广泛采用非正式的方法进行调查——他们对顾客进行观察，或是让店员在顾客完成采购时提一些简单的问题。许多大型零售商拥有他们自己的市场调查部门，会不断地关注他们的顾客以及商界情况。你会在这一章中看到，也有很多私人公司专业从事市场调查活动，许多零售商会向他们购买服务。

市场调查不一定要花很多时间、很多钱。简单比较今年与去年同期的销售数字也是市场调查，观察在购物中心里青少年最常穿的服装的颜色也是市场调查，将报刊杂志上谈到产品趋势的文章保存在文件夹中也是市场调查。市场调查活动对你作为零售买手的成功至关重要。

收集数据

为了帮助你进行决策，你的市场调查可能会包括一手资料、二手资料，或是两者兼而有之。第一步应该是查找所有相关的二手资料的来源。**二手资料**（secondary data）是指已经存在的资料——其他人已经为你完成了这项工作。政府机构与行业杂志、新闻报纸以及行业协会一样，都是二手资料的绝佳来源。除了能很快获得大部分二手资料之外，你还能以非常低的成本或者几乎不花钱就获得大量信息。然而，有些二手资料可能不适用于你的目标——它们太笼统或不够完善。其它的二手资料则可能老旧过时了，比如说，人口普查数据每十年才采集一次。在很多情况下，二手资料不能给你提供进行决策所需的全部信息，那么你就可能需要收集一手资料了。

一手资料（primary data）是指为了手头特殊目的而收集的信息。采用一手资料的关键优势正是这些信息与正在调查的问题密切相关。采集一手资料通常是通过采访个别消费者，或是一小群消费者。然而，获得一手资料对你们店铺来说可能要花不少时间，费用也很高。

分析并解读数据

当你进行市场调查时，你在寻找的是答案，而不只是信息。你的工作是研究所采集到的数据，并确定这些数据的含义。例如，如果获得了一些二手资料的来源，你必须整理并总结相关信息。如果你进行了一次顾客调查，一旦所有回应都整理成表格了，你就需要分析这些数据。

仅靠你收集到的数据本身通常并不能立即带来解决问题的办法，你必须在对收集到的数据进行解读的基础上才能得出结论、给出建议。换句话说，你必须作出决定：要买多少货？要买什么款式和颜色？从哪个供应商那儿进行采购？要给哪些店铺储备什么型号？应该从库存中清除什么商品？应该增加什么新产品？作为一个买手，你将要面对的问题不胜枚举，但是有了好的市场调查以及其它渠道的协助，你将能一一解答这些问题。

在查找信息的过程中，你能获得各种内部和外部的信息源。尽可能地利用这些信息源，别害怕开口寻求帮助。阅读未来趋势"运用不同的零售业态来扩展目标市场"，了解零售商如何在市场调查结果的基础上尝试不同的零售业态。

内部信息源

内部信息的主要来源有（1）店铺记录；（2）管理人员；（3）销售人员。每种来源都能在你进行买货决策时提供有价值的信息。

店铺记录

在大部分买货情况下，过往销售记录和库存记录会成为最重要的信息来源。分析店铺记录对所有买手来说都很有必要，但是对那些身在零售连锁店总部的买手来说特别重要，这些买手可能没那么容易接近店铺层面的经理与销售人员。越来越多的零售商更关心追踪关于顾客的信息，而不是仅仅关注总销售额。例如，店铺记录中的信息可能会揭示顾客一般会一起购买的产品类型，数据可能会显示出购买某一特定产品的顾客的特征。这些情况涉及数据仓储及数据挖掘技术，具体将在第五章中讨论。

依赖于销售记录和库存记录来预测消费者需求的主要局限在于它们只能告诉你顾客过去曾经买过什么或者没有买什么。当顾客来到你们店里或你们部门却没有买东西时发生了什么情况？销售记录和存货记录反映不出如果当时商品有库存，顾客会购买什么东西。有些顾客当时要找的商品在你们店里暂时断货，或是根本就没有，那么这样的销售数据就无法揭示对那些顾客来说本来可能会产生什么样的销售。

有些店铺运行着正规的**缺货单系统**（want slip system），每次当顾客要求的产品没有库存时就填写一张表格。如果你们采用这一系统，就需要让销售人员牢记：当顾客问到的商品已经脱销，或是你们店里本来就没有时，保留确切的记录并花点时间填写表格十分重要。然而，你们不可能满足每一位顾客的要求。如果你们的顾客提出大量相似的要求，那么对缺货单的分析能有助于规划未来的商品分类。

应该让销售记录和存货记录对你有用才行。如果你仔细分析这些记录，你的商品采购计划会更符合顾客需求。此外，店铺记录是验证你的预测与实际发生的销售相比是否准确的唯一方法。阅读未来趋势"会员卡：怎样才能让零售买手从中获益？"了解更多关于买手可以从顾客通过会员卡的交易中得到哪些信息。

尽管店铺记录可能是最重要的信息来源，仅靠这些还是不够的。在最终制订买货决策之前，你需要采用其它内部信息源，以及外部信息源。

管理人员

在大商店里，在规划采购决策时你很可能需要与商品经理商量一下，在批准你的商品计划之前，商品经理可能会提议做些改动，他或她应该还能给你在预测未来经济形势与市场趋势方面提供有价值的帮助。你对买货计划的预算要获得批准，还会需要咨询财务主管。

身处公司总部的买手应该向店铺经理征询意见和建议。简短的电话交流就会让这些经理深感自己参与了买货过程，并且很可能会对销售你订购的商品更积极、更热情。关于消费者需求的重要信息从店铺记录中可能不容易看出来，但很可能会从电话里有所发现。小型店铺店主可能没有办法从其他管理人员那里听取建议，因此，采用外部信息源对他们来说至关重要。

销售人员

你应该尽可能地从店铺销售人员那儿听取意见和建议。从记录中也许能看得出来什么商品好卖什么不好卖，但只有销售人员才能告诉你这些商品为什么好卖或者不好卖。

销售人员经常与顾客接触，能知道顾客的欲望和需求是什么，而这是从销售记录中看不出来的。事实上，由于销售人员就是典型的顾客，他们可能对正在考虑中的新产品的销售潜力更有判断力。不过，有些销售人员可能无法将自己个人的好恶与顾客的好恶区分开来。

对顾客来说，销售人员是店铺的个人代表，作为这样一种角色，他们能够为你进行一手调查。如果你们店里没有采用缺货单系统，向销售人员咨询就能了解到他们是否被问及店内没有在销售的商品。销售人员还能简洁快速地提一些对你很重要的问题，例如，他们可以询问顾客以往购物的满意度，或者了解什么货是店里不经营但顾客想要的。

通过电话交谈或店铺会议，你应该能看出来哪些销售人员最有洞察力，能给你提供真实的反馈。与这些销售人员交谈，讨论应该备什么货，让他们察看新产品样品，表达他们的观点，说说是否应该采购这些产品。他们的意见可能会支持你从其它信息来源中了解到的情况，也可能会给你完全不同的看法，导致你改变计划。

如果有可能的话，去销售区域看看。在店铺总部工作的买手应该定期访问附近的店铺，观察顾客的举动。到销售区域去进行明察暗访，看看哪些款式、颜色和面料受到顾客的欢迎。进行个人接触所带来的问题是你的注意力可能会被商品企划类活动所吸引，从而使访问难以进行。然而，访问店铺对你可能会有好处，销售人员更为热情，在你制订买货计划时你会考虑更多的专业知识。如果你从销售人员那里征求意见和建议，郑重其事地用你自己的话向他们表示感谢，告诉他们这些建议对你很有帮助。

一旦你已穷尽店内所有信息来源，就向外部信息来源寻求帮助。不过要记住，从这些地方获取的信息反映的是全国或行业趋势，而不是本地市场的趋势。

外部信息源

当你进行采购决策时，你可以从店铺以外的许多信息来源获得帮助，其中包括：（1）顾客；（2）杂志及行业出版物；（3）供应商；（4）行业协会；（5）比较购物员；（6）流行预报员；（7）报告服务机构；（8）互联网；（9）买货办事处。你要采用多少种外部信息源，采取哪几种外部信息源，取决于所售商品的种类，以及你有多少时间。

顾客

一些大型零售商有能力进行正式的市场调查，可以通过调查问卷去确认顾客的欲望和需求。然而，顾客调查也可以是非正式的。你自己或是你们店里的其他员工都可以在销售区域与顾客简短地交谈几句，或是在店里观察他们，这两种活动都属于非正式的市场调查。

你的顾客是否紧紧跟随流行趋势？或者他们的偏好是否倾向于经典或传统？当他们在购物时是否关注价格？还是他们更关心品质和时尚？要完全解答这些问题，很可能需要进行广泛的顾客问卷调查。不过，也有可能通过几个简单的问题就会对你们的顾客有更深入的了解。表 4.2 "类型评估" 列举了要求顾客完成的调查问卷的实例，花上几分钟时间完成调查问卷并打分，判断出你自己对于时尚的态度。你认为这个结果是否反映了真实的自我？要让调查结果对零售买手有意义的话，可能需要完成数以百计的顾客回答并整理成表格。

表 4.2　类型评估

第 1 部分和第 2 部分：用 0 到 10 分就下面每道题目给你自己打分，对非常符合你的感觉的状态打高分。

第 1 部分　　　　　　　　　　　　　　　　　　　　　　打分（0 到 10）
1. 我紧跟最新流行和时尚的潮流。　　　　　　　　　　　_____
2. 我喜欢购买顶尖设计师品牌的衣服。　　　　　　　　　_____
3. 我喜欢用自己的衣服反映我的态度，我行我素。　　　_____

第 2 部分　　　　　　　　　　　　　　　　　　　　　　打分（0 到 10）
4. 当我购物时，会先看价格标签。　　　　　　　　　　　_____
5. 我喜欢可以为全家购物的店铺。　　　　　　　　　　　_____
6. 我只在打折时购物。　　　　　　　　　　　　　　　　_____

第 3 部分　　　　　　　　　　　　　　　　　　　　　　圈出答案
7. 我喜欢随心所欲，宠爱自己。　　　　　　　　　　　　同意 / 不同意
8. 我常与他人交谈。　　　　　　　　　　　　　　　　　同意 / 不同意
9. 女性跟男性外出时应主动分摊费用。　　　　　　　　　同意 / 不同意
10. 即便雇得起帮佣，我还是愿意自己做家务。　　　　　同意 / 不同意
11. 在学习或工作中获得成功对我很重要。　　　　　　　同意 / 不同意
12. 我是个喜欢找乐子的人。　　　　　　　　　　　　　同意 / 不同意

如何评分
1. _____ 将你第 1 部分得分相加。
2. _____ 将你第 2 部分得分相加。
3. _____ 在第 3 部分：
　　　　　　　　　　如果你同意 7、11 和 12 的观点，每一个 "同意" 就在第 1 部分的总分上加上一分。
　　　　　　　　　　如果你同意 8、9 和 10 的观点，每一个 "同意" 在第 2 部分的总分上加上一分。
4. _____ 从第 1 部分的总分里减去第 2 部分的总分。（结果可能是负数）
5. _____ 如果你的得分是
　　　　　　　　　　+10 到 +30 你是新潮购物者（时尚潮人）
　　　　　　　　　　+9 到 −15 你是经典或传统型购物者
　　　　　　　　　　−16 到 −30 你是保守型购物者

　　有些店铺会组织消费者顾问团。许多百货店用的顾问团是青少年委员会，是从本地高中或大学中挑选学生代表组成的。青少年委员会的成员也有可能会作为时装秀模特，以及为特别促销提供帮助，有些成员甚至在校园里穿着来自店铺的新款商品。
　　其它店铺会设立**消费者顾问小组**（consumer advisory panels），由具有代表性的消费者组成，对店铺政策、服务以及商品组合提出建议。顾问小组通常每周会有几个小时的会谈，提出他们关于店铺活动及商品组合方面的意见和建议。

杂志及行业出版物

作为买手，你得一直走在店里销售的产品前面。你必须要在顾客能买到之前很久知道造型设计上的变化、新的材料、新的型号以及其它新生事物。你需要阅读一些出版物来更新你的知识，了解目前在新产品开发、资源信息、经济形势，以及其它市场信息方面的趋势，以加深你对消费者的了解。你还应该订阅本地报纸，并且订阅来自大都市的外地报纸，如果你住在小镇上，查阅出现在这些外地报纸上的零售业广告将提醒你注意那些最终可能会被你的顾客接受的趋势和时尚。

许多消费者杂志会报道时尚资讯。你在本地报摊上随手可以买到 Vogue，Harper's Bazaar，Jane，Elle，Glamour，Mademoiselle 和 GQ 这类杂志，让你可以跟上时尚变化的脚步。其它出版物，比如 Wall Street Journal，USA Today，Business Week，Fortune 以及 Forbes，则是了解经济形势和市场动向的最佳信息来源。这其中也有一些出版物有报道新产品、新发明的特色专栏。关于流行趋势、科技发展和各种公司的市场营销计划，以及经济发展对商业领域的冲击方面的报道也常常见诸报端。

你还应订阅与采购的产品品类直接相关的行业杂志。事实上，几乎每一种零售活动都有一些与之相关的行业出版物。这些出版物有 Women's Wear Daily，Stores，Chain Store Age，Furniture Age，Footwear News，Progressive Grocer，Hardware Age 以及 Home Furnishings Daily。这些出版物可以给你提供关于你们采购的产品的宝贵信息，例如，这些出版物大多数都会做全国性的市场调查，并报道特定产品具有代表性的顾客的信息。

供应商

提供给你商品的**供应商**（vendors）能告诉你其它零售商在大量订购的是什么商品，而且他们这里有关于商品追加单的信息，这对你是个最好的提示，能让你知道顾客对特定产品的接受程度。供应商通常热衷于传递有用信息，因为你们店铺的成功也与他们休戚相关；然而，接受忠告和让供应商来为你做决定完全是两码事。随着你们与供应商之间的合作关系的发展，你可以对这些建议投入更多的信心。

行业协会

你或者店铺管理层中的某个人应加入与你们的零售领域相关的**行业协会**（trade association），并积极参与其中。这些商业组织有着相似的特征，通常会印刷一些内部通讯，将最新趋势和市场动向告知成员；他们还为你提供机会，进行重要的个人接触，探讨关于特定零售领域的事务。（美国）零售业联合会（The National Retail Federati on）是最大、最重要的行业协会，大多数零售商是这个协会的成员。这一组织覆盖了大型零售商和小型零售商都感兴趣的领域，向他们提供出版物、音像制品和期刊。你也应该考虑加入州府及地方上的商业协会。行业协会的另一个好处在于他们基本上都会赞助作为年会一部分的商业展览，供应商在这儿展示新产品。

比较购物员

你还应研究竞争对手店铺的促销活动，研究他们的印刷广告及广播广告，获取价格与品质方面的信息。如果有可能的话，你应该去探访竞争对手店铺，看看什么东西在备货，什么东西特别陈列出来，什么东西看上去很好卖。要观察价格、花色品种、服务以及顾客对库存商品的反应。比较型购物报告还会给你提供信息，让你知道那些你们店铺没有经营的产品的情况。

如果你没有时间亲自进行比较型购物，你可能需要将这一任务交给助理买手或部门经理，或者雇佣**比较购物员（或比较购物公司）**（comparison shoppers）。这些公司在竞争对手商店里购物，提供这一地区的其它零售商在商品分类、价格和促销政策方面的情报；他们设在许多大城市里，对其客户按所提供的服务计费。

不要花太多时间窥探竞争对手，以至于忘记了在你们自己的店里要做的工作。如果零售商仅仅依靠复制其他人的价格和商品分类，几乎不会获得成功。一些店铺已经认识到，每次竞争对手改变价格时，自己没有必要也跟着调整价格；他们给顾客提供服务从而赢得赞誉。然而，许多零售商在广告宣传中强调自己会"达到或低于"竞争对手的价格，对于这些店铺来说，比较型购物至关重要。

如果可能，获取其它地理区域里与你相似的店铺的信息。在行业协会的会议上，你可以与从其它地区来的非竞争对手的买手建立关系；他们通常会乐于交换信息，因为这也有助于他们更好地制订买货决策。

流行预报员

流行预报员（或流行预报公司）（fashion forecasters）是你或你们公司可以雇佣来帮助提前数月预测流行趋势的商业顾问。流行商品千变万化，而买手必须知道流行趋势，这样店铺才会有合适的产品来满足顾客的欲望和需求。流行预报员按周或按月给其客户提供一份报告来预测消费者趋势，这些服务对长远规划最有帮助。

Youth Intelligence 是一家预报有关年轻消费者的流行以及其它趋势的公司，给 Levi's、Calvin Klein's CK line 以及 Benetton 提供咨询。公司的记者追踪时尚前沿的设计师，在伦敦、洛杉矶和纽约走街串巷，以及关注流行女装的网店，来找寻流行趋势。许多零售商常常使用不止一家预报公司，例如，Saks Fifth Avenue 给其买货办事处用了流行预报公司，也用了 Here & There 公司。预报服务可能是挺贵的，但是大部分重要零售商都认为不用不行。

报告服务机构

报告服务机构（reporting services）是报道不断变化的市场趋势的组织机构，这些市场趋势将影响到你们采购的产品。流行商品发生变化最频繁、速度最快，因此流行商品买手保持与时俱进至关重要。有些报告服务机构进行的市场调查对买手很有价值，他们的分析报告会按周或按月发送给客户。今天，互联网让信息的即时交付成为可能，突发新闻的发布不再需要等待下期通讯的发行；许多文章讨论各种主题，比如来自欧洲的最新时尚、经济风向标或者新一季的最新色彩及面料。一些独立公司向零售买手提供的报告服务如下：

- 《The Public Pulse》是由 Roper Organization 制作的月刊，报道关于"美国人在想什么、做什么、买什么"的内容。
- 《Inside Retailing》是由 Lebhar-Friedman Inc 印刷发行的双周刊，报道关于零售业策略的内容。

- 《Retailing Today》是涵盖零售行业新闻的一周七天，一天二十四小时的消息来源。

互联网

　　买手们可以运用互联网这种最新式的调查工具，数以百万计网页的存档信息，只需轻击电脑鼠标即可到手。更重要的是，买手能获得他们的行业或他们采购的产品的最新情报与信息，以往的买手们从未有过这么多唾手可得的信息，令人目不暇接。

　　例如，在 Apparelsearch.com 网站，买手们可以查找关于顾客、换算表、贸易展览、服装新闻以及设计师的信息。所有这一切只需点击鼠标；在 Fashion.net 网站，买手可以查找每日流行资讯，观看秀场视频，或是阅读流行档案；而在 apparelresources.com 网站，买手可以查找来自印度的成衣出口商名录。以前需要用几周甚至几个月时间去收集的信息，现在花几分钟就能查到；对买手来说，互联网已经证实是强大而有力的工具。

买货办事处

　　买货办事处（buying offices）是给零售商提供咨询服务的组织机构，因其在小型和大型零售商中均得到广泛应用，将在下一节中详细讲述。

买货办事处

　　买货办事处是坐落在主要市场中心的组织机构，目的在于向客户店铺提供买货建议以及其它与市场相关的服务。从根本上来说，他们作为调查者和顾问，能为店铺买手节省时间与金钱。几乎没有一家店铺负担得起在中心市场有一个常设员工；出于这个原因，许多零售商会采用买货办事处的服务。

目的与重要性

　　用了买货办事处，你虽足不出户却能感受市场的脉动，你也不再需要仅仅依赖对市场偶然性的访问来制订你的采购计划。

　　买货办事处的规模大小不一，既有一个人的小公司，也有雇佣数百人的大型办事处。在纽约，这个在美国举足轻重的时尚之都中，买货办事处星罗棋布，不计其数，其中有许多还在美国其它重要的市场中心以及世界各地设有分支机构。The Doneger Group 通过企业并购成为美国最强大的买货办事处之一，这家公司已经得以扩大其客户基础，并且发展了许多特色服务。表 4.3 展示了 The Doneger Group 各个分公司，并简述了其各自从事的服务。

表 4.3　纽约买货办事处 The Doneger Group 的分公司

商品企划	
Henry Doneger Associates	是公司商品企划分公司的基础模块，向零售买手提供广泛的咨询服务、当下商业与市场分析以及女装、男装和童装的特殊商品企划项目。2005 年，公司在洛杉矶加利福尼亚市场中心 California Market Center 成立了西岸办事处，专门研究当代、饰品、青少年装、当代男装、以及冲浪 / 滑冰生活方式的市场趋势
HDA International	该分公司从以美国为基地的各种各样的生产厂家和进口商中寻找信息、采购以及产品开发的机会，提供给国际化的零售商
Carol Hoffman	成立于 2001 年，该分公司在运动装、礼服、外套、套装、饰品及内衣等所有类别中都有着广泛的市场覆盖率
Price Point Buying	Price Point Buying 致力于寻找低价经营的女式运动装及外套，童装及男装，其目标是向零售商提供非常出色的采购机会
趋势服务	
Doneger Creative Service	这是 The Doneger Group 预测趋势和色彩的分公司，这家公司力图满足零售商、制造商，以及其它与流行相关的企业的创意需求
Here & There	该分公司在流行趋势的预测及报告方面有 30 年的经验，向零售客户提供色彩、生活方式、面料以及印花方面的预测
Margit Publications	自 2003 年以来，该分公司向零售行业提供与时尚相关的趋势服务以及流行出版物
Tobe	Tobe 分公司提供国际化零售咨询服务，以 The Tobe Report 这本发行超过 75 年的流行出版物而闻名遐迩，该分公司向许多美国顶级零售商提供深度的流行趋势及商业分析
相关服务	
Doneger Consulting	该分公司针对客户的个别需要度身定制项目，能调整项目应对与时尚相关的企业的需要，从服装到金融消费产品都可以
Online Services	自 1998 年开始，该在线分公司向其会员提供资源、信息及服务，该网站给出最新的流行资讯及商品企划情报

零售店铺雇佣买货办事处作为买货专家和顾问，当你不在市场里的时候，他们成为你的千里眼和顺风耳，不断在市场中物色新的商品，新的货源以及最好的价格。

买货办事处对零售商很重要，原因如下：

- 许多零售商越来越重视流行产品，而流行变化的速度之快要求买手跟市场不断保持联系。
- 许多买货办事处能做到为他们的客户店铺组团采购，从而降低商品成本。
- 由买货办事处代表的零售店铺能减少买手的出差次数和缩短买手的出差行程，从而减少费用支出。
- 买货办事处往往能为客户店铺带来独特的商品，大多数店铺都想要经营一些对他们的商圈来说独一无二的产品。
- 最后，作为买货办事处的一员，零售店铺可以在一起共享信息与知识。大家可以畅所欲言，分享信息，因为买货办事处是不会代表在同一个商圈里的竞争对手店铺的。

每个零售商要用买货办事处的理由可能各不相同。

买货办事处提供的服务

买货办事处通过公报和报告向客户店铺传递重要的市场资讯，并且在买手访问市场时给予必不可少的帮助。当买手在他或她的店里时，买货办事处的代表可以：

- 回应对信息的需求，主题涉及市场形势、可获得的价格和款式，以及寻找新的资源。
- 根据店铺买手的要求下订单。买手指定所需商品的类型、价格和数量，由买货办事处的代表选择供应商及具体款式，店铺买手仍然对采购负有重要责任。
- 不断物色买手会感兴趣的商品，比如新产品、新款式等，经常与店铺买手通电话，讨论新的可供商品。
- 跟进并核查货品交付。如果压力来自买货办事处，考虑到买货办事处的规模以及在市场上的地位，生产厂家会更有动力快点交货。
- 处理调整及投诉事宜。同样情况，买货办事处施加压力会比零售商施加压力更有用。
- 从若干家会员店铺那儿收集订单，以更低的成本一次性集中订货，从而给零售商省钱。
- 查找新的货源。大部分买手常常要寻找新的商品来满足顾客需要；对店铺买手来说，不可能全面搜寻整个市场，物色到新的货源；而买货办事处的代表们则更有能力执行好这一职责。事实上，许多生产厂家会因为买货办事处代表的店铺为数众多而找上门来。
- 推荐热点商品。**热点商品**（hot item）是指因为顾客趋之若鹜，买手无法保证库存的产品。所有买手对于能让店铺的投资很快产生回报的产品都很感兴趣。
- 为零售店铺提供自有品牌。许多买货办事处制订了自有品牌计划，帮助其会员店铺迎接竞争，让店铺个性鲜明。
- 提供款式、颜色及面料趋势方面的流行预测，以及市场上的新商品。
- 准备促销活动。大部分小型零售商既没有专门人手也没有资金来举办促销活动，许多买货办事处向会员店铺供应促销用的素材，比如橱窗陈列的设想、内部陈设的提示，或是广告设计的范例，甚至还可能会提供预录的时装表演解说词。
- 向客户店铺提供调查结果。信息可能来自于非正式的调查，也许是与关键店铺的代表交谈，了解什么东西好卖，或是来自于更为正式的市场调查活动，包括问卷调查和访问会谈。大多数买货办事处还会提供关于市场形势与经济趋势的分析。
- 与国外保持关系，这样可以给有兴趣做进口商品的零售商提供专家意见。

　　一旦店铺买手到了市场里，买货办事处会帮忙详细安排市场行程，让访问卓有成效。买货办事处的代表们可以在买手出差前安排好商品与货源，并安排好他或她的行程，这样可以充分有效地利用时间。大部分买货办事处向他们会员店铺的买手提供办公室和样品间，这些办事处通常会从供应商那里收集样品，这样当买手来到市场里时，可以很容易就看到样品。对买手来说，在繁忙的市场周中事先准备好样品为他们节省了时间，因为这样他们就不用访问那些样品不符合需要的生产厂家了。

　　买货办事处的代表甚至可能会按照要求陪同店铺买手参观市场展厅，不过，如果大量来自会员店铺的买手们在同一时间段出现，这样的服务就不一定能做到了。许多买货办事处还会给店铺买手预订酒店和交通工具，这些服务可能获得优惠，因为买货办事处代表大量的店铺，可能会享受到团体折扣。最后，在买手采买东西时，买货办事处能为会员店铺的信用作担保。阅读今日印象"Equatoriale：意大利买货办事处"，了解更多关于在其它国家是如何运作买货办事处的。

买货办事处的类型

　　买货办事处可以分成两大类：（1）独立买货办事处；（2）店铺所有的买货办事处。这两种类型的办事处提供的服务类型基本上都相同。

独立买货办事处

　　大部分买货办事处都是**独立买货办事处**（independent buying offices）——私人所有、自主经营。店铺买手采用独立办事处就像他们采用其它形式的商业顾问一样。这种类型的买货办事处又分两种：（1）受薪式（固定费用）办事处；（2）佣金式（商品经纪人）办事处。

　　受薪式（salaried）或**固定费用买货办事处**（fixed-fee buying office）的费用是由公司代表的零售店铺直接支付的。零售商与买货办事处签订合同，同意按店铺年销售额的一定百分比为基础支付费用，这个费用基本上在销售额的 0.5%~1%，按月付款。小型零售商由于销售额较低，每个月可能会支付固定费用。

　　使用受薪式办事处的主要是那些没有时间离开店铺频繁进行市场访问的店主和买手。一些店铺在地理位置上可能很偏，离市场很远，若店主要定期出差去市场，费用会很高。

　　佣金式（commission）或**商品经纪人办事处**（merchandise-broker office）向零售商提供类似的建议和服务，但付款的是办事处代理的生产厂商。生产厂商向买货办事处支付客户店铺采购商品额的 2%~4%。许多经纪人同时代理着几个相互没有竞争性的生产厂商。

　　商品经纪人为生产厂商另辟蹊径，帮助他们拓宽与小型店铺的联系，因为代理人能去实地访问那些很少来市场的店主。商品经纪人对于那些负担不起受薪式买货办事处服务的零售商来说极其重要。然而，你必须要认识到可能会出现利益冲突；经纪人的兴趣在于销售其代理的产品系列，即使那些东西对你们店铺来说可能并不是最合适。不过大部分商品经纪人会提供良好的服务，因为他们的兴趣在于你能长期惠顾。

店铺所有的买货办事处

有些买货办事处归其本身代理的店铺所有，大型百货商店和专门店通常采用这种类型的服务。

有些大型零售商在市场中心维持着**私家买货办事处**（private buying offices）。例如，Neiman Marcus 就是少数几家经营着这种办事处的店铺之一。这些办事处需要投入一大笔资金，但如果零售商的营业额很高，需要付给受薪式办事处的费用非常高的话，这笔投资还是有必要的。因此，对这些店铺来说，设立他们自己的买货办事处更为经济。除了不与其它店铺交换信息之外，这些买货办事处执行的功能与独立买货办事处是一样的。

选择买货办事处

要选择买货办事处，你会怎么做？首先，你需要确定你们店铺是否需要所提供的服务；然后，你需要甄别可能的选项，从中作出选择。彻底做个调查，不要害怕提问题；要求提供证明人，跟买货办事处的客户们谈谈。下面是你应该要提出的一些基本问题：

- 这个买货办事处代理哪种商品系列？他们的商品企划方法是否适合你的店铺形象？
- 这个买货办事处的规模对你们的需求来说是否太小或太大？
- 在你与买货办事处的代表交流时，是否感到气氛融洽？你觉得是不是可以跟他们那种人做生意？
- 员工的人手是否充足，可以提供必要的服务？
- 这个买货办事处是否提供证明人？
- 这个买货办事处目前的会员是谁？你应该要跟与你们类似的店铺合作，因为这样可以从信息交换中有所收益。出于这个原因，你可能不会让已经代理了你的竞争对手的买货办事处做代理；否则交换信息就可能会泄露公司机密。
- 这个买货办事处经常与哪些生产厂家打交道？
- 所提供的服务范围是什么？
- 你期望得到什么样的标准、定期的服务，来帮助你节省时间、避免无谓的出差，并提供专业的买货帮助？
- 买货办事处的成本中会加入什么费用？
- 费用是如何确定的？需要安排什么类型的合同？
- 你们是否能负担得起这些费用？
- 这个买货办事处是否会对你们另眼相看？
- 你们店铺如何从中获益？

一旦你选定了某个买货办事处，就要尽量使用它所提供的服务。阅读发送给你的公报和报告，这是买货办事处与你沟通的基本途径。你能了解到其它店铺有什么产品获得成功，还能得到新的货源信息。

去结识买货办事处将会分派给你们店铺的各个代理人，与他们建立密切的工作关系，要经常通过电话或信件交流你的想法和遇到的问题。对你和你的处境了解得越多，买货办事处为你工作起来就会越有效率。

要让你们在买货办事处的代理人提前很久了解你所计划的任何出差行程，告诉他们你有什么特别需求，你要采购哪些品类的商品。预先通知会让买货办事处中的人员能够专门为你腾出时间。

参加买货办事处为你组织的团队活动，买货办事处的实力很大程度上都建立在会员店铺相互之间分享经验的基础上。这些活动给了你机会，让你得以洞察总体的市场环境及大体趋势，深入了解供应商及商品可获性方面的具体信息，要与大家分享在你们店里成功与不成功的商品的信息。

当你不去市场时，要与买货办事处代理人交流，要建立让你们和买货办事处双方都能受益的长期合作关系，朝着这个目标努力。

影响买货办事处的趋势

在过去，零售商规模小，而且分散在全国各地，所以生产厂家和供货商要直接联络店铺会很困难，因此，买货办事处作为零售商和市场之间的纽带应运而生。然而今天，重要的零售店铺发展壮大，生产厂家有可能直接联系到他们所有的重要顾客以及未来顾客。零售合并也消除了买货办事处的很多客户；头一天买货办事处还在与一个零售商做生意，第二天那个零售商就成为一家连锁店的一员，而这家连锁店有自己的买货办事处，或是原先那家买货办事处的竞争对手的客户。对这些零售商来说，对买货办事处的依赖性在减小。

然而，有些零售商自己不容易做到买货办事处为他们提供的服务，买货办事处能为他们雪中送炭。随着许多零售商越做越大，小型零售商们有很强的需求要抱成一团与之抗衡，他们为了保持竞争力会需要买货办事处的服务。

买货办事处的未来会怎样？他们的角色是否会发生转变？一些零售分析家认为买货办事处应开始从事一些几乎从未做过的新的工作职能——那些与科技运用、店铺企划、选址以及人力资源管理相关的服务；然而，这些服务可能超出了大多数买货办事处的专业领域。有些零售分析家已经开始质疑买货办事处是否真的拥有与众不同的才能，而这可能正是零售商为什么越来越少地用到他们的主要原因。

最新的趋势是用互联网来保持买货办事处与会员店铺之间的日常联系，有什么新的进展情况可以马上得到传递，就像某个生产厂家的大量订货折扣价的消息也可以马上传递，使得零售商能够尽快利用。大部分买货办事处现在都有在线网站，会员可以凭密码进行访问。

买货办事处有些合并了，很多倒闭了，但剩下的那些似乎在商业界取得了稳固的地位。许多服装零售商需要买货办事处，这样可以有人每天为他们报道市场上的情况，告诉他们什么好卖什么不好卖。今时今日，采用买货办事处尤为重要，因为要派买手到大都会地区的市场中去的话，成本太高了。最重要的是，买手办事处对帮助小型零售商与行业巨头竞争大有裨益。

要点总结

- 买手们不是独立作出决策的。在进行采购决策以前，他们寻找尽可能多的信息并善加利用。
- 零售买手采用某种形式的市场调查来帮助自己进行决策，即使是非常不正式的市场调查也没关系。在尝试独立获得一手资料之前，买手们会先搜寻二手资料。
- 像销售和库存之类的店铺记录对买手来说是重要的信息来源；然而，这些信息只能告诉他们什么东西卖掉了，或是什么东西卖不掉。买手应联络销售人员和店铺经理，从他们那儿得到帮助，确定为什么顾客在店里购买了商品，或是为什么没有买。
- 买手可以通过正式的市场调查或顾问团从顾客那里了解信息。
- 买手需要阅读来跟上时代，要翻阅各种消费类报刊杂志，以及针对其特定销售领域的行业杂志。
- 供应商是获得信息与帮助的来源，但不应由他们为买手做决定。如果要获得成功，买手必须与其它部门协调其活动。
- 买手们必须通过比较型购物，或通过比较购物公司提供的信息来不断监控竞争对手。
- 买手们可以采用流行预报公司和报告服务机构的服务来监测零售市场上的趋势和变化，这样的服务对于了解长期趋势特别有用。
- 买货办事处充当买手的咨询师和顾问，并为会员店铺提供许多与市场相关的服务。无论买手是在自己店里还是在访问市场，买货办事处都能向他们提供帮助。
- 买货办事处或是独立的，或是店铺所有的；他们都向店铺提供相似的服务，但其区别在于如何收费以及成为会员的是谁。
- 随着零售行业发生改变，买货办事处也在变。合并时有发生，也有许多买货办事处不再营业。今天，互联网为买货办事处与其会员之间提供了即时直接的联系。

复习回顾

零售买货词汇拓展

如果你的词汇表里没有下面这些词，请参考书后术语词汇表。

买货办事处	buying office
佣金式（商品经纪人）买货办事处	commission (merchandise-broker) buying office
比较购物员（或比较购物公司）	comparison shopper
消费者顾问团	consumer advisory panel
资料	data
流行预报员	fashion forecaster
热点商品	hot item
独立买货办事处	independent buying office
市场调查	marketing research
一手资料	primary data
私家买货办事处	private buying office

报告服务机构	reporting service
受薪式（固定费用）买货办事处	salaried (fixed-fee) buying office
二手资料	secondary data
行业协会	trade association
供应商	vendor
缺货单系统	want slip system

阅读理解

1. 请描述买手可以用于解答疑问及进行决策的市场调查的一些简单方法。

2. 二手资料能给买手带来什么好处？

3. 对买手来说，采用一手资料会带来什么问题？

4. 买手进行采购决策时，最重要的信息来源是什么？

5. 讲一讲对买手来说为什么与店铺经理及销售人员接触十分重要。

6. 仅仅依靠销售记录来作出采购决策会有什么局限性？

7. 说出在大型零售店铺里可能需要有哪两个人批准买手的采购计划。

8. 说说集中化买手是如何从店铺管理人员与销售人员那儿获取反馈的。

9. 说说为什么去销售区域看看对买手很重要。

10. 说明青少年顾问团的目的何在。

11. 买手订阅来自大都会地区的外地报纸的目的是什么？

12. 买手应从比较型购物中获取什么信息来帮助进行采购决策？

13. 列举两种报告服务，并说出它们给客户提供什么信息。

14. 说说为什么买货办事处对零售商很重要。

15. 说说当买手在市场中时，买货办事处能向他们提供什么具体服务。

16. 说出固定费用买货办事处与商品经纪人之间的区别。

17. 在什么时候零售商可能会选择商品经纪人而不是固定费用买货办事处来为他们做代理？

18. 说说店铺是如何通过成为买货办事处的会员来节省费用的？

19. 说说影响今天买货办事处运营的总体趋势。

分析与应用

1. 什么原因能解释为什么大部分零售商都不收集缺货单？

2. 假设你是大型连锁专卖店的集中化买手。规划出一个能鼓励店铺经理和销售人员参与买货过程的计划。

3. 假设你是本地五金店的新买手。简单说明你将采取哪些具体步骤来寻找外部信息，帮助进行采购决策。

4. 你管理的小型男装店的店主正考虑要使用买货办事处。把雇佣买货办事处的正反两方面意见进行分类。

5. 你觉得买货办事处应该提供与科技运用、店铺企划、选址及人力资源管理相关的服务吗？解释原因。

6. 一家专营男装的买货办事处在过去三年中每年的营业额都在下跌。你会建议这家买货办事处考虑作出哪些改变?

连接网络

1. 登录 http://www.doneger.com 在线访问 The Doneger Group 买货办事处。

   a. 记录该网站提供给访问者的任何关于市场趋势方面的信息。

   b. 描述零售店铺要加入买货办事处所用的流程。

   c. 用互联网搜索引擎查找另一家在线的买货办事处的主页。阅读并分析网站上提供的信息。

   d. 说说这两家网站的相似与不同之处。

2. 作为买手,你要时刻关心产品在店里与在线上的零售价。用在 http://www.mysimon.com 找到的比较型购物网站来查找你已经知道实体店零售价格的某样指定产品的各个价格。

   a. 记录下有这种产品出售的网站的名字和网址。

   b. 记录下每个网站的零售价。

   c. 提供送货费用方面的信息。

   d. 讨论你所找到的价格的区别或共同之处。

今日印象

Equatoriale:意大利买货办事处

零售买手也可以借助于其它国家的买货办事处。例如,如果你们公司有兴趣采购意大利产品,可以考虑 Equatoriale 这家买货办事处。Equatoriale 于 1946 年在意大利米兰成立,作为一家买货办事处,它服务于全世界各地的零售商——包括连锁店、百货商店、目录购物公司、批发商以及进口商。他们并不是供应商和生产厂家的商品经纪人,他们全心全意为客户——零售及批发买手——服务。该公司专门从事的领域包括服装、成衣、针织服装、梭织品、饰品、内衣、袜类、鞋类及皮具、纺织品、家具及礼品。

Equatoriale 强调,零售买手想要采购意大利产的商品有一些重要原因。首先,意大利在时装方面的传统源远流长,意大利设计师和工匠技艺娴熟,多才多艺,在世界上屈指可数。意大利人在创造革新方面历史悠久,新的想法、概念和设计如泉涌,奔流不息,引领流行趋势。意大利的生产厂商也总能帮助买手修改和完善他们的产品,而不只是对产品进行简单复制。最后,意大利生产厂商的交货期比起世界上其它很多市场来说要短得多,这就让零售买手在生产中可以随时作出最新的改变,让他们的风险降低,站在市场变化和新趋势的前沿。

从采购进程的开始直到结束,Equatoriale 都会给买手提供所需的帮助,让他们达成目标。公司与有悠久历史的供应商有联系,这样他们能帮助买手寻找合适的供应商以及合适的价格。公司引以自傲的是他们跟随着最新的市场趋势,坚持不懈地找寻及追踪新的生产厂商、崭露头角的品牌,这样他们能确定可以满足每个买手特殊需要的最合适的供应商。

当零售买手来意大利出差买货时,Equatoriale 还为他们配备专门人员;这些代表在买手到达之前为行程做好准备,在买货行程中陪伴买手,帮助他们与供应商进行卓有成效的商业谈判，拿到最优的价格和最好的条件，并且全程跟踪订货直至最后出货。公司的目的是计划好买货行程的每一个细节，让买手能心无旁骛、最大限度地达成采购目标。

公司还安排与生产厂商的会晤，让买手在市场中的时间得到充分利用。他们也可以为买手的行程做好所有准备，给他们在当地行程中安排车辆、提供司机，或是准备火车及预订车票，他们还能以公司协议价预订或推荐酒店。

一旦下好订单，Equatoriale 与选定的供应商保持联系，确保他们遵照指令行事并遵守交期，他们还能向买手提供关于他们所采购的物品的生产、交货及出运状态的进度报告。

当你需要指导和帮助来采购其它国家的商品时，花点时间查找并调查类似 Equatoriale 这样的买货办事处吧。

未来趋势

会员卡：怎样才能让零售买手从中获益？

今天，大部分购物者的钱包和皮夹里多少都有几张会员卡。每次刷卡，他们都能在指定商品上省下钱或是得到今后购买商品或服务时可以使用的积分。然而，许多持有会员卡的顾客可能并未意识到他们也在向零售商提供关于自己的信息。

在购买图书时顾客可能会使用会员卡；一些宠物用品店向使用会员卡的顾客发放免费赠品；大部分航空旅客有至少一到两张常旅客卡，可以积点换购免费旅程。会员卡在零售业所有领域得到广泛使用，尤以连锁食品杂货店使用最多。事实上，今天在美国有超过 50% 的主要食品杂货店将会员卡计划作为其促销工作的一部分。

对零售商来说，顾客参与会员卡计划很重要，因为据估计店铺 80% 的销售是由 20% 的购物者达成的，因此了解他们最佳顾客的需求很重要，使用会员卡的顾客一般也是最常光顾的购物者。

谁在使用会员卡，这些使用者又是如何看待这些卡的？女性拥有的会员卡要远远多于男性，这一差别并不会令人感到意外，因为在大多数家庭中，主要购物者都是与 18 岁以下的孩子共同生活的母亲。在最近的一次调查中，41% 的顾客表示他们有三张以上的会员卡，55% 表示他们有一两张会员卡；几乎有四分之三的受访者说他们有航空公司或酒店的会员卡。美国东北部的会员计划参与度最高，而南方的消费者则不太愿意参加任何一种会员计划。

会员卡不仅能让店铺追踪到什么产品在动销，而且还获取到谁在购买这些商品的具体信息。有了通过会员卡收集到的如此大量的关于购物者的数据——从他们购买什么类型的可乐到是否在深夜购物——零售商能更为敏锐地捕捉到顾客的动向。通过了解哪些人参加了会员卡计划，买手们可以调整所提供的商品、店铺陈列、相邻的产品以及广告宣传工作。从理论上来说，通过这些计划，零售商能收集到关于顾客购物的信息，并通过沟通有针对性地向顾客个人提供与之直接相关的东西。

CVS 药店在 2001 年推出了会员卡计划，从而发现化妆品买手是该公司最好的顾客；美容产品搬到了大部分店铺的前面通道，而不是按照类别放在后面的柜台。Winn-Dixie 杂货店也有一个会员卡计划，该公司现在了解到有 25 种商品吸引大部分会员到店购物。Starbucks 的顾客中几乎每五人就有一位使用会员卡付款；事实上，

Starbucks 有将近两百万顾客参与了积点回馈。

尽管零售商坚称会员卡只是为了向忠实顾客提供价格合适的适当商品让他们满意，一部分隐私倡导者还是主张这里会有阴暗面存在。顾客每次使用他的卡，都会泄漏一些隐私；有些人坚持认为这卡不过是用来收集数据的手段；甚至有些倡导团体将整个网站用于根除会员卡，而且他们可能有着一定的影响力。美国西南地区的Albertsons 杂货店在 2007 年终止了会员卡的使用，最近的一项调查研究也表明零售商不需要实施会员卡计划就能与已经有这项计划的竞争对手展开有力的竞争。

但是会员卡并不只是让顾客省钱的促销工具。对零售买手来说，从顾客使用会员卡而得来的数据提供了大量信息，让他们得以更好地预测未来，掌握趋势。

采用不同的零售业态来拓展目标市场

今天，许多零售公司正通过提供不同的店铺业态来吸引完全不同的目标市场，努力拓展其市场覆盖范围。一些零售商开设零售店铺，先培养潜在顾客，再把他们吸引到公司的核心业务上来；其它零售商则在顾客的年龄超出了公司的核心业务之后，再推出对他们有吸引力的业态；另一方面，一些零售连锁店在同一市场上用不同的业态来吸引不同收入水平的顾客。这些商店在拓展其目标市场方面有多成功？

Abercrombie & Fitch 旗下的副牌 Abercrombie Kids 针对青春期以前的少年，连锁店用这一品牌来培养未来的购物者；随后，Abercrombie & Fitch 和 Hollister 店是针对同一批顾客的青春期及大学时代的；该连锁店还开设了大约 24 家 RUEHL 单体店，面向刚刚大学毕业，开始独立生活的购物者（22~35 岁），这种新的模式是为了留住这些已经过了青春期的顾客；然而，这一概念并未获得成功，所有的 RUEHL 店都于2010 年关闭；管理层将关店归咎于经济不景气。

像 Abercrombie & Fitch 一样，American Eagle 也策划将公司的品牌同时向更高及更低年龄层的人群延伸。公司在 2008 年以名为 77Kids 的在线店铺进军童装市场，而早在 2006 年，公司的 Martin + Osa 店铺就已开张，面向 25~35 岁人群。与 A&F 的RUEHL 殊途同归的是，American Eagle 于 2010 年关闭了 Martin + Osa 店铺；可以确定，这些店铺没能达到保证进一步投资的绩效水平。

Gap 采取了不同的策略来拓展其连锁店的目标市场。你能发现连锁店的所有三种模式——Old Navy、Gap 和 Banana Republic 往往毗邻而居，每种模式都是为了吸引不同的细分市场。Old Navy 对经济型和家庭购物者更有吸引力，而 Gap 一直以来吸引着那些追求时尚的年轻顾客，Banana Republic 则推出价格定位较高的流行服装。然而，即便是 Gap 这样的零售连锁店也在拓展目标市场的尝试中陷入困境。多年以来，Gap努力拓宽顾客范围——从青少年到婴儿潮出生的那代人；但店铺的注意力分散，在顾客中并未引起好的反响，连锁店不得不重新集中注意力，确定谁是他们的目标市场。

一些食品连锁店也在努力拓展目标市场。Food Lion 是美国东南部的地区性食品连锁店，采用的方法就是这种趋势的一个典型例子；近年来，该连锁店引进两种新的店铺模式——Bloom 和 Bottom Dollar——来补充 Food Lion 的模式，吸引不同需求的消费者市场。

Bottom Dollar 旗下经营的店铺秉持深度折扣理念，即少量品种与极富竞争力的低价相结合；Bottom Dollar 不提供不必要服务的方法使得零售商能给出比竞争对手更低的价格。Bloom 标志则代表了创新的店铺设计，目的在于让顾客购物更方便，并针对顾客的需要提供服务，例如在店铺前面摆放的方便外带的食品；Bloom 的商品比 Food Lion 店的选择范围更广，包括 40 多种有机商品，有像甘蔗和红色小香蕉这样的进口商品。最近，Food Lion 面临着之前提到过的其它零售商遇到的类似问题，连锁店不得不从拓展目标市场的工作中削减开支；2010 年，Food Lion 开始关闭多家 Bloom 店，以传统的 Food Lion 形式取而代之。

今天，零售商面临着来自方方面面的激烈竞争。知名零售商为了应对竞争，增加销售，尝试着创建新的店铺模式，扩大品牌效应。正如你所看到的，通过开设新的模式来延伸公司目标市场的一些尝试均未能获得成功。

零售商在超越原有核心业务，拓展目标市场的尝试中是否走得太远了？零售买手是否真的了解这些新拓展的目标市场，并能提供对新受众的需求有独特吸引力的产品？

第五章

了解你的顾客

行动目标

- 列举近期消费者市场上的人口变化及行为变化
- 列举近期消费者市场上的心理变化
- 识别不同类型的买货动机
- 讲述数据仓储技术
- 讲述数据挖掘技术
- 识别买手可以怎样运用保存在数据库中的信息
- 讲述数据库营销
- 了解数据库营销的目的
- 认识买手可以更多了解顾客的方法

在上一章中你了解到可以用市场调查来帮助买手进行决策。在这一章中，你将专注于更深入地了解消费者，认识和理解消费者将对你当好买手至关重要。在你确认并追踪消费者市场中的变化时，将会获得大量二手来源的信息；更为重要的是，今天的零售商所采用的科技让他们了解到更多关于现有顾客的信息，达到前所未有的程度。当买手进行采购决策时，这些信息的价值对他们来说是无法估量的，而且非常关键的是你理解了顾客为什么要买东西 —是什么促使他们购买特定商品，或是来你们店铺购物。

在这一章中，你将了解到消费者身上发生的一些变化，探索人口趋势、地理趋势、行为趋势以及心理趋势。当你学习数据仓储及数据挖掘技术时，你会探查顾客进行购物的基本原因。最后，通过研究数据库营销来说明零售商可以如何运用他们收集到的所有顾客信息。

引言

美国的消费者正在发生变化，而且还将不断变化下去。现有的人口数量是已知的，未来的人口趋势也可以预测；从现在开始未来 10 年的 65 岁以上人口及青少年人口数量可以准确地预测出来；这是因为那些顾客已经出生，而且预测者对死亡率有很清楚的认识，因此这些预测并不是没有根据的猜想。零售商在制订未来计划时可以放心使用人口及其它人口统计学方面的预测，买手在预计潜在市场的规模时可以准确运用这些数字。在消费者的偏好与态度方面就没有办法得到这么确切的预测了，未来的消费者想要怎样生活？他们想要购买什么样的产品？阅读未来趋势"买手们是否能够变废为宝？"了解更多关于买手是如何应对绿色环保趋势的。另外，查看图 5.1 会看到消费者最常购买的绿色环保产品的清单。

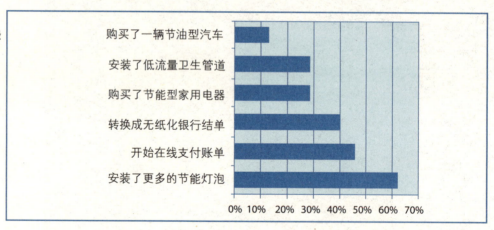

图 5.1
近期消费者的绿色行动

这些方面也能做预测，不过准确性要差多了。通过查看这些可以准确预测到的数字，买手可以提出一些问题，关于这些人群未来想从零售店铺中买到什么等方面的问题。收集这些数据没有什么神秘之处，从很多方面可以获知这些信息：政府报告机构、私人市场调查公司、商业杂志以及平时的报纸上每天都在报道这些数据。困难的是要把这些数据整合起来制订出计划。例如，得知 55 岁以上人群的市场正快速增长并不意味着零售商应放弃其青少年及年轻男士的商品部门，只关注老年消费者的商品种类。

美国今天的人口在地理分布、人种和民族组成、年龄组合、家庭类型以及经济环境方面和十年以前都有很大的不同。有四种趋势对这些变化有很大影响：美国人口南迁，全国人口增长率在过去十年中几乎有半数以上发生在南方；美国发生了"褐化"，非白种人在过去十年中约占美国人口净增长率的85%；此外，美国还在发生人口老龄化，在未来五年中，每天将有大约8,000名美国人步入65岁，而他们的寿命会比上一代人更长；美国市场还在发生性别上的变化，现在全国几乎半数的受薪工作，以及全部企业的40%属于女性所有。认清这些变化对零售商和买手来说都很重要，但更重要的是，他们要能认清这对他们的企业意味着什么。

与消费者特征的变化有关的**人口趋势**（demographic trends）变化十分缓慢，零售商无法看到这类趋势并立即随之改变策略。近期的消费者人口趋势如表5.1所示。买手们应该密切监测特定年龄组的增长率。最为成功的店铺是那些以消费者为驱动力的、并且倾听顾客的心声，每季都调整其焦点的商店。

表 5.1 按年龄组划分的美国人口：1950~2050 年

年龄 / 年份	1950 年	1975 年	2000 年	2025 年	2050 年
人数（取整）					
合计	152,272,000	215,972,000	281,171,000	357,452,000	439,010,000
0–19 岁	51,673,000	75,646,000	80,576,000	94,254,000	112,940,000
20–64 岁	88,202,000	117,630,000	166,522,000	199,290,000	237,523,000
65 岁以上	12,397,000	22,696,000	35,074,000	63,907,000	88,547,000
各年龄组占比（取整）					
0–19 岁	33.9	35.0	28.6	26.4	25.7
20–64 岁	57.9	54.5	59.0	55.8	54.1
65 岁以上	8.1	10.5	12.4	17.9	20.2

大部分零售商都擅长于锁定一个消费者细分市场，并提供满足那些个体欲望和需求的商品组合。然而，还有太多零售商并不擅长于预测其顾客的变化，他们必须对这些事件作出反应：

- 顾客的偏好及态度的变化；
- 目标市场规模的下降；
- 顾客消费模式的转变。

市场规模、顾客态度以及消费者未来的消费模式要看很多因素而定，在对主要人口趋势进行分析的基础上，这些因素是可以预测的。阅读今日印象"趋势与逆趋势买手能否预测顾客想要什么？"了解更多关于在市场上探知顾客趋势的困难所在。

当对趋势进行分析时，买手也必须认识到全国的总体趋势并不一定适用于具体的城市或地区；这些趋势只能在对特定店铺的顾客将来想要什么进行预测时作为参考使用。

识别消费者市场的变化

作为零售买手，你必须对你的顾客是谁、市场上发生的总体趋势有充分的认识和了解。下面讨论的是一些影响你作为买手进行决策的最普遍的趋势。这些趋势是个起始点；作为零售买手，你要判别和监测与你们店铺的目标顾客相关的特定趋势。买手要分析每一种趋势并且问自己："这对于我们店铺、部门或产品品类有什么样的含义？"让我们来看看一些会影响未来采购的重要的消费者趋势。

人口趋势及消费者行为趋势

买手在对消费者开始深入了解时，通常会先从了解与他们的特征及生活方式相关的趋势开始。一旦识别出了相关信息，买手必须能够在进行采购决策时用到这些信息。

婚姻状态与出生率

单身一人的家庭在数量上的增长最大，而且这一趋势仍将持续下去。根据预测，到 2020 年，中年单身者数量将剧增。自 1994 年以来，出生率保持相对稳定。总体上美国的人口增长率持续放缓。

家庭

从事工作的女性百分比上升，这意味着百货公司和专卖店需要供应更多的职业装，食品杂货店需要准备更多的方便食品——店内熟食或微波炉食品这类预制食品。工作也给顾客在时间上带来诸多限制，对她们来说何时何地方便购物都有局限性。

今天的主妇们逐渐有了"五点钟阴影"。Media-mark Research 调查显示，男性"家庭主妇"（其定义为家庭中购物最多的成员）的比例不断上升；不过，女性仍将继续当家作主，进行大多数购物——从大宗商品到小玩意儿，从服装到食品，无所不包。

年龄组和消费模式

因为自带钥匙的生活方式让年轻的孩子们身上承担了更多的负担，他们学着购物，熟能生巧，还在购物的过程中赢得了信心。图 5.2 图解说明了青少年在购买家用电脑上的影响力。阅读未来趋势"Z 世代：迄今为止技术最先进的一代人！"了解更多关于这一代年轻人的情况。

婴儿潮这一代人已近花甲之年；到 2020 年，这个人群的数量将达到 1.15 亿人至 1.20 亿人。调查表明这一长者群体将会比前几代人健康很多，而市场营销人员发现，虽然这代人逐渐衰老，但这些老年消费者依然出手阔绰。家庭越是老化，经济收入越高，消费也越多。然而零售商发现，这些婴儿潮时代的人在态度和价值观念上大不相同，因而不能视为一个单一的细分市场。由于这个群体基本上受教育程度很高，他们在孩子身上舍得下血本，购买上百万美金的教育型玩具、电子游戏机以及儿童书籍。

随着人口的老龄化，零售买手不得不为这个老年细分市场精心挑选产品。能吸引老年顾客的产品很可能需要注重舒适、安全、便捷、社交性以及怀旧感。已经有些产

图 5.2
青少年影响电
脑的购置

有为的年轻消费者为他们自用的电脑买单

购买他们自己的电脑？几乎四分之一的在线年轻消费者都是自己亲自购买电脑的，而在已购置电脑的人中有几乎四分之一是在线购买的。这些热切的买家是谁？他们来自于比那些从未自己购买过电脑的人经济收入更低的家庭，他们通过打工来赚钱购买电脑，其工作时长差不多两倍于那些没有买过电脑的人。他们对自己的投资充满热情——比起那些46%的没有自己购买电脑的人来说，54%的人坚称"在家有一台电脑对我的成功很重要"，他们选择笔记本电脑和台式机的品牌各不相同，但 Compaq 在两者中都占主导地位。

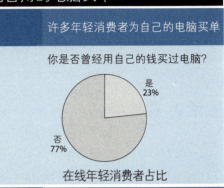

许多年轻消费者为自己的电脑买单

你是否曾经用自己的钱买过电脑？

在线年轻消费者占比

约有三分之一直接购买

你最近购买的电脑是在哪里买的？

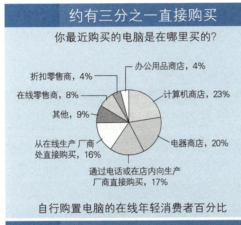

自行购置电脑的在线年轻消费者百分比

年轻而勤奋的电脑买家

	自己购买电脑的在线年轻消费者		父母为其购买电脑的在线年轻消费者	
	台式机	笔记本	台式机	笔记本
平均年龄	20	19	17	17
男性	60%	56%	51%	45%
平均家庭收入	$54,200	$68,900	$67,000	$86,000
每周在线时长	21	22	17	18
每周工作时长	11	10	6	6
在读四年制大学	55%	45%	36%	36%

Compaq 是最受年轻电脑买家青睐的选择。

你的电脑是哪家公司生产的？

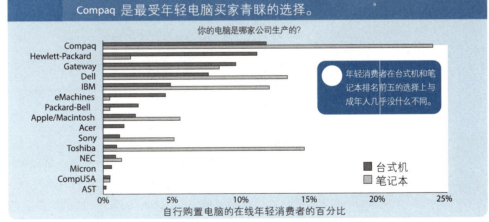

年轻消费者在台式机和笔记本排名前五的选择上与成人人几乎没什么不同。

■ 台式机
■ 笔记本

自行购置电脑的在线年轻消费者的百分比

品针对这一市场进行定位：Levi's Action Slacks 的裁剪适合丰满的体型，Bulova 推出数字更大的手表，而许多住宅安保公司也注意到了这一细分市场；此外，今天许多零售商都向年长者在每个星期的指定日子里提供折扣。

种族本源

欧洲人不再是美国种族组合中数量最多的组成部分，非西班牙语系白种人的人口增长将低于其他人种或民族种群。事实上，预计到2050年白种人将占少数（47%）；

已经达到全国最大的少数民族种群的西班牙语系人的数量到 2050 年将达到现在规模的三倍，并将占据美国全国人口增长的绝大部分。到这一年，美国人口的 29% 将由西班牙语系人口组成，在 2005 年这一比例为 14%。JCPenney 和 Macy's 百货是第一批专门针对这一市场投放广告的零售商，广告着眼于对家庭抱有强烈责任感的这种态度。

生活方式趋势

除了人口趋势之外，买手还必须能识别出与消费者的生活方式、态度以及观念有关的**心理趋势**（psychographic trends）。例如，图 5.3 列举的信息表明婴儿潮时代的人关于未来购物的观点。这是由于什么趋势引起的呢？很难识别这些方面的大体趋势，但有些大致的导向。

图 5.3
婴儿潮时代的人说在他们 65 岁时想要买的东西

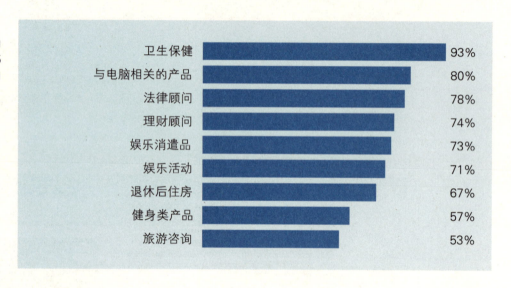

卫生保健	93%
与电脑相关的产品	80%
法律顾问	78%
理财顾问	74%
娱乐消遣品	73%
娱乐活动	71%
退休后住房	67%
健身类产品	57%
旅游咨询	53%

忙、忙、忙的生活方式

同时应付多项工作对于不胜其烦的美国人来说已经司空见惯了，而这种做法损害了他们的身心健康。许多人正在重新评估并重新构筑自己的生活，以寻求更多的私人时间。许多人即便在没事的时候也会感到时间紧迫；他们好像总是处在压力之下，总感到没有足够的时间来完成所有的工作。对许多消费者来说，购物变成了繁重的工作——许多人都厌憎这件事。事实上，大部分消费者在零售店花的时间比以前要少了。

零售买手用他们采购的产品来应对这一趋势。许多人储备并推销让顾客平静放松的产品。香氛蜡烛、宁神茶、水晶首饰、沐浴香皂及小型直饮水器，这些只是向顾客推广的减压产品中的一部分。

计算机爱好者

年轻一代是在计算机的陪伴下成长起来的，正如婴儿潮时代生人是看电视长大的一样。尽管家用计算机培养了这代人娴熟的科技能力，但还是可能存在一些负面影响的。

对零售商来说，计算机使用量的增加可以带来正面影响。首先，互联网有潜力扩大他们的市场。零售商不再受限于特定商圈里的顾客。现在，全世界的购物者都是潜在顾客。零售商开设网站来回应这种趋势，但是最为重要的效果之一可能是做广告。随着大规模市场分散成为越来越小的缝隙市场，电视、广播、报纸和杂志之类的传统广告方式越来越没效果。互联网让零售商能精准锁定特定消费者群体，几乎是在一对一的基础上向他们投放广告。在未来，购物者在哪里，零售商就会在哪里，当消费者将工作与娱乐转到网上，零售商也必须把他们的产品和促销资讯带到那儿去。

绰绰有余的生活方式

今天，婴儿潮时代的人正在逐渐走向退休生活，他们每天面对压力，感到需要犒赏自己。他们购买了比自己 20 年前的住所要多出三个房间的房子，里面的家具大而满，车房里还停着辆都市战车型汽车。美国人的块头也变大了，三分之一的美国人口达到过于肥胖型。人们可以买到宽松舒适的衣服，还有大的套餐——2kg 的饮料，0.6m 的比萨，桶装的爆米花，以及超大份的食物饮料在大部分餐饮店都有供应。

根据 Roper Starch Worldwide 的市场调查表明，"美好生活"在过去 20 年中发生了变化。在 20 世纪，美国人的愿望清单上是婚姻幸福、工作稳定、有一个家以及他们的孩子能上大学。今天，清单上有相当多的物质愿望，包括第二辆车、旅行、游泳池以及一堆钱；看来美国人什么都想要。

这些趋势对个体零售商及特定产品来说有不同的影响。甚至对连锁店旗下不同地理位置的同一商店也会产生不同的影响。零售商必须在彻底了解了他们本地顾客的基础上解读全国性的趋势。要取得本州和本地区的预测，如果有必要的话，可能还要做直接顾客调查，确定你的顾客想要什么，以及他们购物的原因。

了解消费者为什么购买

一旦买手对消费者市场如何变化有了了解，他们就必须确定"他们最想要购买什么产品、什么品牌？"以及"是什么促使目标顾客购买的？"每一年，Stores 杂志和 BIG research 都会向公众做调查，询问他们生活中什么是不可或缺的，什么是可有可无的；这类信息对零售买手作出采购决策是很重要的。个人嗜好被认为是值得消费的，但是 82% 的美国消费者认为互联网服务是他们生活中必不可少的、排名最靠前的商品。事实上，消费者列出的前三位不可动摇的商品充分证明了他们消磨时间的方式正在发生变化。所有这三种商品都与通讯有关——互联网服务、手提电话以及有线电视。表 5.2 展示了"不可动摇"的商品清单。

消费者还提供了一张对他们生活可有可无的商品的详细清单。表 5.3 展示了"值得消费的"商品清单。清单上排名靠前的是奢侈品手袋、帮佣服务、高端珠宝首饰及高档化妆品。一些因素可能对消费者的购物清单有很大的影响。失业率仍居高不下，住房危机并未得到缓解，汽油价格持续攀升。未来这些趋势中的任何变化都会对消费者将要购买什么产生影响。

表 5.2　生活中不能没有这些产品的美国顾客百分比

产　品	%
互联网服务	82
移动电话 / 手机服务（基本）	64
有线 / 卫星电视（基本）	61
服装折扣店	52
理发 / 染发	42
快餐店	39
慈善捐助	38
休闲小食店（Applebees，Olive Garden 等）	32
加强版移动电话 / 手机服务（短信、视频及互联网）	31
一双新鞋子	30
休假	29
有线 / 卫星电视（额外）	27
休闲快餐（Panera Bread 等）	26
在百货商店购买服装	25
一条新的牛仔裤	24

表 5.3　生活中可以没有这些产品的美国顾客百分比

产　品	%
奢侈品手袋	82
帮佣服务	64
高端珠宝首饰	61
高档化妆品	52
俱乐部 / 社团会员资格	42
好的餐厅饭店	39
卫星广播	38
到专卖店购买服装	30
美容	29
美食	27
修指甲 / 修脚	26
人造珠宝首饰	25
订阅杂志	24
修剪草坪服务	24
业余社团（运动等）	24

零售买手还必须理解消费者购物的动机，他们采购商品的原因。当买手进行采购决策时，你要确定顾客购买你为店铺采购的每样商品的原因；了解这些对于做促销活动规划以及向销售人员传授产品知识非常重要。购物动机一般可以分为三种类型：（1）理智；（2）情感；（3）惠顾。

理智购物动机

理智购物动机（rational buying motives）与人类基本需求有关，如食物、衣服和居所。这些需求相当于马斯洛需求层次理论（Marslow's Hierarchy）的生理需求，包括饥饿、性和口渴。消费者倾向于先满足这些需要，而一旦这些需要得到满足，他们会寻求其它层次上的需求的满足。马斯洛需求层次理论如图5.4所示。

图5.4
你能否确定在马斯洛需求层次理论的每一个层次上满足消费者的产品是什么？

马斯洛需求层次理论

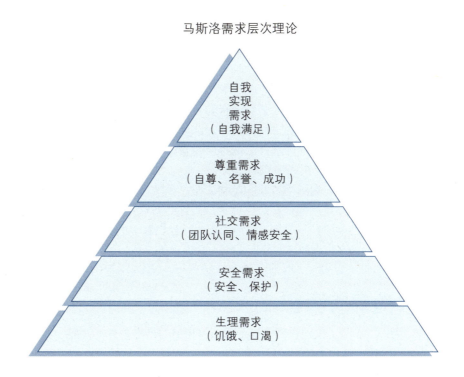

理智购物动机是建立在顾客从逻辑角度进行推理思考的能力基础上的。顾客符合这种类别的典型动机有经济实惠、省钱、耐用、可靠、可信赖及收益。

情感购物动机

顾客可能会购买食物、衣服以及居所来应付理性需要，但那些需要以最低限度的购买就能得到满足。是什么让消费者购买好几件毛衣或两件大衣？这些购物可以用**情感购物动机**（emotional buying motives）来解释，顾客这么做是由于感觉而不是理性思考。情感购物动机的例子有社会接受、好奇心、求变、性感、自尊心以及团队认可。

惠顾购物动机

惠顾购物动机（patronage buying motives）解释了消费者为什么选择这家商店而不是另外一家。这一信息对零售买手十分重要，因为顾客先要进入店铺才能购买买手采购的产品。以下是顾客选择商店时采用的一些关键因素：

- **方便**。对消费者来说，决定性的因素可能就是你的店铺所在的方位。顾客可能会在大型购物中心里选择店铺，因为方便停车；在市中心很多地方停车位又贵又难找。
- **物有所值**。对所有顾客来说，物有所值都很重要，但每个人的理解不同。对某些消费者来说，物有所值与价格便宜连在一起。对其他人来说，如果他们觉得自己得到了优质产品，那价格就不是问题。消费者会回到那些让他们感觉自己花钱花得最有价值的店铺去。
- **商品花色齐全**。大部分消费者会在让他们有挑选余地的店铺购物；不过，如果选择太多，他们又会挑花了眼，无所适从。许多消费者也会在可以一站式买到所有商品的地方购物；购物中心对他们有吸引力是出于这个原因，而仓储会员店及超大型自助商场也是建立在一站式购物的概念基础上的。
- **提供服务**。许多消费者可能会因为特定店铺提供的服务而决定去这家买东西，比如赊账、送货、礼物包装，或修改衣服。例如，消费者随便在哪儿都能买到一张躺椅，但他会选择去能提供免费送货的店铺。提供服务是零售商能用来区别于其竞争对手的杀手锏。
- **经验丰富彬彬有礼的销售人员**。消费者通常会回到那些营业员热情友好、彬彬有礼并且经验丰富的店铺去，而这些营业员对零售商要树立的形象是至关重要的；许多顾客一次又一次地回头去找他们喜爱的营业员。Nordstrom 由于其销售人员为顾客提供的高水平服务而在业内声誉卓著。

了解你的现有顾客

除了识别和研究与总体人口相关的趋势之外，大部分零售决策制订者，特别是买手，现在都运用科技去了解、分析并利用在他们自己的顾客中流行的趋势。这些科技手段有数据仓储、数据挖掘以及数据库营销。

数据仓储

零售商每天都能从顾客那里获得大量信息，他们想方设法对这些信息进行有效的收集和利用，从而制订出更好的零售策略。**数据仓储**（data warehousing）是指电子化储存所有信息。零售商一般只是为了财务会计上的目的才去利用这些数据，而忽略了它们在市场营销方面的价值。通常这些数据保存在许多不同的计算机系统中；有了数据仓储，数据就只有一个来源了；数据仓储充当了销售、利润、库存和其它关键商品企划业绩指标的综合单一来源。

构建数据仓储的过程要求零售商将海量的数据从动态计算机系统中转移到分析系统中去，这一数据转移使得商店的决策者和买手以及供货商更便捷地获取重要销售数据。数据仓储让他们都有权使用贮存在计算机系统中的大量信息；其结果通常是巩固与供货商的合作关系，增加店内商品的选择余地，以及提升促销活动的效果。

运用数据仓储还能有效激发零售商的潜能，在合适的时机推出合适的商品。此外，决策者还能在总体上对公司有个统一的了解。

数据仓储的好处与用处

当大部分零售商寻求通过科技改善他们生意的方法时，贮存和运用数据比以往更为重要。比起盲目地将所有产品一股脑儿地推销给所有顾客来，零售商更想把采购决策和促销工作做到家，最大程度地指向最有可能购买的消费者。数据仓储让零售商可以不间断地实时查阅详细的顾客情况、库存信息及财务数据。有了适当的数据仓储，零售商就能进行十分具体精确的分析，比如某个特定产品在特定店铺的销售情况如何，以及在事实的基础上而不是凭直觉去安排商品补货和作出与分析顾客有关的决策。数据仓储向所有零售决策者提供了详细了解他们企业的工具，而不仅仅是对生意做个总结。

例如，Land's End 订单处理及顾客邮件系统每周都会把信息添加到公司的数据仓库中；数据仓库中保存着大约两千万名顾客的详细信息，这些信息让管理层能够按照顾客、产品以及交易来检索数据并进行分析；系统还能追踪顾客下了订单却没有库存的情况。另一家目录零售商 Williams-Sonoma 则利用自己的数据仓储系统更准确地锁定能产生销售的顾客，并从通讯录中删除了一些看上去不会订购任何东西的人，来改善效益。

数据仓储在大型零售公司中地位稳固，而在中型乃至小型连锁店中间也很快赢得声望。一些公司通过制订更为行之有效的决策，获得了他们当初建立数据仓储时所投入资金的十倍到七十倍的回报。例如，Walmart 目前运行着全世界最大的商用数据仓储系统；这一决策支持系统现有超过 5 兆兆（5000 吉）字节的在线贮存量；该连锁店的系统用于按照商品、店铺及日期来贮存 65 周的销售数据。Sears 也在运行着一套类似的系统。

数据仓储的激增是由于零售商逐渐认识到它是一种工具，顾客的要求越来越高，数据仓储则成为理解及满足顾客需要的最佳途径。数据仓储在装有专门软件的超高速计算机上运行，公司希望以此为基础进行实时操作——可以立即调整产品组合、库存水平、现金储备以及营销计划等各方面因素。

数据挖掘

实施数据仓储的困难之处并不在于技术方面，其难度在于要从数据中提取出其含义，必须要从大量的数目、事实以及统计数字中萃取出重大意义来。**数据挖掘**（data mining）——通过对所贮存的数据的搜寻，找出原本可能会被忽视的趋势和模式——是对已经保存在公司数据仓库中的信息进行利用的最前沿的技术。数据挖掘也可用于识别对公司实际存在或可能存在的威胁。数据挖掘软件有足够的内置式智能，能靠自己去发现有用的模式及内在联系，这些趋势原本可能要花好多年才能觉察到。

买手和其他零售决策者通常用公司的数据库来回答这种简单的问题："上个月东南地区的店铺销售额是多少？"数据挖掘要比数据库达到的层次深得多。电子化处理不仅彻底挖掘并分析信息，而且还从中提炼出其含义；计算机工具从数据中总结出模式，并从模式中进行推断；然后这些发现都能用于指导决策的制订，以及更好地预测正在考虑中的行动会带来的效果。

数据挖掘技术的应用

大多数分析家认同过去的行为要比年龄、性别与收入更具有前兆性；但是可供选择的行为变量数以百计，哪种技术能帮助零售商更好地理解消费者就变成了难题。行之有效的数据挖掘几乎要求零售商具有探险家的心态——零售商永远不知道他们会发现什么，以及会产生什么样的变化。然而，数据挖掘总会产生一些普通类型的数据：

- **关联性**。系统会把所发生的事情与某个单独的事件联系起来。例如，数据挖掘分析会显示当薯片正价时顾客购买可乐的几率为 65%，但当薯片打折时则有 85% 的购买几率。挖掘到了这一信息，零售商就能评估各种促销策略的盈利状况。
- **顺序性**。系统会按时间顺序来关联各种事件。例如，购买西装的顾客有 50% 会在三十天内买鞋。这一信息让零售商更有根据地规划买货、商品企划及促销决策。
- **归类**。数据挖掘工具能从数据中发现群体。例如，决策者能更准确地找出最有可能办理商店专属信用卡的顾客群体。
- **预测**。可以用工具来分析数据，预测顾客是否会继续在店内购物，甚至还能根据所储存数据显现的模式来预测顾客未来的购买。

对目录零售商 Fingerhut 的管理层来说，进行数据挖掘的首要目标之一是将顾客归类为若干个细分市场。该公司是在数据挖掘的引导下创建新目录的。在一次运用数据挖掘的分析中，决策者发现改变了居住地的顾客在搬家以后三个月中的购物是搬家以前的三倍，该公司制作了一本新的"搬家者目录"，上面印满了针对这部分顾客的目标产品；与此同时，在这些顾客搬家后马上停发了其它目录，公司省下了不少钱。

数据挖掘让零售商了解到顾客买些什么以及什么时候买这些东西，从而让他们能更好地向这些顾客推销。例如，一位新妈妈走进本地药房按照处方配新生儿维他命；当店铺收集了她的资料以后，管理层就可以源源不断地向她发放婴儿成长的各个阶段所需产品的优惠券。数据挖掘的结果揭示类似的顾客随着时间的流逝购买过哪些产品，而在此基础上可以很容易总结出这样的产品选择。

一般来说，管理层、买手以及其他零售决策者都会因为这样那样的目的而采用数据挖掘技术，其中包括以下这些目的：

- **竞品价格分析**。数据仓储和数据挖掘能更好地解读由价格比较购物员收集到的竞品价格数据，系统可以在店对店的基础上运用数学演算法来鉴别标价过高及标价过低的商品。
- **加价／降价机会识别**。数据挖掘技术中的数学演算法让零售商可以挑选出销量快速增加或减少的 SKU，将这些商品的价格与竞争对手的定价相比对，并推荐新的价位。
- **促销价格分析**。数据仓储与数据挖掘技术可用于比对本地市场平均价与买手或经理建议的促销价。然后，系统回顾促销历史记录，来了解商品在不同价位的动态。最后，产生一个推荐促销价。
- **自有品牌分析**。数据仓储与数据挖掘技术可用于计算消费者会在哪个价位上从全国性品牌转向与之竞争的自有品牌产品。
- **促销业绩分析**。数据仓储使零售商得以从商品层面上详细检查其促销活动，隔离出促销销量增长最高的产品，或是除此之外顾客不会在店内或部门中购买其它东西的产品；还可以获悉哪些单品或产品品类的销量有可能会受到促销商品的冲击。

- **关联分析**。数据仓储还能找出通常会连带购买的产品及商品种类；其结果会使店内商品邻接更好，促销陈列效果提高，广告宣传更加有效。

对数据仓储及数据挖掘技术的有效运用会导致更为明显的竞争优势，能产生建立在实际数据基础上的销售与商品企划手段，与顾客需要相关的市场营销计划，并减少运营成本。不过最重要的是，零售商必须谨记，计算机解答不了所有问题，实施数据挖掘的决策者必须是对市场有切实了解的人。

数据库营销

今天，越来越多的零售商正在使用数据仓储和数据挖掘来向顾客进行推销。即使是小微企业的店主也在开发他们自己的顾客数据库，想要对顾客有更多了解，以构建持续的关系。他们所用的技术就是数据库营销，是通过对信息的分析来研究和理解顾客及其行为。这一概念有好几个名字——**数据库营销**（database marketing）、关系营销、一对一营销——但所有这些都涉及到收集关于顾客的大量信息并进行分析，预测顾客购买某种产品的可能性有多大，并以此来设计开发最符合顾客欲望和需求的市场营销方案。

数据库营销的发展经历了一段时间，而计算机化则使得零售商显著地拓展了对它的实施利用。最初，有大规模的市场——大量的未经分化的消费者群体，他们接受了完全相同的、大规模生产的产品以及促销广告。之后，零售商开始采用市场细分，把相同属性的消费者分成更小的群体。今天，更强大的计算机使零售商能够精确瞄准更为细小的人群，他们正在锁定有史以来最小的消费者细分市场——个人。

零售商逐渐认识到，以实际交易记录下来的顾客的过往行为无疑是未来购买模式最好的指示器。例如，知道顾客的邮政编码或收入水平还不如知道他们刚买了新房子，这会让你更深入地了解顾客，能带来更多的机会；搬家就预示着要买很多新的东西，比如窗帘、地毯和家具，在这一信息的基础上，零售商能更好地为店铺备货，构思促销信息。

对使用数据库营销的零售商来说，基本指导原则应该是：零售商最重要的资产就是让顾客满意。顾客满意了，就会留在商店里，而要留住现有的顾客要比找到新的顾客更省钱。数据库营销的案例形形色色，各不相同。例如，某男装专卖店发现有太多常规的 42 码西装，在电子分拣其数据库后，他们向以前购买过这一尺码的顾客发放了降价购买西装的促销优惠；零售商因此清除了多余的库存，同时又在客户群中建立了忠诚度。许多全国连锁店跟踪每年在店内大量消费的信用卡持有人，对那些达到或超过预定消费额的顾客，店铺会向他们发送特别优惠、减价优先通知以及折扣优惠券。有些公司发现，忠实顾客并不总是被昂贵的回报打动，Neiman Marcus 最受欢迎的福利之一是有机会与店铺经理共进午餐以及出席私人时装表演。

数据库营销是从关于顾客的信息着手的，这些信息来自于储存在店内的个人电脑，或是数据仓储主机的数据库。构建这些信息的初始模块是每一笔销售的数据，信用卡或借记卡购物能提供更多的信息；然后零售商可以把来自其它来源的数据混合进去，比如像 Donnelley，Metromail 和 R. L. Polk 之类的调查公司从公共记录中提取了大量数据——汽车登记、驾驶证和报税记录，即便是收入也能根据抵押贷款及汽车登记估算出来。然而，零售商必须认识到这些信息可不便宜。

消费者也会有意无意地给零售商提供关于他们自己的大量信息。大部分的产品保修卡提的问题很宽泛，诸如年龄、收入、职业、受教育程度以及婚姻状况；但许多会接下去提出很多消费心态方面的问题，比如购买者爱好什么运动，或他/她是否参加其它特殊活动。

数据库营销面临的挑战

分析家指出了推广数据库营销中所面临的问题与挑战。有太多的零售商在对数据库营销的基本概念尚未彻底了解的情况下就一头扎了进去；一些零售商对数据库营销的好处心存疑惑，而另一些则缺乏将数据库营销与其它传统营销手段相协调的策略。店铺也面临着消费者及消费者团体的反对，因为他们感到店铺收集并使用关于消费者购物习惯的信息构成对隐私的侵犯。

数据库营销的目标

很显然，任何实施数据库营销计划的零售商都有着使用这一技术的特殊目的。Direct Marketing Association（直接营销协会）进行的调查研究表明，大多数零售商采用数据库营销计划有以下九项基本目标：

1. 针对特定顾客提出促销方案。
2. 获得对顾客更好的理解。
3. 加强店铺与顾客间的联系。
4. 获得对最佳顾客的更为详细的了解。
5. 为特定顾客群定制商品优惠。
6. 降低招徕新顾客的成本。
7. 提高和改善顾客服务。
8. 有助于商品选择过程。
9. 预防顾客离去。

大部分零售商认识到，开发、组织并运用顾客数据库可以用来成功地促进顾客忠诚度，这样的项目可能还会继续发展。从可以将顾客视为一个巨大的市场进行营销的想法向顾客想要度身定制的想法转变，这激励了数据库营销的实施。换句话说，他们"想要用自己的方式"。最重要的是，这些项目有助于构建店铺客流量，改善顾客服务和商品企划策略，而对多渠道的零售商来说，有助于店铺、目录及在线销售之间的协同运作。

要点总结

- 最为成功的零售商是受顾客驱动的。他们知道自己的顾客是谁，并倾听顾客的心声。
- 零售商必须关注消费者市场的变化，尤其是人口统计上的和生活方式上的变化。
- 买手们要做的不仅仅是识别消费者趋势，他们必须理解这些趋势对他们店铺或部门意味着什么。识别消费者趋势会帮助买手更好地作出决策。
- 买手们必须识别对他们的顾客有直接影响的本地及区域性的趋势，这些趋势可能与全国性的趋势非常不同。
- 顾客购物的原因可以归为三类：（1）理智；（2）情感；（3）惠顾型购物动机。
- 许多零售商采用数据仓储技术来存储有关他们顾客的大量信息。
- 零售商及买手运用数据挖掘，从数据仓库储存的数据中提取出有价值的信息。
- 许多零售商运用数据库营销技术来锁定特殊顾客群体，这样的尝试有着加强店铺与顾客间关系的潜力。
- 如何让买手对他们的顾客有更多了解？科技在这方面占有至关重要的地位。

复习回顾

零售买货词汇拓展

如果你的词汇表里没有下面这些词，请参考书后术语词汇表。

数据挖掘	data mining
数据仓储	data warehousing
数据库营销	database marketing
人口趋势	demographic trend
情感购物动机	emotional buying motive
惠顾购物动机	patronage buying motive
心理趋势	psychographic trend
理智购物动机	rational buying motive

阅读理解

1. 识别在美国出现的与这些相关的人口统计学趋势：（a）单身家庭的数量；（b）结婚的中间年龄；（c）出生率；（d）美国人口增长率；（e）男性"家庭主妇"的数量。

2. 识别在美国出现的与这些人的消费模式有关的行为趋势：（a）儿童；（b）婴儿潮时代出生的人；（c）西班牙语系的人。

3. 描述在消费者市场中出现的生活方式方面的变化。

4. 描述理智购物动机和情感购物动机之间的区别。

5. 顾客在购物时是怎样选择这家店铺而不是另外一家的？

6. 列出零售商在数据仓库中保存的数据类型。

7. 说说零售商是怎样使用数据挖掘技术的。

8. 说说怎样使用数据挖掘的关联性来更多地了解顾客的。

9. 数据挖掘是怎样用于关联分析的？

10. 列出零售商在运用数据库营销时面临的一些挑战。买手从大都会地区订阅一份外地报纸的目的是什么？

11. 列出使用数据库营销的基本目标。

分析与应用

1. 你是一家食品杂货店的买手，得知（a）单身家庭和（b）参加工作的女性比你预计的要多，讲一讲这对于你的采购决策的含义是什么。

2. 你是一家二手汽车经销店店主，刚刚买进一百辆汽车。你的广告代理在准备下一个促销活动。因为你采购了这些车，代理要求你给出顾客会购买的原因。给出未来顾客可能会有的理智、情感以及惠顾型购物动机。

3. 找出使用数据库营销的实例。这些例子可以包括用你的名字作为收件人的直接邮件，或是你从电子商务网站收到的电子邮件提醒。

4. 阅读今日印象"趋势及逆趋势：买手能否预测顾客想要什么？"识别出你所感兴趣的零售业的某一领域中的趋势与逆趋势。

连接网络

1. 在互联网上点击 www.census.gov，查找你所在的州及社区中有关消费者的以下信息：（a）你所在的州的人口和（b）你所在的城市或社区的人口，然后查找有关不同年龄类别的个体数量的信息。

2. 在互联网上使用你选择的搜索引擎来查找有关某一特定消费者群体的新信息——Y世代、X世代、婴儿潮时代、亚裔美国人、男性"家庭主妇"等等，识别出你所调查的群体中出现的主要趋势。

今日印象

趋势与逆趋势：买手能否预测顾客想要什么？

消费者认为过去几年里包装食品类产品中最重要的发展是什么？更为健康的微波炉食品位居榜首，紧随其后的是强化维他命食品。消费者还被问及他们感觉到的正在上升的食品杂货店方面的趋势——十名购物者中有七人说购买瓶装水是最大的趋势，而收入更高的购物者则认为解决用餐方面的问题正在攀升——预备好的可以带走的饭菜。这些趋势告诉零售商什么？他们能对顾客的说法抱有多大的信心？

作为决策者，零售买手应谨慎地尝试着识别大趋势。消费者是十分复杂多变的，而且其难以归类也是众所周知的，即使对于职业未来趋势家来说也会摸不着头脑。尽管今天的消费者一直购买低脂食品，但与此同时也有回归自我放纵的情况存在，那通常意味着脂肪多口味重的食物。普通消费者可能会在下半天来个无脂椒盐卷饼作为小食，晚餐是色拉和矿泉水，再以一碗巧克力冰激凌让这一切前功尽弃。

消费者对于食物、家庭以及娱乐的态度都反映在购买及建造更大的房子的倾向上，——但是在这些房子里，餐厅却越来越小。在食品零售业中，专家预测会出现更多的非肉类食物；然而，肉类好像又重新流行起来了。许多消费者一周有两三个晚上吃素，但在快速增长的餐馆中却有高档牛排屋的身影。在大部分餐馆里，新式烹调成为遥远的记忆，在涉及食物份量时，越大越好。例如，在 Hardee's，增长最快的产品是怪物汉堡（900 卡路里，其中脂肪含量超过 70g）；同样是这些消费者，两小时以后可能会在 Snackwell 慢慢啃着小甜饼。

当提到烹饪时，有些调查表明，从头开始的烹饪已不复存在，厨房变成了博物馆的一部分，而人们唯一冒险前往只是用一下微波炉。但是在逆趋势的这一边，电视烹饪节目方兴未艾，菜谱销量有增无减；厨房改造的趋势包括电磁炉，专业炉灶以及餐馆用的冰箱。不仅如此，随着正式餐厅的规模缩小，大号厨房比以前要更为流行。

尽管淡啤酒一直卖得很好，热卖中的微酿啤酒仍以其更为丰富、浓厚以及热量更高的口味夺取了公众的注意力。当减脂奥利奥推出时，消费者也在同时成群结队地涌向双层口味奥利奥。无独有偶，Healthy Choice 通心粉调味汁在传统上视为低脂的品种上做得很好；而 Five Brothers 销售的十种调味汁中，最好卖的是 Alfredo——其脂肪含量非常之高。

买手和其他零售决策者必须不断努力探查与监测市场的趋势。然而，他们也应该尝试探查任何可能也会发生的逆趋势。

未来趋势

买手们能否变废为宝？

"绿色环保"对消费者的重要性不断增长，并影响到他们的购物行为。尽管近期经济衰退，消费者调查仍显示作出"绿色环保"的决策对消费者来说越来越重要。事实上，许多重要零售商在他们的宗旨声明中加入了"绿色环保"主题。然而，调查显示 70% 的消费者不愿意为了"绿色环保"产品而多花超过 5% 的钱；大部分消费者表示，只有在品牌及零售商为他们提供方便的情况下才会作出有利于环境保护的选择。

零售商所说的"绿色环保"究竟是什么意思呢？大部分零售商用的是宽泛的定义，指合理利用自然环境、社会责任以及经济上有利可图的业务。许多零售商在开展"绿色环保"策略时遵循简单的四点模式。第一，公司必须有绿色的想法；他们将"绿色环保"结合到公司的宗旨声明中去。第二，他们必须有绿色行动。将"绿色环保"行动融入到构建公司、提高供应链效率以及采购什么样的产品的做法中去。第三，他们必须有绿色销售。销售自然、有机、公平贸易、节能以及环保的产品至关重要。最后，零售商必须传递绿色。要教顾客实践绿色行动，不仅从店铺的观点出发，还要从消费者的角度看待。

今天的买手在他们的公司何时以及是否决定"投身绿色环保"的问题上有很大的选择余地。在市场上环保产品俯拾皆是：节能设备、竹纤维毛巾、无纸化 Kindle，当然还有混合动力汽车，这些只是消费者今天诸多选择中的沧海一粟。

在让买货"变成绿色环保"以前，买手们必须先确定是否他们的顾客想要购买这些产品，以及他们愿意花多少钱来买。最近的一项调查研究表明，许多消费者只有在其他人能看见的情况下才会愿意"变绿"，这个概念是指消费者试图通过让他们显得更无私的"绿色环保"购物来取得某种身份地位。例如，像 Prius 这样的混合动力车活像一块自我标榜的可移动的广告牌，告诉每一个人该车车主是环境保护的支持者。

零售商做了什么来"变绿"？加拿大 Staples 赞助了墨盒回收利用项目，2009 年有超过两百万个墨盒得到回收利用；而就在三年以前，这个数字仅为三十万个。最近，该公司还引进了一系列以甘蔗渣为原料生产的再生纸笔记本，并且采购了以蔬菜和水为原料的墨水用于印刷。公司的许多自有品牌中，目前所采用的无 PBC 包装要比之前包装所用的塑料减少四分之三。

IKEA 是另一家站在"变成绿色环保"前列的零售商，它有一个做法能节约能源。在该公司，家具都采用平板包装，顾客得自己安装；一辆装满平板包装的椅子的送货卡车，其装载量相当于六卡车完全安装好的椅子数量。该公司还同意从接受可持续化管理的森林中购买更多的木材，并在美国所有店铺中取消了塑料袋。IKEA 还将可再生能源用于其 45% 的取暖所需及 20% 的电力设备。

在 Zara，该零售商生产的许多成衣所用的原料都是有机棉花，完全不使用杀虫剂、化学试剂和漂白剂。他们还生产无 PVC 鞋类，这就意味着不使用石油衍生物或不可生物降解的原料。此外，Zara 的管理层希望减少店内能源消耗的 20%。

对于今天很多的零售商来说，"变成绿色环保"对生意是不是有好处已经是毋庸置疑的了。然而，动作要多快、成本要多少，以及顾客将如何回应仍然存疑。走向绿色环保不仅对环境是件好事，也应使零售商与消费者都能受益。

Z 世代：迄今为止技术最先进的一代！

他们宁可发短信也不交谈。他们宁愿在线交流，很多时候是与素未谋面的朋友。他们不能想象离开手机还怎么活。他们更喜欢电脑而非书籍，想要即时满足。他们在经济衰退时期长大，始终处在要成功的压力之下。这些只是 Z 世代人的一部分特性。

这一代人迄今为止还没有受到新闻界太多关注。媒体的注意力几乎全都集中在前几代人身上——婴儿潮世代，X 世代和 Y 世代（又称千禧年世代）。实际上，对于分配什么名字给这特殊的一代人甚至都未有定论。Z 世代也用来指 Net 或 iGen 世代，因为他们从来都不知道没有互联网的世界是什么样子的。

大部分写过一些关于 Z 世代人的文章的研究人员至今都很难准确地对其进行归类。有些世代专家说这代人早在 1991 年就出生了，而其他人则争辩说新一代人直到 2001 年才开始；这一矛盾是基于对其他三代人的起始点与终结点有争议而造成的。然而，许多专家普遍赞同目前 Z 世代包括的年轻人最大为高中高年级。

有一点是可以肯定的，新世代的群体出现较以前更为频繁。例如，大多数人经常认为婴儿潮世代人生于 1946 年至 1964 年之间，持续将近 20 年；但 X 世代，出生于大约 1965 年至 1980 年，少了五年；而 Y 世代的出生跨度约 10 年。

Z 世代成员甚至尚未从高中毕业，营销人员和零售商就已经在琢磨这一代人会与他们的前辈有什么不同。我们都知道他们是迄今为止最懂科技的一代人——学龄前儿童就能玩转 YouTube，而一年级学生就能用 PowerPoint 制作简报；但是除此之外，他们究竟是谁？

这一领域的大部分专家都认为要下结论还为时过早，但这并未能阻止市场营销人员对这一年轻的消费群体进行揣测——他们将来的生意可都要依靠对这个群体的深入了解。

从产品的角度看，我们知道当提到科技设备时，无论是手机、笔记本电脑，还是最新版的 iPod 或 iPad，这一群体都心驰神往；在许多情况下，他们的父母是会给他们买这些玩意儿的。使用科技是用于勾画这一代人的最容易的方法之一，但要分析他们的思维模式又是另一回事了。对于 Z 世代来说，每一件事都是度身定制的，都被赋予"我"的个性。他们对音乐的选择是可定制的，正如他们看什么样的电视节目，以及什么时候去看。他们未来要购买的产品，比如牛仔裤和香水，也必须是为他们度身定制的。他们想要自己的世界充满个性。

　　从通讯的角度看，他们想要一直保持联系，随时能被找到，在某种程度上，即使是哥哥姐姐也不太理解他们。对 Z 世代来说，方便携带是通讯设备的关键所在。他们与自己的无线设备密不可分，他们随时保持联系。这代人有很多人都承认他们把随时检查手机短信以及更新 Twitter 和 Facebook 帐户作为日常生活的一部分，从这些渠道而来的新闻与产品推荐使得他们对品牌的忠诚度要比以前几代人低得多。然而与此同时，这样频繁的交流也为未来的零售商及市场营销人员营造了更多个性化的促销机会。

　　Z 世代将来会购买什么样的产品？零售商必须从今天就开始制订与此有关的计划，并努力去更好地了解，要向这一群体介绍自己公司以及推销产品的话，哪种科技最管用，可以与这一群体沟通。

第六章

了解产品趋势：
顾客要买什么东西？

行动目标

- 认识到所提供的产品组合必须要满足顾客的欲望和需求
- 根据可获性和耐用性来确定产品品类
- 认识到流行对几乎所有零售店来说影响力都很大
- 讲述零售商如何建立流行形象
- 区分热潮与趋势
- 识别产品生命周期的各个阶段
- 讲述产品生命周期的每个阶段中出现的商品企划决策
- 了解流行传播理论
- 列出买手用来使自己采购的产品有别于竞争对手所售产品的方法

对顾客行为有了一定了解后，买手就必须决定要采购什么样的产品才能最好地满足顾客的欲望和需求。管理层所建立的店铺形象将很大程度上影响到这些采购行为。

在这一章里你将了解更多关于顾客是如何决定他们要买什么样的产品的；你还将对产品生命周期以及流行传播理论有一定了解，并且了解到这两者是如何帮助买手进行商品企划决策的。你会看到买手用来使他们自己所采购的产品有别于竞争对手所提供的产品的技巧。

产品选择决策

作为买手，你必须对你们店铺或部门中所提供的产品种类进行规划与控制。换句话说，你必须要关注**商品组合**（merchandise mix）——即顾客所能购买的产品的类型或组合。你所选择的商品组合应满足你们顾客的具体需要；对商品组合必须予以频繁关注，因为今天看来很恰当的组合未必包含适合明天的产品。

当你确定了要推出的产品种类以后，你还必须确定你们要经营什么样的产品线。**产品线**（product line）是指一组功能相似密切相关的产品。例如，New Balance 有好几条运动鞋的产品线，而 RCA 推出了好几条电视机的产品线。买手们一般都想给他们的顾客提供多样化的产品，你也可以根据顾客会把什么样的产品与其它产品联系在一起去考虑：如果他们购买 New Balance 的鞋子，是否也会购买 New Balance 的帽子和夹克衫？

你们想要树立的店铺形象也会对你要采购的产品种类产生直接影响。高级领导层在下面这些方面作出的决策将会决定店铺向顾客传达的形象：

- 目标市场。你所采购的产品种类必须要与你们店铺的特定目标市场的欲望和需求相匹配。
- 竞争。管理层可能会决定要销售与竞争对手相似的商品，或是经营完全不同的产品去吸引不同于你们竞争对手的市场。
- 店铺位置与布局。店铺位置、布局、店面设计、道具、灯光以及陈列都会对管理层要求的产品搭配产生影响。
- 商品选择。商店内经营的品牌也会影响店铺形象。对许多顾客来说，全国性品牌意味着其品质优于自有品牌；然而，自有品牌有其独特性——而所有店铺都在追求这一目标。商品的选择还能营造出时尚的形象。高质量的产品比起低质量的产品产生更高的单位利润，但它们通常意味着销售更缓慢。
- 人员。当店铺推出一些类似设计师礼服、照相机或计算机之类的产品时，熟练的、懂行的人员是必不可少的。

此外，店铺想要营造时尚的形象，就必须能提供市场上全新的、独特的产品。今天，越来越多的店铺正努力建立时尚的形象。例如，大型商场和折扣商店正在做品牌推广，以营造时尚形象。JCPenney 增加了很多全国性品牌，而 Kmart 已经推出像 Jaclyn Smith 这样的自有品牌，来为店铺创造一个更为时尚的形象。

作为买手，你必须要进行有关商品选择的决策，而这意味着理解顾客想要购买新的、有创意的或是时髦的产品的欲望。总的来说，要吸引高收入的顾客，店铺要提供高质量的时髦商品，而这些商品也会更为昂贵；其它店铺则以对中产阶级有很大吸引力的中等价位的商品去迎合顾客，而便宜的商品则用来诱惑喜欢讨价还价的顾客。

当你为店铺选择商品时，必须要注意市场上的趋势。认清趋势会让你为你们店铺或部门作出最恰当的产品选择。顾客一直在变化；如果你能敏锐地识别出新兴的趋势，充分利用由这些变化创造出来的机会，就能给你们店铺带来竞争优势。

顾客购买的产品种类

作为买手，你必须透彻地了解那些会对你正在采购的产品产生影响的趋势，你还需要了解你们的顾客是如何购买产品的，并且要能回答以下问题：

* 你们的顾客最常购买的是什么类型的产品？
* 顾客愿意花多少时间去购买某样特定产品？
* 顾客对耐用性和产品质量有什么样的期望？
* 你们的顾客是时尚先锋吗？
* 顾客是否期待你们店铺里有新的、很前沿的产品？
* 你们的顾客会购买最新的热潮商品和受到追捧的东西吗？

基于可获性的购物

可获性（availability）是指顾客愿意投入多大的精力去获得某样产品。今天，社区里某一家零售商提供的产品很可能在其它几家零售店里也能找到。如果顾客在一家店铺没能找到自己要找的东西，他们是否会接受替代品？对于有些产品，他们会接受；对于其它产品，他们绝不会接受不同的型号或品牌。

消费者购买的产品可以分为四个大类：（1）便利型产品；（2）冲动型产品；（3）购物型产品；（4）特殊型产品。作为买手，你需要把你采购的产品归入这几个类别，这样就能对消费者如何看待这些产品有更为深入的了解。

便利型产品（convenience products）是那些顾客不愿意花费时间、财力和精力去查找、评估以及购买的产品，对顾客来说最重要的是方便快捷地拿到这些产品。对于便利型产品来说，如果没有某个特定品牌，顾客会很容易换个别的品牌，换家店买也行。顾客通常会频繁购买便利型产品——几乎不去计划也不做比较。这样的例子有电池、糖果、牙膏、速食以及汽油——这里只列举了其中一部分。便利型产品通常价格很低，供应商把它们放在许多零售店里，当顾客需要购买时唾手可得。

顾客购买**冲动型产品**（impulse products）经常是出于不可抗拒的冲动。冲动型购物是突然的、自发的，并未经过顾客的深思熟虑。许多零售商发现某些商品销量的激增，仅仅是因为产品在店里的摆放位置造成冲动型购物引起的。在大部分食品杂货店收银台那儿的电池和糖果就是最好的例子，嗅觉和触觉之类的刺激经常会引发顾客购买这些类型的产品。有许多产品，如最新的厨房用具，顾客看见白货商店里在展示，就会受到刺激从而产生冲动型购物。

对于**购物型产品**（shopping products）而言，顾客会比较价格、品质、适用性以及款式。他们愿意花费大量的时间、财力以及精力来获取购物型产品。然而，对顾客来说，什么才算是购物型产品也是因人而异的。顾客购买购物型产品没有那么频繁，而且还会在适用性、价格和款式等方面与类似的产品做比较。购物型产品的例子有家具、服装、汽车以及重要的家用电器。顾客会愿意接受替代品，如果他们的比较结果表明那更适合他们的目的。生产厂家通常将这些类型的产品分布在极少几家零售商店里。

特殊型产品（specialty products）是这样一些产品：顾客的购买行为指向获取某件特殊产品，而不考虑时间、精力或费用，而且他们也不接受替代品。同样的，什么样的产品归属到这一类别也是因人而异的；例如顾客用惯了的某特定品牌的香水，或是供他们收藏的最新款芭比娃娃都有可能是特殊型产品。

基于耐用性与品质的购物

作为买手，你所采购的产品的质量水平及耐用性必须符合你们店铺在市场中的定位策略，并且满足你们目标顾客的需求。大部分零售商几乎都不会去尝试提供质量最好的产品——没有几位顾客想要或买得起的质量水平很高的产品，如劳斯莱斯汽车或劳力士手表。

耐用性（durability）是指一件产品能维持多长时间。**耐用品**（durables）是指能承受多次使用的产品（如汽车、家具及家用电器），通常使用时间长达数年。这些产品相对来说比较昂贵，顾客也不会频繁购买。事实上，在经济困难时期，消费者会尽力延长耐用品的使用寿命，并尽可能地坚持使用。**非耐用品**（nondurables）是指使用几次就用完了，或仅仅由于款式变化而过时的产品。如果产品新鲜、新颖、独特、流行或时髦，顾客往往会经常购买、定期购买这类产品。非耐用品中最大的一个品类就是食品。

质量和耐用性也可以跟产品本身的特点联系在一起。产品可以被赋予不同特点——某个型号仅有少数几个特点，另一型号则包含了所有的附加优点。产品特点给零售商提供了一种竞争工具，让他们店内的产品与竞争对手区有所区别。买手必须搞清楚有哪些产品特点是他们的顾客最想要的。要了解顾客的需求，可以询问顾客这样的问题：

- "哪些新的特点会改善这个产品？"
- "你最喜欢哪些特点？"
- "还有哪些特点会让这个产品对你更有吸引力？"

基于流行吸引力的购物

给产品增加价值的另一种方法是通过独特的产品款式及设计——把产品变得更时髦或更好。**款式**（style）是基本而独特的表达方式——即产品的外观。款式要能让人眼前一亮，否则购物者可能熟视无睹。哗众取宠的款式也许会引起关注，但这样的产品未必会有更好的表现。**流行**（fashion）就是目前为人接受或受欢迎的款式。许多人将流行与款式混为一谈。款式是产品外观上的独一无二或独具特色：是使得这件商品与众不同的特点的组合。例如，蝴蝶结领结是领带的一种款式，四门小轿车是汽车的一种款式，而高领毛衣是毛衣的一种款式。

反之，好的设计既能改善产品的外观，又能增加产品的用途。例如，男式衬衫可以采用抗皱面料来做，对顾客来说，当设计师和生产厂家采用这种面料时，衬衫的外观以及功能都得到了改善。

今天，几乎每一件的产品的出售都受到流行的影响。事实上，几乎所有零售商都逐渐进入了流行领域，流行出现在零售业的所有领域，而并不仅仅是服装业——每一年汽车制造商都会推出新的款式，家用电器如今也出现了大量的流行色，而许多时装设计师都有他们自己系列的被单和床罩。因此，所有的买手都应该对什么是流行以及流行如何产生效果有大致的了解。作为买手，你必须认识到是顾客决定了流行。这就是为什么建立你的预测能力对你的成功是如此重要，而要想能预知未来，在很大程度上取决于了解过去发生了什么。生产厂家和零售商无法决定什么样的产品会变成流行，顾客们在购物时作出这个决定。很多时候，顾客身上穿的衣服完全不同于零售商和生产厂家正在推销的式样；或者，他们可能不会争先恐后地跑去购买正在大肆推广的最新款汽车。

在我们的社会中，流行是极为强大的力量，因为我们所有人的内心都有着想要改变的愿望。流行满足了要改变的愿望，给了顾客机会去认同特定群体，并且被同类所接受。这就是为什么当很多有用的产品不再流行时顾客会拒绝它们。事实上，因为不再时兴了，今天最好卖的东西可能会是明天最大的败笔。

流行在变，是因为人们的想法和行为在变。随着很大一部分女性参加工作，她们的穿着打扮发生了变化。由于更多的公司接受了"休闲星期五"，着装改变了。阅读未来趋势"休闲星期五：钟摆是否反向摆动？"来对这一流行趋势有更多的了解。

政治运动和休闲活动也影响着流行的变化。第一夫人穿的新衣服或佩戴的新饰品下一个星期就高调展示在零售商店里。明星们在颁奖典礼上穿过的设计在几周之内就在市场上大量出现。顾客在电影或电视节目中看见的产品第二天就出现在他们的"必不可少"产品清单上了。流行也因科技而改变：新的纤维使服装改头换面；而科技本身也在传播着新的流行和趋势——电视和互联网大大加快了新的流行意识以及被顾客接受的速度。查看表6.1，看看过去有多少流行趋势是从电影开始的。

改变在零售业中是不可避免的，也是行业的重要组成部分。买手们必须紧跟现在的趋势，了解流行，并且在理解顾客的基础上制订商品企划决策。在前面的章节中你知道了阅读杂志、行业出版物、报纸以及其它读物对预测趋势的重要性。买手们需要牢牢把握流行趋势的动态；他们需要知道流行包括哪些内容，是如何变动的，以及怎样预测流行对店铺或部门产生的影响。

流行鼓励顾客购买新的产品，把老的扔掉，但这些是以不同的速度进行的。有些流行没几个月就变了，而其它要过好几年才发生改变。当你制订采购决策时，要当心产品的**淘汰**（obsolescence）——就是在产品的效能用尽之前就由于流行的变化而过时了。流行服装、照相机、计算机以及家用电子器件就是典型的例子，当顾客决定购买替代品时，这些产品都还能用的。

经营流行商品也会给你们店铺或部门带来竞争优势。顾客可能不会取代某些基本商品，直至用坏为止。但美国消费者很快就会厌倦他们穿的或用的东西，购买新的产品让他们感到有所改变，有新鲜感，购买新的流行产品就会带给他们这种改变的感觉。

你还必须认识到新的流行会产生新的顾客需求，带来连锁反应。当裙子的长度发生改变时，女性很可能会购买新的衬裙、鞋子和袜子。所以在你进行新的产品采购时，你必须确认一下它对你店里正在销售的其它产品会造成什么影响。

表 6.1　电影留下的流行印记

电　　影	流行印记
《名媛杀人案 Letty Lynton》（1932 年）	琼·克劳馥所扮演的角色身着一套带垫肩的套装
《一夜风流 It Happened One Night》（1934 年）	克拉克·盖博的诺福克夹克衫、V 领毛衣和风衣
《帕特和麦克 Pat and Mike》（1952 年）	凯瑟琳·赫本的性别偏移的男装款式
《后窗 Rear Window》（1954 年）	伊迪丝·海德高级女装设计的日常便装，以及为格蕾丝·凯莉设计的方型旅行箱——爱马仕以她的名字命名的"凯莉包"的前身
《无因的反抗 Rebel Without A Cause》（1955 年）	詹姆士·迪恩的 T 恤衫和红色夹克衫
《上帝创造女人 And God Created Woman》（1956 年）	碧姬·芭铎的比基尼、芭蕾平底鞋，以及开领的方格色织棉布的沙滩裙（后来被称为"芭铎领"）
《蒂凡尼的早餐 Breakfast at Tiffany's》（1961 年）	一袭小黑裙是这部电影最大的流行成就，而三串式珍珠项链、无袖连衣裙以及超大号太阳眼镜也成为流行趋势
《雌雄大盗 Bonnie and Clyde》（1967 年）	费·唐纳薇穿着的 Theodora van Runkle 的"三十年代复古时尚"装扮；贝雷帽也进入主流
《龙凤斗智 The Thomas Crown Affair》（1968 年）	由英国设计师道格拉斯·海华设计的三件套西装以及片中展示的高档饰品，如百达翡丽的怀表和 Pesol 蓝色镜片的玳瑁太阳眼镜
《夏福特 Shaft》（1971 年）	理查德·朗德里穿着的四分之三长度的黑色皮夹克
《安妮·霍尔 Annie Hall》（1977 年）	女性穿着男装的再度风靡
《周末夜狂热 Saturday Night Fever》（1977 年）	约翰·特拉沃尔塔的白色迪斯科套装激起了亮色紧身合体衣服的浪潮
《闪电舞 Flashdance》（1983 年）	流行运动服，包括运动衫、护腿、弹力裤、头带以及高帮鞋

流行的重要性的增加也引起了追加订单以及采购的时机问题，不过大多数买手都欢迎流行商品加入到他们的存货中，因为新产品会刺激销售，并且强化店铺形象。在家用品这个领域中，流行对可获得的商品的类型有巨大影响：很多家用品改头换面变成了装饰品——即流行性很强但功能性很弱的商品；最明显的是工艺品和绢花，它们都与家里的色彩主题相关联。

随着商品企划方针的确立，店铺的高级管理层可能已经对店铺制订了宽泛的流行决策。事实上，管理层可能早就已经确定了顾客能够接受的"外表"；你的工作就是执行，就是如何用你的商品选择去表达这些外表。

采购"新"产品

买手时常会被接二连三的"新"产品团团围住，并且必须对它们逐一进行评估，作出是否为店铺采购这些产品的决策。下面是在增加新产品之前应该考虑的一些因素：

- 新产品与店铺现有产品之间的相容性。
- 新产品潜在的利润率。
- 在产品生命周期里的现有产品的替代品。
- 新产品对你们顾客的适合度。
- 顾客是否期待你们店铺有很"新"、很前沿的产品？
- 竞争对手提供相同或相似的产品的能力。

今天，市场上的新产品频频出现，令人目不暇接。大多数"新"产品只是在现有产品上做了改进。例如，"最新的"照相机或计算机增加了许多特性，可能会让这些产品对顾客来说更有用。然而，有些"新"的产品是真的很新——它们之前从未以任何形式出现过。首次面世的凉酒器就是这类产品的佐证之一。

买手们必须要知道他们周边的世界，并且对其中经常出现的变化要敏感，他们必须要知道趋势。尽管产品在不断发生变化，但那些变化一般都是进化而非创新——大多数变化都在缓慢进行着。例如，男性领带一年年慢慢变窄或变宽，有时几乎难以察觉。新产品偶尔出现革命性的变化——这种改变发生得极快。在20世纪70年代石油危机时，小型汽车几乎在一夜之间变得广为接受。今天，由于汽油价格居高不下，小型混合动力车也很快站稳脚跟。然而，这种革命性的变化十分罕见。如果现在的产品与过去的产品大相径庭，那么就会与顾客已经拥有的东西格格不入。

买手们一定要在销售区域创造出令人兴奋的事情，他们是用新生事物来做到的。顾客想要购买新的产品，新产品和创新产品给店铺带来客流。总是有那么一些顾客想要与众不同的东西，而对买手来说，市场上总有一些新的东西可以采购。有些买手不愿意采购新的没有尝试过的产品，因为他们可能理解不了其新奇之处，对这样的采购心存疑虑——因而他们的销售区域毫无新意，暮气沉沉。市场上每年都有许多新产品出现，但要由买手来决定他们自己想不想冒这个险。当经济不景气时，买手在采购中会更加小心翼翼，如履薄冰。

作为买手，每当你踏进市场，都会面临着令人眼花缭乱的新产品。知道消费者想要什么——在他们自己知道之前——会让你的采购决策有天壤之别，在你采购了新产品并把它们摆放在销售区域之前，消费者可能都不会意识到有这些东西的存在。阅读今日印象"Smart 汽车：预测为什么出了错？"了解更多关于汽车买手是如何错误地预测一条新的汽车线的。

事实上，新产品面市的步伐正在加快，因为许多公司正在缩短产品开发的周期。此外，产品在市场上存活的时间缩短了，因为竞争对手也以更快的步伐引入产品与之抗衡。今天推出新产品的店铺只不过在这场竞赛中领先了三到六个月而已。

对所有这些新产品来说，存在的理由之一是店铺对它们的要价可以比普通商品高。日本的电子消费品公司不断努力压低其现有产品的价格，与此同时加入新的性能，这样他们就能以同样的价格进行销售。渐进式创新的结果就是许多产品并不是全新的，但是包装不同，并且加入了新的想法。

买手们还必须决定他们的商品选择的创新或流行应该达到什么程度。在制订决策之前，应考虑以下这些因素：

- **目标市场**。你需要评估你的目标市场是保守型还是进步型的。市场上最新奇最时髦的产品是否能为你的顾客所接受？
- **店铺形象**。零售商经营的产品类型是受其形象的影响的，而创新的程度则应该与这一形象相符。消费者可能会把你们店铺视为创新者——镇上第一家推出新产品和新款式的店铺；或者你们店铺在采购之前要等一等，看看哪种产品会为公众所接受。你们店铺建立的形象越是旗帜鲜明，你进行采购就会越有自信。
- **竞争**。你还必须决定自己是想要引领竞争，还是跟从它。你必须决定是担任流行先锋，还是等待某个产品广为接受。
- **流行趋势与理论**。你也需要了解适用于流行传播的理论。产品生命周期是一个用来评估新产品潜力的很有用的工具，一个对制订买货决策很有帮助的规划工具。要分析销售和库存数据，按照趋势的发展绘制图表。详细充分的店铺记录能揭示各类产品的销售有多快或多慢，补货追加有多频繁，或是否需要降价销售。对所有畅销品进行仔细研究可能会揭示每个产品的共同特点；例如，用历史销售数据可以确定你的顾客喜欢的颜色。你也应该对人有敏锐的观察力，你自己的观察结果会证实你已经探知的趋势，或是揭示出全新的趋势。

买手们还必须要知道有些产品是**经典款**（classics）——即使产品做了一些小小的改动，对该款式的需求还是源源不断。例如，开襟毛衣、拌扣领和牛仔裤都是经典款。经典款在很长一段时间里吸引了一大批人。

采购热潮商品

买手面临的最具挑战性的任务之一就是要能区分热潮和趋势。**热潮商品**（fads）是指迅速进入市场，人们以极大的热情购买，然后销售迅速萎缩的产品。热潮商品侵入了零售业的每一个领域，给买手带来了很多营销上的问题。当热潮商品风头正劲时，获得足够的货源是个问题，而当热潮烟消云散时，处理剩下的库存又是个问题。热潮商品要求买手对趋势要小心谨慎，仔细观察。例如，当热潮商品在所有类型的店里都以较低的价格出售时，热潮的终局也将到来。聪明的买手在销售季节后期放弃利润，早早地抛售热潮商品的库存。如果你们店铺服务于追逐热潮的群体，例如青少年，你就需要尽可能地与他们保持密切接触。

消费者市场以其变化快为特征，如果买手预见到了这些变化，并且利用它们为自己的店铺或部门创造了竞争优势，那么这些变化就给他们带来了机遇。然而，较早识别趋势需要合理的判断力以及分析数据的能力。如果你因为把趋势当作热潮而未能发现，你就要奋起直追，赶上竞争对手。多年以来，美国的汽车工业由于错过或忽视了美国消费者的变化而付出了代价。反之，许多行业由于较早识别了趋势而能善加利用。例如，看到市场上健身的趋势正在增长，Nike 凭借其运动鞋表现出了强劲的发展势头，而 Lean Cuisine 以单人份的健康冷冻食品对其市场进行了重新定义。

准确识别出热潮也有好处，你们店铺能很快挣到一大笔钱，但你必须在热潮商品达到顶点之际及时收手。如果你误以为这一热潮会变成趋势，你会继续采购商品并留下一堆卖不掉的库存砸在手里。阅读未来趋势"继傻蛋橡皮筋 Silly Bandz 之后，下一个大热门会是什么？"了解更多关于买手如何才能识别热潮和趋势。

在玩具市场上，热潮商品每年来去匆匆。你孩提时代的心爱玩具还在市场上吗？还是在它上市的第一个圣诞季末就从商店消失了？查看图 6.1，对 1986 年至 2008 年之间的一些热门产品，你记得起来哪几样？

图 6.1
最近的热潮商品：啪啪表（slap watches）

怎样识别趋势？热潮商品一般没有什么变化余地；没有，或几乎没有什么办法来改变产品。例如宠物石（pet rock）就是这样一个热潮商品。然而，趋势则显得更为灵活，有很多表达方式，不过有些产品刚进入市场时可能看起来像热潮商品。1947 年，第一台微波炉面市，名为雷达炉（Radarange），重 340kg，高 1.68m，价值 3,000 美元。1967 年，Amana 引进台式机，495 美元。不过，由于昂贵的价格和出于对辐射的不安，微波炉的销售花了数年时间才得以突破，而产品看上去也不再像个热潮商品了。渐渐地，科技得到发展，而价格降低了；同时，消费者紧张的生活方式讲究速度。如今美国厨房中93%都有微波炉；许多家庭有两台微波炉，而且有着不同的流行色。此外，微波炉还改变了食品工业。例如，爆米花现在已成为7.5亿美元的产业了，Orville Redenbacher 于1983年推出美食爆米花 Gourmet Popping Corn，占其公司总利润的90%。

产品生命周期和流行传播理论

通过策略规划以及对市场和消费者的了解，买手可以学习制订行之有效的零售策略。在应对不可避免的产品变化时，计划是极为关键的。对产品生命周期及流行传播理论的理解在买手进行许多商品企划决策时大有裨益。

所有产品的需求及销售都按周期变动着，而这些周期的长度各不相同。某种产品的销售周期可能非常短，而其它产品则在市场上销售长达数年甚至数十年。然而，当顾客拒绝某种产品时，店铺就必须尽可能快地清除这一商品。

产品生命周期

为了提高预测技能，买手们必须了解他们所采购的每件产品的生命周期——特别是它对销售的影响。**产品生命周期**（product life cycle）展示了一个产品终其一生的预期行为，传统的产品生命周期有四个阶段：（1）介绍期；（2）成长期；（3）成熟期；（4）衰退期（图6.2）。产品以不同的速率穿过这个生命周期，买手必须关心产品穿过产品生命周期的**速率**（velocity），或速度。有些产品，像女装，有很高的速率，在几个月中走完这个周期；其它商品，像皮箱和家具，穿过这个周期就慢得多了。买手主要担心的是产品穿过周期越快，风险就越大；但是对于成功的产品来说，有快速销售以及高于平均值的利润率作为回报——这就是为什么总有压力要在被单、男式内衣和家用电器这类传统基本商品中引进流行元素。

图6.2
产品生命周期

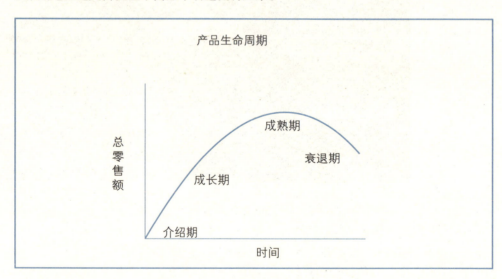

产品在其生命中经过几个阶段，而销售业绩在每个阶段都有不同表现。知道产品处于哪一阶段有助于买手判断它目前以及未来的销售潜力，产品生命周期的每一个阶段也意味着不同的零售策略。

介绍期

在**介绍期**（introduction stage），产品的特征是销量低、损耗少，以及风险高。许多产品没能熬过这一阶段。例如，每一年都有新香水上市，但是其中只有百分之十能打动顾客。在介绍期风险很大，因为买手是把赌注押在一样未经验证的产品上。在这一阶段，买手一般会利用高价策略，并开展推广活动向顾客告知这一新产品。对大多数零售商而言，新产品对他们的形象至关重要。

在介绍期阶段，能接受产品的顾客通常数量非常有限，买手预期的目标市场应该是一个由高收入或有创新精神的顾客组成的有限市场。**创新者**（innovators）是指更愿意购买新款式的顾客。以前，新款式先出现在有钱人当中，再慢慢到达其他群体；然而，如今不是这样了，青少年可能是最早购买热门新产品的群体。随着接受这一产品的消费者人数增加，它进入了成长期。

成长期

当富有创新精神的消费者购买了产品，并将它们推荐给朋友时，该产品进入了**成长期**（growth stage）。对零售商来说，处在这一阶段的产品是最令人满意的，因为其特点是销售速度加快，而且比任何一个阶段的利润水平都要高。数字化电视机和智能手机这两种产品目前正处于成长期。

在成长期中，产品开始出现不同的版本，而推出这一产品的零售商数量也激增；通常供应商的数量也在增长。在这一阶段，那些在产品早期上升阶段进行购买的顾客成为**早期采用者**（early-adopters），而大部分顾客最终会在产品达到最后上升阶段和生命周期顶峰时进行购买。

成熟期

在**成熟期**（maturity stage），销售增长速度放缓，并最终开始持平。这一阶段的特点是市场竞争激烈，价格回落，利润下降，广告宣传力度更强。CD 光盘和 DVD 数字化视频光盘目前正处于这样一个阶段，它们能在像 Target 和 Walmart 这样的商店以极低的价格买到。低廉、折扣的价格可能意味着这样的产品在向生命周期的下一个阶段迈进。成熟期是竞争最激烈的阶段，在促销中提及价格十分重要。在这一阶段，**晚期采用者**（late adopters）在产品经过顶峰后接受了它，而**滞后采用者**（laggards）则在衰退期才采用它。

衰退期

作为一项原则，买手是不会采购处于**衰退期**（decline stage）的产品的。在衰退期，目标市场萎缩，价格削减使利润率降至最低点。通常到达这一阶段的产品已经被抛售，剩余库存则采取大幅度的降价处理，这些产品成为高风险、低回报的商品。在这一阶段，目标市场的组成是价格敏感型的人以及滞后采用者。大多数店铺在这一阶段缩减提供的花色品种，而许多零售商抢在顾客彻底抛弃该产品之前抛售了全部商品。

产品生命周期非常适用于流行服装。图 6.3 列举了一些不同的产品生命周期。

流行传播理论

采购流行商品的买手们一定很熟悉流行传播的理论，以及它们是如何影响他们所采购的产品的。有三种理论尝试对流行如何传播进行解释。

自上而下理论

自上而下理论坚持认为流行的创新者是那些身处社会金字塔顶端的人，如王室成

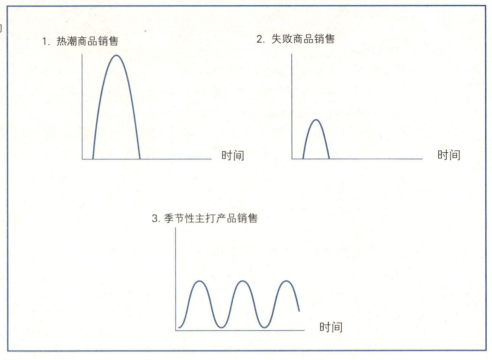

图 6.3
产品生命周期的几种形式

1. 热潮商品销售

时间

2. 失败商品销售

时间

3. 季节性主打产品销售

时间

员、世界领导人和有钱人。假以时日，这一群体接受的流行逐渐来到了低一些的社会阶层。例如，许多第一夫人戴的帽子和用的珠宝成为大众的流行宣言。流行是通过三个阶段垂直从上层社会传到下层社会的：（1）与众不同——由上流社会穿戴的，原创的，度身定制的设计；（2）模仿——原创设计经过修改，由高档百货商店推出，吸引着中产阶级；（3）抄袭——原创设计经大批量生产，进行大规模销售。

许多时装的生命周期是从像 Chanel、Givenchy 和 Christian Dior 这样的设计师设计的**高级定制服装**（haute couture）开始的，每年都有几千名女性花费 30,000 美元以上订购这些手工制作、独一无二的作品。尽管这些礼服十分迷人，作为造钱机器它们也只不过是无足轻重的；这些设计师是靠相关产品，如香氛和饰品，来产生利润的。此外，许多欧洲时装公司和声誉卓著的美国设计师开发了"二线"品牌，由女装设计师设计，费用从 100 到 900 美元不等——虽然还是很贵，但是中产阶级尚能承受。

有一个问题是设计师不得不应对的，那就是这些稍稍便宜一些的产品系列可能会给高级定制服装的形象带来损害。像 Halston 这样的设计师由于给太多产品贴上了他们的名字，其名声已经大大失去光彩。尽管有些设计师正避开二线品牌，但是还有许多人可能并没有选择余地，如果他们还想保持盈利的话。

水平流动理论

水平流动理论坚持认为流行在群体间的传播是水平移动的。在每一个群体中都有创新者愿意尝试新产品，当群体的其他成员看见了流行的诞生，他们更愿意作出相似的购买行为。如果流行是以这种方式得到传播的，那么上层社会穿什么或者买什么就无关紧要了。在每一个社会阶层中都有充当意见领袖的创新型顾客存在。一旦他们接受了一种流行，他们会让同样社会阶层中的其他成员也来接受这一流行的。

自下而上理论

这一理论与自上而下理论相反，坚持认为流行创新者是年轻人。例如，长期以来T恤衫是青少年的基本服装的一部分，现在则成为许多设计师产品系列的一部分。今天，相当多的流行是受到年轻消费者的影响的。

以上这些理论都是建立在有流行创新者和流行跟随者存在的概念的基础上的。了解每一种理论，并确定哪一种最适合你们的顾客以及你所采购的产品，会让你能预测未来的传播方式。大多数买手会把这三种理论都用上，预测什么款式可能会成为流行的宠儿。

运用产品生命周期及流行传播理论

了解产品生命周期及流行传播理论能帮助买手制订许多商品企划决策，包括时机、预测以及清货。

时机

了解你的目标市场能让你确定应该在什么时候将新产品，尤其是流行商品，引进店铺，而此时顾客已经做好准备。无论店铺是引领者还是追随者，产品的选择应该提高这种声望。如果店铺试图建立一个流行形象，却在顾客对流行商品厌倦以后继续经营它，则会让人觉得过时。

预测

了解这些理论还能帮助你预测特定消费者群体在期待什么商品。你可以从行业出版物、报告服务机构、买货办事处或消费者出版社那儿获取综合预测，知道了创新者在购买什么可以让你能为顾客挑选出下一个"热门"产品。

清货

了解产品处于产品生命周期的哪一个阶段也能让你确定何时应将产品从库存中清理出去。当市场上出现新产品时你应开始考虑替代品；然而，在彻底清理库存之前，你也许应该考虑一下其它策略，例如修改营销策略或削减售价。

提高你对产品的感觉实际上就是增加你的敏感度，即对于你们的顾客是否愿意接受新产品的敏感度；这种敏感度与对市场的了解相结合，会让你作出最为明智的买货决策。

创造差别化产品

作为买手，你应该采购与众不同的产品，这些产品能让顾客将你与竞争者区别开。要做到这一点，常用的方法是在你的商品组合中增加自有品牌的商品、特许产品以及大规模定制的产品。

品牌名称

顾客们不得不从不计其数的产品中进行选择，他们会依靠品牌名称来辨别，消费者本质上是用商标名字来帮自己选择产品的。**全国性品牌**（national brands）的产品几乎到处都能买到——Ragu 通心粉酱汁、Arrow 衬衫、Levi's 牛仔裤、Ford Mustangs 野马跑车，这个清单还很长。全国性品牌在大多数零售店铺的产品选择中都占主要地位，使得所有店铺都大同小异，销售着相同的品牌。

越来越多的零售商正在创建他们自己的**自有品牌**（private brands）（或**商店品牌**，store brands）。例如，Sears 销售 Craftsman 工具、Kenmore 家用电器以及 DieHard 电池——这些都是只在 Sears 才有售的自有品牌。自有品牌属于店铺所有，在该店铺专卖的产品上可以看到。在某些零售商那里，如 Eddie Bauer 和 Land's End，销售的所有产品几乎都是自有品牌。JCPenney 开发了自己的 Arizona 品牌牛仔裤，Kmart 有 Jaclyn Smith 品牌服装，而 Walmart 有 Sam's Choice 品牌。大多数食品杂货店通常至少有一个自有品牌。在家用纺织品中，自有品牌也获得了举足轻重的地位；一些用于家用棉织物上的自有商标出现在服装和其它商品上，顾客早已熟悉这些商标。例如，Macy's 把经过长期运作的服装商标 Jennifer Moore 用在了被单上。

有些店铺提供通用品牌产品。**通用品牌**（generic brands）没有品牌名字，不会给产品附加什么重要个性。通用产品在食品杂货店和药店里都有，通常向价格敏感型顾客推销。例如，一瓶通用阿司匹林的价格可能只有相同大小的一瓶 Bayer 阿司匹林的一半。

消费者将品牌看成是产品的重要组成部分，而品牌名称给产品增添了价值。例如，多数顾客认为 Ralph Lauren Polo 针织衫是优质产品，但是同样的针织衫如果没有了标志和商标，即使是一模一样的产品也很可能被认为品质较差；甚至在食品店的产品柜台也有品牌名称，Sunkist 橙、Dole 菠萝以及 Chiquita 香蕉是这一没有品牌的领域中的几个品牌产品。

品牌化可以在几个方面帮助买手。品牌帮助顾客识别可能对他们有用的产品，品牌对大多数顾客来说还意味着产品质量，经常购买同一品牌的购物者知道自己每次购买都会得到同样特性、优点以及质量的产品。

特许产品

买手要在他们的商品组合中创造差别的另一种方法是采购**特许产品**（licensed products），即通过名人或公司名称、标志、口号或虚构角色的身份设计及销售的产品。支付一笔额外的费用，买手就能立即获得经过验证的品牌名称。在孩子们中间，卡通角色和故事人物最受欢迎，米老鼠就是最重要的角色。体育明星和运动队的名字也在特许产品中很常见，可想而知，销量会因为运动队所在的地区不同而产生差异，但有些队，如 Dallas Cowboys 和 New York Yankees 则享誉全国。

特许产品包罗万象，从小装饰品到昂贵的藏品应有尽有，但以服装类产品为主。特许产品如今也倾向于更高的品质，更丰富的花色品种。以前，特许产品主要关心的通常并不是产品质量，因为短短几个星期里就会有热门的卡通角色或体育名将冲击市场。今天，特许产品装饰着价格昂贵的茄克衫和牛仔衬衫，大部分特许服装都是流行正当时。向高品质商品的转变导致许多获许公司生产两个系列的产品——一个系列卖给折扣店，而另一个系列给百货商店及专卖店。然而，有些获许公司，如 Hello Kitty 和 Blue's Clues，想要保持高档形象，他们大部分产品都是为高档商店生产的。

床上用品及沐浴用品市场的特许产品继续成为销售上切实可行的增长点。在所有领域都强调经典，如米老鼠，兔巴哥以及超人；不管是折扣店还是百货商店，经典产品都是"更安全"的商品。在儿童产品方面几乎有数不清的角色名字和人物形象用于玩具、衣物、学习用品、麦片、午餐盒以及许多其它商品。事实上，玩具的销量几乎有一半来自于以电视节目和电影为基础的产品。

买手们必须对特许产品进行评估，就像对其它商品一样，寻找合适的品质、设计、价格以及寻求产品与店铺形象和顾客需求的相容性。由于特许名字是否能投合顾客的心意无法确定，买手很难作出抉择；而且近年来这些商品的新奇感也在减少。

买手们还要特别当心特许产品的时机及降价。也许多年来 Disney 商品一直是热销商品，但其它产品一般都在销售上达到顶峰后就急转直下。例如，有 Olympics 标志的商品在赛事结束之后销量立刻跳水。

选择合适的特许商品对每个零售买手来说都是最大的挑战。期待中的夏季大片的公映会令所有买手费尽猜疑，新片是否能像去年夏季大片那样大获成功？影片的感染力是否会转化成顾客的需求，让他们去购买以新片为基础的特许产品？没能达成他们期望的电影意味着推广电影角色或象征的特许产品将大幅度降价。例如，当《至尊神探（Dick Tracy）》没能如预期中那样成为热门电影时，许多零售商面对大量黄色雨衣束手无策。以电影为基础的特许产品的生命力不如那些与人们多年来定期观看的电视节目相关的产品那么持久。

买手们采购体育特许产品时也要小心。体育队在当季的糟糕表现很可能意味着当季的销售也很糟糕；然而，当本地运动队打进了决赛时，作为镇上第一家销售以这支队伍为特色的运动服装的零售商，则能获得很高的销售额以及利润。

特许产品有着广泛的吸引力，特别是在年轻消费者、女性以及低收入家庭中。随着顾客年龄渐长，特许产品的吸引力很快衰退了，50 岁以上的人几乎没有兴趣为他们自己购买这样的商品。

大规模定制

许多零售商摒弃了已沿用数十年的一刀切理念，开始尝试**大规模定制**（mass customization），即高效地向顾客提供独特产品，给他们带来"就是自己想要的"产品。大规模定制是在利用科技的基础上，将产品精确地对准购买者个体的需要。顾客决定他们的选项，产品就根据他们的具体要求进行组装。其挑战在于要给顾客足够多的选项，让人感觉产品是度身定制的，而不增加太多费用。

定制产品能做到高效率：库存降低了，仓库空间节省下来，为了保持花色品种齐全而监测库存的费用也减少了，需要降价处理的剩余商品也寥寥无几。尽管做大规模定制的产品要贵一些，但它们的利润率也会高得多。

在零售业的其它领域也出现了大规模定制。General Nutrition Centers（GNC）正在自己的一些店铺里测试可根据顾客要求的组合定做日常维他命、洗发香波和乳液的机器。这一变革已经传播到了互联网，贺卡零售商允许顾客在网上定做带有个人留言的卡片，许多实体零售店也开始利用店内的数字信息亭提供这种选择。

许多零售分析家预言，大规模定制对于 21 世纪的重要性可能相当于大规模生产对于 20 世纪的重要性。它让零售商有办法给顾客提供他们自己想要的产品。买手们必须对那些能让他们的产品脱颖而出的技术时刻保持警醒。

要点总结

- 店铺的商品组合必须满足其顾客的具体需要。
- 基于可获性的产品有四个大类：便利型产品、冲动型产品、购物型产品以及特殊型产品。
- 流行出现在零售业的所有领域，不仅仅是服装业。
- 尽管流行在追加订单以及采购时机方面带来问题，大多数买手还是寻求在他们的产品线中添加流行商品，因为这些产品会刺激销售，提升店铺形象。
- 店铺尝试通过一些因素建立流行形象，如商品选择、店铺位置、视觉营销、陈列道具以及店铺人员。
- 要理解流行对顾客的影响，买手必须能分清热潮和趋势。
- 产品生命周期包括介绍期、成长期、成熟期及衰退期。
- 所有产品都各自以不同的速率持续不断地穿过产品生命周期。在周期不同阶段中的流行采用者可以分为创新者、早期采用者、晚期采用者以及滞后采用者。
- 流行传播理论包括自上而下理论、水平流动理论、自下而上理论。
- 买手用自有品牌、特许产品以及大规模定制来将自己采购的产品与竞争对手区分开。

复习回顾

零售买货词汇拓展

如果你的词汇表里没有下面这些词，请参考书后术语词汇表。

可获性	availability
经典款	classic
便利型产品	convenience product
衰退期	decline stage
耐用性	durability
耐用品	durables
早期采用者	early adopter
热潮	fad
流行	fashion
通用品牌	generic brand
成长期	growth stage
高级时装	haute couture
冲动型产品	impulse product
创新者	innovator
介绍期	introduction stage
滞后采用者	laggard
晚期采用者	late adopter
特许产品	licensed product

大规模定制	mass customization
成熟期	maturity stage
商品组合	merchandise mix
全国性品牌	national brand
非耐用品	nondurables
淘汰	obsolescence
自有品牌	private brand
产品生命周期	product life cycle
产品线	product line
购物型产品	shopping product
特殊型产品	specialty product
商店品牌	store brand
款式	style
速率	velocity

阅读理解

1. 为什么买手应时常监控其商品组合？

2. 解释一下买手采购的产品怎么会影响店铺的人事决定？

3. JCPenney 和 Kmart 做了什么来给店铺树立流行的形象？

4. 列举五个便利型产品的例子。

5. 描述一下百货商店怎样能把厨房用具作为冲动型商品进行销售。

6. 给出两种特殊型产品的例子。

7. 在什么时候顾客会想要延长耐用品的使用寿命？

8. 款式和流行之间有什么不同？

9. 解释为什么买手不能决定流行。

10. 为什么很多买手都欢迎在他们的存货当中加入流行商品？

11. 给出实例说明流行是怎样因科技而发生变化的。

12. 描述新的流行会如何创造连锁反应，带动其它产品的销售。

13. 给出实例说明电影是如何影响市场上的"新"产品的。

14. 热潮商品给买手带来的问题是什么？

15. 买手们怎样才能区分热潮和趋势？

16. 列举产品生命周期的四个阶段。

17. 讲述定价策略在产品生命周期的介绍期与衰退期之间的差别。

18. 描述流行传播的自上而下理论。

19. 产品生命周期的知识怎么能帮助买手决定要从他们的商品组合中清除哪些产品？

20. 买手们为什么要在他们的商品组合中增加自有品牌？

21. 为什么特许产品降价的时机对买手们来说非常关键？

22. 大规模定制开始盛行的首要原因是什么？

分析与应用

1. 为什么对买手来说尽早识别并充分利用趋势很重要？

2. 确定以下每一件产品处于产品生命周期的哪个阶段：老式唱片、盒式磁带、激光CD唱片、家用录像带以及数字化视频光盘DVD。

3. 给出原因，解释为什么新的流行服装不像以前那样只是先出现在有钱人中间。

4. 你如何确定一样商品是否进入产品生命周期的衰退期？买手能做些什么来延长产品的寿命？

5. 你感到哪种理论在今天的服装市场中更适用——自上而下理论还是自下而上理论？解释原因。

今日印象

Smart 汽车：预测为什么出了错？

Smart 汽车，这一在欧洲的街道上早已司空见惯的微型汽车，是 2008 年在美国正式露面的。这车车型小，汽油里程数高，几乎没有什么竞争对手。事实上，这种两座汽车车身只占据半个停车位，每小时能跑 140km，汽油消耗量低。司机可以把一辆 Smart 挤进敞篷小货车的车斗里，或者甚至可以在一些商店的走道上开来开去。

Smart 汽车从 1998 年开始在欧洲销售，现已售出 77 万辆，遍布 36 个国家。当美国刚开始引进 Smart 汽车时，要想买一辆 Smart 还需要花费 99 美元，通过经销商或在互联网上进行预约。在 2009 年 1 月时，等待时间大约为 12 个月；然而到了同年 7 月，无需等候即可提车，经销商有库存可立即发货。看起来对一些 Smart 汽车的拥趸者来说，颜色十分重要，因为很多付过钱的人对于这车没有绿颜色出售感到失望。在美国，这款汽车的价格在 12,000 美元至 17,000 美元之间。

由 Penske Automotive 集团组织的 75 家代理商签订了合同，在全国销售 Smart 汽车。这些汽车经销商预测，在汽油价格居高不下、对全球变暖的担忧加剧，以及对多功能运动型车辆的兴趣减弱的情况下，美国消费者会欢迎这辆比大型乘骑式割草机大不了多少的小汽车。在欧洲，Smart 汽车在蜿蜒曲折的小巷中游刃有余，一直维持着时髦的形象，甚至还出演了两部电影——《达芬奇密码 The Da Vinci Code》和翻拍版的《粉红豹 The Pink Panther》。对这款新车的销售预测前景一片光明。

该车最大的卖点之一是其燃料效率——在市内每升 20km，在公路上每升 29km，这是因为 Smart 汽车比路上任何其它车都要轻；然而，这样的重量也带来了安全隐患。尽管装备了现代安全设备，如多个安全气囊，但是在遇到撞击时，小型轻质汽车中的人员始终处于劣势。在欧洲，Smart 汽车因其坚固的框架以及额外安全气囊等特色取得了可被接受的安全评分。

然而 Smart 汽车从未达到预期销量：在三年多的时间里，售出 45,000 辆，但销量逐年递减。Smart 汽车是很可爱，但它是两座汽车，跑得慢，没有载货空间。此外，Smart 汽车刚打入美国市场，汽油价格就停滞不动，经济萧条，而小型车的竞争对手与日俱增——Honda Fit、Nissan Versa、Ford Fiesta 以及 Toyota Yaris 纷至沓来。2011 年，在经历了多年销售预势之后，Penske Automotive 集团宣布将 Smart 汽车在美国的销售权转让给 Mercedes-Benz USA。

为什么 Smart 汽车在美国的销售会如此黯淡无光？除了这篇今日印象中提出的原因之外，是否还有其它原因要为 Smart 汽车在美国的销售业绩惨淡而负责？Mercedes-Benz USA 又会为增加 Smart 汽车的销量做些什么呢？

未来趋势

继傻蛋橡皮筋 Silly Bandz 之后，下一个大热门会是什么？

对于大多数零售买手来说，热潮商品都是产品组合的重要组成。它们迅速打入市场，来势汹汹，让买手一击而中，快速取得利润；其危险在于买手可能高估热潮商品的长期吸引力，从而遗留下一大堆毫无价值的库存。忽略或是错过一件引起消费者强烈兴趣的产品会给零售商带来古板守旧的名声。

尽管热潮商品与其它销售寿命很长的产品相比只是昙花一现，就店铺形象与顾客吸引力而言，它们还是有着不相称的重要性。买手们不能忽视热潮商品的重要性。当新的热潮商品风头正劲时，消费者四处找寻这个产品。对许多零售商来说，有新生事物进得门来且来增加了正常的销售收入；而这些新的顾客也会在店里找到他们要买的其它产品。

热潮商品有助于买手保持他们店铺生机勃勃，并吸引新的顾客；然而热潮商品的销售周期与常规产品有着天壤之别。热潮商品的销售一般会出现急速上升，之后是同样急剧的下落；趋势商品表现出的则是销售逐渐增长，并最终进入稳定状态。买手们应该要辨清热潮商品，并密切关注这些产品的库存水平及销售情况。关键是当热潮商品无人问津时，店里还剩下的库存量。

每一代人都有自己的热潮商品，从啪啪手镯（slap bracelet）和香蕉发夹（banana clips）到宠物石（pet rocks）和翁仔标（Pogs），有些热潮商品很快凋谢萎落，而其它则展现出更为持久的吸引力。

最近打入市场的热潮商品之一就是傻蛋橡皮筋 Silly Bandz，即五颜六色、形状各异的橡皮筋，有的像动物，有的像运动人物，是用硅胶模塑成形的，当拉伸时回复其原来形状。这种橡皮筋在各种类型的零售店中都有售，便利商店、玩具商店、加油站、折扣店，甚至 Hallmark 店也有售。傻蛋橡皮筋从一个游乐场周游到另一个游乐场，最初在东南部和佛罗里达流行，然后传播到东海岸，再到达中西部，又来到了加州。傻蛋橡皮筋并未使用付费广告，取而代之的是依靠粉丝及零售伙伴在本地市场中进行口碑宣传。此外，它对全国性的社交媒体多有依赖，用 Facebook 和 Twitter 进行传播。到 2010 年年底为止，傻蛋橡皮筋有将近一百万 Facebook 粉丝以及超过一万五千名 Twitter 追随者。

从 2010 年年初开始，零售商以 5 到 7 美元出售 24 根装的傻蛋橡皮筋还供不应求，该公司产生的年销售额超过一亿美元。但是正如其它任何一种热潮商品一样，要让孩子们一直购买傻蛋橡皮筋绝非易事。到 2010 年年底为止，该公司发现销售放缓，开始寻找下一个热潮商品。有些零售买手在考虑是否另一种彩色的小装饰品——啪啪表——会成为另一件大热门，一些商家将它作为最新流行推出，价格低廉、色彩丰富、易于搭配，售价不到 10 美元。

所有买手都面临着确定下一个大热门的挑战。今天，几乎零售业的所有领域都受到绿色环保产品的影响。例如，服装采购员会面对再生服装与使用更多的天然纤维，如有机棉、羊毛、大麻、竹纤维以及椰壳纤维混纺品。绿色环保产品会是下一个大热门，还是会如同大多数热潮商品一样很快结束生命？只有时间会知道。如果产品能与消费市场中文化及社会的大致变化保持同步，就有最大的机会成为一种趋势而不只是昙花一现。还有其它因素能帮助买手区分热潮商品和随之而来的趋势。

零售买手不能对热潮商品视而不见，没有热潮商品，他们的店铺就会显得千篇一律，与其它店铺雷同。然而，买手不可能对趋势无一遗漏，他们的任务是筛选对他们的目标市场最具吸引力的热潮商品。这可能意味着会遗漏成功的热潮商品，如果发生了这样的事情，买手们应当跳过它，继续前行。买手犯的最大的错误之一就是太晚投身于热潮商品的浪潮之中，最终结果很可能会是一大堆卖不掉的产品。

归根结底，当买手选择可能会成为他们店铺的下一个大热门的时候，最重要的因素是了解顾客及市场情况。

休闲星期五：钟摆是否反向摆动？

20 世纪 90 年代，从加利福尼亚的科技公司涌现出在工作场所休闲着装之风，继而席卷美国各地。1998 年，在 Society for Human Resource Management 调查的公司中，有 97% 都允许每天或每周一次穿着休闲装。2000 年，这一数字下降到 87%。近年来，休闲着装的钟摆偏离得越发厉害。根据同一组织的调查，2001 年 51% 的美国公司允许休闲着装，这一数字到 2005 年下滑至 41%。由 American's Research Group 进行的另一项调查发现，1999 年，财富 Fortune 杂志五百强公司中有 28% 允许休闲着装。今天，这一数字略低于 10%。几乎没什么老板要求像在 20 世纪 80 年代至 90 年代早期的许多公司中司空见惯的正式着装。然而，经理们要试图确保"商务休闲"不会演变成彻底休闲。

从一开始，员工与管理层之间产生歧义的源头就是"休闲星期五"的恰当着装。有些员工照字面上的意思曲解了"休闲"，开始穿着适合于海滩而不是办公场所的衣服。对一些员工来说，穿人字拖就相当于穿了鞋子。结果是在许多公司，"休闲星期五"被取消了或者管理层修改了员工手册，详细定义了何谓休闲着装。

究竟什么才是商务休闲？其定义因公司而异，不过有一家公司定义为：裤子材质为棉、羊毛、法兰绒或人造纤维；马球衫或高尔夫衫或有领衫；毛衣、高领毛衣；休闲连衣裙；以及半裙。合适的鞋类包括传统的运动鞋或步行鞋、平底便鞋、木底鞋、靴子、平跟鞋、高跟鞋或皮质船鞋。在该公司何谓不恰当的商务休闲装？包括有运动衫和运动裤、训练裤、短裤、背带工装裤、袜裤、健美裤、紧身短裙、迷你裙、裙裤、遮阳衣、沙滩装、吊带裙、露肩上衣、露脐上衣、袒肩露背上装，以及印着有可能会冒犯别人的文字、词句、标志、图案、漫画或标语的 T 恤衫。不恰当的鞋类包括人字拖、拖鞋以及闪光的运动鞋。

然而并非所有公司都在收紧"休闲星期五"着装政策。有些公司仅在有不恰当的着装出现时才处理一下。其它公司，尤其是科技领域的，赞赏不拘一格的着装。休闲着装的拥护者说，这不仅仅是全美公司善意友好的表示。许多分析家相信休闲着装可提振士气。雇佣好雇员的竞争也影响到了"休闲星期五"，一些公司挖空心思地吸引、挽留以及激励员工——甚至连休闲着装也用上了。

然而总体来说，钟摆已偏离休闲装，这一变化在一些零售销售中更为明显。例如，对休闲着装的疏远从男式领带东山再起的销售中可略见一斑。20 世纪 90 年代，领带的销售下跌 50%，但近年来，领带销售已远超十亿美元——高得史无前例！然而休闲着装的趋势很可能根深蒂固，以至于不会很快消失。由于在许多行业中钟摆都会摇到不那么休闲的方向去，零售买手们就需要仔细监测这一趋势，以及它对于顾客明天会购买什么服装的影响。

第三部分

商品
采购的计划与控制

第七章

预　测

行动目标

- 认识准确预测对买手的重要性
- 确定进行销售预测的好处
- 描述影响销售预测的内力和外力
- 确定一手资料和二手资料在进行销售预测中的运用
- 列举进行销售预测涉及的步骤
- 描述用于预测存货需求的方法
- 在存销比和库存周转率的基础上预测销售
- 了解买手需要定量分析能力

在从前面章节所讲的来源收集到信息以后，买手们必须利用数据去预测未来会发生什么。**预测**（forecasting）是指推测在一系列指定的条件下消费者会做什么。买手们最常做的预测是关于消费者的需求、销售以及所需存货水平的预测。要作出这些预测，他们必须从许多来源，包括其他人所做的预测中收集信息并进行分析。涉及整个零售行业的许多预测在第一章中都讲述过了。

在这一章里，你将学到更多关于预测的内容。这里会讲述买手如何识别消费者趋势以及如何预见市场环境中的变化，并且会探讨用于进行预测的步骤。之后你会学习买手们是如何运用这些技能做销售预测和库存计划的。

预测的范围

买手们进行预测一般是为了回答这样的问题：

- 每件产品需要买进多少量？
- 是否应在现有的商品种类上再增加新产品？
- 为支持销售计划需要多大量的库存？
- 每件产品的价格应该怎么定？

这些问题的答案是建立在预测的基础上的，即你认为顾客将来会做什么。就像预报明天的天气一样，你的预测并不总是准确的，但是可以采取一些措施来提高你的预测能力。阅读未来趋势"用天气预报来改进零售预测"，了解更多关于如何将长期天气预报作为工具来改进零售预测。

首先，你需要获取以前的销售记录。在进行预测时，大多数买手都会从以往销售信息着手来预计未来销售，但你不能止步于此；你还必须考虑在你们店铺中运转的其它内力，比如销售面积扩大或销售人员数量减少；然后你需要检查外力，比如竞争形势及经济环境。正如你所意识到的，没有什么销售预测是能与实际销售完全吻合的；有些商品你可能采购得太多，而其它的则不够，但是如果你保留下准确的记录，就有机会改善自己未来的预测。

当你确定了所有你能获得的帮助来源，你就已经准备好去收集和分析关于市场环境以及你们目标顾客的信息，从而进行预测。你要做的最重要的预测是**销售预测**（sales forecast），即对未来特定的一段时间内，在计划的营销方案下的销售作出预测。销售预测可以是对总销售量的预测，或者也可以预测这些方面的销售：

- 特定产品或服务（品牌或型号）。
- 特定消费者群体（男性，65 岁以上）。
- 一段时间（一个星期，一个月）。
- 特定位置的店铺。

为某一特定时期所做的销售预测可以包括几个星期甚至是几年。**短期预测**（short-term forecast）涉及的时间段通常最多一年。采购流行商品通常要求进行为期六个月的销售预测；食品杂货店及药店经营的是更为基本的商品，可能只要预测几天或一周的销售。**长期预测**（long-term forecast）则长达一年以上。

要进行销售预测的时间周期对于预测的准确性有很大影响，预测未来许多年的销售的准确性要比预测今后两个月的销售差得多。现有市场条件可能会保持几个星期不变；然而，这些条件在季末可能会发生翻天覆地的变化；顾客的口味也会变化无常。如果市场不稳定且变化很快，进行长期预测可能毫无意义。

对买手们来说，预测是一件关键性的规划工具。准备销售预测时要仔细考虑（1）店铺要服务的目标市场群体，（2）现有及潜在的竞争对手，以及（3）市场上和经济上将来会出现的趋势。换句话说，他们在准备销售预测及制订商品采购计划之前必须对商店及市场进行彻彻底底的了解。此外，销售预测还能：

- 刺激计划的制订。没有销售预测，买手们就不能作出其它重要决策，比如所需存货水平及制订对顾客的零售价。
- 促进协调配合。销售预测成为商品企划团队中所有成员的目标。买手、店铺经理以及销售人员都必须调整各自的活动以期达到销售目标。
- 支持控制活动。销售预测成为衡量买手工作成功与否的基础。它为加薪、升职或解聘提供了一个衡量买手表现的定量指标。

因为销售预测起着如此重要的作用，所以需要尽可能精确；但是因为预测是尝试对未来进行预告，可能不精确。总而言之，对数据进行更多的分析与解读会提高销售预测的准确性。

买手们要对自己做的预测有信心，随着对所有会对销售产生影响的内力外力的透彻了解，信心会进一步增强。预测应以事实为基础，而不是基于猜测！在进行销售预测之前，买手们必须首先要明确他们的目标顾客，了解他们为什么买东西，理解影响这些市场的趋势。

进行销售预测

预测销售需要买手们明确并且理解会对销售产生影响的内力和外力。

检查内力

在进行销售预测之前，你应该仔细检查店内所有可能会影响销售的**内力**（internal forces）。例如，未来的销售可能会受到广告费用增减、信贷政策的放宽或收紧，以及零售价格高低的影响；甚至营业时间或硬件设备的变化也会影响未来的销售。你必须在进行任何一项销售预测之前估量这些变化对预期销售的影响。

检查外力

在进行销售预测之前，你还必须分析会影响销售的**外力**（external forces）。你需要检查经济形势、人口趋势以及竞争态势的变化。

经济形势

对全国性和地方性的经济气候都应进行分析，但你必须认识到经济形势不会以相同的方式影响到所有行业。例如，在经济放缓时期，有些商店的销售实际上在增长，比如自己动手的家居卖场。工厂关门和员工下岗这样的地方性经济形势一般会导致销售下降。报纸上的大字标题提供的信息是你在做销售预测时应予以考虑的。你还必须认识到在通货膨胀时期，销售额的增长可能并不对应着销售量的增长。

人口趋势

在你进行销售预测之前，也应该对人口趋势加以分析。搬进或搬出你们店铺所在商圈的人会对未来销售产生影响，如果店铺所在商圈的居民数量出现大量流失的话，销售预测应当下调。

人口组成的变化也会影响销售。依靠 18 岁到 35 岁年龄段做销售的公司可能会发现，在他们的商圈内增长最快的细分市场是 65 岁以上年龄段，因此预测需要下调。

甚至你的目标市场生活方式发生改变也需要进行检查。例如，你们的顾客会变得更关心环境问题，并开始只购买环保产品。在你进行销售预测之前你必须要警惕在你的基础顾客中发生的所有人口趋势及变化。阅读未来趋势"利用社交媒体进行数据挖掘"，了解更多关于零售商是如何运用从社交媒体上积累的数据改善销售预测的。

竞争态势

竞争对手会随时进入或离开你的市场领域，销售预测需要进行相应的调整。你的竞争对手的促销策略也可能会改变。例如，某个竞争对手可能决定加强广告宣传或者引入新的竞赛，而如果奏效，这两者都会引起你们店铺销量减少。

获取所需数据

要进行销售预测，你需要寻找和使用信息，因此你必须对可以拿到的数据类型以及如何拿到了如指掌。第四章讲述了许多这样的信息来源。你的首要决定就是是否需要收集一手资料。要作出这一决定，你必须彻底调查二手资料来源，因为采用它们会是最为经济合算的。

一手资料来自于当下进行的特定调查。换句话说，你去收集信息是为了解决手头上现有的问题。直接顾客调查是用来获取顾客的态度与观点的主要途径。二手资料是为了其它某个目的而收集的信息，但你能用它来解决你的问题。二手资料的例子有：你们店里其它部门生成的业务记录，以及从书上和杂志上得到的信息。让我们更仔细地逐一研究这些信息来源以及可能的用途。

一手资料来源

许多零售商付出时间与财力，持续不断地从他们的顾客那儿收集信息。康涅狄克州著名的食品店 Stew Leonard's，每周吸引超过十万名购物者来到它的旗舰店。公司很大程度上依赖于一手资料的收集来改善服务和改进供应给顾客的产品。自从该公司第一家门店开业以来，就一直采用这些手段：举行周末焦点小组座谈，从（顾客实际使用的）意见箱里读取意见，也有时只是在通道上边走边与顾客和员工交谈。管理层不断想方设法改善顾客的购物体验，他们不会坐等销售下跌才去作出改变；他们深知对市场的需求若是漠不关心无动于衷，销售就会很快发生变化。

另一家广泛采用顾客调查的零售商是 Dillard's，在焦点小组座谈和一对一的访问中，顾客们被问及他们更喜欢店里的哪些产品。一家市场咨询公司 Creative Market Place 报道，进店的女性中大多数都要购买特定的东西，但 67% 离开时并未购物；Dillard's 意识到，如果能减少这一数字，就能增加销售。Dillard's 甚至尝试用计算机辅助设计来判断顾客的意见；例如，店员可以在计算机屏幕上向顾客展示一条裙子，询问她最有可能购买这件商品的什么颜色或长度。

零售商还能用顾客调查来预测未来消费者的购买模式。在 Harris 最近一次民意调查中，54% 的美国人说他们不像以前那样有那么多空闲时间，而且他们花在购物上的时间更少了。当前，只有 6% 的人说购物是他们最喜欢的事情，而有将近 63% 的人说购物几乎或完全是件苦差事；就连在店内的购物时间也在减少，47% 的人表明他们花在购物上的时间比一年以前要少。在未来，需要有新的策略让消费者重新回到店铺，而一旦他们来了，要让他们的体验尽可能地舒适愉快。阅读未来趋势"购物篮分析：顾客在商店怎样购物？"了解更多部分零售商已经开始运用的这项数据挖掘技术。

二手资料来源

对外部数据的搜索可能会很快，或很广泛。例如，你所需要的信息可能只是面积在 230m² 以下的男装店铺的平均年销售额，那么单是一本行业期刊就能向你提供这一信息。其它有关消费者观点的问题可能需要获取现有的尽可能多的信息来源。

《商业出版物价格及资料（Business Publication Rates and Data）》是由 Standard Rate and Data Service Inc. 出版的一本目录索引，对你了解商业信息来源会很大帮助。每一个重要行业都有一本或几本专门针对其会员公司的杂志。

行业协会和同业公会也是预测数据很好的信息来源。由 Gale Research Company of Detroit 出版的《协会大全（The Encyclopedia of Associations）》列出了协会的名字、地址、会员数量，最为重要的是，还列出了这些协会的出版物。

在你需要本地市场趋势或经济形势方面的信息时，不应忽略普通的商业出版物及报纸，甚至连顾客购买模式都有报告及预测的特定信息来源。每年都由 Sales and Marketing Management Magazine 出版的《购买力调查（The Survey of Buying Power）》包括了分州、郡及大都会统计区 MSA（metropolitan statistical area）的十分有价值的市场信息，提供了人口、家庭收入以及零售额的数据。《消费者购物指数（Consumer Buying Indicators）》由美国统计局 Bureau of the Census 按季度发布，涉及汽车、房屋、家具、地毯、家用电器及房屋改建方面六个月及十二个月的购买预估。

如果你在做销售预测时采用二手资料，你必须认识到这些信息有几个缺点：有些数据可能已经过时了。关于数据何时过时没有规定，但若市场动荡不定，超过五年的旧数据的价值就值得怀疑。你还需要确定收集数据的来源的偏向性：要知道是谁，又是出于什么目的收集了这些数据；通常辩论的双方几乎都可以曲解数字以辩护自己的观点。

你能拿到的二手资料不胜枚举，要找到你需要的并善加利用。然而在你能拿到的信息无法满足你的具体需要的情况下，你可能不得不去收集一手资料。

做出销售预测

当进行销售预测时，应遵循循序渐进的过程，分析影响销售的内力和外力。这一过程包括以下步骤：

1. 回顾以前的销售。
2. 分析经济形势的变化。
3. 分析特定产品或市场在销售潜力上的变化。
4. 分析你的公司及竞争对手在市场营销策略上的变化。
5. 预测销售。

让我们进一步了解这些步骤。

回顾以前的销售

回顾以前的销售记录能判断出在销售数据中是否存在任何模式或趋势。要将销售与上个月以及去年同期的数据进行比较；这些信息会让你对未来一年中有可能会发生的任何变化有个初步的预测，如果任何情况都保持不变的话——而这种情况几乎不会发生。从这一信息你可以回答以下问题：

- 在过去几年中，销售是否出现增长或减少的模式？
- 如果存在这种模式，那么它的平均百分比是多少？
- 最近的销售数据是否能佐证这一趋势？
- 你是否能确定一个百分比数字，反映你观察到的销售趋势？

分析经济形势的变化

在回顾经济趋势及调查公开出版的全国及本地经济预测后，你可能需要调整已确定的趋势百分比数字。

分析销售潜力上的变化

你的下一步是把市场上人口方面的变化与你们店铺或你负责的产品联系起来。这方面的信息可能很难获得，但这儿有你可以用的信息来源。《人口普查（The Census of Population）》（每隔十年出版一次）能提供某些数据，但是会过时。之前提到过的每年出版的《购买力调查》是最好的信息来源之一，上面报道了按地区、州、郡和大都会统计区，以及按人口在 25,000 名以上的城市划分的人口数据以及主要商品类别的销售情况。不过要记住，采用数据时你可能会面临各种问题，商品类别对于你的预测来说可能过于宽泛，或者销售数据对短期预测来说不够新。你可能要修正你的销售趋势百分比数字来反映市场情况的变化。

分析营销策略上的变化

下一步，你需要考虑你们店铺以及竞争对手规划的市场营销策略上的任何变化。例如，重新打造店铺的决定，增加新的产品系列，或是一场新的促销活动都会吸引顾客并且能增加销售。几乎没有什么信息可以用来预测竞争对手将来会做些什么；然而，你可以通过比较型购物，研究竞争对手的广告，以及倾听顾客心声来获取信息。你的趋势百分比数字需要基于你们店铺或竞争对手在市场营销策略上所做的任何变化再次进行调整。

预测销售

现在是时候进行销售预测了。假设在分析了以前的销售记录之后，你判断前六个月期间销售增长率平均为 6%，确定经济增长会带来 2% 的销售增长率，你们的市场规模会增长 5%。此外，你已了解到竞争对手今年会有一家门店新开业，导致你们的销售下降约 5%。从这些信息中，你决定预测下一阶段的销售增长率为 8%（6% ＋ 2% ＋ 5% － 5%）。

销售预测并不是一个精确的过程，但它最起码提供了一个能用于计划未来销售的最佳起点。对于职业买手来说，唯一的其它方法——不做计划——是不可取的。

因为销售预测对你们店铺的影响这么重大，它们应该同时具备挑战性及可行性；如果不具备这些，那就意味着大祸临头。如果你的销售预测比前一阶段有大幅度增长，业务成本也要提升以适应预期的销售增长，比如可能需要增加广告费用或增派销售人员。

如果你的销售预测定得太高，难以企及，你最终的费用与销售之间的比例会过高，导致利润跌破预期。或者，如果你大幅度地低估了销售预测，采购的存货量不足，你们将无法充分满足顾客需求，从而引起顾客忠诚度缺失，转向你的竞争对手怀抱。

当你做好了销售预测以后，就需要获得商品经理的批准。你应该作一个简明扼要的原理说明，总结你在进行预测时所做的假设以及所考虑的因素。在你收集用于销售预测的数据时，也应该征询经理的意见。

一旦你的预测得到批准，下一步就是制订商品采购计划，这一过程将在第八章里讲述。

进行调整

应该定期对实际销售进行监测，以判断你的销售预测的准确性；然而，预测不应当成为一项必须达成的目标，完全不去考虑无法预料的竞争性变化或总的经济形势或商业形势的变化，那样会引起店铺资源的浪费。在销售季节中，你可能会发现销售远远超过预期；你可能会确定你们店铺没有资金来采购所需的存货，有可能会发生比预想更为激烈的竞争，或者消费者的需求可能会低于预期。你的计划可能需要调整。

对有些产品来说，如果你对消费者的需求估计不足，可以很快进行追加；然而，生产厂商有可能没有现货，而顾客则已经怨声载道。过高估计销售就需要改变市场营销策略：首先，要看一下做什么活动可以不用花什么钱，考虑移动商品的位置，或重新培训销售人员；可能需要额外的广告费用，或者是需要降价。

预测决定

买手所做的两个最重要的预测是关于销售和库存水平的。让我们来看看这两个重要的结果是如何计算出来的。

预测销售

对销售的预测是计划过程中的主观部分，但它所涉及的内容要比猜测多得多。你的预测能力能通过实践与经验得到提高，使你作出更为准确可靠的预测（图7.1）。

图 7.1
有些店铺等到太晚才收集顾客需求的信息

"我没看见什么我喜欢的东西。"

许多零售商会进行销售预测，然后计划要产生这些销售量所需的存货量。如果一年四季都经营着基本商品，那么计划起来就不那么复杂；然而，当流行的变化成了家常便饭时，要保持存货与销售的平衡就难多了。

当进行销售预测时，以前的销售数字对买手十分重要，但它们只应该用于参考。除了过去的店铺记录之外，你的计划和预测活动还必须考虑其它可能会影响销售的内力和外力。下面是其中一部分因素：

- 全店或部门的促销及销售。
- 节假日。
- 目前全店及部门的销售趋势。
- 人口变动。
- 居民在人口统计学特征上的变化。
- 进入这一地区的新竞争者。
- 经济形势。
- 营业时间上的变化。
- 营业场地大小的变化。

你的预测的准确性要依靠过去记录的准确性，你解读与目前趋势相关的信息的能力，以及进行关于未来可能性的预测的能力。预测也需要一定程度的判断力和经验。

买手们从回顾过去销售数字开始进行销售预测。去年的销售数字是很重要，但是你也应该回顾过去两年或三年的数字。你还要确定每次销售增长或下跌的原因。

图 7.2
买手们必须对第一年到第二年销售季节中发生的变化作出调整

第一年

九月						
日	一	二	三	四	五	六
					1	2
3	4	5	6	7	8	9
10	11	12	13	14	15	16
17	18	19	20	21	22	23
24	25	26	27	28	29	30

第二年

九月						
日	一	二	三	四	五	六
1	2	3	4	5	6	7
8	9	10	11	12	13	14
15	16	17	18	19	20	21
22	23	24	25	26	27	28
29	30					

通过对这几年销售趋势的分析，你对过往销售有了更为实际的认识，从而对你的

预测工作起到指导作用。准确的预测还包括对不同年份每个月的销售天数不同而进行的调整。例如，如图 7.2 所示，某一年九月份有五个周六，但第二年可能只出现了四个，有五个周六的月份所产生的销售会比只有四个周六的那个月要多。你还必须认识到月度销售会因为不同年份中节假日出现的时间不同而发生变化。例如，当复活节在三月，天气可能会很冷，从而减少春装的销量。商业形势也会影响未来销售，当商业景气时，销售会增长或保持常规水平，然而当商业形势不景气时，销售通常会下降。

预测销售不可能做到绝对的精确，但买手们必须进行有根据的猜测。销售增长或减少的平均率是一项有帮助的指导。尽管某个趋势可能十分明显，你还是要在对计划进行任何调整以前研究一下变化的原因及会影响未来销售的条件。

一位买手获得下列销售数据，要预测七月份的销售。接下去的论述展示了销售预测是怎么进行的。

例题

月份	去年销售额	今年销售额
四月	$50,000	$55,000
五月	$55,000	$61,000
六月	$59,000	$64,000
七月	$60,000	?

首先，你要用下面的公式来确定与前一年相比头三个月的销售额增长或减少的百分比：

销售额增长或减少的百分比 = 去年与今年相比销售差额 / 去年的销售额

计算每一个月的结果如下：

四月 = ($55,000–$50,000)/$50,000=10% 增长率
五月 = ($61,000–$55,000)/$55,000=10.9% 增长率
六月 = ($64,000–$59,000)/$59,000=8.5% 增长率

尽管目前每个月的销售额都领先于去年，但是五月至六月的百分比降低了。你要考虑今年月度销售的走向。例如：

四月至五月 = ($61,000–$55,000)/$55,000=10.9%
五月至六月 = ($64,000–$61,000)/$61,000=4.9%

销售额增幅下降。你还要通过下列算式确定去年同期销售额增长的走向：

六月至七月（去年）= ($60,000–$59,000)/$59,000=1.7%

然后你可以得出结论，七月份的销售增长计划在 1.7% 至 4.9%。这时，你要考虑其它可能会影响销售的外力和内力。如果你感到这个月不会发生什么很大的变化，你可以随意选择 3.3% 增长率，因为它大约在两个数字中间。其它情况，比如竞争对手的促销活动更多了或是你的目标市场有了变化，会导致你预测销售朝更高或更低的水平波动。

要竭尽全力确保你的预测尽可能准确，因为其它所有商品企划决策的制订都是与销售相关的。糟糕的预测对任何公司来说都是灭顶之灾。如果你的销售预测出了错，其它决策也都会出问题。只有通过做好功课，通过调查研究你的特定细分市场，以及通过与顾客交谈才会让你提高销售预测的准确性。当然，你永远无法消除预测的不确定性，但你可以将它减少到一个可控范围内。做好销售预测后，你就要计划支持你所预测的销售的存货水平了。

计划存货水平

在你预测了某一特定时期的销售之后，你必须计划所需存货水平，这是另一项用于评估零售买手的关键定量绩效指标。库存中必须有充足的商品，在考虑到不曾预料到的需求的同时满足销售预期。作为买手，你的目标是要保持存货的花色品种充足，能满足顾客需求，而存货又要足够少，以确保店铺在存货中的投资有合理的回报。

有好几种计划存货的方法；然而，最常使用的是存销比法。**存销比**（stock-to-sales ratio）法是指将存货与销售维持在一个特定的比例上。存销比的计算方法是手头库存金额除以实际销售金额。例如，如果某个部门四月份月初有价值 $40,000 的商品，销售额总计 $20,000，其存销比结果就是 2。存销比的计算用的是以下公式：

> **存销比 = 库存金额 / 实际销售额**

在这个例子中，计算如下：

> **存销比 = $40,000 / $20,000 = 2**

存销比表明计划销售额与支持这一销售额所需的存货金额之间的关系，并用于计算计划**月初库存水平**（BOM stock levels）——即月初所需的库存金额。用这个月的存销比乘以该月的计划销售额，你就能确定在该月初（BOM）所需要的存货水平。计划月初存货水平可以用以下公式计算：

> **计划月初存货 = 存销比 × 计划销售额**

从美国零售商联合会和 Dun & Bradstreet 等信息来源可以得到全行业的存销比。买手们也可以在以前库存与销售水平的基础上计算他们的店铺或部门的存销比。

确定库存周转

你所作出的有关销售预测及库存计划的决策必须为你们店铺产生利润。衡量你如何精确地平衡销售与存货水平的一个尺度就是**库存周转率**（stock turnover rate）。商品出售、补货、再出售得有多快决定了一家店铺或一个部门的库存周转率。库存周转率是指在一段指定的时间里平均库存售出的次数，计算公式如下：

> **库存周转率 = 销售额 / 平均库存**

任意时间段里的**平均库存**（average stock）是指该时间段最初开始时的存货金额，加上在这一时间段中预设的若干阶段的存货总金额（如每月底），加上这一时间段结束时的存货金额除以列出的库存总次数。

例题

用存销比法，根据下列信息，计算十一月份的计划月初存货
存销比 = 1.2
十一月份计划销售额 = $19,000

> **计划月初存货 = 存销比 × 计划销售额**
> **计划月初存货 = 1.2 x $19,000 = $22,800**

因此，采用存销比方法来计划存货，你在十一月初就应该准备价值 $22,800 的存货。

买手们和管理层可以通过了解库存周转率在很大程度上判定一家店铺、一个部门或一个产品种类的表现好不好。就像存销比一样，具有可比性的零售商的周转率也能

从行业期刊中得到确认。买手们也可以采用过往销售数据来计算他们店铺的周转率。任意时间段的周转率都可以得到确定；然而，通常所指的周转率的时间阶段都是一年。

商店经营的商品类型以及店铺政策对库存周转率有影响；然而，零售商作出的每一个决策几乎都会影响周转率。采购频率不那么高的商品，如家具和珠宝，其周转率要比食品杂货店里商品的周转率要低得多。

有的商店要经营花色品种繁多、颜色尺码齐全的商品，这样的经营方针会引起较低的周转率，因为有些颜色和尺码销售情况不如其它产品。出于这个原因，有些店铺只经营好销的颜色和尺码，以产生更高的周转率。

例题

根据以下信息计算库存周转率：

销售总额 = $60,000

月份	库存水平
1 月 31 日	$8,000
2 月 28 日	$12,000
3 月 31 日	$14,000
4 月 30 日	$12,000
5 月 31 日	$10,000
6 月 30 日	$8,000
7 月 31 日	$10,000
8 月 31 日	$16,000
9 月 30 日	$18,000
10 月 31 日	$20,000
11 月 30 日	$30,000
12 月 31 日	$16,000
1 月 31 日	$6,000
存货总额 = $180,000	

首先，用存货总额除以存货列表数量以确定月平均存货额。平均库存是 $13,846($180,000/13)。

下一步，用下面的公式计算库存周转率：

库存周转率 = 销售额 / 平均库存
库存周转率 = $60,000 / $13,846
库存周转率 = 4.3

因此，该部门的平均库存在这一年售出并补货 4.3 次。

库存周转数字也可以用于计划销售以及库存水平，可以用下面的公式计算：

销售额 = 库存周转率 × 平均存货

例如，如果你的周转率目标是 3.1 而你的平均库存是 $25,000，要达到这一目标的计划销售额就是 $77,500。

较高的库存周转率对店铺或部门来说通常是件好事，因为库存的快速周转减少了清理过时商品所需的降价的数量与金额。经常得到替换的商品看起来总是很新鲜，对顾客有更大的吸引力。然而，在你尝试增加周转时，你也必须要关注所增加的费用，如广告宣传或是因增加销售人员而产生的更多的薪资。要产生更多的销售，这两者可能都需要用到。在这样的情况下，周转的增加并不会引起利润的增加。

买手们怎样才能提高库存周转率？你需要仔细研究你们店铺或部门的销售与存货信息。运转缓慢的商品可能要归咎于以下原因：

- 也许你们试图经营的商品种类太广了。要提供面面俱到的款式、颜色和尺码经常会导致周转率迟缓。商品滞留在你的货架上那么长时间，可能只是为了让极少数顾客满意。
- 你可能选错了商品，采购来的货品可能并不是你的顾客所向往和需要的。吸取教训，改善你的下一次买货决策。
- 商品放进库存可能太晚了。延误交货或太晚采购会导致商品在你们的顾客先去别处购物之后才到达你的店铺。
- 商品定价可能过高。可能要降低价格以推动销售。
- 店铺可能没有对该产品开展有效的促销活动。

周转率低还有其它原因，但应先调查这五项。一旦你为你们店铺或部门进行了销售预测，并确定了所需存货水平，你就已准备好了，可以制订买货计划，这一步骤将在下一章中详细讲解。

销售预测的未来方向

买手们必须不断提高定量分析能力。计算机的普遍应用将在未来数年中影响销售预测，软件包将会更易于使用，通用性更强。通过计算机化的信息系统，你能快速获取大量的内外部数据，而更先进的技术会提高计算机预测的总体准确性。不过，更为激烈的竞争环境以及更加动荡多变的市场会增加进行准确预测的难度。成功的买手将会是能够将计算机预测与他或她自己对于市场的洞察力融合起来的人。

要点总结

- 预测是指推测顾客将来可能会做什么。
- 买手们用预测来推断顾客会购买什么产品以及多少数量。
- 买手们能对特定产品、顾客群体、时间段或店铺位置作出短期或长期预测。
- 在千变万化的市场情况下作长期预测可能是毫无意义的。
- 进行预测能通过强迫买手充分了解市场情况及顾客来刺激计划，能促使买手与商品企划团队中的其他成员合作，并能提供评估买手表现的控制机制。
- 在进行销售预测时，买手们必须调查所有可能会影响销售的内力和外力。一手和二手资料都要收集。
- 买手们所作的两个最重要的预测是销售和存货水平。
- 大多数销售预测的关键要素是以前的销售记录。
- 买手们还能用存销比和库存周转来估计销售额。
- 所有其它商品企划决策的制订都与销售预测相关；因此，如果销售预测出错，其它决策也会有问题。

复习回顾

零售买货词汇拓展

如果你的词汇表里没有下面这些词，请参考书后术语词汇表。

平均库存	average stock
月初库存水平	BOM stock level
外力，外部因素	external forces
预测	forecasting
内力，内部因素	internal forces
长期预测	long-term forecast
购物篮分析	market-basket analysis
销售预测	sales forecast
短期预测	short-term forecast
存销比	stock-to-sales ratio
库存周转率	stock turnover rate

阅读理解

1. 确定当买手进行销售预测时最为重要的信息来源。
2. 讲述会对销售预测的准确性产生影响的因素。
3. 列举并说明预测销售的三个好处。
4. 说说买手怎样才能在销售预测中增加信心。
5. 讲讲会引起买手预测销售下降的经济形势。
6. 讲述会引起买手预测销售下降的竞争态势。
7. 为什么大部分买手在采用一手资料前会先用二手资料？

8. 讲述《购买力调查》中所提供的信息。

9. 列举进行销售预测所需的步骤。

10. 讲述低估销售的预测会有什么影响。

11. 讲述高估销售的预测会有什么影响。

12. 列举在预测销售时应该与过去销售记录一起考虑的几个内部与外部因素。

13. 销售预测的准确性依靠的是什么？

14. 节假日会如何影响从某一年到第二年的月度销售预测？

15. 行业性的存销比的信息来源之一是什么？

16. 预测库存周转率的增长有什么好处？

17. 计算机可以如何用于销售预测？

分析与应用

1. 作为买手，你必须经常进行有关消费者需求方面的预测。什么因素会引起男式领带、香烟、一次性纸尿裤以及美国国旗的销售增长或减少？

2. 你对男式西装进行了销售预测，预估销售将增长 20%。说出可以用来达到这一目标的营销策略。

3. 年六月份的销售额为 $20,000，今年六月份的销售额为 $21,500。在销售上出现的增幅或降幅百分比是多少？如果这一趋势持续下去，明年六月份的销售预测为多少？

4. 某公司要保持每年 $25,000 的平均库存，去年该公司的库存周转率有 4.3，今年管理层预测库存周转应增加到 4.5。为实现这一预测的周转率，销售金额应增长多少？

应用练习

1. 某部门销售数据如下。预测五月份的销售。

	去年销售额	今年销售额
二月	$24,000	$26,000
三月	$26,000	$27,000
四月	$29,000	$29,000
五月	$33,000	?

2. 用下面表格中的信息来回答下列问题。

a. 表中所示时间段的总销售额是多少？

b. 这段时间内的平均存货是多少？

c. 年度库存周转率是多少？

d. 计算表格中去年每个月的存销比。

e. 买手要在明年十二月保持现在的存销比不变，但月初库存将减少到 $55,000。明年要做到多少销售才能实现这一目标？

	去年的月销售额	月初库存
一月	$10,000	$20,000
二月	$12,000	$25,000
三月	$14,000	$30,000
四月	$18,000	$38,000
五月	$19,000	$40,000
六月	$18,000	$39,000
七月	$19,000	$41,000
八月	$21,000	$43,000
九月	$23,000	$47,000
十月	$26,000	$52,000
十一月	$31,000	$60,000
十二月	$30,000	$58,000
期末存货	12 月 31 日	$28,000

连接网络

1. 在互联网上访问 www.weather.com 并记录你所在的城镇或离你最近的城市今后三天的天气预报（最高温度，最低温度，天气情况），每天记录实际天气情况；在你们本地的报纸、电视或电台中查找天气预报。对这些预报进行比较，并讨论其准确性。哪种来源做的预报最为准确？将天气预报与短期销售预测作个比较。

2. 在互联网上访问 www.farmersalmanac.com 并比较你所在地区一年以前做的天气预报，探讨这类长期预测是怎么做的。这些预测有多准确？将长期天气预报与销售预测作个比较。

未来趋势

利用社交媒体进行数据挖掘

当流行商品买手为他们的店铺或部门作出正确的采购决策时，他们会赢得快速存货周转以及高利润率；但是当他们出错时，他们的店铺最终剩下来卖不掉的存货要大幅度降价处理，利润也会下跌。要预测赶时髦的消费者会购买什么从来不是精密科学，但是在这一领域有一项新的趋势可以帮助流行商品买手，那就是对社交媒体（如 Facebook 和 Twitter）所做的数据挖掘。

通过挖掘社交媒体数据，零售商能知道什么呢？首先，他们能获得行为方面的数据，这会让他们更恰当地锁定细分市场，以达到更好的营销效果；其次，他们能获得个人兴趣爱好方面的数据，更贴近顾客，真正做到一对一关系。此外，社交媒体数据的运用对于零售商的市场营销活动有着增强效果的潜力——让他们能将目标化提升至新的水平。

社交媒体数据是怎样挖掘出来的？现在，有些公司正在尝试能挖掘社交媒体的计算机软件程序。伦敦的一家公司 Stylesignal 引进了软件包——Trend Service——将社交媒体、博客、论坛、新闻和其它顾客发表意见的场所都一网打尽，这些数据成为 Stylesignal 女装趋势预测服务的一部分。为了分析这些数据，该公司动用了各种各样的工具，从语言学（自然语言处理）到计算机科学（对名声、说服力和影响等变量的定量分析），无所不用其极。分析的目的在于让零售商对顾客的意见和情感有更深的领悟。

其结果是如何呈现给零售商的？通常，通过分析社交媒体数据挖掘到的结果是以易于理解的图表或前二十名排行榜的方式生动地呈现出来的，趋势也可以通过地理区域、服装类型、花型及颜色来进行划分。假以时日，特定趋势的受欢迎程度也能得到估量，这类软件的用户可以通过单词或短语的搜索来判断某种观点目前是否受欢迎。

了解什么样的趋势正在淡出以及哪些趋势方兴未艾能帮助买手们避免大幅度降价，从而将利润最大化。例如，运用这类数据挖掘技术，在顾客打消对某件商品一时兴起的念头时，零售买手们就能对他们的订单进行微调处理。

利用天气预报来改进零售预测

当零售商提到天气时，通常是解释销售，尤其是很差的销售的一种途径。凭经验，所有零售商都知道店铺客流和销售额肯定是与天气有关的，但是几乎很少有零售商会保存天气记录。尽管大多数零售商意识到自己对天气有多依赖，他们同时也知道自己对天气知之甚少。一项对全国进行的天气预报服务调查表明，其客户中零售商的数量屈指可数。对许多零售商来说，天气预报可以早得足以影响买货计划及促销日程表这一想法完全是个新概念。然而天气预报对于他们还是含义深远的，特别是在那些季节性温度变化很大的气候地区。例如，如果买手知道天气将不合时宜地变热或变冷，他们可以对商品采购进行相应的规划。

然而，大多数零售商并未有意识地在他们的业务决策中将未来天气这个因素包括进去。通常他们的业务决策只是假设天气从前一年到现在这一年对其生意的影响周而复始。事实上，某一年的天气与第二年相似的时间只有大约三分之一——导致大多数零售商手中的应季商品太多或太少。

Sears 曾经一度聘用了两名气象学家协助进行远期规划，但这一举措在 1979 年因预算削减而中止。尽管气象学家也曾经向买手发出警告，要他们加快速度向将要遭遇洪水的地区运送抽水泵之类的应急商品，但是他们的主要功能还是检索历史销售数据，从中提取天气的影响力。

宾夕法尼亚州的天气预报服务机构——Strategic Weather Services of Wayne——专门给零售商做 12 个月到 15 个月的天气预报。而根据 Ernst & Young 的审查，预报的准确率有大约 70%。该服务机构还提供软件解构历史销售数据中的气候因素，去除了过往非正常天气对销售造成的影响。该软件还整合了天气预报，以调整未来销售的上下波动。这样的做法使得气象信息得到积极运用——作为发现机会或改善规划的一种途径。

Strategic Weather Services 已经找出许多气温与产品销售之间很强的相关性，比如气温跌到正常温度以下时外套和小型供暖器的销量会上升。该公司的研究表明，天气对于气候敏感型商品需求的影响可达 10% 到 30%。例如，该机构按照常规确定进行促销活动的最佳时间段，带来的销售增长超过 25%。它告知某全国性目录展示零售商，该公司的西岸市场将有反季节的大雨；该零售商改变了其增湿器与减湿器的配比，减湿器的销售从 10,000 台增加到了 30,000 台。

对零售商来说，如何运用这些数据的挑战仍然存在。知道有更多降雪的天气预报是重大信息，决定存货中要增加多少副滑雪板完全是另一码事。对于如何将这一信息运用到各种决策制订的过程，包括商品分配与规划，商品交付与降价时机，以及促销日程安排，还需要有更深的理解。

天气影响消费者行为，影响店铺客流及对特定产品的需要。天气决定了商品销售季节开始与结束的时间，然而天气仍然是个很大的谜团。零售商无法掌握天气，但是他们可以控制天气对他们生意产生的影响。在天气预报的基础上作出更好的规划能增加天气敏感型产品的收益与利润。

购物篮分析：顾客在商店怎样购物？

销售数据提供了一个视角去观察顾客在买什么东西，但是看不到他们是如何购买的——以什么样的商品组合以及购买多少数量。购物篮分析是一种用来更好地确定顾客如何购物的方法。

购物篮分析（market-basket analysis）是个描述数据挖掘技术解决方案的术语，这种解决方案揭示了顾客购物篮中的商品间的相互关系。买手和商家能应用这些分类结果，更有效地回应顾客需求，还能帮助他们进行战略性规划和图解式的决策，去考虑在任何一次购物过程中顾客最有可能购买的商品类型。他们的第一步是把顾客购物篮中的商品与某个产品品类联系起来，通过分析计算出每一个品类所占的百分比。例如，如果购物篮中的十件商品有五件是化妆品，代表购物篮的 50% 是化妆品类。

管理层预先规定某个百分比，在某个特定购物类型中用这个百分比来描绘顾客。例如，零售商可以决定将购物篮中某个产品品类的商品超过 25% 的顾客划分为某个类型。在前面这个例子中，这位顾客将归属为"爱美人士"购物者类型，购物篮中有超过 25% 的商品与摄影设备及器材相关的则被划分到"摄影师"一类，对每个类型的购物篮都以此类推。这种分析大体上抓住了顾客进店的主要原因。

品类不只是将产品分门别类，它还成为购物者类型。例如，化妆品、棉球、染发剂和科隆香水可能是不同品类的产品，摆放在店内不同位置，但它们都是"爱美人士"购物类型的一部分。

顾客的行为通过他们购买的东西得到客观的评估。零售商并非试图通过这种分析给顾客贴上标签；他们尝试着将购物体验分门别类，并分析顾客们购物时的共同表现。

一旦理清了特定顾客购物类型，下一步就是向决策者（如买手）提供对他们有用的信息。对每一种类型计算出一个毛利数，然后用这一数字作为基础，决定核心业务的范围。例如，这一数据能给零售商提供关于怎样使用广告费的信息，"美容意识"可能产生每个购物篮 $15.24 的利润，而"摄影师"产生的利润仅 $2.55。很明显，广告费应当用在能产生最大利润的产品上，但是进一步研究可能会发现店铺把钱花在带来利润最小的产品品类上。

能够用到购物篮分析的另一种方法是以事实为基础，制订关于空间安排及产品摆放的决策。空间安排要与那些所属购物类型能产生最大利润的顾客相符。产品摆放决策也能通过确定关联商品来进行，这一概念涉及采用购物篮分析来判定在同一购物篮中什么商品经常与其它商品一起购买。例如，分析会揭示在"爱美人士"的购物篮中，有 25% 的时间有贺卡，而 16% 的时间有时令糖果。这样的数据表明将这两种产品移到基础美容护理区附近，其销量会增长。通过关联分析的运用，产品驱动型经营的店铺会转化为顾客驱动型经营的店铺。

购物篮分析的结果并不总是会用于作出决策。例如，没有时间外出社交的新爸爸常常在购买一次性纸尿裤时拿上六罐装的啤酒，这种可加以利用的联系一眼看上去不怎么明显；然而，是否有哪家零售商会在啤酒旁边放上纸尿裤却值得怀疑。不过，如果举措得当，有效的购物篮分析能带来销售的增长，商品摆放位置的改善，以及顾客满意度的提升。

更好地了解顾客会带来零售商与顾客之间更为私密的关系。作为零售买手，你应该认识到顾客的每次交易都讲述了一个故事，实施购物篮分析则是揭示故事细节的一种方法。

第八章

制订买货计划

行动目标

- 区分从上至下和从下至上计划
- 明确商品计划的目的
- 概述预测销售的过程
- 列举并描述商品计划的组成部分
- 计算计划月初（BOM）存货水平
- 确定计划减价的组成部分
- 以零售价和成本价计算计划采购额
- 制订一份六个月商品计划
- 讲述基本库存计划
- 讲述采购余额的重要性
- 计算采购余额

无论买手采购的是流行商品还是基本商品，他们都必须对商品的采购进行计划与控制。对于任何店铺或部门来说，计划对指引方向及充当控制的基础都是很重要的。作为买手，你必须在合适的时间，以合适的价格把合适的数量的合适的商品摆在合适的位置上。为了达到这些目标，你必须采取一系列慎重的行动——规划商品预算及商品分类。你将会看到，商品预算或商品计划是对特定商品采购金额的预测，一般为期六个月或一年。分类计划则将商品预算划分为商品的特定单元进行采购，如款式、颜色及尺寸。

　　在这一章里，你将学习如何制订一份六个月商品计划，这里还将讲述基本商品的存货计划以及采购余额的概念。第九章则解释了商品计划是如何转化成特定单元商品的分类计划的。

商品企划管理

　　与计划密不可分的是控制商品企划决策的必要性。你必须定期核查你的计划，确保它们的跟进执行，并且达到期望的结果。作为买手，衡量你成功与否要看你能在多大程度上计划与控制好用来采购商品的钱，以达到预期销售和利润。

　　零售商需要某种形式的计划与控制机制来指导他们朝着完成既定目标的方向行动。大部分零售商不仅为整个店铺，而且还为特定部门以及特定产品分类制订商品计划。这些商品计划对采购形成了有效的控制，并且常常会防止部门或店铺进货过多或不足。

　　商品计划（merchandise plan）是指店铺或部门在一段特定时间里——通常是六个月，以币值计算的销售目标规划。有了这些信息，买手就能确定可以用多少钱来采购商品。此外，商品计划中的信息也有助于最高管理层判断所作出的商品企划决策的有效性。

图 8.1
举例说明从上至下及从下至上计划

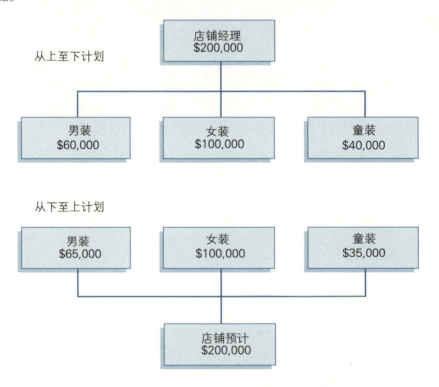

今天，有两个方法用于制订商品计划，它们是从上至下计划和从下至上计划。从**上至下计划**（top-down planning）是指由高级管理层估算未来时间段内的总销售（图8.1），然后根据每个部门过去对整个店铺销售的贡献制订其预期销售。从上至下计划的好处在于相对于其他员工而言，最高管理层对于企业面临的所有经济形势和竞争形势总是有着更透彻的洞察力。

另一种用于制订商品计划的方法是**从下至上计划**（bottom-up planning）。店铺的计划销售是通过把由每个部门经理制订的计划销售数字加在一起来确定的。许多大型零售商同时采用从上至下法和从下至上法，然后再通过一系列讨论和协商获得店铺及各个部门的最终计划销售数字。

六个月商品计划

大部分零售商都会采用**六个月商品计划**（six-month merchandise plan）来代表计划工作。每个计划的重要组成部分都包括销售预测及库存计划。此外，要计算每个阶段为产生计划销售而采购的商品的数量。六个月商品计划是将利润目标转化为商品计划及控制框架的工具。阅读未来趋势"商品计划：把握节假日的脉搏"，了解更多关于对大多数零售商至关重要的第四季度商品计划。

建立计划通常依照两个截然不同的销售季节：（1）春~夏（二月至七月）；（2）秋~冬（八月至来年一月）。按这些月份来划分，让商店得以在制订额外采购计划之前，有机会在夏末及节假日季节期间清货。

计划的目的

商品计划将存货控制在与计划财务目标相符的水平上。同所有商品企划活动一样，商品计划的主要目的在于把资金的使用减至最低以及使利润最大化。商品计划的主要目的如下：

- 估算出在一段特定时间内存货所需投入的资金数额。
- 估算出这段时间内的计划销售，对店铺管理层及会计人员来说，则转化成预估现金流。

如果某项商品计划获得成功，应产生以下成果：

- 周转率提高。当顾客想购买时，他们需要的商品应有尽有。
- 降价金额降低。因为预料到商品的采购与计划销售和库存水平有关，超买以及不得不降价的可能性就很小了。
- 提高保持赢利的能力。因为迫不得已而采取的降价少了，保持赢利的能力会有所提高。
- 利润最大化。均衡的商品分类会带来更多销售，利润也增长了，因为商品不会由于存放过久而残旧，难以销售。还会产生更高的利润，因为买手会得到通知，应快速追加畅销商品，以及处理掉滞销商品。
- 存货投入最小化。六个月商品计划有助于判断在商品上应投入多少钱。最理想的是买手在商品上的投资越小越好，前提是商品要满足顾客需求，且销售要足够好，能为店铺赢利。

计划的组成部分

大部分零售商用不同的形式来制订六个月商品计划，但是一般都会包含以下组成部分：

- 本阶段的初始加价。当商品进店时，会指明应该给商品设置的期望的加价目标。
- 计划净销售额。计划净销售额是指总销售额减去顾客退货和补贴。通常将去年的销售作为确定今年计划销售的基础；然而，你还应检索前几年的销售数字。通常你能在销售中发现上升或下降的趋势，但是今年会发生什么要看形势是否与过去相似。
- 计划月初存货。要达到计划销售必须有充足的库存，店内库存量与计划销售之间的关系最常用的计算方法是库存计划的存销比法。
- 计划月末存货。**计划月末存货**（planned EOM inventory）是指每个阶段的期末存货的零售额。在商品计划中，**月初存货 BOM** （inventory），即一个阶段（通常是指一个月）的期初存货，必定是上一阶段的期末存货额。
- 计划减价。**减价**（reductions），（计划降价、损耗及员工折扣的总和）也要体现在商品计划里。这些项目的币值数额可以用计划销售额百分比数字来计算，这些百分比通常在六个月商品计划的季节性数据中可以找到。
- 计划采购零售额。计划采购零售额是指在给定时间段内所采购商品的零售额。计划采购零售额用下面这个公式计算：

> **计划采购零售额 = 计划销售额 + 计划减价 + 计划月末存货 – 计划月初存货**

- 计划采购成本额。计划采购成本额是指在给定时间段内买手期望用于商品采购的钱数。计划采购成本额用下面这个公式计算：

> **计划采购成本额 = 计划采购零售额 ×（100% – 初始加价 %）**

除了计划采购成本额之外，六个月商品计划上的所有数额都以零售金额计算。研究一下图 8.2，看看建立在这些组成部分基础上的商品计划。如你所见，这些组成部分每一个又分成了以下四个类别：

- 去年（实际）——指去年这个月的实际金额。这一信息可以从以前的六个月商品计划的实际数字记录中找到。
- 计划（今年）——指今年计划的数额。
- 修订（今年）——指由于不能预期的事件造成的对今年计划所做的任何修订。在你做好计划以后，还要定期检查，确定是否计划的执行如你预想的那样。有时候万事如意，但其它时候，你不得不调整你的计划。当店铺或部门未能达到某个月的计划销售或超出了计划销售，未来几个月就需要进行调整。

- 实际（今年）——指这个月的实际销售额。在每个月月末，你必须把实际销售记录在六个月商品计划表上。实际（今年）销售与计划（今年）销售的对比决定了你是否达到了目标。

图 8.2
六个月商品计划包括对表中的组成部分进行预估

六个月 商品计划		计划（今年）	实际（去年）
	工作室成本		
	现金折扣 %		
	季节库存周转		
	损耗率 %		
	平均库存		
	降价 %		

部门名称：_____ 部门编号：_____

20__ 春 20__ 秋		二月 八月	三月 九月	四月 十月	五月 十一月	六月 十二月	七月 一月	季节 总计
销售额 $	去年							
	计划							
	增长率 %							
	修订							
	实际							
库存零售额 （月初）	去年							
	计划							
	修订							
	实际							
库存零售额 （月末）	去年							
	计划							
	修订							
	实际							
减价 $	去年							
	计划							
	修订							
	实际							
采购 零售额	去年							
	计划							
	修订							
	实际							
采购 成本额	去年							
	计划							
	修订							
	实际							

备注
_____

商品经理 _____ 买手 _____

控制人员 _____

六个月商品计划是买手最重要的计划及控制工具之一，因为商品计划说明了为达到计划销售你应用于采购新的存货的金额，它能让你避免超支及店铺或部门的计划利润不达标。

对小型店铺来说，这个计划是为整个店铺制订的；然而对于大型商店来说，该计划可能是以部门或是产品分类为基础制订的。随后，这些独立的计划在分部门或整个店铺层面上整合为一份计划。阅读今日印象"RMSA：自动化零售商品企划服务"，了解更多关于一家公司是怎样帮助自主零售商制订、实施并监控商品计划的。

六个月商品计划的制订

在这一部分中，将带领你循序渐进地通过商品计划制订的过程，计划中每一个组成部分的计算方法也有详细讲解。

计划销售额

六个月商品计划的第一个也是最重要的部分是预测销售额。所有其它商品企划决策的制订都与销售额有关，或是以销售额的百分比来表示。因此，如果销售预测不准确，计划的所有其它部分都会出错，可能会给零售商造成严重后果。

从前一年的商品计划中可以得到以下销售数据：

销售额	二月	三月	四月	五月	六月	七月	总计
去年 计划 修订 实际	$10,000	$12,000	$23,000	$18,000	$12,000	$12,000	$87,000

首先，你需要计算去年每个月的销售额占去年总销售额的百分比。对于每个月来说，其计算结果如下：

	去年每月销售额		去年总销售额		去年每月销售占比 %
二月	$10,000	/	$87,000	=	11.5%
三月	$12,000	/	$87,000	=	13.8%
四月	$23,000	/	$87,000	=	26.4%
五月	$18,000	/	$87,000	=	20.7%
六月	$12,000	/	$87,000	=	13.8%
七月	$12,000	/	$87,000	=	13.8%

你也许发现，这些百分比数字在好几年里一直保持稳定。因此，你可以预计今年每个月会出现相似的销售百分比。然而，正如之前解释过的，内部因素和外部因素可能都会引起变化。例如，复活节假期可能出现在四月，也可能出现在三月；你们店铺可能要对某个月作出以前没有的营销策略上的改动；此外，大部分零售商会追踪购物

最繁忙的日子，特别是节假日。如果你认为这些因素会对每个月发生的销售百分比产生影响，那么你就必须调整每个月的计划销售百分比。

让我们来假设你没有发现这一季有什么重大变化。另外，对前些年的销售分析表明，每个月的销售占比一直保持稳定。在这些信息的基础上，你制订的每个月的销售百分比是这样的：

二月	11.5%
三月	13.8%
四月	26.4%
五月	20.7%
六月	13.8%
七月	13.8%

接下去，你需要确定这一季的计划销售总额。采用第七章中讲解的预测技术，这一阶段的销售增长率计划为10%。在一些公司，最高管理层会确定销售的计划增幅或降幅，给到你作为你们部门或小组的目标。

你确定去年同期的总销售额是 $87,000。因此，今年同期的计划销售额就是 $95,700（$87,000 × 10% = $8,700；销售的计划增长加上去年的销售额；于是，$8,700 + $87,000 = $95,700）。

现在，你必须计划今年同期每个月的销售。采用总销售额的计划百分比以及计划销售总额（$95,700），你将得出如下计算结果：

	计划占 %		计划总额		计划月销售额
二月	11.5%	×	$95,700	=	$11,005
三月	13.8%	×	$95,700	=	$13,207
四月	26.4%	×	$95,700	=	$25,265
五月	20.7%	×	$95,700	=	$19,810
六月	13.8%	×	$95,700	=	$13,207
七月	13.8%	×	$95,700	=	$13,207

然后将这些数字填进六个月商品计划（填在"计划"这一行）中如下：

销售	二月	三月	四月	五月	六月	七月	总计
去年	$10,000	$12,000	$23,000	$18,000	$12,000	$12,000	$87,000
计划	$11,005	$13,207	$25,265	$19,810	$13,207	$13,207	$95,701
修订							
实际							

你已看到，任何对计划的修订以及当月的实际销售额都有空格可以记录。保持准确的记录会改善你将来的计划工作。

计划月初存货

要制订六个月商品计划，你的下一步是确定达成计划销售额所需的库存量，你的手上要有足够的库存来满足顾客要求。开季时手上必须有数量充足、花色品种齐全的商品来满足预期的顾客需求。

存货计划的存销比法需要买手定义指定月份的计划月初存货与当月计划销售额之间的关系。运用存销比法来制订库存水平，可以用下面的公式来计算计划月初存货：

计划月初存货 ＝ 计划销售额 × 存销比

从行业来源以及对过去几年的销售与存货数据的研究中，你计算出下列存销比：

二月	3.1
三月	2.8
四月	2.0
五月	1.8
六月	1.8
七月	1.8

利用这些存销比和之前计算好的今年的计划销售额，每个月的计划月初存货可以计算如下：

	存销比		每月计划销售		每月计划月初库存
二月	3.1	×	$11,005	=	$34,116
三月	2.8	×	$13,207	=	$36,980
四月	2.0	×	$25,265	=	$50,530
五月	1.8	×	$19,810	=	$35,658
六月	1.8	×	$13,207	=	$23,773
七月	1.8	×	$13,207	=	$23,773

然后将这些数字填入六个月商品计划（填在"计划"这一行）中如下：

月初	二月	三月	四月	五月	六月	七月	总计
去年	$31,000	$33,600	$46,000	$32,400	$21,600	$21,600	$186,200
计划	**$34,116**	**$36,980**	**$50,530**	**$35,658**	**$23,773**	**$23,773**	**$204,830**
修订							
实际							

计划月末存货

某个月的月末库存就是下一个月的月初库存。在这份六个月商品计划的范例中，计划月末存货水平如下：

二月 月末 = $36,980（三月 月初）		
三月 月末 = $50,530（四月 月初）		
四月 月末 = $35,658（五月 月初）		
五月 月末 = $23,773（六月 月初）		
六月 月末 = $23,773（七月 月初）		
七月 月末 = 一		

因为八月份月初库存还不知道，你就不知道七月份的月末计划库存，因此你必须要为这个阶段制订预估月末库存。在我们这份六个月商品计划的范例中，这一阶段的月末库存预估为 $21,000。

然后将这些数字填入六个月商品计划（填在"计划"这一行）中如下：

月末	二月	三月	四月	五月	六月	七月	总计
去年	$33,600	$46,000	$32,400	$21,600	$21,600	$20,000	$175,200
计划	**$36,980**	**$50,530**	**$35,658**	**$23,773**	**$23,773**	**$21,000**	**$191,714**
修订							
实际							

计划减价

六个月商品计划中下一个要计划的组成部分是减价。有好几种类型的减价：降价、员工折扣以及损耗，损耗通常指的是由商店行窃或员工监守自盗造成的存货短缺。对这些减价的估算是在过去经验的基础上的。在六个月商品计划上以计划销售额的百分比体现出来。对于你正在完善的这个范例计划来说，其计划减价如下：

计划降价百分比	= 6.8%
计划损耗百分比	= 2.1%
计划员工折扣百分比	= 1.1%

因此，计划减价总计达销售额的 10%。计划减价金额可以用计划总销售额乘以减价百分比计算出来，减价总额等于 $9,570（$95,700×10%）。

在过去记录的基础上，你可以根据下列细目确定每个月发生的减价：

二月	11.5%
三月	7.0%
四月	15.0%
五月	18.5%
六月	22.1%
七月	25.9%

同样地，对今年有影响的内部与外部情况会导致你再次对这些数字进行调整。你可以对每个月的计划减价计算如下：

	当月计划减价 %		计划减价总额		当月计划减价额
二月	11.5%	×	$9,570	=	$1,100
三月	7.0%	×	$9,570	=	$670
四月	15.0%	×	$9,570	=	$1,436
五月	18.5%	×	$9,570	=	$1,770
六月	22.1%	×	$9,570	=	$2,115
七月	25.9%	×	$9,570	=	$2,479

然后把这些数字填入六个月商品计划（填在"计划"这一行）中如下：

减价	二月	三月	四月	五月	六月	七月	总计
去年 计划 修订 实际	$1,001 **$1,100**	$ 609 **$ 670**	$1,305 **$1,436**	$1,609 **$1,770**	$1,923 **$2,115**	$2,253 **$2,479**	$8,700 **$9,570**

计划采购零售额

要实现六个月商品计划，每个月应该有充足的计划采购。在商品计划上，采购计划必须首先以零售额体现出来，因为其它所有数字都是建立在零售额的基础上的。下列公式是用来计算计划采购零售额的：

> 计划采购零售额 = 计划销售额 + 计划月末存货 + 计划减价 – 计划月初存货

运用这个公式和你已经填入商品计划中的数据，可以计算出计划采购零售额如下：

	计划销售额		计划月末存货		计划减价		计划月初存货		计划采购零售额
二月	$11,005	+	$36,980	+	$1,100	–	$34,116	=	$14,969
三月	$13,207	+	$50,530	+	$ 670	–	$36,980	=	$27,427
四月	$25,265	+	$35,658	+	$1,436	–	$50,530	=	$11,829
五月	$19,810	+	$23,773	+	$1,770	–	$35,658	=	$9,695
六月	$13,207	+	$23,773	+	$2,115	–	$23,773	=	$15,322
七月	$13,207	+	$21,000	+	$2,479	–	$23,773	=	$12,913

然后把这些数字填入六个月商品计划（填在"计划"这一行）中如下：

计划采购零售额	二月	三月	四月	五月	六月	七月	总计
去年	$13,209	$25,705	$11,009	$9,123	$14,253	$19,100	$92,399
计划	**$14,969**	**$27,427**	**$11,829**	**$9,695**	**$15,322**	**$12,913**	**$92,155**
修订							
实际							

计划采购成本额

从季节性数据来看，本阶段的初始加价率计划在 46.3%。可以用以下公式来计算计划采购成本额：

> 计划采购成本额 =（100% – 初始加价 %）× 计划采购零售额

每个月的计划采购成本额可以计算如下：

	（100%– 初始加价 %）		计划采购零售额		计划采购成本额
二月	(100%–0.463)	×	$14,969	=	$8,038
三月	(100%–0.463)	×	$27,427	=	$14,728
四月	(100%–0.463)	×	$11,829	=	$6,352
五月	(100%–0.463)	×	$ 9,695	=	$5,206
六月	(100%–0.463)	×	$15,322	=	$8,228
七月	(100%–0.463)	×	$12,913	=	$6,934

然后把这些数字填入六个月商品计划（填在"计划"这一行）中如下：

计划采购成本额	二月	三月	四月	五月	六月	七月	总计
去年	$7,093	$13,803	$5,912	$4,899	$7,654	$10,257	$49,618
计划	**$8,038**	**$14,728**	**$6,352**	**$5,206**	**$8,228**	**$6,934**	**$49,486**
修订							
实际							

计划采购成本额让买手知道他们要在这个季节以及每个月的商品上花多少钱。检查图 8.3，看一下你刚制订好的完整的六个月商品计划。

你还要每个月将实际数字填入表格，帮助未来计划。月度实际数字也有助于你在需要时对计划进行修正。如果销售高于计划，你就需要对这个季节剩余时间增大采购量以维持商品计划中的存货水平。然而，如果销售低于计划，你就必须降低采购量。

图 8.3
一份完整的六个月商品计划

六个月 商品计划		计划（今年）	实际（去年）
	工作室成本		
	现金折扣 %		
	季节库存周转		
	损耗率 %		
	平均库存		
	降价 %		

20__ 春 20__ 秋		二月 八月	三月 九月	四月 十月	五月 十一月	六月 十二月	七月 一月	季节 总计
销售额 $	去年	10,000	12,000	23,000	18,000	12,000	12,000	$87,000
	计划	11,005	13,207	25,265	19,810	13,207	13,206	$95,700
	增长率 %							
	修订							
	实际							
库存零售额 （月初）	去年	31,000	33,600	46,000	32,400	21,600	21,600	$186,200
	计划	34,116	36,980	50,530	35,658	23,773	23,773	$204,830
	修订							
	实际							
库存零售额 （月末）	去年	33,600	46,000	32,400	21,600	21,600	20,000	$175,200
	计划	36,980	50,530	35,658	23,773	23,773	21,000	$191,714
	修订							
	实际							
减价 $	去年	1,001	609	1,305	1,609	1,923	2,253	$8,700
	计划	1,100	670	1,436	1,770	2,115	2,479	$9,570
	修订							
	实际							
采购 零售额	去年	13,209	25,705	11,009	9,123	14,253	19,100	$92,399
	计划	14,969	27,427	11,829	9,695	15,322	12,912	$92,154
	修订							
	实际							
采购 成本额	去年	7,093	13,803	5,912	4,899	7,654	10,257	$49,618
	计划	8,038	14,728	6,352	5,206	8,228	6,934	$49,486
	修订							
	实际							

部门名称：_____ 部门编号：_____

备注

_____

商品经理 _____ 买手 _____

控制人员 _____

基本库存计划

有些种类的商品在外观、结构或价格上每季之间变化不大，这些产品称为基本商品。对于基本商品的计划采购来说，可以不用六个月商品计划来计算。许多零售商用**基本库存计划**（basic stock plan）作为计划采购基本商品的一种工具，这个计划的目的在于确定在某个阶段为了使零售商能有充足数量的商品而必须持有的商品的量，这些商品或者是现货，或者是正在订的货。要进行这些计算，你必须收集关于每周平均销售量、追加周期、交货周期以及备用库存水平的信息。

下面公式是用来计算每件基本商品在任何一个指定时间应有现货或订单的最大数量的：

> **最大数量 = 每周销售量 ×（追加周期 + 交货周期）+ 备用库存**

让我们来一一查看这一公式的各个元素：

- **每周销售量**。你首先必须通过分析过去销售记录来确定每件商品每周的销售数量。
- **追加周期**。**追加周期**（reorder period）是指商品的订单与订单之间的时间量。追加周期时间长，就需要订购大量商品，或者在仓库里储备一些产品。
- **交货周期**。**交货周期**（delivery period）是指从下订单开始到商品进入销售区域之间的时间。店里必须要有足够的商品度过这段时间，因为供应商收到订单后，肯定需要过一段时间才能交货的。
- **备用库存**。**备用库存**（reserve）是指为了满足未能预期的销售所必需的商品数量。脱销情况会导致你们店铺损失销售和利润；因此，许多买手为了防止顾客流失到竞争对手那儿去，会采购额外的商品来应付无法预计的销售。
- **最大数量**。**最大数量**（maximum）是指在任意一个追加的时间点必须有现货或有订单的商品的数量。最大数量必须在产品交货过程中足以供应商品的销售。现货永远无法达到最大数量，因为在接收新订单所需的时间内销售还在发生。

在采用基本库存计划时，买手们会制订一份基本库存清单。**基本库存清单**（basic stock list）上提供了很多信息，比如商品描述、零售价、给店铺的成本价、最大数量、销售速率以及最小追加数量。

买货余额计划

在六个月商品计划（表8.1）中，你制订了每个月要完成的采购金额。然而，并不是所有的当月所需库存都能在月初就采购到的。

表 8.1　淑女装春季商品计划

描述	实际销售	计划销售	部门占店铺 %	对比去年 %	2008 年计划月初	每月计划采购	新货 %	存销比
连衣裙								
二月	$56.4	$64.0	11.4%	13%	$241.5	$121.4	42%	3.8
三月	$101.9	$106.2	18.9%	4%	$287.5	$117.1	41%	2.7
四月	$105.1	$120.7	21.4%	15%	$287.5	$93.8	38%	2.4
五月	$82.9	$90.0	16.0%	9%	$245.0	$98.7	41%	2.7
六月	$88.7	$101.2	18.0%	14%	$238.1	$97.1	46%	2.4
七月	$68.2	$80.7	14.3%	18%	$209.3	$106.5	51%	2.6
连衣裙 – 春季	$503.2	$562.8		12%	$1,508.9	$634.6	43%	2.8

计划周转 =2.30

降价

描述	2011 季实际月末	2012 季计划月末	商店占比 %	对比去年 %	2011 季	2012 季	商店占比 %	对比去年 %	销售的计划 %
连衣裙									
二月	$113.8	$287.5	24.4%	153%	$11.9	$11.4	19.6%	25%	17.7%
三月	$173.2	$287.5	28.3%	66%	$4.4	$10.9	23.1%	148%	10.3%
四月	$241.9	$245.0	27.7%	1%	$7.1	$15.6	31.3%	120%	13.0%
五月	$203.5	$238.1	27.8%	17%	$11.8	$15.6	26.5%	32%	17.3%
六月	$151.7	$209.3	25.8%	38%	$31.6	$24.7	22.4%	222%	24.4%
七月	$112.0	$207.0	22.9%	85%	$38.1	$28.1	22.5%	226%	34.8%
	$996.1	$1,474.4		48%	$104.9	$106.3		1%	18.9%

备注：这张表说明了一家店铺的淑女装连衣裙六个月商品计划。

买货余额的定义

　　为了充分利用新的产品线，追加畅销商品或获取用于促销的低价商品之类的采购决策在整个月中时有发生。此外，你可能有未完成的订单——换句话说，是供应商承诺了但没有交货的订单，这些未完成的订单的金额会减少当月的计划采购。因此，你必须要能在某个月的某一天计算出在这个月剩的时间里还有多少数量的商品要采购，这些剩余的采购就定义为买货余额。**买货余额**（open-to-buy）是买手在一段时间内剩下的要用掉的金额，而每采购一次，这个金额就相应减少一些。

例题

你的部门有如下信息：

计划销售	$22,000
计划月初	$33,000
计划减价	$2,000
计划月末	$35,000
订单库存成本额	$4,000
初始加价率	44.6%

你的第一步是采用之前讲过的公式计算出计划采购零售额：

> **计划采购 = 计划销售 + 计划月末 + 计划减价 − 计划月初**

因此：

> **$ 22,000 + $ 35,000 + $ 2,000 − $ 33,000 = $ 26,000**

然后将计划采购零售额转化成计划采购成本额如下：

> **计划采购成本额 =（100% − 初始加价 %）× 计划采购零售额**
> **计划采购成本额 =（100% − 44.6%）× $26,000**
> **计划采购成本额 = $14,404**

下一步，确定买货余额：

> **买货余额 = 计划采购 − 订单商品**
> **买货余额 = $14,404 − $4,000**
> **买货余额 = $10,404**

因此，对这个月来说，买手当月还有 $10,404 要用。

买货余额的计算

尽管买货余额的数字并未列在六个月商品计划中，它们还是采用计划采购成本额来计算的。

买货余额的用途和好处

买货余额的概念有两个主要目标。第一，买手可以确保在现货库存与计划销售之间维持着特定的关系。第二，买手能确定如何调整商品采购来反映销售、减价和采购上的变化。买货余额让你能判断在某一时段内增加的采购是否与该时段的计划采购相符。

如果运用得当，买货余额让买手得以：

- 限制超买或买货不足的情况。
- 防止由于库存量不足而引起销售上的损失。
- 保持商品的采购限制在预算范围内。

- 减少降价。
- 增加销售。
- 改善库存周转。
- 保留采购的钱做畅销商品的追加，充分利用低价商品，或者取得新商品的样品。

买货余额也可用来搞清楚什么地方出了问题。最常见的问题是买手处在超买的情况下，例如，你需要提供足够的商品种类，但如果买货余额不足，那么在这一时段你就**超买**（overbought）了。通常发生超买是因为你制订的销售预算不精确，从而导致你的计划采购不准确，或是因为你没能看清销售或流行趋势，库存商品不对路。

超买通常会使降价增多，维持性加价、库存周转以及利润降低。如果你发现自己处在超买的情况下，你可能要执行以下任意一种策略：

- 分析能够增加销售的方法，比如更好地培训销售人员，增加促销力度，或是在销售区域中挪动商品位置。
- 增加这个时间段降价的数量，这应该会增加销售；不过，要记住计划减价的变化也会造成商品计划中其它组成部分的变化。
- 如果有可能的话，取消未完成的订单。不过你要知道，有时候订单不能取消，因为买手已经签了销售确认书。订单的取消也会导致供应商和你们店铺之间关系紧张。
- 增加采购，因为经验证明原先的计划不正确。注意，这可能是万不得已时的最后一招。可能需要新的商品来产生销售。

要点总结

- 买手要负责在合适的时间以合适的价格把合适的数量的合适的商品摆在合适的位置上。为了完成这些目标，买手们必须制订商品计划（预算）以及分类计划。
- 商品计划是用从上至下计划、从下至上计划或是两者结合起来制订的。一般来说，商品计划是按照六个月来制订的。
- 销售预测和库存计划是商品计划的关键因素。销售预测包括调查店铺以往记录以及目前影响销售的内部和外部因素。所有其它商品企划决策的制订都与销售相关；因此，如果销售预测有误，其它决策也都会出现偏差。
- 库存中的商品要满足顾客需求，给顾客提供各种选择。然而库存水平必须要低，要能够确保店铺在投资上有合理的回报。
- 六个月商品计划是买手用来将利润目标转化成商品规划及控制的框架的工具。
- 成功的商品计划应该会导致库存周转加快，降价数量减少，维持加价的能力提高，利润最大化以及存货上的投入最小化。
- 六个月商品计划的组成部分包括销售、月初存货、月末存货、减价、采购零售额以及采购成本额。有了计划，买手就能知道应该花多少钱在新的存货采购上才能达成计划销售。
- 基本商品计划可以通过制订基本库存计划来实现，基本库存计划是用来确定在任何一个追加点时必须有现货或订单的商品的最大数量的。

• 买手们用商品计划及订单商品的数量来确定买货余额，即某个时段买手剩余要用的钱数，每做一次采购，买货余额就会减少一些。

复习回顾

零售买货词汇拓展

如果你的词汇表里没有下面这些词，请参考书后术语词汇表。

基本库存清单	basic stock list
基本库存计划	basic stock plan
月初存货	BOM inventory
从下至上计划	bottom-up planning
交货周期	delivery period
月末存货	EOM inventory
最大数量	maximum
商品计划	merchandise plan
买货余额	open-to-buy
超买	overbought
减价	reductions
追加周期	reorder period
备用库存	reserve
六个月商品计划	six-month merchandise plan
从上至下计划	top-down planning

阅读理解

1. 从上至下计划的主要好处是什么？

2. 为什么许多零售商混合使用从上至下和从下至上计划？

3. 列举当你预测销售时应与过往销售记录一起考虑的一些内部和外部因素。

4. 销售预测的准确性靠的是什么？

5. 假期会如何影响从一年到下一年的商品计划？

6. 六个月商品计划通常是为哪两个时间段制订的？

7. 在六个月商品计划上，"修订（今年）"的目的是什么？

8. 六个月商品计划中第一个也是最重要的计算是什么？

9. 六个月商品计划上的计划月末存货是如何确定的？

10. 减价有哪三种类型？

11. 基本库存的追加单之间周期冗长的缺点是什么？

12. 买货余额何时等于计划采购成本额？

13. 什么会导致买手超买？

分析与应用

1. 你们店铺在制订商品计划的目标时只采用从上至下计划。概述你将用来说服最高管理层，在这一过程中结合运用从下至上计划的论据。

2. 你的部门处于超买的情况下，你会用什么理由来进行额外的采购?

应用练习

1. 在以下所列的信息的基础上制订六个月商品计划，计划销售预计与去年持平。

	去年月度销售	去年月初库存
二月	$12,000	$25,000
三月	$14,000	$30,000
四月	$18,000	$38,000
五月	$19,000	$40,000
六月	$18,000	$39,000
七月	$19,000	$41,000

a. 计算出去年的月度存销比，用这个存销比来计划月初存货水平。

b. 现在，计划这一时段的月度减价。减价计划为 8 个百分点，分布如下:

二月	10%
三月	5%
四月	5%
五月	15%
六月	30%
七月	35%

c. 下一步，计划每一个月的月末库存。这个季节的期末存货计划为 $ 43,000。

d. 现在计算计划采购零售额，然后，将这一数字转化为成本额。初始加价率计划为 46.4%。

2. 一家小型企业每两周下一次追加单。订单下好之后，一般需要四个星期交货。这一商品每周的销售速率为 30。计算如下:

a. 备用库存。

b. 最大数量。

3. 二月份的计划采购成本额是 $ 21,000。有两个采购订单没有完成，第一个是 $ 550，第二个是 $ 2,150。买货余额是多少?

连接网络

1. 在互联网上搜索与即将到来的假日季节有关的销售预报。这些预报与之前的预测比起来怎么样?

2. 在互联网上搜索近期的月度零售额（总零售额或某个特定产品品类的零售额），逐月计算增长率或下降率。

今日印象

RMSA：自动化零售商品企划服务

自动化零售商品企划服务（RMSA）向美国范围内的独立零售商提供复杂完善的规划与管理信息服务。该公司还开发及销售特别为零售业设计的管理信息系统，系统的目标是解决问题、提高商品存货决策的质量以及改善客户的财务表现。RMSA组建了一个经理人团队，团队成员在商品企划、数据处理、软件开发以及管理培训上都有丰富的专业知识技能，利用这些知识技能来开发高度自动化、整体化的系统，帮助零售商规划、监控以及制订与商品管理相关的决策。为了帮助进行这些预测，RMSA创建了一个结合了五十多年商品企划历史数据与智能的零售数据库，可以提供按个别店铺的位置、类型及规模定制的策划服务。

RMSA在零售业中建立了很高的声誉，并且在流行商品策划及管理信息服务方面是众所周知的行业领头人，向全美国数以千计的客户提供服务。RMSA的客户涉猎极广，包括日用商品百货商店、女装店、男装店、鞋店和运动用品商店都有，还有其它类型的零售商，如自行车、高尔夫、礼品、珠宝以及大学书店。

简而言之，RMSA是这样帮助其客户的：零售客户将与企业以前的业务有关的信息传递给RMSA，这些信息包括销售、降价、按成本及零售价的收货、调拨、零售存货以及订购的商品；然后这些数据由RMSA独家所有的软件进行处理，并与RMSA的产业数据库相结合，这个软件捕捉数据并用公式进行表达，为客户特别创建预测；之后由RMSA客户专员对预测进行检验及微调，并与客户一起进行调整以确保达到最佳效果。报告指明了客户需要买多少货，以及在什么时间，以多少数量分次接收。有了这些信息，零售客户就能专注于选择真正满足顾客需求的商品。每个月RMSA的业务分析员会与客户一起回顾最新的预测，并帮助客户创建及执行为其度身定制的计划来采购利润最好的商品进行销售。

RMSA的店铺与同业相比通常保持着更高的利润。采用这个系统，零售商能更快捷高效地管理数据，能让他们周转存货的速度达到两倍于行业平均水平。一个客户这样陈述说："RMSA服务公司告诉我们要买进多少货品，什么好卖什么不好卖，以及我们真正的实际销售量是什么。我们因此得以降低平均存货，并大大降低了产品的成本。"

独立零售店的买手及商品经理在开始规划商品计划之前，肯定会考虑RMSA或类似的服务机构。小型独立店必须时刻关注那些能让他们脚踏实地地与大型零售商一争高下的商品企划技术。

未来趋势

商品计划：把握节假日的脉搏

每一年，零售商的商品计划中最重要的组成部分就是对第四季度的假期销售进行预测；许多零售商靠这个季度取得的利润多达整年利润的一半。在未来几年当中，有些因素可能会影响假日购物，包括能源价格、债务水平高以及收入增长缓慢。汽油价格和供暖燃料成本的攀升也会影响假日购物。此外，家庭债务处于高位，实际可支配收入增长迟缓，迫使一些消费者处于减少开销的境地。影响零售销售的另一个因素，消费者信心，也在最近几个月中下跌。然而，在过去几年中，尽管有这些问题存在，消费者的适应性还是相当强的，他们泰然自若地接受了这些经济上的挑战，在假日里继续购物。

买手和预测员每年都要绞尽脑汁，预测购物者在这一决定性阶段会做什么。他们通常面临的问题是如何解读来自消费者与经济形势的互为矛盾的信号，这么多年来，这样的指标比比皆是：就业增长率可能是乐观的，但九月份和十月份的零售销售可能只是勉强过得去；消费者信心也许很强，但是说不定从夏天开始已经略微下跌；道琼斯指数可能下挫，并有可能动摇消费者信心。买手们常常要根据诸如此类难以捉摸的情况来建立他们的商品计划。

买手们还可以查看消费者民意调查，每年的这个时候都有很多报道。这些民意调查的结果常常进一步增加了不确定性。例如，有一年 International Mass Retail Association 预测消费将比前一年猛增 7%；与此同时，Money|ABC 的一项民意调查公布，多数消费者的消费会与前一年持平，但是由于对经济缺乏信心，将会导致他们相应缩减购物；然而 National Retail Federation 则预测消费者的消费会沿袭前一年的模式。

像 PricewaterhouseCoopers 这样的零售分析公司也会每年都发布他们的预测。许多零售买手会密切关注 Visa 的预测，因为在美国，每花掉一百美元，其中就有十七美元来自于该公司五亿信用卡持有者。

买手们必须利用这些鱼龙混杂的信息制订他们自己对假日销售的预测。事实上，有些店铺可能会遇到远远高于或低于对整个行业所作预测的增长率。要对商品计划作出更准确的预测可以建立在调查本地消费者的基础上：像"这个假日季节你们家庭总共大约会花多少钱来购买礼物？"这样的问题后面可以加上"比去年假日季节你们家庭总共花在礼物上的钱更多、更少还是差不多？"有了这个变化金额，就能对这个季节的本地销售情况作出预测了。你们也可以针对特定产品品类提出类似的问题。

对这些问题的回答进行分析让买手能够根据顾客的反馈意见制订商品计划，再配合全国或地区性的预测，买手就能作出更精确的预测。产生超买的商品计划会导致大幅度的降价与促销以清除过量存货。如果计划中产生买货不足，就会损失潜在销售和利润，那时再下当季的订单很可能为时过晚。

在节假日季节开始之前，买手们必须要把握消费者的脉搏，所采用的手段多多益善。他们的决策对店铺这一年的赢利能力会产生至关重要的影响。

第九章

制订分类计划

行动目标

- 明确分类计划的目的
- 讲述不同产品品类的分类计划有什么差别
- 讲述店铺方针如何影响分类计划
- 区分库存宽度与深度
- 解释如何确定何时应拓宽产品线
- 讲述商品分类系统
- 确定顾客在购物时用于选择商品的关键因素
- 解释理想库存模型计划是如何制订的
- 制订一个分类计划

店铺是否反映出预期形象，是否吸引住特定目标市场的消费者？买手所做的关于产品分类的商品企划决策会对此产生很大影响。事实上，分类计划决策对店铺整体的表现都会产生重大影响。

由于没有哪一家零售商能向它的顾客们提供市场上能拿得到的所有产品选择，买手们必须作出决定，店铺要经营哪些产品。此外，大多数产品都有很大的范围可供选择，如型号、颜色和款式，买手们在决定要给他们的顾客提供什么商品时就要做出这些抉择。商品的选择不能听天由命，而是要靠认真分析店铺的目标和任务、所提供的产品类型、过去的销售记录、目标市场，以及其它可能会影响销售的内部和外部因素。

在前面那一章里，你学习到了如何制订商品买货计划。这个计划必须转换成具体的商品分类计划。在这一章里，你将学习如何规划商品分类，研究影响商品分类的因素，还要了解商品分类系统。

规划商品分类

买手们应该有足够多的产品以满足顾客需求，同时不要因为存货过量而造成降价。维持这样均衡的存货需要技巧和经验，以及进行深思熟虑的规划。作为买手，你必须对你要采购的每个商品制订详细的分类计划；你还必须在商品计划的框架内工作，因为对所有商品的采购数量不能超出你的计划金额。综合全面而且详细的分类计划也会给你提供一项商品企划的控制工具，可以和买货计划一起用来帮助你计算买货余额。

分类计划（assortment planning）是指根据诸如品牌、颜色、尺码和材质等特定因素确定你要采购的每一件产品的具体数量和特征。你必须在不会给库存带来过量存货的情况下制订最适合顾客需求的分类计划。所有类型的商品都必须制订分类计划。例如，男式衬衫采购时可以分很多颜色、尺寸、袖长、材质和款式。

分类计划的目标在于保持一个能满足尽可能多的顾客需求的均衡的产品分类；因此，对你们店铺或部门所服务的各种类型的顾客加以了解，对商品规划是很重要的。单靠过往销售记录来制订流行商品的分类计划是不切实际的，因为趋势难以捉摸，而且瞬息万变。必须利用行业文件、同业公会信息、报告服务以及与流行调配师和生产厂家的商讨，对消费者多变的兴趣与购物习惯进行分析。

分类规划也迫使你根据商品可以分到的销售区域或货架空间来制订计划。在大多数情况下，你是放不下你能拿到的每一件产品的完整分类的。例如，超市过去一向只经营可口可乐、百事可乐和几种其它口味的软饮料；而如今，这些品牌中的每一个都有无糖和无咖啡因的品种；此外，它们还有许多不同尺寸与容器的分类。大多数食品店的经理都无法提供市场上存在着的所有软饮料的完整分类。

产品分类中的项目数量不断增长，让硬货零售商和超市头疼不已。当某个产品有新的品种上市时，这个产品类别几乎没有可能会分到更多的销售区域或货架空间；因此，每个品种的采购量就会更小，从而增加了脱销断货的可能性。在流行店铺中，最畅销的产品才能得到货位。

影响商品分类的因素

在制订商品分类时，你要给出最适合你们顾客需求，且与你们店铺形象相符的各种商品。当你制订分类计划时，必须考虑几个重要因素。包括（1）推出的商品类型；（2）店铺方针；（3）可获得的商品种类。

商品类型

你们店铺或部门经营的商品类型会影响你的分类计划。正如你所看到的，用于划分商品类别的方法有很多，每种方法都需要制订一个不同类型的分类计划。

流行或基本商品

商品可以分为两个大类——流行商品或基本商品。流行商品在一段相对较短的时间（通常是一个季节）里有着很高的需求。流行商品的吸引力有限，会引起顾客需求的戛然而止。为了实现销售最大化，流行商品买手必须在他们的商品分类中快速识别出畅销款，并立即下单追加。随着销售季节的推进，应少下或不下追加单。客户需求可能很快停止，给店铺留下一大堆剩余库存，然后即便降价幅度再大，这些没人要的商品也卖不掉了。阅读今日印象"流行预测：Doneger Creative Services"，了解更多关于买手是如何预测新的流行的。

基本商品是指顾客常年购买，指望店铺随时都有库存的产品。例如，钉子、锤子、文具、男式白衬衫、被单、袜子和其它数以千计的商品都是基本商品。

采购基本商品相对来说很容易完成，查一下以前的销售记录，从前几年的销售中确定销售趋势即可。买手们知道基本商品几乎没有卖不掉的风险，因此超买卖不掉的商品的可能性就比较小；但是如果这些商品库存时间太长，会因触摸过多或陈列过久变得残旧。对基本商品来说，你分类的规模大小要受到你能分到的销售空间与储存空间的限制。

有些基本商品可以归类为**季节性基本商品**（seasonal basics）——即顾客只有在一年里特定的时间才会想到要买的产品，然而顾客需求岁岁年年始终如一。季节性产品的主要例子包括复活节彩蛋染料、圣诞节装饰品、风筝、大衣和游泳衣。季节性基本商品的规划需要你保存商品动销阶段的精确记录以及明确分清这个动销阶段的长度。没有规划，你很可能会造成过量库存，到了季节结束的时候存货也卖不完。

对流行商品和基本商品来说，计划和控制都非常重要。然而，对流行商品的监测必须比基本商品更加频繁。流行商品通常按周进行检查，而基本商品则不需要这么频繁的关注。

便利型产品或特殊型产品

便利型产品是指那些顾客觉得能很方便地从店铺买到的商品。这些商品通常都不贵，涉及的产品五花八门，比如糖果、五金器具、健康及美容用品以及文具。对便利型产品而言，通常不需要许多花色品种，因为不管什么品牌在售，大部分顾客都会购买。

特殊型产品是指那些顾客一般只接受知名品牌的商品。特殊型产品的例子包括银器、瓷器、家用电器、设计师品牌服装以及化妆品。你应该了解一下你们顾客对品牌的忠诚度，确定在顾客的心目中，哪些品牌是你多数顾客想要的，哪些品牌适合其它顾客。

店铺方针

店铺管理层负责创建和确立最符合你们店铺目标顾客的兴趣偏好的商品企划方

针。这些方针将作为你制订并维持商品分类计划时的指导原则，并且会影响你所采购的商品质量、独有性及品牌。

质量及价格范围

整个店铺采购决策的实施应该是为了创建预期的店铺形象，吸引管理层指定的目标顾客。如果品质对于你的目标顾客有强大的吸引力，店铺的方针就应该是只选择由最好的原料制成的产品进店。如果你们的顾客对价格更为关注，顶级品质可能就不如提供期望价格范围内的产品那么重要了。

价格范围通常与品质有关系；然而，许多时候两者之间并没有特定的相关性。因为你们店铺提供的商品不可能覆盖所有价格范围，你必须确定你的多数顾客需要哪个价格范围。

独有性

许多买手会在他们的商品种类中添加在他们所在的商圈中其它店铺没有的产品，因为许多顾客喜欢在那些以提供独家经营的商品著称的店铺购物。你可以与供应商协商，某件商品只供你们独家出售，你也可以引进自有品牌来确保独有性。很明显，大多数店铺都渴望独有性，因为这会提升它们的形象。

品牌

店铺方针也会决定你能选择哪些全国性品牌和自有品牌进行组合。今天有很多店铺，比如 Dillard's，几乎只提供全国性品牌；其它店铺，像 Gap 和 The Limited，只提供自有品牌的商品。在大多数产品分类中，全国性品牌在销售上独占鳌头，由于全国性的广告支持，这些品牌对于顾客来说耳熟能详。事实上，许多顾客早在商品进入店铺之前就已经从铺天盖地的广告中被潜移默化。此外，全国性品牌对许多顾客来说就是质量的代名词。

另一方面，自有品牌对零售商来说通常利润更为丰厚，因为他们在与产品相关的商品企划决策上更有支配权。自有品牌没有全国性品牌那么贵，店铺忠诚度也有保证，因为竞争对手没有这些产品。不过零售商必须为自有品牌制订他们自己的促销计划。

有些超市和药店在他们的分类中增加了另一个品牌类别——通用品牌。**通用品牌的商品**（generics）通常是没有商标的简装商品，要接受次要的货架位置，没有或几乎没有广告支持。对顾客的好处是通用商品的定价都远远低于其它品牌；不过，对许多顾客来说，这些品牌的质量仍然存疑。

可获得的商品种类

在对存货投入的规定金额的限制下，为了提供各种商品，你必须推出许多不同的产品线。**产品线**（product line）是具有相似特点和用途的产品的大类。Liz Claiborne 和 Ralph Lauren 都以其服装产品线而闻名，其产品线提供许多不同的商品，用的商标都是一样的。在过去这些年里，产品线的数量和现有产品线里的产品数量都有快速增长，造成商品选择更加复杂。几乎没有哪一家店铺能提供某一产品线中所有可获得的商品，但是在有些情况下，生产厂商可能会要求你们店铺经营一条完整的产品线，如果他们的商品要在你们店铺销售的话。

关于你们经营的产品线，还必须作出两个决策：

• 库存的宽度是多少?

- 库存的深度是多少？

宽度

宽度（breadth）指的是经营的产品线数量或一个产品类别中所经营的品牌数量。库存宽度通常可以用宽、窄或介于两者之间来描述。例如，一家店铺可能提供四个品牌的男装衬衫（宽度宽），而另一家店铺可能只提供一个品牌（宽度窄）。库存宽度宽的零售商吸引的市场更大，而库存宽度窄的店铺通常经营的品牌更少，但能提供大量的款式、颜色、尺码及材质。

深度

在每个品牌或产品类别中供顾客选择的数量称为**深度**（depth）。许多店铺经营的产品品类或品牌数量少，而库存量很大。店铺发现这样的分类计划更容易备货，而顾客也更有可能从销售的产品中找到想要的东西；可是顾客没有大量品牌可供选择，这可能会促使其中一部分顾客去竞争对手的店铺。这种分类被称为**窄而深**（narrow and deep）的分类计划。

另一方面，店铺可能会提供宽度很广而深度很浅的库存——即**宽而浅**（broad and shallow）的分类计划。一家供应许多牌子的男衬衫，所有衬衫的颜色非蓝即白的男装店就属于这种情况。

当宽度和深度都满足你们顾客的需求时就达到了**均衡的分类**（balanced assortment）。通常在季节之初当测试顾客对新款的接受度时会提供较宽的分类计划，宽而浅的分类计划让你有机会试验几个品牌而不用造成太大的财务负担。在销售季节中，随着顾客需求更为明朗，分类可能变得窄而深。

顾客在购买以前想要查看的商品数量也各有不同。有些顾客也许确切地知道自己想要什么商品，而别的顾客可能在购买以前想要多看看类似的商品。有些类型的商品，比如服装，需要店铺经营很多花色品种。流行意识较强的顾客需要很大的选择余地。

为了提高你们店铺或部门的整体表现，不均衡的分类计划必须尽快得到纠正。你必须保证库存有充足的产品种类，存货短缺减至最少。在推进你们店铺目标的同时，你的分类计划必须让顾客满意。大多数零售商都有库存太多类似品牌和品种的倾向，当某样商品是另一件商品的替代物时，通常没有必要两个都备货。

为了满足顾客需要，并保持领先于你们的竞争对手，必须不断增加新产品，同时清除别的产品。当你在分类中增加了商品，有可能不得不从库存中淘汰掉一些货品，因为销售空间有限。在产品线落伍过时前也需要加以清理。

你可以通过添加其它产品线或在现有产品线里添加商品来增加库存宽度；不过，新品可能会将销售从现有品种上转移过去。当现有产品的潜在销售让位给了新产品，称之为**同类替换**（cannibalization）。需要对销售进行认真评估，判断如果产品种类增加，是否总销售会增长，利润会上升。例如，配备五个品种的产品所产生的销售或利润不一定会比储备三个品种的高。备货的种类过多，很可能会导致每件产品分类较浅从而缺货。

商品分类

每家零售店都摆满了琳琅满目的商品，种类繁多。对于这些存货，需要有一个商品分类系统作为更好地进行计划和控制的手段。

分类和子分类

    大多数零售商会把他们经营的商品划分成各个**分类**（classifications），分类是指店内或部门内的特定种类的产品。例如，鞋类部门可以经营男鞋和女鞋。每个这样的产品大类又能再进行**子分类**（subclassifications）。表9.1示范了男鞋是如何细分为时装鞋、休闲鞋、运动鞋、工作鞋和靴子的；对每一个类别还可以再进行子分类：在男鞋类别中，运动鞋可以分成跑步鞋、球鞋或钉鞋。你们店铺或部门的类型及规模大小，你们想要展现的形象、你们的目标市场以及你们能得到的财务资源都会影响到所需分类及子分类的数量。例如，只迎合某一特定顾客群体的部门中，鞋子的品种和类别会多得多；男鞋、女鞋、童鞋都经营的部门就不能对每一个品类都提供完整的类别。在规划每个分类时，都要大到足以制订单独的分类计划；否则，这个分类就应被列为一个更大的商品分类的子分类。

表9.1　鞋类划分示例

男鞋	女鞋
时装鞋 皮鞋 船鞋	**晚礼服鞋** 高跟鞋 中跟鞋 低跟鞋
休闲鞋 皮鞋 船鞋	**时装鞋** 高跟鞋 中跟鞋 低跟鞋
运动鞋 跑步鞋 球鞋 钉鞋	**定制鞋** 高跟鞋 中跟鞋 低跟鞋 坡跟鞋
工作鞋 常规鞋头 包钢鞋头	**休闲鞋** 中跟鞋 低跟鞋 坡跟鞋
靴子 时装靴 休闲靴 牛仔靴 雨靴 工作靴	**礼服凉鞋** 高跟鞋 中跟鞋
	休闲凉鞋 中跟鞋 低跟鞋
	时装平底鞋 **时装靴** **雨靴** **登山靴** **运动鞋** **拖鞋**

出于商品企划和控制的目的，通常会给每一个分类和子分类分派一个识别码。美国零售联合会（National Retail Federation）制订了商品的标准分类编码系统，用四位编码将商品分类。

每一个分类编码分为子分类。例如，成人女装的编码是1000，又被划分如下：

1100	布料及全天候外套
1200	天然及合成皮革皮毛外衣
1300	女士、少女及女童连衣裙及套装
1400	晚礼服
1500	婚服、孕妇装及制服
1600	运动服

这些子分类每一个都能再分下去。例如，1600编码（运动服）可以细分为：

1611	裙子
1612	衬衫
1613	针织衫
1614	毛衣

这一编码系统尚未得到普遍接受，但这个概念对零售商整理存货数据及进行存货盘点的方式产生了很大的影响。

与商品分类密切相关的是单元控制，即追踪特定单元商品动态的存货控制系统。单元控制信息对于分类规划十分重要。通过运用详尽的存货信息，你能轻而易举地在销售和库存之间达到平衡。分析单元控制记录也让你能够决定商品分类中的哪些产品应该增加、消除或重新定价。对商品进行分类并对单元控制系统进行维护也让你能与其它店铺进行比较。

作为买手，你应监测你们店铺所用的商品分类系统，判别它是否还能继续满足你的需求，满足顾客的需求。经常问问你自己："分类系统是否反映出顾客购买商品的方式？"

选择因素

商品的每一个子分类还可以按各种**选择因素**（selection factors）进行划分，选择因素是指当顾客在作出购物决定时对他们最重要的产品特征。通常，顾客的购买是基于各种特性的组合，比如品牌、价格、尺寸、颜色和材质。产品类型和目标市场不同，对产品购买决定重要的特征也不同。例如，当顾客购买网球拍时，可能只对品牌和价格感兴趣；然而在买西装时，同样是这位顾客，就会关心品牌、价格、尺码、颜色和面料。此外，可能还有其它重要的产品特征要考虑。例如，当购买一套新西装时，款式就会对顾客很重要："是不是双排扣的？"或"后背开不开衩？"

你必须确定顾客在购买你们经营的每一件商品时最为重要的选择因素。你的商品买货计划也能用来确定可以出现在你的分类计划中的选择因素的数量。例如，预算可能会限制你能提供的品牌数量以及每一个品牌的品种。要查看的关键选择因素包括：（1）品牌；（2）价格；（3）规格；（4）颜色；（5）材质。

品牌

你必须判断你的顾客在购买特定产品时是否表现出品牌忠诚度。例如，你的顾客大多数是要找割草机呢，还是专门要找 John Deere 品牌的割草机？如果你的顾客大部分都没有品牌忠诚度，你就不必给到许多品牌来选择；你可以针对一两个品牌发展出较宽的分类。换句话说，你可以给出许多颜色、规格、型号或款式，而只要给到很少几个品牌就行了。每一个产品类型都有大量品牌的店铺可能不得不限制每个品牌的选择范围。

价格

如果某个产品分类吸引了几个收入范围，你就需要以多个价位提供各种各样的产品。大多数零售商尝试向顾客提供几个不同价格范围的产品。你所选择经营的品牌也会决定能得到什么样的价格带。

有些零售商在季节之初提供几条价格带，而随着季节的推进会清理掉一些。追求高档商品的顾客倾向于在季节的早些时候购买，而随着季节的推进，顾客会变得不那么挑剔。在季末顾客也会更注重价格，找寻更为便宜的商品。

规格

对大多数产品来说，规格也是一个重要的选择因素，并不是只有服装才那么重视规格尺码；像窗帘和窗上用品之类的家用装饰品，冰箱之类的家用电器，甚至是食品包装，都必须作出规格决策。几乎在所有产品品类中你都会面对规格的选择。表 9.2 列举了某品牌百叶窗的规格价格细目表，注意一下在规划其分类时是如何只包括最常用的规格的。

对产品分类的规格决策几乎完全是建立在过往记录的基础上的。对顾客来说，每一个阶段的规格要求都和另一个阶段基本保持一致，而上一季所售产品的规格分布通常就是未来需求的指导。然而，经过几年以后，规格要求也许会发生变化。例如，在过去十年中，三十岁以上的女性平均体重增长了五磅，从而影响了许多顾客需要的规格。阅读未来趋势"所有体形和尺码：加大码市场不断成长"，了解更多关于零售商是如何满足这一市场需要的。

颜色

你还必须确定，当你们的顾客购物时，颜色是否是重要的考虑因素。你需要决定在新的一季中哪些颜色最为重要，因为你不可能给出所有可能的颜色。你也不能只采购以前卖得好的颜色，每个季节流行色都会有所变化。不过，知道以往的分色销售量让你能确定以往你们的顾客在接受流行色方面时的时尚敏锐度。

在你选择颜色之前，你应该研究现在的流行趋势，联系当地买货办事处，咨询你的商品经理和店铺的流行调配师。你选择的颜色必须与店铺的整个"外观"互补，能与其它在销售的产品相协调。你绝不能过量储备流行色，而忽视基本、常规的颜色。即便是有了流行商品，基本颜色通常还是占销售的大多数。

表 9.2　按选择因素制订的百叶窗分类计划

宽度	长度			
	107cm	127cm	163cm	183cm
43cm	9.99			
58cm	14.99		17.49	18.99
61cm	14.99			17.99
64cm			18.49	
66cm	15.49		18.99	
69cm			19.49	19.99
71cm				19.99
74cm	15.99		20.99	21.99
76cm			21.49	22.99
79cm	16.49		21.99	22.99
81cm			21.99	23.99
84cm			22.49	24.99
86cm			22.99	25.49
89cm	17.49	18.49	22.99	25.99
91cm	18.99	19.99	25.49	27.99

材质

对过去销售的了解还会帮助你确定应储备什么材质的产品。例如，手提包有皮质的也有PVC的，衬衫可以是全棉的或是涤棉混纺的，行李箱也有许多不同的材质组成。事实上，几乎每一件产品都会有很多不同的材质；然而，如果你在品牌、规格和颜色上都给出了很大的选择范围，就不能再给消费者很多材质选择了。

让我们来看一看一家零售商是怎样执行其商品分类计划的。某全国性男装连锁店提供三个大类的商品——西装、运动衫和运动裤，以及配饰（内衣、袜子、衬衫和领带）。西装约占其业务量的55%，有三个款式类别，尺码从36S到50XL不等。款式类别包括：（1）美式经典款型；（2）国际系列（驳领和钮位较低的无开衩外套）；（3）英式系列，其特点为方正造型，斜肩设计，后背中间或侧面开衩。

这三个类别中的每一个都有两个层次的质量／价格——最高级的精品版和店铺自有品牌。高级精品版西装是全羊毛的，全衬里、带滚条、有烟袋、护照袋、衬衫袖管上有纽扣和可调节系带，裤子半衬里到膝盖部位，价格从265美元起。精品版还另有一个225美元级别——西装的特征完全相同，只是面料是毛涤混纺的。

店铺自有品牌从195美元起，这些西装基本上都是毛涤混纺的，有滚条，上装全衬里，裤子半衬里到膝盖部位。这个类别中的一些基本西装将可获得的西装产品线补充完整了。

所有零售店都必须在充分了解顾客需求的基础上提供满足大多数顾客需要的均衡的商品分类。当顾客来到商店，却找不到他们正好想要的那个尺码、颜色或材质的商品时，他们这趟购物之行就是令人沮丧、毫无成果的，店铺也因为没有均衡的商品分类而损失了一笔本该成竹在胸的销售。

制订分类计划

由于顾客要买的是一件一件具体的商品，以金额计的商品计划必须要转化成某种形式的单元分类计划。当你在计划单元分类时，它不是一个随机选择的商品组合。商品的分类应根据顾客需要均衡分布，同时也要受到商品买货计划的财务限制。

分类规划会导致**理想库存模型**（model stock）的建立，即根据对你们的目标市场非常重要的因素，比如品牌、价格、材质、颜色和规格进行划分的理想的库存组合。在开发理想库存模型时，你应该以当前趋势和以前的销售为指导，目的在于采购最适合你们店铺顾客需求的商品。建立理想库存模型的目标在于从存货投入中获取销售和利润的最大化。

此外，在销售季节期间并不一定要一成不变地遵循理想库存模型。这个计划只是作为一个指导，因为有关各种选择因素的需求在季节中会发生变化。一旦销售季节开始，就需要经常做调整；而追加单也会改变理想库存模型的性质。流行商品买手在开发理想库存模型时不能像其他买手一样具体。例如，连衣裙买手去市场时知道他们可以采购多少打各种尺码的价格范围在 39.99 美元的连衣裙，但他们不会在看到供应商的产品之前就决定别的细节，如颜色和款式等。

在你确定了商品采购的预算，并且研究了店铺记录、趋势和影响销售的外部因素之后，你就已经准备好采用以下这些步骤制订分类计划了。

第一步

确定你们店铺或部门要经营的产品的总的分类。例如，你可能决定要销售男装、女装和童装。然后你要将这些分类划分成子分类。例如，男装可以划分为西装、运动外套、便装上衣、领饰等等。通过对这些问题的解答，你将决定产品分类的宽度。查看表 9.3，看一下服装其它可能的子分类的详细清单。

第二步

确定你们打算经营的每一个子分类的品牌和价格带。知道目标市场的特征至关重要。你必须了解顾客对你们经营的每一个品牌的偏好，你还要确定对顾客最有吸引力的价格带。

第三步

下一步，搞清楚顾客购买某件商品时会予以考虑的所有常规特征。例如，运动衫可以有不同的颜色、尺码、材质以及款式，男式衬衫有不同的颜色、尺码、袖长和领型，并且以不同的材质制成。你所制订的分类计划应让你能根据对大多数顾客最重要的特征来进行采购。

你不能够也不需要为了每个可能的顾客而计划；因此，要选择最重要的特征，制订均衡的分类。你的预算也决定了你的分类能提供的宽度和深度。例如，你可以储备领围尺码从 36cm 到 69cm 的男式衬衫，不过，大量的销售都集中在 38cm 左右。

表 9.3　服装商品分类示例

男装	女装	童装
西装	淑女装	婴幼儿服装
运动外套	少女装	幼童男装
便装上衣	小号女装	幼童女装
正装长裤	下班装	少女上下装，4-6 岁
休闲长裤	衬衫	少女上下装，7-14 岁
上衣和雨衣	针织上衣	少女牛仔
西装衬衫	花式上衣	男孩上装
茄克衫	毛衣	男孩裤装及牛仔
毛衣	裙子	男孩西装及运动外套
运动衫	裤子	运动服
针织衫	短裤	外套
领饰	便装上衣	游泳衣
内衣，袜子	游泳衣	睡衣及内衣
皮带	运动服	配饰
游泳裤	套装	
短裤	大衣	
	茄克衫	
	内衣	
	睡衣	
	手袋	

第四步

现在你要确定每个分类的比例，而且，你必须确定在你的库存中每个选择因素所占的比例。例如，并不是所有尺码或颜色的销售速率都一样，每个颜色生产出来的每个尺码受欢迎程度也不尽相同。对于有些选择因素来说，比如尺码，这些比例可以用以前的销售数字推算。对于其它因素来说，比如颜色，你就需要知道在向你们顾客介绍新的流行色时，他们乐意接受的程度有多少。

第五步

计算要采购的单元的具体数字。让我们看例题来解说分类计划是怎样制订的（见下页）。

在你制订分类计划时，要保证所经营的品牌有足够的顾客需求，并且要备办这些品牌的完整的分类。试图提供对你的商品预算来说深度过大的分类计划会引起断货和顾客的不满。要确定最能满足顾客需求的分类计划并非易事；这需要对以往记录与现在趋势进行殚精竭虑的调查和分析。

例题

　　假设你们部门销售的是运动衫。从市场调查中你了解到你们的顾客对这一产品大多没有什么品牌忠诚度，如果你有他们要找的合适的尺码、颜色和款式，他们就会用这个品牌替代其它品牌。以往销售记录表明 Russell 是最受顾客欢迎的品牌，你的商品采购计划则显示你有 \$3,000 可以用于采购下一季的运动衫。如果你决定只储备价格为每件 \$10 的 Russell 运动衫，你就可以采购 300 件运动衫。然后你要计算出这些运动衫具体单元细目。

　　这样的运动衫 Russell 有 20 个不同的颜色，尺码从 XS 到 XXL 都有，也有全棉和涤棉混纺可选，运动衫还有连帽和无帽之分。

　　检查了以往销售记录，你确认你们顾客的尺码配比如下：

S	15%
M	20%
L	45%
XL	20%

　　以往你们最好卖的基本色是白色和灰色，分别占总销量的 20% 和 35%；黑色也很好卖，占销量的 15%。你决定在这三种颜色之外再补充两个别的颜色（绿色和暗红色），有预测说这个秋季这两个颜色将十分流行，每个颜色占分类计划的 15%。

此时，你决定计算出每个选定的尺码和颜色你将采购的运动衫数量：

尺码	数量	颜色	数量
S	45	白色 灰色 黑色 绿色 暗红色	9 16 7 7 7
M	60	白色 灰色 黑色 绿色 暗红色	12 21 9 9 9
L	135	白色 灰色 黑色 绿色 暗红色	27 47 20 20 20
XL	60	白色 灰色 黑色 绿色 暗红色	12 21 9 9 9

备注：所采购的运动衫数量已经取了整数。可以采购 46 件 S 码的，那 L 码就只有 134 件；然而，运动衫总订单数量 300 件要保持不变。

检查过这些数字之后，你决定只提供全棉的连帽运动衫。如果你把分类再划分成连帽和无帽，以及全棉和涤棉混纺，那么许多尺码和颜色你就不能提供充足的数量。例如，如果你决定把每个颜色分为80%无帽运动衫和20%连帽运动衫，以及60%是全棉的、40%是混纺的，有些类型你就只能拿到一两件了。如下表所示：

S 暗红色	材质	款式
7	4（全棉） 3（涤棉混纺）	3（无帽） 1（连帽） 2（无帽） 1（连帽）

正如这个例子所示，你将只能采购1件S码暗红色全棉的连帽运动衫和1件S码暗红色涤棉混纺的连帽运动衫。一旦这些运动衫卖掉了，你在这个范围的分类就空缺了。你能看出来，给出太多的选择因素会令买货更加复杂；而且需要更为频繁的追加。

要点总结

- 分类计划要在商品买货计划构建的框架中进行。
- 分类计划必须建立在吸引特定目标市场及反映预期的店铺形象的基础上。店铺里销售区域或货架位置有多少也会影响分类计划。
- 分类计划会因商品类型而异。流行商品的分类计划必须时时监测，而核查基本商品的分类不必那么频繁。
- 能拿到的商品种类的多少也会影响分类计划。许多生产厂商提供的产品线有很大的
- 选择余地，而其它厂家则只能提供极为有限的选择。
- 对每一个产品品类来说，买手必须确定其分类的宽度和深度。
  分类计划或是宽而浅，或是窄而深。
- 对于流行商品，买手们在销售季节之初投入宽而浅的分类对市场进行测试。在销售季节当中，随着顾客需求展露得更为明晰可见，分类可能会变得窄而深。
- 零售商提供的商品可以归纳为分类，并更进一步划分为子分类。这些细目有助于零售商维护存货控制记录，并能与其它店铺进行比较。
- 每一件商品都可以根据选择因素来进行描述。最常用的选择因素包括品牌、价格、尺码、颜色及材质。
- 分类规划涉及为店铺制订理想库存模型，买手必须监测市场以探索顾客偏好及需求的变化，如有需要，对分类计划加以调整，而理想库存模型则起到指导作用。

复习回顾

零售买货词汇拓展

如果你的词汇表里没有下面这些词，请参考书后术语词汇表。

分类计划	assortment planning
均衡的分类	balanced assortment
宽度	breadth
宽而浅	broad and shallow
同类替换	cannibalization
分类	classification
深度	depth
理想库存模型	model stock
窄而深	narrow and deep
产品线	product line
季节性基本商品	seasonal basic
选择因素	selection factor
商品的标准分类	standard classification of merchandise
子分类	subclassification

阅读理解

1. 分类计划的目的是什么？
2. 对流行商品来说，依赖以往销售记录为什么不可行？
3. 便利型商品和特殊型商品在分类计划上有什么不同？
4. 提供全国性品牌作为店铺商品组合的一部分有什么好处？
5. 提供更宽的库存宽度有什么好处？
6. 提供的库存宽度窄有何利弊？
7. 为何时装店铺在销售季节之初可能会提供宽而浅的分类？
8. 对店铺来说什么时候增加产品线是不可行的？
9. 实施商品分类系统的好处是什么？
10. 阐述单元控制和商品分类系统之间的关系。
11. 在制订分类计划时，买手怎样决定要采用哪些选择因素？
12. 店铺通常是如何确定分类计划的尺码配比的？
13. 阐述一下流行买手会怎样为新的分类计划选择颜色？
14. 建立理想库存模型计划的目的是什么？
15. 为什么分类计划中出现的选择因素越多，所需的订单追加就越频繁？

分析与应用

1. 针对表 9.3 中列出的其中一项服装商品分类制订出可能的子分类清单。针对每一项子分类，说明哪些选择因素对顾客会很重要。

2. 选择一件在销售家居用品或五金器具的店铺中能找到的商品，确定该商品的主要品牌与价格范围，然后了解顾客在购买该商品前会考虑的其它选择因素。讨论是否大多数零售商都能提供一个符合该产品所有选择因素的产品组合。

应用练习

1. 你有一笔预算，要为你们店铺采购 100 件运动衫。所有的运动衫都将以每件 12 美元的价格从 Hanes 采购，尺寸配比如下：

S	12%
M	28%
L	32%
XL	20%
XXL	8%

a. 分类中会有四个颜色，如下所示：

红色	25%
蓝色	25%
白色	25%
黑色	25%

b. 分类的三分之一是连帽的，剩下的是无帽的。

c. 在这些信息的基础上制订出分类计划，然后分析整个分类计划。这个分类计划的配置是否合适？如果不合适，如何改进这个配置？

2. 你是本地一家百货商店的男衬衫买手。你想从 Gant 和 Arrow 这两家供应商采购素色全棉短袖衬衫。你有 20,000 美元的预算，要根据以下配比进行划分——Gant 占 75%，Arrow 占 25%。Gant 的衬衫每件成本 15 美元，而 Arrow 的衬衫每件成本 21 美元。

a. 颜色配比按如下方式：

Gant	白色	50%
	蓝色	35%
	黄色	10%
	粉色	5%
Arrow	白色	70%
	蓝色	30%

b. 所有要采购的颜色尺寸配比如下：

14	5%
14$\frac{1}{2}$	5%
15	20%
15$\frac{1}{2}$	30%
16	15%
16$\frac{1}{2}$	15%
17	10%

c. 首先计算每个品牌要采购多少件衬衫，然后确定每个品牌每个颜色要采购多少件，最后，计算出每个品牌每个颜色每个尺码要采购的数量。

连接网络

1. 在互联网上访问 http://www.jcpenney.com 并查找该公司为加大码市场所做的产品，描述该网站为这一市场提供的产品的宽度和深度。另选一家经营女装的全国性零售店，访问该公司网站并查找其为加大码市场所做的产品。对两家零售商提供的加大码产品进行比较。

2. 选择三种产品，在互联网上找两家零售商，确定每种产品都能买到。访问网站，了解你所找到的零售商提供的每种产品的宽度和深度。讨论所提供的分类的宽度和深度：这两家互联网站点比较下来怎么样？这些在互联网上提供的分类与在实体零售店找到的分类相比较怎么样？

今日印象

流行预测：Doneger Creative Services

零售买手势必要经常涉及到预测——顾客明天会想要什么？他们明年又想买什么东西？要对这类趋势进行预测是项充满挑战性的工作，许多买手会求助于预测服务机构。Doneger Creative Services 就是这样一家咨询机构，它是坐落于纽约和洛杉矶的买货办事处——The Doneger Group 的一家分支机构。

Doneger Creative Services 主要提供对趋势和色彩的预测和分析。他们通过印刷出版物、在线专题内容以及现场演示来报道女性、男性和青少年产品品类方面的服装、配饰和生活方式市场。这些信息来源预测了未来色彩和趋势的走向，并报道了最新消息，让客户可以快速行动。其主要客户包括零售商、生产厂家和其它与时尚息息相关的行业。

像 Doneger Creative Services 这样的流行预测机构提供哪些具体服务？举例如下：

- 服务的关键元素是每一季的色彩预测。Doneger 采用以主题归类的标准颜色染色实样来展现每一季的色彩走向，伴以给人灵感的拼贴，并为行业特定领域推荐色彩组合和应用。

- 组织规划好设计过程中作为这一季基础的重要元素至关重要。Doneger 通常会发布的要素有面料、印花与图案、辅料与细节，以及廓形与比例，其材料包括原始手稿、秀场图片和面料小样。

- 预测中的另一部分是分析将会在下一季出现的重要主题。Doneger 所提供的材料通过趋势拼图、原始彩色手稿和面料小样传达了影响因素以及款型走势，还强调了这一季重要的商品企划问题。

- 预测的另一个方面是涵盖了欧洲市场以及高级成衣系列。Doneger 会提炼出来自秀场的重要概念，追踪美国和欧洲街头上及商店橱窗里的最热门的装扮，甚至还能提供圣特罗佩斯街头的特殊报道。

许多流行预测机构，如 Doneger，会按季节提供对趋势的现场演示，以及对生活方式或行业主题的补充演示。此外，Doneger 的客户们还能在公司的网站上在线获取信息，该网站尽其所能提供最新的信息。

你们是否应该聘用流行预测机构的服务？如果你是在一个充满活力、善于变化的环境下制订采购决策，那么答案很可能是肯定的。如果预测机构提供的信息让你制订出更好的买货决策，转化为销售的增长和顾客满意度的提高，那么这笔钱就花得值得。

未来趋势

所有体形和尺码：加大码市场不断成长

2000 年，美国加大码服装销售总额为 260 亿美元，占有的市场份额为 27%。到 2009 年，加大码服装销售总额达 420 亿美元，占有的市场份额为 54%。事实上，到 2012 年，加大码和增大增高码的销售总额预计将高达 1,060 亿美元，而所有的零售市场调查公司都预测到了同一个趋势——加大码生意兴隆。而且，近年来在 25 岁以下的人群中加大码的增长最快。

尽管媒体聚焦在身材纤细苗条的模特身上，超过半数的美国人都是超重的，而且每四个人中就有一个是医学上的肥胖症，对加大码的需求之多前所未见。在 Lane Bryant，Catherines 和 Fashion Bug 不断扩展加大码商品的同时，百货商店和专卖店也在同一领域增加了他们提供的产品。例如，Kohl's 延伸了两条包含加大码在内的自有品牌产品线，而 Forever 21 则推出自己的加大码系列，Faith 21 品牌。

社会名流也为声援加大码市场的成长施以援手。说唱乐歌手兼女演员 Queen Latifah，超级名模 Emme 以及电视名人 Oprah Winfrey 都在媒体上展示了身材丰满的时尚形象，喜剧演员 Mo'Nique 甚至还发起了一场在全国电视节目中播出的加大码选美大赛。

生产厂家现在意识到了迎合这一原先被忽视的细分市场的价值。在过去，加大码市场是很多零售买手在事后才想起来的。例如，许多百货公司把他们的大尺码商品放在地下室或是店铺后面位置，甚至对以这一人群为目标的销售区域面积加以限制。随着他们的顾客有将近一半接近加大码，零售商才逐渐让这些商品重见天日，而这一趋势将愈演愈烈。看来生产厂家和零售商都以全新的、更为积极的态度走近这个市场。

要成功地锁定加大码市场，买手们必须采购时髦而诱人的商品。销售加大码服装意味着所提供的流行不仅要适合消费者的体形，而且要符合他们对自己购买的服装感觉良好的期望。这一市场中的顾客与常规尺码的购物者没有什么不同——他们想要同样的品牌，同样的时尚。

要成功经营这一细分市场，零售商必须确定怎样才能最好地推销他们提供的产品。零售商采用了"女性"或"被遗忘的女性"作为标签来指加大码，而不是用加大码这几个字直白地表示。在促销信息中用什么词最好呢？在男性市场上，Casual Male XL 的名字是从 Casual Male Big & Tall 改过来的，因为公司感到这个新名字会传达信心，而不是代表身材畸形。

零售买手们必须理解，尽管加大码市场留有年长购物者的形象，但随着越来越多的年轻人穿着加大码，它终将跨越所有年龄层。一旦这些顾客找到适合自己的品牌，他们将一直购买这个品牌的产品！

第十章

存货控制

行动目标

- 列举存货控制系统的好处
- 阐述永续盘存制
- 阐述定期盘存制
- 区分人工和计算机存货控制的差别
- 确定存货控制系统所需的基本信息
- 解释买手如何运用存货控制系统
- 区分存货评估的零售法和成本法的差别
- 图示 FIFO 和 LIFO 存货评估有什么不同
- 计算 GMROI
- 阐述快速反应存货管理及其好处
- 为实施快速反应而制订计划

商品规划需要一个很好的控制系统，这个控制系统要提供一种途径来确定是否店铺或部门按照计划在运行。此外，控制系统还为店铺提供依据来纠正问题，以免给店铺酿成大祸。

作为买手，你必须要一直关注你们店铺或部门的存货量。存货过量意味着在买货、销售或是定价上有问题。例如，也许你没有采购到顾客想买的商品，或是销售人员没能尽心尽力地进行销售，或者相对于产品质量来说商品的定价不准确。你在计算还有多少钱能采购额外的商品时也需要存货信息。

在这一章里，你将学习两种类型的存货控制系统——永续盘存制和定期盘存制，这里会解释金额控制与单元控制，也会阐述目前存货管理中的趋势。

存货控制系统

在决定了要经营的商品分类之后，必须建立**存货控制系统**（inventory control system）。这些控制涉及根据变化中的消费者需求来维护库存水平。零售商采用的存货控制系统的类型会随着公司的类型和规模，以及所需信息种类和数量而变。对于一个类似有着数千种不同产品的五金器具这样的部门来说，其存货控制可能与类似服装这样的商品部门有很大不同。

一个好的存货控制系统有以下好处：

- 能更为有效地维持销售与存货间的恰当关系。没有到位的存货控制程序，店铺或部门的库存可能不是过量，就是不足。
- 存货控制系统通过辨识动销慢的商品，给你提供做降价所需要的信息。在季节开始的早些时候发现这类商品能让你在顾客需求完全消失之前削减售价，或者及时调整营销策略。
- 商品控制系统让买手们得以在当季足够早的时候辨识出最畅销的产品，这样可以下订单追加，从而为店铺或部门增加总销售额。
- 可以用存货控制系统来辨识商品短缺，或**损耗**（shrinkage）。过量的减损意味着需要采取更为有效的商品控制来减少员工监守自盗或店铺失窃情况。

买手们必须设立一套控制流程，让他们能根据商品计划分析当前形势，并对任何偏差加以纠正。例如，你可以将实际存货量与计划存货水平进行比较，判断出店铺或部门库存过量；然后你必须决定需要什么样的矫正手段：也许需要削减未来的商品订单，也许需要降低价格来提高销售，或是可能需要对销售人员加强培训。作为一个买手，你的工作就是要决定最恰当的纠正办法。

控制系统能让你发现已经犯下的错误，或是需要立刻加以关注的地方。为了达到最佳效果，存货控制系统还必须及时提供信息，让你可以在问题还能得到纠正时亡羊补牢。有两种基本类型的存货控制系统——永续盘存制系统和定期盘存制系统。

永续盘存制

采用**永续盘存制**（perpetual control system）的零售商以连续不断的方式记录下销售、采购、退货和调拨之类的业务交易，这样在任何时候都能计算库存水平。采用永续盘存制的店铺是不需要实际清点数量的，除非是定期安排的实地盘存。永续盘存制包括人工和计算机两种类型。

人工

尽管今天很多零售商都把他们的存货控制系统计算机化了，但有些店铺仍然是通过在存货控制表上人工记录业务交易来维持永续存货控制的。由指定员工在发生交易时或者每天或每周更新一次存货记录。人工系统较慢，很多时候负责更新存货控制表的员工完成得太晚，令这些信息对买手几乎毫无用处。由于数据的录入是靠人工方式，可能会不正确——导致给买手提供的信息不精确，误导买手。

计算机

可以对店铺计算机进行编程，这样可以保存与人工系统所提供的同样类型的存货信息。有了这样的系统，就能对发生在 POS 机（电子收款机）上的每笔交易自动收集商品信息并加以处理，给买手或经理提供最新的销售与存货数据。计算机提高了速度、准确性和保存记录的效率，改善了存货控制系统。

计算机化的系统要求每件商品都有可以识别自身特定信息的编码，如部门、分类、供应商、款式、颜色、尺码或价格，通过这些特定特征识别商品称为**单元控制**（unit control）。大多数买手需要知道的不仅仅是存货属于哪个商品大类。维护单元控制系统就需要对每件商品逐一进行编码。SKU（库存单位）数字代表商品分类中的一项单独产品。例如，像 95621 这样一个 SKU 数字代表了供应商（95）、分类（6）、尺码（2）和颜色（1）。今天，有许多店铺采用 **UPC 码（通用产品代码）**，商品从供应商那儿发出来的时候就已经带有 UPC 码了，有些零售商在商品到店后马上把自己的条形码印在商品上。

在收银机这里，由扫描器读取编码，其信息更新了店铺的存货记录。当商品有了编码，可以用扫描器来记录交易时，就减少了销售人员出错的风险。不过，如果输入数据不正确的话，用计算机系统也会出问题。例如，如果没有正确记录价格变动的话，就会产生不正确的记录和报表。

有些零售商目前正在试验代替 UPC 条形码的新技术，在零售仓储室和仓库中测试 **RFID 技术（射频识别技术，又称电子标签）**。商品装上了电子标签，那不管到哪儿（也就是说，从仓储室到商店货架，或是从货架到结账处），零售商都能跟随这个加了标记的产品。阅读未来趋势"在供应链及店铺层面上改善存货管理"，对这一新的存货控制流程会有更多了解。

今天，有些计算机系统包含有自动追加能力，当现货及订购的商品低于所需水平时，计算机会自动发出信号，有些系统甚至可以发送电子采购订单给供应商。

定期盘存制

那些定期实地清点盘存的零售商采用的是**定期盘存制**（periodic control system），即在指定时间实际清点和记录现货的商品信息。零售商实地清点盘存有几个原因：在制订公司损益表之类的财务报表时需要实际库存的金额，而且将实地清点盘存的数目与店铺记录相比较能让零售商确定发生损耗的数量。

对于不同类型的零售商来说，实地清点盘存的方法也不一样。有些零售商，像大型百货公司，在进行盘点时会关门歇业。大部分零售商每年都进行实地盘点；不过，有的零售商是每六个月清点一次库存，小型店铺甚至会每月进行一次清点。大部分每年进行一次清点盘存的店铺会在主要销售季节结束之际——即一月底进行盘点。

要进行实地盘存，必须认真做好准备工作。盘点存货的人员必须熟知盘点的流程以及任务的重要性，要对所有员工强调在清点和记录时信息的准确性和完全性十分重要。有些零售商甚至还雇佣外面的公司来进行实地清点盘存。

在实地盘存之前，要把特定品类或分类的商品集中在一起。存货盘点人必须持有存货表，让他们可以记录诸如产品描述、数量、价格、款式或供应商等的信息。员工通常两人一组，一个人读出信息，另一个人记录数据。一般由主管进行抽样检查以保证存货清点的准确性。

建立并运用存货控制系统

买手的一个基本职责就是维护存货控制系统，而系统需要选择要收集哪些类型的数据。控制类型必须很窄，窄到足以判别出现机会与问题的具体商品系列；不过这些数据类型也要便于与行业数据进行比较。在建立控制类型时，许多零售商采用由美国零售联合会制订的《标准商品分类 Standard Merchandise Classification》。该行业组织还提供百货公司和专卖店对各种分类的商品企划和营运情况的统计数据。

所需信息

存货控制的维护需要关于采购、销售、调拨和退货的信息，单体的独立零售商店则不需维护调拨信息。

采购

必须保存店铺所订购和收到的每一个单位商品的记录。可以采用人工记录，或是将数据输入店铺的计算机，将来自店铺的收货报表的信息用于更新永续盘存制控制记录。

销售

如果采用的是人工存货控制系统，就必须要收集标志着售出商品的销售票据或价格标签票根，并且将信息登记在合适的表格上。有电脑控制的 POS 机的店铺则会在每笔销售交易完成时自动记录销售情况及更新存货记录。

调拨

在连锁店，商品经常会从一家店调拨到另一家店。采用人工存货控制系统的店铺必须记录这些商品的调拨（transfers）。把商品发到别家去的店铺会从他们的存货记录中删除这些商品，而收到商品的店铺则要将商品加入他们的存货记录。

退货

存货控制系统还必须进行退货（returns）的记录，这里既包括退给供应商的商品，也包括顾客退给店铺的商品。通常店铺要开一张退货单给退货的顾客，当店铺更新存货记录时，要凭这张单子的副本把商品加回到库存中。当商品退还给供货商时，也要填写一张退货单，同样，这张单子的副本上的信息用于从存货记录中删除商品。采用计算机化存货控制系统的店铺必须输入与这些退货有关的数据，以便更新存货记录。

使用存货控制信息

存货控制系统的准确性依赖于对每件进入或离开店铺或部门的商品的仔细记录，错误会导致不准确的存货记录，降低这些记录对买手的作用。以下是产生不准确记录的原因：

- 存货计数的开始不正确。
- 商品的编码不当。
- 未能记录降价。
- 销售、采购、退货及调拨的记录不正确。
- 顾客或员工不诚实。

存货控制所提供的销售及库存商品的信息会有助于你筹备市场访问。事实，而不是猜想，对于你判断销售趋势及满足顾客的欲望和需求是很重要的。这些系统让你定期将实际销售与计划库存及销售目标进行对照。

当你决定采购商品时，不能只依靠存货记录，销售记录显示不出顾客对没有库存的商品的需求。例如，当顾客进店购物时，如果库存水平没有耗尽，可能会产生更多的销售。

如果你们店铺用的是计算机化的存货控制系统，那么每天或每周都会生成许多报表，来帮助你制订商品企划决策。销售报表会显示存货转化为销售的速度有多快或多慢，标志着是否需要对库存水平做出调整。消费者需求的变化也能从报表中有所体现。你可以生成报表来显示本周、过去几周的每一周、月初到现在或季度初到现在的单位销售，甚至还能收到按每个供应商的所有款式汇总的销售报表。图10.1展示了电脑报表的实例。

图 10.1
买手采用像这样的电脑报表来追踪存货和销售

```
FORM SI203    1-14                    PREPARED 03/17 15:55         PAGE   2
CLASS 00002 DRESSSES

= = = = = = VENDOR 000020          = = = = = = = = = = = = = = = = = = = = = = =
STYLE DESCRIPTION                        UNIT  ON   ON  *********SALES UNITS*********    LAST
          COLOR      SIZE ST  RETAIL     COST ORDER HAND  WTD 1-AGO 2-AGO 3-AGO 4-AGO  MTD  STD RECEIPT STAT

80415 LIN BF SS JWLNK
                     01 120.00  59.00   0   1   0   2   2   0   0   4
                     TL 120.00  59.00   0   1   0   2   2   0   0   4
81035 DRESS
                     01  47.00  59.25   0   0   0   0   0   0   0   0
                     TL  47.00  59.25   0   0   0   0   0   0   0   0
81220 SS CHEX SHAPE DRS
                     01 132.00  65.00   0   1   0   2   1   1   0   3
                     TL 132.00  65.00   0   1   0   2   1   1   0   3
81235 DRESS
                     01  50.00  63.00   0   0   0   0   0   0   0   0
                     02  50.00  63.00   0   0   0   0   0   0   0   0
                     TL  50.00  63.00   0   0   0   0   0   0   0   0
81705 RAY/LIN BF COAT
                     01 150.00  74.00   0   4   0   1   0   0   0   1
                     02 150.00  74.00   0   3   0   0   0   0   0   0
                     TL 150.00  74.00   0   7   0   1   0   0   0   1
82402 SS RAYON SKT BF DOTS
                     01 150.00  74.00   0   2   0   1-  2   0   1   1
                     02 150.00  74.00   0   2   0   1   0   0   0   1
                     TL 150.00  74.00   0   4   0   0   2   0   1   2
84408 SS BASIC SKT COT/LIN
                     01 112.00  55.00   0   1   0   0   0   1   2   0
                     02   0.00  55.00   4   0   0   0   0   0   0   0
                     TL 112.00  55.00   4   1   0   0   0   1   2   0
84412 DRESS
                     01  47.00  59.25   0   0   0   0   0   0   0   0
                     02  47.00  59.25   0   0   0   0   0   0   0   0
                     TL  47.00  59.25   0   0   0   0   0   0   0   0

          VENDOR TOTAL
                     01               0   9   0   4   5   2   3   9
                     02               4   5   0   1   0   0   0   1
                     TL               4  14   0   5   5   2   3  10
= = = = = = VENDOR 000038           = = = = = = = = = = = = = = = = = = = = = = =
2015  RED COATDRESS L/S
                     01 136.00  99.00   0   0   0   0   0   0   0   0
                     02 136.00  99.00   0   2   0   0   0   0   0   0
                     TL 136.00  99.00   0   2   0   0   0   0   0   0
2023  RED SB CREPE GLD BTN
                     01 111.00  81.00   0   0   0   0   0   0   1   0
                     02 111.00  81.00   0   0   0   0   0   0   0   0
                     TL 111.00  81.00   0   0   0   0   0   0   1   0
D2015 CREPE DB COATDRESS
                     01 228.00  99.00   0   0   0   0   0   0   0   0
                     TL 228.00  99.00   0   0   0   0   0   0   0   0
D2023 CREPE GOLD BTN FRT
                     01 111.00  81.00   0   0   0   0   0   0   1   0
                     02 111.00  81.00   0   0   0   0   0   0   0   0
                     TL 111.00  81.00   0   0   0   0   0   0   1   0
```

你还能获取**异常报表**（exception reports），显示哪些区域的销售或库存水平未能达到预定水平。你应认真研究这些报表，判断为什么销售会高于或低于计划，必须立即采取措施来纠正问题区域。

为了达到效果，买手需要经常研究存货控制系统；不过，不应该用系统来代替经验。商品控制系统在决策制订过程中提供数据信息，但买手不能仅仅依靠电脑打印出来的资料。运用得当，存货控制系统会让你作出更为有效的商品企划决策。

计算存货

正如你在以前的章节中了解到的，大部分买手在销售季节之前就制订了商品计划，商品计划成为了评估实际结果的手段。一旦销售季节启动，实际库存记录就能用来控制现有存货量。零售商经常用来计算存货的两种方法是：（1）金额控制系统；（2）存货毛利回报率（GMROI）。

金额控制系统

金额控制（dollar control）是指将现货库存的计划金额与现货库存金额相比较。这些比较需要零售商用金额表示存货。一般有两种方法用于存货估价，它们是进价金额核算法和售价金额核算法。

进价金额核算法

存货评估的**进价金额核算法**（cost method）需要用成本数额保存存货记录——即零售商为商品支付了多少钱。采用这种方法的店铺通常用顾客和大部分员工都无法轻易辨识的密码将商品的成本隐含在价格标签上。如果成本保持不变，进价金额核算法不会出问题；然而，零售商为许多商品支付的价格经常会变。由于这些价格的变动，采用进价金额核算法评估存货的店铺在用金额表达存货的时候就要做出选择，他们可以用 LIFO 或 FIFO 法。

FIFO（先进先出）法假设先收到的商品先卖出，情况可能并不总是这样。许多零售商采用 **LIFO（后进先出）**法，即假设最先售出的是最后收到的商品。这样的情况可能不会发生，但当批发价格在上升时期时采用这种方法产生的存货估价会偏低，因为它是以较低的价格计算的。

例题

让我们考查一下情况，以便更好地理解这两种核算法的差别。假设某部门在 1 月 1 日以每条 \$10 的价格采购了 100 条领带，又在 2 月 1 日以每条 \$11 的价格采购了另外 200 条领带。在 3 月 1 日，存货记录显示库存中还剩下 50 条领带。金额控制要求用金额来表示期末库存。

采用 FIFO，期末存货会以最后采购的领带成本进行估价。在这个例子中，就是 \$11。因此，存货估价为 \$550（\$11 × 50）。

采用 LIFO，期末存货会以最先采购的领带成本进行估价。在这个例子中，就是 \$10。因此，存货估价为 \$500（\$10 × 50）。

对买手来说，想让期末存货估价偏低，最好用 LIFO 法。记住，当买手制订六个

月商品计划时，他们要输入期初和期末存货金额。较低的存货金额让买手有机会采购更多的商品。由于这个原因，大多数采用进价金额核算法的零售商因为批发价格不断攀升而普遍采用 LIFO 法。

售价金额核算法

今天，大部分零售店都用售价金额核算法对存货进行估价。采用这个方法的店铺不用去关心不断变化的批发价格，这些价格也许很难确定和追踪。**售价金额核算法**（retail method）采用现在的零售价对存货进行估价。所有采购、销售、调拨及退货的零售价或手工或输入计算机系统进行记录。采用售价金额核算法时，零售价的每一次变化都会降低或增加现有库存水平的金额。

降价（markdown），即已经进入库存的商品零售价的削减，是必须进行记录的主要价格变化，降价降低了存货的金额。**取消降价**（markdown cancellations），即零售价增长以抵消之前采取的所有或部分降价，通常发生在商品零售价只是为了促销目的临时削减的时候。记录取消降价增加存货的金额。在某些情况下，存货金额可能会由于采取**提价**（additional markups）而增长，提价指的是对那些当货物一收进仓库就标好零售价的商品再加价。当你记录任何一种零售价的变动时，准确性很重要，因为产生错误就会导致存货过剩或不足。

GMROI——衡量销售的盈利能力

零售买手要检验的另一种存货计算方法是 **GMROI（存货毛利回报率）**，可以用来衡量零售商销售的盈利能力。这是一种衡量企业产生多少现金，及其对存货的投资是否合理运用的快速便捷的方法。GMROI 给零售商一种途径来把销售额及其产生的现金联系起来。换句话说，GMROI 整合了两种业绩衡量指标，即毛利和周转率，来产生一个单一的绩效指标。

零售商每天根据销售来计划和测评他们的企业，但是最终评估任何一家企业成功与否的还是可以盈利的销售量以及由此产生的现金流。可以盈利的销售增长给予这家企业生存和发展所需的现金。如果没能产生足够的现金，企业将破产倒闭，关门大吉。简而言之，GMROI 尝试回答一个非常基本的商业问题："如果我花了一块美金买进商品在自己的店里销售，想要保持企业运转的话，我需要得回多少钱？"其目标在于投入的金额最小而产生的毛利最大化。

零售商用下列公式计算 GMROI：

> GMROI =（毛利率 × 周转率）/（1 — 加价率）

简单来说，零售商在衡量的是：

> （销售挣到了多少钱 × 销售花了多长时间）/ 他们要为此花多少钱

例题

有一家企业的毛利率为 40%，周转率为 2.5，加价率为 50%。计算 GMROI。

> GMROI =（毛利率 × 周转率）/（1 — 加价率）
> GMROI =（0.40 × 2.5）/（1 — 0.50）
> GMROI = 1 / 0.50
> GMROI = 2

GMROI 应不仅仅被视为统计数据，它还是日复一日的存货管理的驱动力。在这个公式里，周转率衡量的是销售和库存水平之间的关系，提高销售额和管理好存货都能提高周转率，关键在于增加销售而平均存货没有同步增长。重要的是要认识到周转率代表的是最新鲜、最新潮、顾客最想要的品种。总而言之，高周转率和高毛利率产生的 GMROI 高，而周转率低、毛利率低，产生的 GMROI 也低。因为高周转率和高毛利率是让人志在必得的经营目标，GMROI 最大化成为大部分买手的重要目标。

存货管理：快速反应

零售商比以往任何时候都想通过简化从供应商开始的商品流动而获得竞争优势。许多零售商在实施一种存货管理系统，让他们在自己的货架上一直备有最畅销的商品，而同时又减少了下订单的成本。下单订货和收到商品之间的时间缩减了，系统使得店铺的库存里总是有合适的商品，从而改善了客户服务，这一系统称为**快速反应**（Quick Response）。

通过使用能在特定商品售出时自动追加订单的 POS 电脑系统，零售商可以降低存货水平，而供应商能以多批次少量发货增加他们的销量。然而，快速反应不仅仅是用于管理存货的科技——它也是零售商与他们的供应商之间的合作努力。

快速反应是种策略，在理想状态下，零售商可以借此在今天预测明天会卖掉什么，并能让数量、颜色、尺码和款式合适的商品准时进店。这个概念其实很简单——以最小的存货量获得合适的商品进店。对零售商来说，快速反应意味着要对销售监控到商品层面，发生趋势时要加以识别，并且快速将这些信息传达给供应商。

在今天这样竞争激烈的市场环境下，"快速"至关重要。预测周期太长会造成所订购的商品不符合顾客需求。订货周期和交货周期越长，就越难保持库存里有顾客想要购买的商品。要获得快速反应所承诺的快的结果，需要供应商和零售商之间精诚合作，并进行新的商业实践。

首先，零售商必须与供应商分享销售信息，帮助他们更好地计划生产，而供应商则必须乐于满足全新的、严格的交货要求。采用快速反应策略，供应商会从零售商那儿接收到电子采购订单。供应商会马不停蹄地准备出货，每箱都有条形码标签。箱子装上卡车，扫描条形码生成装箱单，发送电子版装箱单给零售商。当货到以后，零售商扫描箱子上的条形码以确保收到的货品正确无误。整个过程在将货物运送给零售商所需的时间内完成——通常只有几天，采用传统采购订单及发票完成同样一个过程则需要数周时间。

快速反应的要求

快速反应要求零售商和供应商之间建立起相互信任和团队合作，结成同盟，还需要科技的运用和实施，特别是采用理想库存模型、编条形码/扫描，以及电子数据交换。

建立理想库存模型

在实施快速反应的科技到位以后，就要建立每一个产品分类的**理想库存模型**（model stocks）。理想库存模型是建立在任何商品都应有理想数量的现货的基础上的，店里需要的存货水平会更低，因为通过快速反应下的追加单数量更少、频率更快。理想库存模型应根据最新的销售趋势定期调整。理想库存模型中的每件商品都按照 SKU

维持特定数量，每件产品还必须有一个标准识别码，通常是以在 POS 机上扫描的条形码的形式。

条形码 / 扫描

实行快速反应还需要用到**条形码**（bar coding）和扫描。UPC 通用产品代码几乎在零售行业的每一个领域都标准化了。当商品从供应商处送出时，大部分产品上几乎都有宽度不等的线条和空白样式的图形标示符，代表字母和数字的编码。不过，有些零售商在商品一从供应商处送到时，就会用条形码打印机生成他们自己的条形码。在 POS 机上扫描条形码，其销售就进入了店铺的电脑系统，零售商也就能在产品或 SKU 层面上追踪商品了。

条形码和扫描给店铺及其顾客，还有买手们都带来了不少好处：

* 顾客结账会更快，因为不需要手工录入商品信息。
* 能追踪商品直至 SKU 层面，从而减少断货情况。
* 不需要再对商品进行标记。
* 提高了员工的生产效率，因为取消了手工核查与标记流程。

条形码和扫描都在不断地为零售行业谋取重大收益；然而，在某些零售商店出现价格错误的例子仍居高不下。阅读今日印象"电子货架标签"，了解更多关于能在店铺层面上实施的消除店铺标识系统与顾客实际支付价格差异的技术。

电子数据交换

快速反应最后需要的是**电子数据交换**（electronic data interchange，EDI）。EDI 支持零售商和供应商之间交流销售数据和商业文件，比如发票和采购订单。事实上，当某些特定商品售出时，会引发计算机系统发送电子采购订单，由于处理纸质文件而造成的延误降至最低。除了加快订单过程，EDI 的好处主要在于缩减了与输入数据及追踪海量商业文件相关的办事人员及行政管理的成本。

实施快速反应

管理层不可能马上做到快速反应所需的所有改变，而且也不应该尝试这样做。零售商通常会实施一个只针对几个产品品类的试验性项目，这样做能够让他们发现每个会出错的地方。大部分零售商首先在基本商品范围内实施快速反应，因为基本商品的需求一年到头都有，较易预测；然而，对流行商品来说，快速反应也显示出极大的好处。在流行领域中，大多数零售商采用的方法是在季节开始前下小一些的订单并密切关注初始销售，他们很快追加畅销品的订单。在生产过程中需要作出明显的改变，但是快速反应给零售商和供应商都带来了销售的增长，因为零售商的库存中备有更多顾客所期待的商品。对零售商来说，降价会更少产生，因为只有那些显现出大量需求的款式才会追加订单。

快速反应的实施需要以下策略：

* 必须在 SKU 层面上追踪存货和销售。
* 必须采用自动补货系统时刻监测存货水平，从而做到更少量更频繁的交货。
* 供应商必须通过提高出货准确性及交货准时性来承诺更高的服务水平。

- 零售商必须与供应商合作更为紧密，分享销售数据，提高生产的计划性。

实施快速反应需要重新定义与供应商之间关系，这是概念的核心。没有正确的供应商关系，快速反应将荡然无存。这一新关系要求供应商和零售商双方要互谅互让，供应商对零售商不能生产不足或短装，零售商也不能到了最后一刻要求替换商品，或是增加特殊标签或特殊操作。最佳的快速反应策略是由零售商和供应商共同形成的。

快速反应需要买手和供应商改变做法和想法，但是在这一领域进行的所有研究都表明营运结果的重大提高。然而，还不是所有零售商都乐意采纳这样的商品管理策略的。妨碍零售商实施快速反应的两个关键壁垒是：

- 缺乏对如何实施快速反应的了解或出于对科技的本能的恐惧。
- 武断地认为供应商不会履行合作协议中对他们那一方的要求。

衡量快速反应的影响

无数研究结果表明快速反应的实施在行业范围内带来令人难以置信的节约的潜力。快速反应的影响力不仅在毛利方面（通过提高销售和减少降价）可以看得见，而且在营运费用上有很大的缩减。下列是实施快速反应的零售商在几个方面获得的好处：

销售

基本商品、季节性商品和流行商品的销售额上升。通过在商品层面上的追踪，买手们可以快速应对顾客的实际需求。行业领先者使自己的现货位从 70%~80% 的范围增长到 95% 以上。

降价

顾客想要的备货多一些，顾客不想要的备货少一些，从而减少了降价——基本商品的降价平均减少 30%，流行商品平均 40%。

行政费用

对于零售商和供应商来说，EDI 都明显减少了数据的输入量。与此同时，零售商的办事人员成本可以削减约三分之二。

存货收益

也许最容易衡量快速反应实际好处的是削减存货。传统上来说，零售商通过整个渠道维持着大量存货——在途、现货及在仓。由于存货周转加快，在存货的持有上会节省下一大笔开销。

不过这些好处也要付出代价。采购硬件和软件会很贵，而且实施快速反应还需要管理层为店铺员工提供教育和培训。阅读今日印象"VF 品牌：实施快速反应"，了解更多关于生产厂家如何从快速反应中获益的内容。

买手和零售商必须坐下来讨论如何换个方式做生意，而不仅仅是如何配备这种科技。要克服对变革的抗拒最好是通过系统地、按部就班地实施计划。首先，必须克服反对意见，对许多公司来说，这就意味着要转变买手的观念。买手们必须认识到系统会把他们解放出来，去做他们最擅长的事——确定未来几个月中什么东西会好卖。买手的主要使命并未发生变化，他们仍然负责了解顾客需求、分析销售趋势、推销产品，以及维护店铺在市场上的正确形象。买手们也要越来越多地对控制实际盈利能力负责——即要对存货周转及相关费用负责。

要点总结

- 存货控制是指根据变化中的顾客需求维持库存水平。
- 买手们必须建立控制，让他们能比照商品计划分析现有存货，并在需要时采取纠正行动。
- 当建立存货控制时，买手或采用永续盘存制，或采用定期盘存制。
- 维护存货控制系统需要选择收集数据的类型。存货控制的维护需要关于采购、销售、调拨和退货的信息。
- 在买手们筹备市场访问时，存货控制系统给他们提供关于销售和库存商品的信息。
- 零售商所用的两种存货计算方法包括手头现货评估法和GMROI。手头现货的估价可采用FIFO，LIFO或售价金额核算法。GMROI衡量的是零售商销售的盈利能力。
- 快速反应是种存货控制系统，许多零售商和供应商实施快速反应来缩短下订单与收到货品之间的时间。
- 实施快速反应需要采用条形码和电子数据交换。

复习回顾

零售买货词汇拓展

如果你的词汇表里没有下面这些词，请参考书后术语词汇表。

提价	additional markup
条形码	bar coding
进价金额核算法	cost method
金额控制	dollar control
电子数据交换	（EDI）electronic data interchange (EDI)
异常报表	exception report
先进先出	FIFO
存货毛利回报率	GMROI
存货控制系统	inventory control systems
后进先出	LIFO
降价	markdown
取消降价	markdown cancellation
理想库存模型	model stock
定期盘存制	periodic control system
永续盘存制	perpetual control system
快速反应	Quick Response
售价金额核算法	retail method
退货	return
射频识别技术，俗称电子标签	RFID
损耗	shrinkage
调拨	transfer

单元控制	unit control
通用产品代码	UPC

阅读理解

1. 永续盘存制是如何用人工方式进行的?
2. 来自永续盘存制的信息会在什么时候给买手带来误导性的信息?
3. 与人工系统相比,计算机化的存货系统主要会带来什么样的好处?
4. 计算机存货系统怎么会出现差错?
5. 大多数零售商何时进行实地盘存?
6. 解释一下退货是怎样影响存货清点的。
7. 为什么大多数零售商采用售价金额核算法进行存货评估?
8. 讲述如何用存货控制记录确定损耗情况。
9. 采用存货售价金额核算法,什么类型的价格波动会增加存货金额?
10. 采用存货售价金额核算法,什么类型的价格波动会降低存货金额?
11. 为什么供应商的反应快速对买手这么重要?
12. 扫描对零售商及其顾客双方都有什么好处?
13. 实行 EDI 需要哪些步骤?
14. 采用 EDI 有哪些好处?
15. 讲述采用快速反应的企业享受到的具体好处。

分析与应用

1. 某买手在分析了存货控制记录后,判断她有 80% 的商品品类库存过剩。解释可能会引起这一问题的原因,提出一个能改善未来存货水平的方案。

2. 一家小型运动用品商店的店主正在考虑从定期盘存制转变为永续盘存制。概述每个方案的优点和缺点,提出你的决定以及你这样建议的理论基础,就好像你是顾问。

3. 概述你会用来说服你们的店铺经理实施快速反应的论据。

应用练习

1. a. 童装部门进行了如下采购:

1 月 1 日: 采购 20 条裤子,每条 20 美元
2 月 1 日: 采购 20 条裤子,每条 20 美元
3 月 1 日: 采购 50 条裤子,每条 20 美元
4 月 1 日: 采购 20 条裤子,每条 23 美元

b. 在 4 月 30 日,库存里还剩下 15 条裤子。在 LIFO 和 FIFO 的基础上,这些裤子的存货金额分别是多少?

2. a. 在秋季季末,58 部门有 41% 的毛利率,周转率 2.2,加价率为 49%。

b. 在春季季末,58 部门有 41% 的毛利率,周转率 2.3,加价率为 48%。

c. 哪个季节产生的 GMROI 最高?

连接网络

1. 在互联网上用搜索引擎查找销售零售行业使用的扫描器的公司。生成一张报表，描述能找到的不同产品的特征。

2. 利用互联网列出目前使用快速反应的三家企业的清单，给出每个信息来源的URL地址。

今日印象

VF 品牌：实施快速反应

从 20 世纪 90 年代早期开始，在 VF 各品牌中，快速反应的实施已经司空见惯。事实上，作为全美最大的服装制造企业之一，该公司早已跻身于实施快速反应的拥护者行列。目前，它的多数零售客户都采用了一些流动补货技术。事实上，VF 的 Wrangler 产品有 90% 以上是采用快速反应出货的。VF 的管理层致力于对快速反应的各个方面进行微调，努力从订单周期中挤出越来越多的时间，最终目标是在 24 小时内完成补货。

为了达到这个目标，所采取的最新步骤是改变商品出运的预包装方式。在过去，商品是以两件或更大数目的倍数出运的；因此，商品不能在一对一的基础上进行更换。现在 VF 各品牌所有基本商品都采用独立包装，预包装作为一个概念已不复存在。

管理层指出，VF 的快速反应合作伙伴体验到了近 40% 的销售增长及存货周转翻倍。例如，实施快速反应之前，零售商在文胸区域的库存大约一个季节周转一次，有 65%~70% 的现货位置；现在他们公布每个季节的周转率为 1.25 到 1.5，而现货位置维持在 92%~97%。最重要的是，极少有顾客会因为没找到他们想要的商品而离去。当顾客寻寻觅觅时，是否有合适的商品、合适的尺码的现货，意味着建立忠诚度与错失顾客之间的差别。

VF 品牌的目标在于尽可能快地更换零售商货架上的商品。对于每天给 VF 提供销售信息的零售客户来说——而这几乎是指所有人——在店铺层面上，从顾客购买某产品起四天之内可以补足货物。事实上，该公司有能力在早上接到销售，在 24 小时内创建订单并出货。相比之下，在 20 世纪 80 年代，VF 要花大约 30 天才能将一张订单转化为销售区域中的产品。

快速反应合作伙伴关系的最大好处之一是几乎百分百获准使用细到 SKU 的零售销售数据，这使 VF 得以推动尺码规划流程。在过去，VF 经常发现持有大量存货的零售商在畅销商品的库位上仍然会有 30% 断货情况，店铺因为备货尺码与颜色不对而损失了销售。

零售商、生产厂家和他们的顾客都会因实施快速反应而获利。费用减少了，而顾客在想要购物时会发现他们要的商品有库存。

电子货架标签

随着产品条形码的出现以及货品标价的去除，货架标签成为顾客价格信息的唯一来源，而这就产生了一些问题。几乎每个购物者可能都会怀疑在收银机上闪烁的价格是否与货架上贴着的价格一样。然而，当他们采购了一大堆商品时，要记住自己看见过的价格贴通常是强人所难。有些顾客感到，采用科技结账快速便捷就已经很值了，就算有点差错也不去计较了。随着扫描技术的应用越来越普遍，顾客们感到越来越轻松，许多担忧也随着零售商操作方式的改进而烟消云散了，但是对其他顾客来说，这种担忧和不信任仍然存在。

能够消除这些顾客疑虑的科技已经存在几十年了。零售商可以采用 ESL（电子货架标签）系统自动协调货架上和结账处的价格，准确率几乎达到 100%。ESL 是电子显示装置，可以放置在货架上，紧邻每件销售中的产品，以电子方式显示零售价格之类的产品信息。这种显示装置和店铺的 POS 机都连接在同一价格文档上；因此，顾客在货架上看见的标价就是他们结账时在收银台上实际支付的价格。ESL 也能用于显示其它类型的信息，如特价、促销信息，或是提醒顾客购买相关商品。通过 ESL 的使用，零售商能即时更新同一家甚至是好几家店铺货架上及结账处的价格。

ESL 尚未获得广泛接受是因为单个显示器的成本太高，获得预期投资回报的时间太长。然而，在美国少数几个要求对产品进行逐项标价的州里，ESL 已经普及——逐项标价即每件产品上都必须标有零售价。在这些州里，如果零售商采用电子货架标签的话，就可以免除逐项标价的规定。

ESL 给零售商和顾客带来的好处主要是通过协调货架上存在的价格与 POS 机的价格文档中存在的价格，从而消除了在扫描器上的价格错误。购物者很放心，当他们的商品在结账处扫描时，其价格会与过道上的价格匹配。使用 ESL 也让零售商能够轻触按钮即可改变价格，节省了进行人工变更所需的动辄数小时的劳动成本。

最后，ESL 能在促销工作中助零售商一臂之力。当商品大减价时其 ESL 信号可以闪烁，或者其标签可以帮助零售商让促销更有创意（比如只在某天特定时段进行临时性的价格折扣）。电子货架标签还能给那些频繁变动价格并且需要快速将最新信息传达给顾客的零售商带来巨大价值。

要广泛采用 ESL，成本仍然是个主要缺陷。尽管自从这个系统问世以来，其价格下跌相当快，但近年来这一费用已经稳定不动了。

然而 ESL 仍然是零售技术的一大未解之谜——显然有巨大潜力，但尚未获得广泛接受。对大多数零售商来说，ESL 的接受进展缓慢并不是出于对这一技术的质量或用途有什么看法，而仅仅是经济问题。对这一技术的成本的顾虑超过了它的好处，从而阻碍了大部分零售商将它落到实处。

未来趋势

在供应链及店铺层面上改善存货管理

今天的零售商处于快速适应多变形势的压力之下，导致存货管理在商品企划决策中占有超然的战略性位置。尽量快速而经济地从一个地点赶到另一个地点肯定是大部分零售商的目标，尤其是在油价飞涨的时候。

此外，改善存货管理并非只是物流问题，它也是负责在合适的时间将合适的商品以合适的价格摆到合适的位置的买手和商家要关心的问题。一旦买手采购商品并进入了供应链，他们就必须要有能力全程追踪商品，从流程一开始，直到货物放上店铺货架为止。有一套适当的高效存货控制系统给予一家企业竞争优势；为了做出最佳决策，买手们必须要了解在供应链的每一个节点上他们放置了哪些存货。

发生在存货控制领域的一个重大创举是通过单件商品层面上的 RFID 技术实现的，即在每一件产品上采用射频识别标签，它可以在供应链的任何一处用接收器进行读取。采用 RFID 使零售商能够确定从出运直到售出给顾客个人的任一时刻存货所在的位置。那些已经实行单件商品层面 RFID 测试的零售商宣告：存货准确性有所提高，断货情况有所减少。在供应链的任何一处都能查看存货让供应商和零售商更好地为合适的店铺在合适的时间提供合适的产品。

要完全实行单件商品层面的 RFID 技术关键还需要完全自动化的配送中心。RFID 标签上的数据让配送中心知道哪些货品在哪块运货板上，以及货品应何时到达设备上，何时需要他们出货。

零售商在不断测试 RFID 技术，但在店铺层面上还无法获取完整信息，直到所有生产厂商出运的商品都配备 RFID 标签为止。尽管单件商品层面的 RFID 正为许多大型供应商所适应，大多数中小型供应商仍未采纳这项技术。

在店铺层面上，买手和经理也必须采用存货控制软件，让他们能通过存货数据深入获取信息，从而更好地了解顾客。太多时候，所收集的数据没有得到及时使用，而导致销售上错失良机。例如，好的存货数据应向买手提供脱销的详细情况，让他们加快补充订单或是把存货移到有需要的地方。理论上来说，利用好的存货控制软件能增加库存周转，减少存货需求，并提高利润率。零售商能以正价销售更多的货品，剩下做降价的货品则更少。

改善存货控制系统还常常能使店铺减少它所持有的存货。存货减少对管理营运资本及构建更好的存货控制系统来说很重要。总而言之，更好的存货管理应该让零售商能将现有业务状况与过去的模式进行比较，预测潜在问题并找出可能的解决方案。

第四部分

采购商品

第十一章

选择供应商并建立合作关系

行动目标

- 了解买手如何找寻新的供应商
- 列举及描述不同类型的供应商
- 解释买手用来选择供应商的标准
- 讲述买手用来评估供应商的方法
- 概述买手和供应商发展合作关系的步骤
- 认识到零售商想要成功就需要买手和供应商之间有牢固的合作关系

在制订了商品计划以后，你需要寻找供货的来源，或者说**供应商** vendors，来提供商品，满足顾客的欲望和需求。生产厂家、批发商、托售批发商以及生产厂家的代理人仅仅是你可以从中选择的一部分供应商。你为店铺采购的每一种商品都有许多类型的供应商，而你工作中的一个重要部分就是选择合适的供应商。你会认识到，能盈利的买货决策是建立在选择合适的商品与合适的供应商两者基础上的。此外，作为买手，你大部分的成功取决于你与供应商打交道，以及与他们建立牢不可破的合作伙伴关系的能力。

在这一章里，你将了解与买手开展业务的不同类型的供应商，以及用来挑选这些供应商的标准，这里还强调了要发展和维持买手与供应商牢固的合作关系。

供应商的类型

对某些产品品类来说，你不仅必须从许多不同供应商中进行选择，还必须决定是直接从制造者那儿进行采购，还是通过**中间人**（middleman），中间人是充当买手和卖家之间的中介的。同样地，仔细的分析应该能让你选出最符合你们需要的供应商。供应商通常分为：（1）生产厂家；（2）批发商；（3）生产厂家的代理人 / 经纪人；（4）托售批发商。

生产厂家

选择生产厂家作为你们的货源可能不是你会作出的决定。许多生产厂家的最小起订量非常大，你们的店铺也许不能直接进行采购。如果是这样的话，你会被迫从某种类型的中间人那儿进行采购。

流行商品的买手一般直接从生产厂家或是通过他们在市场上的代理人进行采购。因为大部分流行商品的变化极快，如果商品由其他中间人经手，流行款式可能已经发生变化。另外，大多数流行商品在销售季节前才刚刚生产出来，它们需要尽快进入市场，中间环节越少越好。

那些想要建立他们自己的自有品牌的零售商也会将订单直接下给生产厂家，这些生产厂家愿意在他们的产品上稍加改动，只要下的订单量够大。这样，直接从生产厂家采购自有品牌的零售商就能确保其它零售店里不会有这些商品。除了定量采购外，一些生产厂家还会对他们直接卖给零售商的货品有促销和定价方面的要求，你需要在签订采购协议之前对这些政策进行分析。直接采购的好处主要是成本较低，因为从流通过程中排除了中间人的环节。

批发商

对不能直接从生产厂家那儿采购的商品，你可以选择批发商作为货源。**批发商**（wholesaler）是以很大数量从生产厂家采购商品，再以较小数量转售给零售商的组织。批发商又称**中间商**（merchant middleman），因为他们占有从生产厂家购买来的商品。

如果本地批发商有着品种丰富的商品，且随时准备快速出货的话，它可能是你采购商品的理想选择。而且，大多数批发商会接受小订单，这样你试验新商品的风险就会降到最低，因为存货占用的店铺资金很少。由于可以很快从附近的批发商补到货，店铺也只需少量商品库存，从而实现库存周转的提高。

虽然大多数大型零售商直接从生产厂家进行采购，但他们有时候还是需要从批发商那儿采购一些商品的。例如，顾客需求有限的产品不能直接从生产厂家订购，因为订单量不够大；紧急填补库存的快速出货也需要在附近的批发商那儿进行采购。

近年来，批发商不仅仅向零售商出售商品，而且还越来越多地在经营上施以援手。这样的做法改善了零售商与供应商之间的工作关系，更进一步加强了双方的合作关系。采用批发商而不是直接从生产厂家处采购的主要缺点在于商品成本会更高，因为在买货过程中涉及到了中间人。

生产厂家的代理人 / 经纪人

你也可能通过担当生产厂家代表的**生产厂家代理人**（manufacturer's representative）或**经纪人**（broker）下订单。这些经纪人也称为**代理中间商**（nonmerchant middleman），因为在把商品出售给零售商之前他们并没有商品所有权。由于代理人或经纪人介绍生产者和买手见面，生产厂家会支付一笔费用给他，这笔费用通常是净销售额的一定比例，具体百分比因产品品类、销量以及所提供的服务数量而异。

你可以在地区性市场的样品间或是贸易展会上拜访这些供应商，他们大多数人会亲自登门拜访客户店铺。他们一般会从全国各地的生产厂家那里代理几个非竞争性的产品线，让你有机会在附近的样品间或是你们自己的店铺里查看样品，从而节省了你的时间和差旅费。

托售批发商

托售批发商（rack jobbers）是种特殊类型的供应商，他们自己向客户店铺提供服务，主要常见于食品行业，不过有些百货商店在需要特殊商品企划技能的区域也会用到他们。随着超市的经营延伸到非食品领域，比如美容品、化妆品以及家用品等，他们在采购及其它商品企划决策中需要特殊帮助，会求助于托售批发商。

采用托售批发商的零售店铺将货架或货架空间分派给他们，批发商要负责保持货架上备有快速周转的商品。托售批发商每周访问店铺一次或好几次，给货架补货，并对提供的商品花色品种进行必要的变动。批发商对空间的利用通常会比店铺经理更充分，因为他们在预见消费者需求、给商品定价以及陈列方面更有经验。

尽管采用托售批发商可能比从批发商处采购的成本更高，但零售商通常会因为从托售批发商的服务中获益而实现费用的节省。大多数情况下，这些成本只是稍稍高一些，因为托售批发商是批量购买的，享有数量折扣。

和潜在供应商联系

新买手们要回答的首要问题是："我能在哪里找到供应商？"在某些情况下，也许不得不由你发起与潜在供应商联系；在其它情况下，有可能是他们主动跟你接触。

由买手发起的联系

找到供应商的主要来源是访问市场及贸易展会；不过，并不是所有供应商都会在地区性市场有样品间或是参加贸易展会，你可能不得不安排亲自拜访某些供应商。阅读今日印象"IKEA：在经济萧条时期建立顾客忠诚度"，了解更多为什么 IKEA 要在

26个国家开设贸易办事处，从国际供应商那里采购货品。

如果你们是一家买货办事处的客户，那么代理人会为你们寻找货源。事实上，买货办事处经常在市场上物色新供应商，他们的客户店铺会对这些新供应商特别感兴趣。

要了解市场上的潜在新供应商，或更多地了解现有供应商，还有其它途径：你可以阅读流行杂志和行业期刊，订购零售报告服务。许多行业百科指南也能列举和描述供应商。

给其他买手打电话或写电子邮件，在市场访问期间与他们交谈也能给你提供其他人觉得有益的信息。在竞争对手的店铺购物也能帮你发现潜在的新供应商。

由供应商发起的联系

有些供应商经常派出销售代理人去拜访零售商，而别的则依靠目录或简报进行这样的联系。许多独立的小型店铺的买手们倾向于从那些承担联系费用的供应商那儿采购，因为进行市场访问要花时间也要花钱。他们也更喜欢定期拜访他们，按照他们的要求行事，并帮助维护好店内的库存品种的代理人。

大部分生产厂家的代理人定期与他们的零售客户保持联系，以确保店里有充足的商品供应。然而，单单依靠代理人拜访你们的店铺会使你没法把他所提供的商品、价格以及服务与其它供应商相比较。

与潜在供应商进行尽可能广泛的市场接触对你和你们的店铺都是极为有利的。市场上在不断发生着变化，因此尽管你可能不会从别的供应商那儿进行采购，与他们保持联系还是很重要的，这种做法能让你确定你采购的商品的品质和价格是否相当于或优于其它竞争对手。

虽然市场覆盖率大很重要，大多数店铺还是选择由少数供应商来掌握他们采购的大部分商品，这些经过挑选的供应商被称为**关键资源**（key resources）。集中采购确保你对于这些供应商的重要性，因为你的订单规模大，而且订单越大越容易有资格得到数量折扣。当采购反复在同一家供应商这儿进行时，因为相互间的合作关系而产生的感情得到发展，你们店铺通常会受到供应商更好的服务。新供应商拿来新颖别致的产品时，你应该保持开放的心态，所以不要太过于依赖关键资源的概念。

选好关键资源之后，大多数买手会把一定数量的商品采购分派给其它供应商，其目的在于扩大市场联系，以及试验新的商品或新的供应商。如果关键资源无法满足订单，那么这种做法就能给他们提供可供替代的供应源。有了更广阔的市场覆盖率也让买手得以密切关注其它供应商推出的产品。

选择供应商的标准

一旦发现了你能进行采购的潜在供应商，就需要对他们逐一进行甄别。在你选择适合你们顾客和店铺的供应商时，下列标准应予以考虑：（1）所提供的商品与价格；（2）供应商的分销策略；（3）供应商的信誉和可靠性；（4）开出的条件；（5）提供的服务。

所提供的商品与价格

你首要考虑的应该是供应商经营的商品是否与你们顾客的欲望和需求相符，如果商品不适合顾客，该供应商应不予考虑。你还要确保所提供的商品符合你和你们顾客双方期望的质量标准。例如，在采购服装时，你还要负责检验送到你们店里的商品质量，要保证它达到当你下单时看过的样品的质量。

对许多零售商来说，关键要考虑的是供应商能提供花色品种丰富的商品。很有可能你还要寻找独特的或与众不同的商品。如果在社区中你们店铺的形象是流行引领者，那么拥有与众不同的商品供应给顾客是必需的。既然如此，你就必须要有尚未获得大众认可的新商品。你可能还会寻找其产品在某方面很特别的供应商，差别也许就在于构造或造型，或仅仅只是供应商提供的包装不一样。

你需要做的另一个决策是采购全国性品牌还是开发你店铺的自有品牌。如果你在寻找某个特定品牌的商品，对供应商的选择可以不假思索。全国性品牌一眼就能认出来，通常可以保证有一大群顾客已经很熟悉产品并且打算购买。自有品牌提供给你们顾客的是他们在别的店买不到的商品，但是没有全国性的广告活动向你们的顾客预售；由于这个原因，你们的成本更低，从而让你们有更高的利润。

在决定从哪个供应商处购买时，你还必须考虑供应商提供的商品价格。你的店铺形象和目标顾客决定了你会予以考虑的商品价格带。

供应商的分销政策

挑选供应商也会受到供应商的分销政策的影响。**独家分销**（exclusive distribution）是指有些供应商在一个商业区域中将产品只出售给一家零售商的做法，供应商因产品创造出来的独家形象而获益。由于独家分销，供应商对于产品在店里如何经营和促销通常保持着一定的控制力。

设计师产品线往往通过独家分销进行销售。小型社区里的服装店店主也往往要求供应商独家分销，他们要给顾客提供在镇上竞争对手的店里找不到的独特的商品。获得独家分销权可能是确定你从哪家供应商那里采购商品的决定因素。

有些供应商采用一种称为**选择分销**（selective distribution）的类似做法，即在同一商业区域中将产品出售给一家或几家经过挑选的零售商，要挑选几家店铺通常由该地区的潜在销售量决定。同样地，因为店铺数量有控制，供应商通常会对零售商销售其产品设置一定的限制。例如，Ralph Lauren 对经营 Polo 产品线的店铺设置了具体的营销和陈列标准。

供应商的信誉和可靠性

就供应商经营业务的方法而言，其可信度各不相同，订单完整、准时交货是判断供应商的基本标准。除此之外，你还要从质量控制以及处理投诉和进行调整的速度方面来判断供应商的信誉。与其他买手交谈，或是咨询一下你们在当地的买货办事处，会让你确定你们打算做生意的这家供应商是否有什么重大问题。

开出的条件

有些零售商也许想要从供应商那儿得到大量的现金折扣，而财力有限的店铺则可能想要更长的付款时间。供应商提出来供你考虑的折扣应至少符合行规。有些零售商选择靠近他们店铺或运货路线附近的供应商以求快速交货。除了信用条件以外，大多数零售商还会对由供应商承担运输费用感兴趣，第十四章里会详细讲述信用条件与运输条件。

提供的服务

供应商提供的服务可能是确定你从谁家进行采购的决定性因素。供应商提供的服务可能被你们店铺评估，包括以下某项或所有内容：

- 安排合作广告。如果其产品出现在广告上，许多供应商会与零售商分担本地广告费用。
- 广告上的协助。供应商会为你们店铺从他们那儿采购的产品提供文稿提案、物料以及广播脚本。小型店铺也许更愿意供应商提供标志、柜台和橱窗陈列用品、道具以及其它销售点的协助，大型商店则宁愿统一使用他们自己的道具。
- 退换货的特权。在挑选供应商时，许多买手寻求灵活机动的退货政策。
- 参加店铺促销。零售商需要供应商参加店里策划的促销。例如，可能会要求供应商赞助竞赛的奖品或时装表演用的服装。
- 销售培训。当店铺采购了他们的商品时，有些供应商会对店铺销售人员提供培训，他们甚至可能会为销售他们的产品超过指定额度的销售人员设立奖金制度。
- 协助控制库存。商品的条形码和计算机技术的提高使许多供应商能帮助零售商进行库存盘点以及建立理想库存模型。
- 预贴商品标签。有些供应商会在货到店铺之前就给零售商订购的商品贴好标签，这样的服务给店铺节省开支，并且让货品可以快速进入销售区域。

分析供应商的表现

有些新买手常犯的错误是清理掉店铺以前用的许多供应商，他们要除旧迎新。你不应该随意遣散由来已久的供应商，不过要物色新的供应商也是事出有因。例如，有的供应商可能已经放松了标准，或是价格上涨可能太快。另外，你们的店铺也许要转向不同的目标顾客，可能需要新的供应商，或是有新的、更好的资源进入这个领域。

不应随心所欲地中断与供应商的关系。作为买手，在决定放弃一个供应商另选一家新的之前，你需要谨慎地审时度势。此外，在作出这样的决定以前你可能还需要跟你们的商品经理核实一下。在中断你店铺与一个供应商的合作关系以前，需要进行系统的分析。这样的做法会巩固你们店铺的买手与供应商之间的关系。

如果几个供应商提供给你类似的商品，你得要决定谁的提议最好。如果之前没有向这个供应商采购过商品，你可能要依赖其他人对于这个供应商的信誉的说法。作为买手，你要根据供应商提供的商品以及该商品盈利的潜力来评估供应商。

如果是从之前有过经验的供应商那儿订货，就可以在你或店铺积累的信息基础上建立供应商档案。你要为你们用的供应商建立一套系统的评估方法，一种办法是保存**供应商日志**（vendor diary）——即你跟与你们做生意的每一家供应商之间交易的简要总结。尽管买手收集的信息数量与种类会因人而异，但某些基本数据是必不可少的，对每个供应商来说，你都应该要记录下列信息：

- 这一年或这一个季节所采购的全部商品，其成本价与初始零售价。
- 给供应商的退货，如果有的话。
- 初始加价率。
- 答应给予的广告补贴，如果有的话。
- 所做的降价，按金额计算以及按销售额的百分比计算。
- 按百分比计算的现金折扣。
- 按采购额的百分比计算的运费。

一家供应商对你们店铺或部门的销售额和利润贡献有多大？这些信息给你很好的参考。此外，你可能还应该要考虑其它主观因素，比如：

- 顾客对该供应商产品的看法。
- 该供应商的交货，包括追加单交货的可靠性。
- 商品质量的可靠性。
- 该供应商应对投诉的速度。
- 给你们店铺或部门所提供的服务，比如进行库存盘点、商品预贴标签和销售培训等方面。

你可以用你收集的信息从几个方面评估每一家供应商。其中：

- 可以将每家供应商的表现与它前几年或前几个季节相比。
- 可以将供应商的表现与其它供应商相比。出于这个原因，把你的许多数据按百分比进行记录就尤为重要了。
- 可以将供应商占店铺或部门总订单的百分比进行比较。例如，如果某供应商的商品占你们店铺所采购商品的 25%，它所赚的利润是否也占 25% ？

尽管这一过程涉及定量分析（表 11.1），最终裁定依然由你做出。你必须设定标准：认为什么样的表现是可以接受的，什么样的不能接受。

记住，当你们在评估供应商时，他们也在分析跟你们店铺做生意的盈利情况。他们评价你们的是你们店铺或部门如何经营及销售他们的产品，以及他们是否受到公正的对待。

表 11.1 从 125 号供应商那儿采购的所有商品的分析报表举例

STYLE	Form SI-248	VENDOR TRAK (R) CLASS	IMU PCT	FIRST RECVD STAT	BEG QTY	SLS QTY	MARKDOWNS PCT	QTY
	VENDOR 000125							
3410	POLY/L A LAW L/S	00200	60.4%	10/16..C..	0	31	0.0%	1
5700	ASST PR/S-S JWL NCK	00200	56.5%	05/14ME...	0	48	14.9%	34
7370	HARLEQUIN/FLANGE JWL	00200	55.3%	11/01....T	0	9	0.0%	0
9506	CHIFFON/ELAS WST SKT	00262	55.1%	11/13M....	0	10	23.0%	8
7347	PLAID/FL JWL NK L/S	00200	55.3%	10/16M.C.T	0	7	17.1%	9
6508	ABSTR SPLSH/PLT COL	00200	52.2%	06/26M....	0	10	36.7%	19
7369	PUZZLE/FLANGE JWLNK	00200	55.3%	11/01.....	0	5	0.0%	0
2502	ABSTR FL/V-CRSH DRAP	00200	53.7%	08/02M...	0	5	5.1%	1
7367	ABSTR HNDTH/FL JWL	00200	55.3%	12/05..C.T	0	4	0.0%	0
6501U	POLY/D B DRAPE FICHU	00200	62.5%	11/13.....	0	3	0.0%	0
7372U	MULTI TRI/FLNG JWLNK	00200	55.3%	11/01M....	0	3	0.0%	0
1302V	POLY/S/S SHELL	00200	64.2%	12/10.....	0	1	0.0%	0
	VENDOR TOTAL				0	136	9.9%	72
	FINAL TOTAL				0	136	9.9%	72

发展买手与供应商之间牢固的合作关系

买手和卖方之间的尊重与合作是保证双方长期盈利所必需的。一旦你决定给一家供应商下订单，你们双方就都需要努力建设牢固的合作关系。

供应商想要跟这样的买手做生意：付款迅速不拖拉，接受他们订的货物，以及除非得到认可否则不会随便退货；买手则想找这样的供应商交易：在指定的时间按正确的数量出运所订购的商品。要达到这些目标，买手和卖方需要成为伙伴，而不是对手。

与供应商之间牢固的合作关系的基础

你可以与你们的供应商们一起建立牢固的合作关系，只要言行举止有礼有节，比如：

- 赶赴与供应商的会晤要准时。
- 与前来拜访你们店铺的生产厂家的代理人一起参观市场，通常总能了解到市场上有些什么新鲜事。
- 全神贯注于他们的演示内容。
- 迅速确认或取消你下的任何试单。与供应商之间的所有协议你都应以书面方式予以确认，以免产生误解。
- 要遵守你所做的承诺。不应在订单撤销日期之前取消订单。
- 商品在你们店铺或部门表现如何应给予供应商反馈。
- 决定取消或改变供应商时切勿仓促作出决断，应在你方认真分析之后才作出改变。最重要的考虑因素应该是供应商的长期表现，而不是暂时的挫折。

作为买手，你的成功在某种程度上要看你在你们店铺与供应商之间建立良好的工作关系的能力。

		REC QTY	END QTY	SALES RETAIL	GROSS PROFIT	GP PCT	PROJ GP PCT	SELL THRU	ON ORDER RANK
13.9%	5	62	31	1602.	1013.	63.2%	61.9%	50.0%	01H
0.0%	0	48	0	1588.	796.	50.1%	50.1%	100.0%	02H
0.0%	0	12	3	594.	328.	55.3%	55.3%	75.0%	03H
16.7%	2	15	5	626.	321.	51.3%	44.6%	66.7%	04H
0.0%	0	8	1	434.	227.	52.4%	49.4%	87.5%	05H
0.0%	0	10	0	518.	193.	37.3%	37.3%	100.0%	06H
0.0%	0	11	6	330.	182.	55.3%	55.3%	45.5%	07H
0.0%	0	5	0	314.	161.	51.4%	51.4%	100.0%	08H
0.0%	0	10	6	264.	146.	55.3%	55.3%	40.0%	09H
0.0%	0	12	9	180.	112.	62.5%	62.5%	25.0%	10H
0.0%	0	10	7	198.	109.	55.3%	44.8%	30.0%	11H
0.0%	0	3	2	38.	24.	64.2%	64.2%	33.3%	12H
4.9%	7	206	70	6686.	3615.	54.1%	54.4%	66.0%	
4.9%	7	206	70	6686.	3615.	54.1%	54.4%	66.0%	

买手对供应商的期望

经验丰富的买手对他们的供应商的期望是什么？是什么让零售商与其供应商之间形成了理想的关系？大多数买手可能想要下面这些：

通过科技获得商品企划上的帮助

大部分买手在制订每家店铺所特有的分类计划时都需要帮助。电子数据交换（EDI）真的彻底改变了这个行业。生产厂家在他们的包装上带有 UPC（通用产品代码）至关重要。自动追加使店铺受益，因为采用这一系统的零售商要比人工清点的零售商承载的存货量更少，追加单更快；自动追加还让零售商能迅速掌握哪些销售正呈现上扬或下跌趋势。

许多买手还想要在存货管理及创建理想库存模型上获得帮助。供应商能帮助大多数店铺的最佳途径是帮助零售商清除毫无建树的商品，并保持畅销产品有现货供应；供应商可以通过定期分析销售报表及理想库存模型来帮助买手。店铺需要的是那些不断地为他们服务，根据销售补充库存的供应商。

销售培训

许多买手希望供应商提供销售人员的店内培训和再培训，其他买手则感到供应商提供的培训帮助不是特别大，因为销售人员流动性很大。

道具和外观

有些买手认为有供应商的参与，店铺道具可以做得更好，成本合理、费用低廉。然而，店铺的档次越高，就越不愿意采用供应商提供的道具；许多买手不想让道具上有供应商的标记，而别的买手则向供应商收取改进道具的资金。

包装

大部分买手希望商品包装清晰且一目了然。包装要容易辨识，这样顾客就可以说："我知道我要找什么了——就是蓝色包装的那个。"有些买手感到供应商需要重新审视一下他们包装货品的方式。例如，有些只能以一打出货的产品，如果能以更小的单位进行包装，会给顾客提供一个更好的选择。

及时交货

所有买手都希望供应商更快交货，订单迅速出运和准时交货极其重要。买手对供应商能有所期盼，前提就是交货及时、保证商品质量及其稳定性。

未来趋势

过去几年中零售业的种种变化也促成了零售商和供应商之间关系的改变。商业困境迫使数以百计的专卖店关门，许多百货公司纷纷合并。Sears 和其它零售商朝全国性品牌转移的举动也对供应商有影响。

更为紧密的买手和供应商的关系

大部分供应商和零售商都形成了更为紧密的关系。随着零售商的联合与合并，出现了一种与大型供应商建立更牢固关系的倾向，因为大型供应商能提供的产品数量与服务水平是大部分小型供应商无法相比的。然而有些供应商抱怨说零售业中的合并可能令少数几个特大型企业大权在握，这些大型零售商有时向供应商提出的要求令他们感到难以拒绝，因为害怕失去这么大的一个客户。

零售商与供应商之间的密切关系也是良好沟通的结果，供应商与零售商相互都必须知道对方的问题。供应商必须与买手讨论他们需要的利润，他们能承担的降价，以及存货周转的速度。科技的进步也有助于加强沟通，条形编码和计算机化的系统现在能让供应商准确及时地给零售商提供关于他们订单状态的信息。

供应商的强化

许多小型和中等规模的供应商也有可能有麻烦；就像零售业一样，这些供应商夹在中间，难以出人头地，面临着来自于其他能吸引特定零售缝隙市场的供应商的激烈竞争。小一些的供应商需要全力以赴，与大一些的供应商竞争；他们不得不学会如何抵消规模上的科技优势，更加灵活多变，以他们特有的方式接近店铺。小供应商不得不想方设法为零售商做一些大型供应商囿于自身规模没有办法做到的事。

供应商自营店铺

有些供应商采用别的办法——以**供应商自营店铺**（vendor-owned stores）的形式从事他们自己的零售业。开设供应商自营店铺的生产厂家感到，他们能比传统零售商更好地销售自己的产品。例如，许多时装设计师感到百货商店没有公平对待他们的产品线。设计师的一条产品线里可能有 50 个款，但买手也许从 50 个款中只挑了 11 个款；设计师感到正因为店铺没有正确陈列他们的产品线，销售才会不如预期。阅读未来趋势"Outlet 店是否能提高奢侈品零售商的利润？"来了解更多关于另一种类型的供应商自营店铺。

供应商自营店铺有三大好处：（1）能陈列整个系列的产品；（2）能按照设计师的理念打造系列产品的环境；（3）能获得顾客对整个系列的反馈，而不是断章取义。其它供应商则宁可要求在零售店铺里有一块专属他们商品的区域，而不愿开设自营店铺；他们的商品可以不跟店里其余商品组合穿插在一起，还能提高顾客对设计师的识别度。对于零售商来说，只有能保证以每平方英尺销售额衡量的合理回报时，这样的概念才可以接受；他们不会因为随便哪家供应商有要求就给出这个空间的。

零售商对供应商自营店铺的看法可谓百感交集。零售商需要密切关注这些店铺的销售情况，判断来自这些店铺的竞争造成的长期影响；他们可能会降低销售。如果供应商自营店铺大获成功，那么有许多产品传统零售商可能再也拿不到了；这些店铺对零售商来说也意味着更多的竞争对手。有些公司（比如 Liz Claiborne 和 Nike）说他们采用供应商自营店铺作为测试新产品的实验室，然后再与传统零售客户分享这些信息。

供应商自营店铺也面临某些问题，有些传统零售商放弃了那些在供应商自营店铺销售的产品。仅依赖单一生产厂家的供应商自营店铺会面临产品组合贫乏的情况，而买手则会因为他们的选择有限而懒得寻找新的想法或新的款式。许多生产厂家认识到零售业是与制造业完全不同的两个行业——有过失败，也有成功。

今天，买手们有意识地尝试把他们的供应商当作公司的宝贵财产来对待，他们努力减少过去的敌对关系，而代之以建立在信任基础上的合作伙伴关系。供应商继续提供新产品，并进行销售宣传来扩大品牌影响力；买手们继续争取更优惠的条件和更好的待遇，而两者间的关系还在不断改变着。

要点总结

- 一旦做好了商品买货计划，买手们就必须选择供应商来提供所需商品。
- 供应商一般分为生产厂家、批发商、生产厂家的代理人以及托售批发商。对许多商品来说，买手必须用中间人来提供他们所需。
- 买手们可以通过市场访问或亲自拜访，或者联系买货办事处来发起与供应商的联系。供应商可以通过简报、目录或生产厂家代理人的亲自拜访来主动与买手接触。
- 大部分买手依赖关键资源进行多数商品的采购，目的是可以拿到数量折扣和受到更好的服务；然而，也要从其它供应商那儿采购，以拓宽市场联络，保持关键资源竞争力，以及试验新的商品。
- 买手们在以下标准的基础上选择供应商：所提供的商品与价格，供应商的分销政策，供应商的信誉和可靠性、开出的条件以及所提供的服务。
- 买手们应该建立供应商日志，在预先制订好目标的领域里，比如销售、退货、加价、降价等，对供应商逐一进行评估。
- 在选好供应商以后，买手们应努力发展买手与供应商之间牢固的合作关系。买手和供应商需要成为伙伴，而不是对手。
- 许多买手要供应商通过科技、销售培训、道具与外观、包装以及准时交货来给他们提供商品企划方面的帮助。
- 未来，买手和供应商之间将出现更为紧密的联系。

复习回顾

零售买货词汇拓展

如果你的词汇表里没有下面这些词，请参考书后术语词汇表。

经纪人	broker
独家分销	exclusive distribution
关键资源	key resource
生产厂家代理人	manufacturer's representative

中间商	merchant middleman
中间人	middleman
代理中间商	nonmerchant middleman
托售批发商	rack jobber
选择分销	selective distribution
供应商	vendor
供应商日志	vendor diary
供应商自营店铺	vendor-owned store
批发商	wholesaler

阅读理解

1. 讲述为什么零售商会要求买手在改变供应商之前先获得高层领导的批准。

2. 买手应遵循什么步骤来找寻新的供应商？

3. 讲述为什么零售商不应仅仅依赖于那些努力与他们联系的供应商。

4. 讲一讲为什么许多买手要依赖关键资源。

5. 买手能否过度倚重关键资源？解释原因。

6. 说一说哪种类型的零售商会直接从生产厂家那儿买货。

7. 讲讲为什么一般不会通过批发商来采购流行商品。

8. 说一说哪种类型的零售商会从批发商那儿买货。

9. 讲述生产厂家的代理人是如何收取报酬的。

10. 托售批发商能给零售商带来什么好处？

11. 采用托售批发商的缺点是什么？

12. 讲述确定店铺形象与目标顾客怎么会让买手能从他们可以选择的供应商中缩小范围。

13. 讲述为什么小镇上的服装店会向供应商要求独家分销权。

14. 独家分销和选择分销有什么缺点？

15. 讲述为什么许多大型零售商不接受供应商提供的道具。

16. 小型供应商将来要做些什么才能成功地与大型供应商竞争？

17. 在评估供应商时，买手应考虑哪些因素？

18. 讲述为什么买手应定期评估所有供应商。

19. 说一说供应商自营店铺带给设计师什么好处。

20. 供应商能做些什么来巩固他们与买手的合作关系？

分析与应用

1. 讲讲为什么新来的买手想要换掉店铺过去用的许多供应商。讲讲在开除一家供应商之前你要遵循哪些步骤。

2. 讲讲为什么有些买手经常去中心市场，而别的则不常去。两种做法各有什么缺点？

3. 你最近跟一家新的供应商签了个合同，你打算把这家供应商发展成你们店的关键资源之一。讲讲你会做什么来保证这种关系会发展成为牢固的合作关系。

4. 什么时候把供应商的表现与其自身过去的表现相比更好，而不是与其它供应商的表现相比？解释原因。

5. 讲讲为什么买手和供应商之间牢固的合作关系对供应商和零售商来说都很重要。

6. 尽管供应商自营店铺的店主说零售商对他们没有什么好怕的，可零售商还是会担忧，这是为什么？

连接网络

1. 确定你所熟悉的产品的三个生产厂家，进入生产厂家的网站（如有必要可使用搜索引擎），确认是否可以直接从供应商这儿在线采购这些产品。讨论生产厂家直接将产品出售给消费者的利弊。

2. 确定一家你熟悉的批发商，利用搜索引擎查找该公司的网站。比较以及对比批发商的网站与传统零售网站的相似及不同之处。

今日印象

IKEA：在经济萧条时期建立顾客忠诚度

IKEA，全世界最大的家居连锁店，制订了成功的全球化战略。事实上，该公司及其产品现在已成为消费者首套房或第一个家的装修标准。但是随着美国以及其它国家楼市崩塌，首次购房者的数量减少，IKEA 的主要营销战略也转向提高顾客忠诚度。

不过，即使是在经济萧条时期，其全球增长仍在持续。2010 年，IKEA 在 37 个国家中有 301 家店，而 2006 年为 254 家。在这五个国家中销售额最高——德国（16%）、美国（11%）、法国（10%）、英国（7%）和意大利（7%），占连锁店销售额的 50% 以上。虽然中国为 IKEA 生产的产品占 20%，该公司还是采用了来自 53 个不同国家的 1300 家供应商的网络，并且为了靠近供应商，还在其中 26 个国家经营着贸易办事处。靠近生产制造过程让 IKEA 能更好地监控生产，快速测试新的想法，商讨更优惠的价格，以及监控供应商工厂的工作条件。尽管 IKEA 产品的生产是国际化的，其产品仍然带有斯堪的纳维亚的印记。

IKEA 的顾客忠诚度并不是仅仅建立在家具商连锁店的基础上的，该公司销售的是一种为全世界顾客所信奉的生活方式。在全球市场上大获成功是基于这样一个朴素的理念：大量提供设计精巧功能实用的家居用品，其价格能让多数消费者负担得起。指导 IKEA 设计理念的一直是功能性，从使用轻质木材开始，比如桦木和松木，结合天然材料，比如棉和麻。事实上 IKEA 所有家具都属于可拆装类，需要顾客花点力气来安装。IKEA 不断尝试着领先一步，雇佣了 15~20 个内部设计师，加上另外 100 个外部设计资源。不过，无论多么有创造力，如果顾客负担不起，那么这个设计就进不了样板房。

访问店铺让顾客感到愉快，并且吸引他们不断重返。在 IKEA 购物就意味着一次全家郊游——庞大的停车场，一进门就看到有专人管理的游戏室，里面满是五颜六色的球、滑梯以及其它好玩的东西。通常在大多数店铺中间的位置都有一家不算太贵的斯堪的纳维亚口味的自助餐厅。IKEA 全球范围的顾客都认为访问店铺不啻于一次郊游，而不是令人厌烦的家务活。

当 IKEA 计划未来店铺的扩张时，管理层意识到公司之前曾走过弯路。35 年多以前的日本拓展之举简直是一场灾难。在中国，公司经营着七家店铺，报表显示出的利润让人看不懂——看的人比买的人多。然而，20世纪90年代，当Walmart在中国开店时也曾面临同样的情况，许多顾客来到店里只是这儿看看，那儿摸摸，但现在每天都有上百万中国人到Walmart去购物。即使是IKEA在美国的第一家店铺对许多顾客的偏好来说也是很古怪的——例如，它的欧式床规格与美式床垫及被单的尺寸不匹配，床的尺寸是用厘米来表示的，沙发不够深，而窗帘则太短。尽管第一家店是盈利的，快速扩张到全美七家店还是让该连锁店出现赤字；财务专家甚至暗示说如果IKEA是家上市公司，股东们会要求它在美国关门停业。然而到1997年，随着新的产品线的上市，IKEA获得赢利。

IKEA想要吸引并保持其对店铺忠诚度的顾客是哪些人呢？理想的购物者在20岁到49岁之间，受过高中或大学教育，他们的年收入在30,000美元左右。就人生阶段而言，大学在校学生、首次购房的业主、有孩子的家庭都在此范围内。零售商还在寻找在50km半径内有着150万以上人口的地区。

专家同意有一个因素是IKEA成功并吸引顾客重返店铺的主要原因：任时光流逝，IKEA却始终如一。店铺占地面积总是很大，供应现代家具及家用品，提供出色的服务，以及友好对待孩子，引领对手们不断重塑自身，与之竞争。IKEA找到了一个"配方"，加以完善，最大限度地利用它。公司最佳的营销投资在于那些对IKEA感到满意，帮助把IKEA推销给其他人的顾客。管理层知道是什么造就了IKEA的成功，并且将这一理念成功地传达到了世界各地。

未来趋势

Outlet 店是否能提高奢侈品零售商的利润？

2008年，美国大部分正价店，包括奢侈品零售商的CEO，都面临着由于经济放缓引起的极为险峻的需求及销售衰退，迫使他们进行损害产品价值与利润的大幅度降价，而且还给顾客留下了打折扣的思维模式。从那时起，零售商就开始尝试各种方法，试图让销售回归到之前的水平，让顾客逐渐摆脱对大幅度折扣的期望。

在经济滑坡之际，Outlet购物者证明比购买昂贵产品的消费者更为可靠。而且，强大的Outlet业务有助于将一些零售商从反复无常的经济波动中隔离出来。例如，Simon Property的41个Outlet中心每平方英尺的销售额下滑了1.8%，远远低于该开发商的区域性购物中心7.9%的下滑率。

近年来，消费者的花销略有回弹，但尚未回到2008年的水平，对奢侈品零售商来说也存在着类似的模式。为了对抗市场上的经济波动，许多奢侈品零售商在Outlet商店中抛头露面；而对全价店铺的扩张则止步不前。Outlet店铺让他们能吸引更广泛的顾客群体，而同时又不用在常规店铺中大幅度打折。此外，许多Outlet销售的产品更多的是专供Outlet的，而不只是些在商店里推销不掉的减价尾货。

事实上，百货公司正效仿许多高端生产厂家，后者多年来一直将Outlet店作为在受控的环境中清除多余产品的一条途径。例如，Polo Ralph Lauren Corp. 经营着171家Outlet，而Coach, Inc. 经营着111家Outlet，两者的Outlet店都得到了发展，而并未削弱自己的品牌影响力。

奢侈品零售商近年来是怎样扩张到Outlet店铺的？奢侈品百货商店Nordstrom于

2010 年开设了纽约市第一家 Nordstrom Rack Outlet 店铺，成为 Nordstrom 在美国的第 17 家 Outlet 店。Neiman Marcus Group, Inc. 于同年在达拉斯开始试验一种称为 Last Call Studio 的 Outlet 全新概念店铺，这家 Outlet 不销售库存过剩的商品，而只销售专供 Outlet 的产品。Saks 在 2010 年一家新的正价商店也没有开出来，但却开了四家 Off 5th outlet 店。

同样是在 2010 年，Bloomingdale's 在佛吉尼亚州的伍德布里奇市开了第一家 Outlet 店，而 Lord & Taylor 在新泽西州伊丽莎白市开了第一家 Outlet 店。经过六个月 的研究，Bloomingdale's 的管理层总结出来由于没有 Outlet 店，他们错过了大量的销 售机会。如果一切顺利，该连锁店打算在未来几年中每年开设四到五家 Outlet 店。在 Bloomingdale's 的 Outlet 店里，从正价店来的过剩库存会限制在存货的 20% 以下，其 余库存将来自供应商的前几季的商品以及专为 Outlet 店生产的产品。

随着越来越多的奢侈品零售商开设了 Outlet 店，许多 Outlet 中心也发生了变化。 奢侈品零售商的 Outlet 店堂并不是耀眼俗气，堆满了盒子，里面塞满了衣服的地方。 事实上，由于 Outlet 中心采用了高档的"村落"形式，重点强调品牌名字，高档已经 成了开发商最新的流行用语。

Outlet 店也给这些奢侈品店的买手提出了新的挑战，现在他们必须提供不同的产 品来吸引更广泛的顾客群。与此同时，他们必须保证在公司 Outlet 店买得到的产品不 能与常规店铺的销售相冲突。他们仿佛在摇摇欲坠的钢丝上行走一般，既要兼顾常规 店和 Outlet 店的库存，又要设定吸引两种类型顾客的价格。

第十一章

访问市场并与供应商谈判

行动目标

- 确定买货行程的目的
- 讲述进行买货旅行之前所需的规划步骤
- 确定买手在买货旅行中的典型活动
- 了解买手在与供应商面对面会谈之前可以为谈判做准备
- 制订商务谈判的目标
- 列举并讲述常用的谈判战术
- 确定与供应商的大多数谈判中都会集中讨论的条件
- 认识到谈判的结果应该是为了与供应商建立长期的合作关系

一旦买手们确定了潜在供应商，他们的下一步就是准备访问市场，这市场有可能就在本地，或是在某个别的国家，而今天，甚至有可能在线找到市场。在到达市场之前，你必须开始培养你的谈判技巧，与供应商进行成功的谈判开始于你在办公室里的充分准备。

　　在这一章里，你将了解进行市场访问所需的规划步骤以及如何准备谈判，这里将讲述谈判策略与战术的制订，还会提出谈判期望的结果。

准备市场访问

　　大多数买手从国内市场开始搜寻商品是因为离得近，拿得到。不过，如今买手们物色合适的海外市场的主要原因是成本较低。当买手们准备去国外或国内市场出差时，通常会找到中心市场、小商品／服装集市，以及博览会／贸易展会。在决定了要访问哪种类型的市场以后，买手们必须明确规定好目标，并认真仔细地计划好发生在他们办公室以外的任何旅行。

市场的类别

　　中心市场（central market）是指大量主要供应商云集的城市，对许多类型的商品，特别是服装来说，纽约和香港是主要供货城市。纽约市的服装区有着数以千计的样品间，陈列着服装、纺织品、面料和许多别的服装配饰。在美国，这个城市至今仍是大家公认的主要服装市场。其它产品也存在中心市场，例如，美国家具主要市场位于北卡罗莱纳州海因波特市和内华达州拉斯维加斯市，还有就是在德国和中国的一些地方。阅读未来趋势"哪个家具市场会占主导地位？"了解更多关于海因波特市与拉斯维加斯市之间竞争性的发展。

　　在一些城市，买手会发现单一建筑物（或建筑群）的**小商品／服装集市（商业中心）**（merchandise / apparel mart），在这种市场里，买手能轻松地看到各种商品系列，并可加以比较。因为生产厂家或其代理人租用了样品间，集市就起了一站式商店的作用，这样买手就不用来回奔波于城市的不同地方去找寻供应商了。离集市近也让买手有机会更快更频繁地出差买货。一年当中，集市会推出几个市场周，并向登记在册的买手们发送导购资料，详细介绍供应商、经营范围以及他们在集市中的方位，在亚特兰大、芝加哥、达拉斯、洛杉矶和迈阿密都有很大的集市。

　　对于其它品类的产品，买手们可以查找**贸易展会／博览会**（trade shows / expositions）。这些会展一般会在大城市的会议中心或展厅里举行，展示特定产品品类的最新商品。例如，玩具、电子产品、食品杂货、汽车和计算机等领域每年都会举办展会。在出席这些展会时买手能很方便地比较供应商的报价，并有机会在市场里了解新的趋势，结识新的货源。会展和展览一般每年只举办几天，所以你的日程表上这段时间一定要空出来。阅读今日印象"美国国际玩具展览会"来了解更多关于这场玩具行业的年度秀。

出差买货的目的

　　买手们进行市场访问有许多原因：

- 为即将到来的季节获取商品。
- 获得关于趋势和新商品的了解。
- 评估供应商提供的新的资源和商品。
- 为即将到来的促销找到超值特惠——即在新的促销活动或特卖中主打的特价商品。
- 为销售很好的库存商品补货。
- 参加供应商的新系列的预展。时装设计师和汽车、电子产品及计算机之类的生产厂家一般对买手会有特别展，可以预先观看款式及造型上的改变。

到市场出差的频率

你出差买货的目的将决定你进行市场访问的频率。大多数买手一般每年到海外或中心市场出差仅一到两次，而去其它区域性市场出差是为了补充商品的花色品种。如果市场离得不是太远的话，买手们出差买货可能会更频繁。什么时候进行市场访问以及多久去一次还要看许多其它因素，如下所示。

季节

大多数买手会根据季节进行市场访问。市场周是围绕着特定季节如秋/冬或春/夏来策划的。每个品类产品的主要销售季节都有特定数量，这要看款式和型号的变化而定。如果每个季节都开发新款式，那么频繁出差也许必不可少。

商品的种类

所有产品种类的买手都要进行市场访问，流行商品的买手们需要进行的访问更为频繁，因为流行的改变令人目不暇接，但即便是流行商品，也有某些产品线展会更多，而其它更少的情况。例如，每一年女装可能有五场时装表演，而男装只有两场。

商店或部门的规模

大公司比小店铺需要的市场访问更多，因为要保证商品种类丰富，库存充足。大型商店的商品周转一般会更高，从而需要更多的市场访问。

店铺的商品政策

想要保持流行引领者地位的店铺当然会需要更为频繁的市场访问。

距离市场远近

离市场所在的城市较远，因为涉及到时间与费用，需要出差的次数可能少一些。有些买手宁愿去地区性小商品/服装集市出差满足所需，而不愿代之以国外或中心市场。

经营情况

行业不景气对销售产生负面影响，程度之深以至于可能有些市场访问都不再需要了。另一方面，不景气也许恰好是个进行市场访问的好机会，可以寻找可能会令人兴奋的新商品来刺激销售。

规划市场旅行

跟任何一种业务活动一样，对出差买货你也应该认真仔细地规划一番。在你出发之前，行程安排得越细越好，这样你在市场里的时间就都能花在与商品有关的决策上了。旅行规划应遵循以下步骤：

第一步

你应该准备一份商品买货计划。如果你去市场的时候带着关于存货、销售和顾客偏好的实际情况，那么你就会在事实基础上作出决策，而不是跟着感觉走；而且当你们的供应商得到这些信息时，他们能给你提供更为实际的帮助。针对你打算访问的公司，如果之前曾经营过他们的产品，那么要先做好供应商分析表。即使有了买货计划，你仍然会有特殊的选择需要决断，尤其是如果你在进行流行商品的采购的话。在款式、颜色或廓形方面的趋势上，大型商店也许会有流行调配师给你建议；否则的话你就需要自己调查这些趋势。

第二步

要确定你的买货计划所需的所有审批都已获得通过。在许多店铺，在买手进行市场访问之前，买货计划需要获得商品经理和财务人员双方的批准。

第三步

如果你们有买货办事处的话，通知他们你将到访，并知会那儿的人你有什么特殊的商品需求，以及你想要拜访哪些供应商。没有买货办事处的话，你就需要自行安排拜访供应商的日程。要确保早些告知关键资源，这样就能保证你有最适合自己日程安排的会晤时间。你可能还应该看一看市场报告、行业期刊和其它出版物，来确定你可能应该去拜访的新的生产厂家或设计师。当你打电话预约时，询问一下销售代表的感觉，需要多长时间才足以查看商品线。

第四步

确定一下你出差买货需要多少天，然后安排酒店和预订行程。如果你们店铺是买货办事处的客户的话，这些事可能都会有人给你安排好。

第五步

当你外出时给你的职员们设置好工作计划。准备一份你进行市场访问的日程表，这样你的职员或管理层能随时联系到你。在市场里的时候，要把你对计划做的任何改动都告诉他们，有个很好的做法就是设置定期通话时间，这样有什么消息都能很方便传达给你。

有计划会让你的买货旅行更愉快更有成效。在市场中，你会发现你有时间从容地拜访供应商和评估商品。

访问市场

现在你的行程已经全都计划好了，你需要考虑你会参加哪些市场活动。大多数的市场旅行一般都是计划在一周或一周以内的，但有时你会需要更多时间。当你在市场上时，应该要与你们买货办事处的代理人交谈，访问供应商及参观样品间，到工厂转转，参加研讨会或时装表演，与其他买手聊聊，还有去看看市场上有名的零售店铺。在市场周中要合理利用你的时间，这期间可能是紧张忙乱的。图12.1列举了在丹佛市场上的一周活动，那儿充满着兴奋和刺激的气氛，供应商是去那儿推销的，他们会用尽浑身解数。

图 12.1
丹佛市场的一
周活动示例

星期四
会展时间：上午 9:00 ~ 下午 5:00 仅限市场大楼

星期五
会展时间：上午 9:00 ~ 下午 6:30 仅限市场大楼

买手信息会议
上午 8:30 ~ 上午 9:00 论坛会议室 2#

《将你的企业转移到网上》
下午 3:30 ~ 下午 4:30

答谢买手招待会
下午 6:30 ~ 晚上 8:00

在这个特殊的夜晚要向参加丹佛会展的买手说声"谢谢你"。

免费餐前小吃加鸡尾酒，现场背景音乐，环境舒适，轻松之夜。

星期六
会展时间：上午 9:00 ~ 下午 6:00 开放所有大楼

《50 分钟里 50 个视觉营销金点子》
上午 8:30 ~ 上午 9:30

买手信息会议
上午 10:30 ~ 上午 11:00

《向不可能的人推销》
下午 2:30 ~ 下午 3:30

星期天
会展时间：上午 9:00 ~ 下午 6:00 开放所有大楼

《不仅仅是价格》
上午 8:30 ~ 上午 9:30

《让你的顾客叫好并经常回来的方法》
下午 3:30 ~ 下午 4:30

星期天之夜盛大表演
下午 6:00 ~ 晚上 8:00 市场内的广场上

音乐与舞蹈之夜，免费酒吧与自助晚餐供买手与参展商享用！

星期一
会展时间：上午 9:00 ~ 下午 6:00 开放所有大楼

《你的员工：招聘、解聘、挽留、培训》
上午 9:00 ~ 上午 10:30

《供应商合作关系》
下午 3:30 ~ 下午 4:30

星期一之夜派对
下午 6:00 ~ 晚上 8:00 市场内的广场上

享受音乐之夜，免费自助晚餐、啤酒和现金酒吧。

星期二
会展时间：上午 9：00 ~ 下午 4：00 开放所有大楼

星期三
市场上很多常设样品间会开放，仍有机会买货。参与活动的样品间清单可在秀场拿到。

与买货办事处一起工作

正如你在前面几章中了解到的，买货办事处为客户店铺提供了很多咨询和顾问服务。在你出差前，买货办事处的人可以帮你安排行程和订酒店，而如果你把商品需要告诉了他们，他们会在市场中为你找寻商品系列并预看，有的供应商的商品系列不适合你们的需要，你就不必去拜访了，这样可以为你节省宝贵的时间。

在拜访供应商或参加其它的市场活动之前，你应该与你们买货办事处的代理人谈谈，你应该努力与这些人建立牢固的关系。你对他们的了解越多，他们能给你的帮助就越多；对你的需要有了更深的了解，买货办事处就能提供许多更有价值的帮助。你应该跟他们一起回顾你们的商品买货计划，并讨论大致的市场前景。此外，他们可能会告诉你市场上有些什么新的货源。有些买货办事处给店铺买手提供一间房间，让他们能查看供应商送来的样品。同样地，有的供应商的商品系列不适合你们的需要，你就不必去拜访了，这也可以为你节省宝贵的时间。

买货办事处的代理人也会提出关于货源、款式、颜色或面料方面的一些看法，如表 12.1 所示，许多买货办事处还对来自于像你们这样店铺的买手举办时装发布会和研讨会。花点时间去参加这些活动，它们给你提供机会，让你与其它可能经历相同买货情况的买手交换看法与观点；这些买手并不代表竞争对手，因此你不会是在泄露商业机密。

表 12.1　买手会从市场上了解到的流行家居用品方面的信息举例

理念	颜色	面料及肌理	主要产品
高科技	孔雀蓝	不锈钢	磨砂玻璃
和谐均衡	水仙黄	白金 / 铬	压花木及皮革
与时俱进	哈密瓜绿	聚丙烯	蚀刻金属
干净简洁	南瓜黄	皮革	另类金属
有光泽	珊瑚红	剪羊毛	皮革家具
线条笔直	水绿色	擦痕	塑料餐具、酒具及家具
双罗纹针织品	黑色	覆盖涂层	
模块化	灰色	压花	
管状	灰白色	冲压	
曲线		透明蜡	

拜访供应商

无论你要去拜访的供应商是在中心市场、地区性商品集市还是贸易展会上，你都应遵循一定的步骤让拜访顺利进行：

1. 设定每天的计划行程。别太死板，因为可能会发生延误。

2. **按计划好的顺序走访货源。** 确定你要在市场旅行中查看哪些种类的商品，然后对每个种类拟定你要拜访的供应商清单。许多买手对每个商品种类单独进行考察，这样能帮助他们在一天结束之际理清思路。如果采用这样的方法，你会在彻底看完一个商品种类之后再看另一个；不过，在中心市场上货源的分布情况也许不允许你用这个方法。例如，你想要拜访的几家供应商可能都在同一幢大楼里，然而他们做的可能是不同种类的商品。在造访同一幢办公大楼时，不去拜访那儿所有的供应商，那你的时间就花得太不明智了。在小商品／服装集市上，一次看一个种类很管用，因为同类供应商互相都靠得很近——常常就在同一层楼面上。许多买手还喜欢在看低端产品线之前先看看最为昂贵的产品线，以期更好地了解优质产品的组成。

3. 要准时赴约。如果你必须取消一个会晤，那么越早打电话越好。市场访问不要草率从事，在样品间匆忙而过通常会让买手错过重要的商品，或是忽视值得注意的产品特征。在经过精挑细选的少量供应商这儿仔细查看商品要好过到二三十家供应商那儿走个过场。

4. 下订单之前要查看所有商品。在你第一次查看商品时，要进行详细记录并尝试着挑选商品。有些产品系列可能需要再次查看，但是在最初查看时，你就能排除掉许多产品系列了。

5. 在看的时候给商品定个价。对于你正在查看的商品，在没有仔细检查完之前不要开口询问价格。在查看该商品时，在心里给它定个价。如果供应商开出的价格低于你的判断，那么这可能是笔好买卖，要不就是你忽略了这件商品的缺陷。如果开价高于你的判断，那么你可能忽略了某些特点，要不然就是商品标价过高了。

6. 做好详细记录。你的笔记应包括关于商品的具体细节，如价格和尺码范围、承诺的补贴与折扣以及供应商的姓名、地址和电话号码。在下任何订单之前要对比你们的买货计划，权衡你所有的采购意向。需要根据你的计划分析采购订单，以确保在商品种类、价格带、颜色、尺码及要求的领域都有合适的覆盖。在你的酒店房间里或回到店铺办公室里，安安静静地作出选择。下订单时用你自己的订单表格，因为你知道表格上含有所需信息。

拜访工厂

在市场中你可能应该去拜访你们店里所经营产品的生产厂家，这些工厂常常位于中心市场附近，而这样的访问给你带来更多你们店铺在销产品的详细情况；而且，你还能对该生产厂家如何运作有更多的认识。如果你计划要在商品上获得什么小小的改动的话，这样的访问特别有用。

你可能还应该去拜访你正考虑进行采购的工厂。这样的访问会让你判断出该生产厂家是否能应付生产你所需产品所要求的工作量，你还能确定该生产厂家所采取的质量控制手段的依据。也要去访问小的生产厂家，从那儿你也许能找到非常规的很独特的商品。

其它市场活动

在市场中时，与其他买手交谈，了解他们对目前市场的看法，甚至是他们为自己的店铺选择了什么商品。很多宝贵的信息就来自于买手与伙伴间非正式的谈话。

也要给非市场的活动留点时间。观察街道上的行人或三三两两的人群就能摸索到新的流行趋势。在访问过程中逛逛零售店铺，看看商店橱窗，你也许还应该在市场所在的城市中探访一下有名的店铺。

在线访问样品间

今天，买手们甚至足不出户就能访问某些市场。这些日子以来，在互联网上涌现出来的零售企业对企业在线样品间令人目不暇接。这种市场把许多买手和卖方一起带到一个中央枢纽，在这儿他们只用之前复杂交易所需费用与时间的一小部分就能进行合作与谈判。此外，在线样品间为那些不能轻易接触到传统市场的国家和地区提供了便捷的渠道。

在这一领域现在的主要竞争者包括 fashionjewelrycentre.com，MyeGlobal.com，handBagLove.com 以及 DollarDays.com，所有这些市场给买手开发的界面都稍有不同。在这一家零售买手能在虚拟市场中搜索、挑选、规划供应商并直接与他们进行合作与谈判；在另一家，则给买手提供三种交易方法——分类广告、拍卖和交换——让他们选择最适合自己需要的方式。

总而言之，虚拟样品间挣的钱是靠向通过他们中心进行的交易按交易额的一定比例收费。通常这笔交易费由卖方承担，根据所售产品不同，其收费从商品价格的 1% 以下到 15% 不等。

对零售商而言，在线市场打开了一扇门，可以找到更多品种、更多合作伙伴而不影响效率。不过，大多数专家预言，在线样品间可能对小型或中等规模的零售企业与供应商更具吸引力。互联网能让他们避开大规模主机、应用软件以及各种计算机系统的集成。他们所要做的只是用他们的电脑在互联网动态、实时的环境中开始互动。今天，大多数零售分析家认为互联网上企业对企业的生意毫无疑问会令企业对消费者的生意相形见绌。

准备商务谈判

在到达市场之前，你应该在你们的商品买货计划之外再制订一个商务谈判计划。谈判实际开始的时间总是要比面对面会见早几周甚至是几个月，**商务谈判**（negotiation）不仅仅是一个事件，它还是你们为了获得优势而收集并利用信息的过程。

当提及"谈判"一词时出现在脑海中的印象是什么？对许多人来说，他们的印象是"阴谋诡计"以及无休止的讨价还价、只有一方能以赢家姿态胜出的会议。而你将看到，谈判涉及到的远不止这些。大多数美国人似乎都不喜欢谈判，但是在许多别的国家中，谈判就是家常便饭。如果你曾经出国旅行，并且参观过林林总总的公开市场中任何一家的话，你就知道每一个人都在讨价还价；然而在美国，许多人常常认为讨价还价是那些小气的、斤斤计较的、不合作的人要的手段。其实有许多场合你不得不进行谈判。

你是否曾经不得不说服你的父母给你买辆车？你引用的论据是什么？你有没有向他们强调给你买了车以后他们能得到什么？如果他们决定买车了，是谁去和汽车经销商谈判的？你们是按照标签上的价格付款的吗？很可能不是，如果你们谈判过的话。

事实上，几乎每一项涉及到其他人的活动都包含有某种形式的谈判，难得有两个人事事保持意见一致。如果你结婚了，你很有可能必须就这样的事进行谈判：早上谁先洗澡，要买什么样的新车，周末去哪里吃饭，什么时候买新的家用电器，或是去哪里避暑。每天我们都用到谈判。

像大多数人一样，从孩提时代起，当你第一次不得不与你的兄弟姐妹或邻居家小孩分享你的玩具时，你就学习谈判了，你们不得不商量谁先玩，以及玩多长时间。业务上的谈判也是一样的，涉及两个人之间的给予与索取。换句话说，谈判是双方满意达成一致的过程；谈判也是建立在人们愿意放弃一些东西来得到另一些东西这个前提的基础上的。

作为买手你每次与供应商打交道都要涉及商务谈判。你的目标是降低成本、改善条件及提高补贴，而供应商的目的是以你可以接受的最高的价格得到这单生意。如果要在谈判中达成一致，你们双方都要愿意放弃一些东西。

在任何一次谈判开始之前，你都需要彻底了解市场，而你即将进行的采购量越是大，就越有必要进行调查。你需要了解顾客需求，竞争形势和经济状况，以及你打算采购的产品的技术指标。你应该经常拜访不同类型的供应商并进行比较，你还应该阅读报刊杂志和行业期刊以了解目前最新的趋势。除此之外，对于制造成本的了解能提高你谈判价格的能力。花在调查研究上的时间是不会白费的。

分析你的立场

为你自己准备好与商务谈判相关的事实情况，要有关于你要采购的产品的存货状态、期望利润率以及目前市场趋势之类的信息。开始谈判之前，对每一个你打算要做生意的供应商进行供应商分析。要确保你能向供应商证明，你的报价是合理的，并准备好给出理由解释你向对方要求的让步。

确定供应商的立场

你还需要调查供应商的立场。你们的买货办事处可以帮助你，给你提供关于你将要打交道的那些供应商的信息。与来自非竞争对手店铺的买手交谈是了解供应商的另一种方法，要尽可能多地从那些以前与该供应商谈判过的买手那儿获取信息。

在你制订商务谈判计划时，知道关于供应商公司方面的信息也很有帮助。例如，如果生产厂家做得很好，供应商在他们与买手的谈判中就可能会更大方；或者，如果该公司正面临困境，供应商可能需要以特价把货品清除掉。阅读今日印象"Springs Industries：又一家美国纺织厂的流失"，了解更多关于一家供应商面临的问题。

提高谈判技巧

谈判需要你培养提高各种各样的技巧，成功的谈判技术说到底主要就是一件事——对人的理解。优秀的谈判家既考虑他们自己公司的需求，也考虑谈判另一方的需求。优秀谈判家的特点包括创造性、良好的倾听技巧、良好的组织能力以及自信心等。优秀的谈判家迫使自己灵活运用外交手腕。最出色的谈判家善于倾听，会提出问题来收集信息，或者刺激并引导他人的思路。

对人类行为的了解对于进行谈判的任何人都很重要。你必须对人进行研究，因为他们——而不是条件或条款——才是谈判的关键。成功的谈判家对于他人的需求十分敏感。你需要研究心理学，但更为重要的是你需要倾听与观察，要判断人们以前在类似情况下作何反应。人类行为的模式是可以预测的，但要理解这些模式需要调查和分析。

你还要见机行事，保持开放的心态，随时准备因势利导。最重要的是，你必须与供应商保持友好的关系。由于商务谈判造成的供应商的疏远，只会在将来你处理业务时产生额外的问题。

确定谈判的目标

进入商务谈判之前，你应该认真地制订你的目标，要确切地知道在谈判的每一个节点上你想要得到什么。在准备工作中，你应该回答以下问题：

- "我能接受的最低限度是什么？"
- "我能要求的最大限度是什么？"
- "我能放弃的最大限度是什么？"
- "我能提供的至少是什么？"

事先设定你的最低限度与最大限度，在与供应商最初的谈判中不要暴露底线，而是要坚持底线。一旦你确定了你能接受的最低限度与你能放弃的最大限度，你就需要对供应商的最大限度和最低限度进行评估。永远不要假定和你谈判的供应商会是公正合理的，他们的目标可能只对他们自己是合理的；况且，对你很重要的节点对供应商来说可能并不重要。

设定谈判的阶段

老练的谈判家知道，谈判的另一方并不是敌人；相反，任何阻碍双方达成积极成果的事物才是敌人。认识到环境和人都在变，你必须要随机应变。作为买手，你会进行数以千计的商务谈判，值得怀疑的是其中是否会有任何两次相互雷同。

建立友好关系

与朋友交流远比与陌生人相处更自在，所以在你开始商务谈判前，试着与供应商建立起融洽的关系。即使你以前遇到过这个供应商，你还是需要重建融洽关系的。当你们的谈判涉及到棘手的问题时，创建一种开放、温和的氛围会起到意想不到的效果。

通过聚焦一些小问题来开启商务谈判——那些看起来最容易解决的问题。流露出信心在谈判中也起到很大作用，要有信心和热情。在谈判的整个过程中获得信心并保持信心的方法是确保你的立场是建立在彻底调查的基础上的，不要打无准备之仗。

提出问题

在商务谈判中你还要判断供应商的需求。提出问题，仔细倾听，并且给供应商开口的机会。具体来说，你应该找出供应商对这两个问题的答案：

- "供应商最低能接受什么？"
- "供应商最多能提供什么？"

提出探索型、开放型的问题，并且不断提问直到你了解到了你想知道的所有事情，要坚持不懈。认真聆听回答，因为你可能会发现其中隐含的信息。你的问题应该是中肯的，不会冒犯供应商的，并且你应该确保让供应商知道为什么你想要这些特定的信息。

提出问题以澄清供应商所说的话。你可以这样说："让我确认一下我理解你的意思。"然后用自己的话复述供应商所说过的话。

倾听并留意非语言线索

有效的谈判要靠有效的倾听，供应商可能会在与你的交谈中流露出关于他们的最低限度与最大限度的线索。在商务谈判中做到多倾听、少倾吐，你就能增加机会赢得更多关于供应商立场的信息；有了足够的信息，你就更有可能得到你想要的结果而不用放弃太多。倾听会像倾诉一样具有说服力。

有经验的谈判者还会寻找某些身体信号与姿势，例如，供应商向后靠到椅背上，并且抱住双臂也许意味着他们拒绝你说的那些话。也要当心你给供应商的非语言线索，谈判过程中保持平静，放平肩膀端坐不动，并直视供应商。这些技巧你也许还需要练习，但它们很管用。

制订谈判策略

达成共识是谈判的本质和目的。在一场成功的谈判中，人人都是赢家。除非协议双方离开时都感到他们做了在当时情况下最好的一笔交易，否则不会有真正的谈判。当商务谈判顺利结束时，没有输家。

谈判是一种竞争性活动，应该要当机立断而又有专业精神。当你制订谈判策略时，你应分析自己的个性特点以及要与你进行商务谈判的供应商的特点，然后再制订为达到目标要采用的战术或技巧。不过要谨记，供应商也会制订策略与战术。

谈判中的个性类型

问问像地产大亨唐纳德·特朗普或微软创始人比尔·盖茨那样的人，他们是什么谈判类型，他们也许会自诩坚忍不拔。不过要记住，如果你采用"硬汉"战术来威逼供应商，那么他们有可能不想再跟你做生意了；而其他任何听说过你的战术的人，也不会想跟你做生意。在谈判之前，分析你的个性特点；在谈判进行中，分析供应商的特点。要想谈判顺利进行，你和供应商双方都必须要对合作感兴趣。

你走近谈判是不是如临大敌？如果你只关心输赢，那么从长远来看，你可能做不了一个成功的谈判者。有些谈判者对合作关系或其长远与否一点儿也不关心，他们的目标只是通过权力、威胁甚或是欺骗来取得胜利。

你在商务谈判时是否会轻易让步？有些人在每件事情上都太容易退让了；他们试图保持低调，避免对抗。表现出这种个性特点的买手或供应商，他们的工作都干不长。

这两个特点都是商务谈判类型中的极端例子。你应该要培养一些特质，让你成为**合作者**（collaborator）。就是说，你应该从两方面看待双方关心的问题，而且设法找到能让供应商和你都能赢的解决途径。

谈判战术

在选择商务谈判的**战术**（tactics）时，应该要知道自己的目标。战术应建立在熟悉谈判者及其组织的基础上。你所选择的策略和战术在某种程度上会建立在你或者供应商所拥有的权力基础上。你们双方都拥有某种水平的权力；然而，任何一方都未拥有完整的权力。你们店铺需要从供应商这儿采购产品，可是还有很多其它供应商；供应商需要出售产品给你们，但还有其它零售商会从他们那儿进行采购。有时，经济形势和市场条件可能给予供应商或你们更多权力。例如，在经济衰退时，供应商可能有大量的商品卖不掉，这在谈判过程中就给你更大权力；相反地，当经济好转，供应商出售的产品有大量需求存在的时候，权力就在供应商那儿，他就不太愿意做出让步了。你需要了解你自己权力的极限，并且认识到供应商权力的极限。永远不要利用你们店铺的影响力去威胁供应商，你们也可能会面临窘境，会有需要他们支持的时候。

学着识别并应对商务谈判战术。以下是一些经常用到的谈判战术：

- 要么全盘接受，要么走开。这个战术是用在出现僵局，或没时间再进一步谈判的时候。很显然，会有未能达成一致的风险，而另一方可能会走开。这种战术如果处理得不好会引起不满。
- 职权所限。这一战术要求买手说他或她被授权以最高 20 美元买下特定商品，更高的价格需要获得商品经理或财务总管的批准。
- 但是你能做得更好。这一战术是激励供应商再做得好一点来完成这笔交易。
- 但是我下不了决心。这一战术将说服买手的重担压在供应商肩上。供应商经常会假设自己的角色是买手，总结问题，指出相关的长处和弱点。最终，供应商可能会改善提议，设身处地地帮助买手下定决心。
- 事实与数据。这一战术可能会决定商务谈判的结果。数据最多的人能为他或她的立场造成最有利的局面。
- 要是……又怎样？这一战术用于下列问题："要是我增加采购数量又怎样？""要是我们合并同类项又怎样？""要是我收到发票 10 天内而不是 30 天内付款又怎样？""要是我们提供的质量保证期再延长六个月又怎样？""要是我们提出多买一件打八折又怎样？"
- 让我们折中一下。这一战术需要买手和供应商双方都放弃等额的争议差额。通常这一战术用在差额很小且接近谈判终点的时候。
- 时间压力。这一战术也是供应商和买手双方常用的，其目的是让另一个人放弃些什么。供应商会用下面这些说法迫使你马上作出决定："下个月会涨价。""这个报价仅十天有效。""订单收到后四周交货。""现有库存不多了。"作为买手，你也可以采用时间压力战术。例如，你可以说："我明天就要回去了，在今天结束之前我需要你的最终报价。"时间压力战术对于有时间的人来说有用，但真的缺少时间则会对你的谈判不利。

谈判包括讨价还价与相互妥协。进入商务谈判的人应该专注于战术，仅在结束时进行妥协。准备充分，争取主动对于在商务谈判过程中占据优势极为重要。除此以外，谈判是可以学习的，而实践才是提高谈判水平最有效的方法。

讨价还价

商务谈判过程包括供应商和你之间有关商业交易的讨价还价和达成一致。试着从供应商的观点去理解对方的提议，这样你就会知道对他们来说重要的是什么。

在谈判中，沉默是更为强大的工具之一。人们不喜欢沉默，通常会试图用信息来填补空白。例如，假定供应商对你说："我不能保证到月底还是不是这个价格。"如果你保持沉默，让供应商说话，他或她会暴露出实际情况并非如此。

在商务谈判的正常进程中通常会达成**妥协**（compromise），然而妥协并不是谈判的唯一目的。在商务谈判中真正的技巧是找出一个解决办法，给对方的刚好足够让他们愿意签约——但不能再多了。

在商务谈判中接受第一次报价是不明智的，因为这么做就摸不清另一个人的底细。要避免让步太快，如果你急于加速完成谈判而放弃一些东西，这种冒险是毫无必要的。商务谈判需要的是充分的讨论，而不是走捷径。

商务谈判的最后 20% 的时间相信是在做出大多数让步的时候。如果你不得不在谈判中做出取舍，而这种情况在所难免，那要确保你放弃的东西不会偏离你的长期战略。

谈判者经常在他们能谈到更好的条件时太快做出肯定的回答。学会以"望而却步"作为标准反应来对付任何提议，然后扮演一个心不甘情不愿的买手角色。

如果你认为商务谈判已接近尾声却没有获得决定，就向供应商讨个解决方法，要以合作关系理念为基础。事实上，供应商可能会给出一个你想也没想过的可以接受的方案。在商务谈判的这个阶段，要避免**最后通牒**（ultimatums），这种谈判战术最为常见，但效果最差。即使供应商屈服了，他或她也会对你心怀不满。如果你还打算再跟这家供应商做生意，而这很有可能，那么如果另一方输了，你也赢不了。你赢了而供应商却输了，这对将来做生意没有好处；当你们双赢时，你才有可能在离开谈判桌时不止是谈好了一笔生意，还获得了一种建立在相互尊重的基础上的合作关系。商务谈判不应该以"胜者为王"，当你认识到这一点时，你已经踏上了商务谈判者的成功之路了。

谈判备忘录

在进入商务谈判之前，列出引导你谈判的各个方面的清单。要坚定而自信；直截了当地提出你的要求。下列是你谈判可能涉及的一些最重要的议题：

- 价格
- 折扣
- 运输条件
- 补贴
- 退货权
- 专卖
- 低价优惠
- 特定买货
- 自有品牌
- 供应商支持的促销
- 交货

这些方面在第十四章里有更全面的探讨。作为买手，你的责任是谈判你们店铺有资格得到的所有补贴或服务，因此你必须要知道供应商能提供些什么。

谈判的结果

商务谈判是在运转中的商业关系，它包括的不仅仅是从另一个人那儿赢得更多的让步。虽然这种态度在一次性的交易中也许有用，但在不断发展的商业关系中，谈判的结果必须要符合所有当事人的利益。此外，对双方都有利的解决办法应该传达出了对利益的看法。伟大的谈判家都是化解难题的高手。

谈判是一项基本的商业技能，包括你所传递的态度，运用的战术，以及你所表露出来的对他人情感及需求的关心，其目标是双方都要赢——要发展长期的伙伴关系。成功谈判的结果是理解、接受、尊重、信任以及长期的商业关系。

要点总结

- 中心市场上的供应商一家挨着一家，买手有机会接触到大量的关键资源。美国国内特定地区发展了不少地区性市场，为买手在小商品／服装集市中提供一站式购物服务。买手也可以在贸易展会或博览会上找寻货源，许多地区每年都会举办这样的展会。
- 在规划出差买货行程前，买手需要明确出差的目的，并制订商品买货计划以及商务谈判计划。
- 季节、商品种类、店铺规模及其商品政策、距离市场远近以及经营情况将决定买手访问市场的频率。
- 在市场上，买手应该与买货办事处交谈，拜访供应商及参观样品间，到工厂转转，参加研讨会和时装发布会，跟其他买手聊聊，去出色的零售商店逛逛。
- 当买手在查看系列产品时，必须要有条不紊，并且认真记录。有些买手比较喜欢把一个分类的所有产品都看完才去看下一个分类。
- 买手每次交易都必须与供应商谈判。
- 商务谈判早在供应商与买手面对面会谈以前就发生了。谈判前，买手必须收集并利用有关顾客、竞争形势和经济状况的信息，以及他们要采购的产品的事实数据。
- 商务谈判前，买手应该从买货办事处和其它以前跟对方打过交道的买手那儿打听一下供应商的情况。
- 商务谈判需要买手理解别人，善于倾听。成功的谈判者有自信，处事圆滑，善用外交手腕。
- 商务谈判之前，买手应设定自己能接受的最低限度以及能让步的最大限度。在谈判过程中，买手还必须评估供应商的最低限度与最大限度。
- 提问题有助于买手在谈判过程中确定供应商的立场。提出问题需要买手仔细聆听以便获取更多关于供应商在立场方面的信息。
- 妥协不应该成为谈判的目的。在商务谈判中真正的技巧是找出解决办法，给另一方的刚好足够让他们愿意签约——但不能再多了。
- 成功的谈判者是合作者。他们的目标是谈判双方都是赢家。
- 供应商和买手双方都有各种谈判战术可以运用。双方经常会采用同样的战术来让另一方放弃一些东西。
- 商务谈判的最终结果应该是对买手和供应商双方都有利的解决方案。

复习回顾

零售买货词汇拓展

如果你的词汇表里没有下面这些词，请参考书后术语词汇表。

中心市场	central market
合作者	collaborator
妥协	compromise
博览会	exposition
小商品 / 服装集市（商业中心）	merchandise/apparel mart
商务谈判	negotiation
战术	tactics
贸易展会	trade show
最后通牒	ultimatum

阅读理解

1. 讲述买手在中心市场上一般会找到些什么。
2. 列举并讲述出差买货的三个目的。
3. 买手会为了什么原因短暂而频繁地出差买货？
4. 规划买货行程时首先应该制订什么？
5. 买手的商品买货计划可能需要谁来批准？
6. 在买手到达市场之前，买货办事处能给买手提供什么服务？
7. 为什么买手应该出席他们的买货办事处赞助的研讨会？
8. 讲讲完整看完一个商品种类后再去看另一个种类的好处。
9. 为什么大多数美国人不喜欢谈判？
10. 任何谈判开始的起点在哪里？
11. 为什么了解供应商的立场对谈判进程很重要？
12. 买手在准备商务谈判时应该回答哪四个问题？
13. 讲述在商务谈判过程中与供应商建立良好关系的方法。
14. 在谈判进行中，买手应该试着回答哪两个关于供应商立场的问题？
15. 为什么倾听对谈判进程这么重要？
16. 为什么买手着手谈判时不应显得如临大敌？
17. 在谈判过程中应该什么时候运用"让我们折中一下"战术？
18. 讲讲买手和供应商双方都可以怎样运用时间压力战术。
19. 为什么买手永远不应该用自己店铺的影响力去威胁供应商？
20. 为什么买手应避免在商务谈判中让步太快？
21. 为什么当谈判进程看似停滞不前时，买手应该向供应商讨要一个办法？
22. 任何谈判的结果都应该是什么样的？

分析与应用

1. 买手匆匆忙忙草率地看完供应商的产品线可能会导致什么问题？

2. 为什么买手向供应商询问其商品系列的价格以前应先自己"定价"？

3. 解释原因，为什么妥协不应该成为谈判的唯一目的。

4. 你的调查揭示出你将要与之谈判的供应商非常看重采用事实与统计数据支持。作为买手，在与该供应商会面前你应该做些什么？当供应商开始抛出所有这些数据时你应如何应对？

5. 跟你正在谈判的供应商刚刚以"要么全盘接受，要么走开"的立场打击了你，他要以每件 15.50 美元的价格把男衬衫出售给你，一分钱也不肯便宜。你应如何答复？解释原因。

6. 草拟一个计划，让任何新买手都能用来练习成功的商务谈判所需的技巧。

连接网络

1. 在互联网上访问一家拍卖网站，比如 www.ebay.om，记录下谈判过程中所用的相关信息（例如起拍价，报价有效时间等等）。此外，报告一下网站是如何处理卖家可靠性方面的信息的。

2. 在互联网上访问两个地区性小商品 / 服装集市，比如 www.denvermart.com，记录关于开市日期及日程安排方面的信息。

3. 在互联网上访问两大美国家具市场 http://www.highpointmarket.org 和 http://www.lasvegasmarket.com，查找买手要参观这两个市场所必须遵循的流程信息。了解最近市场的受访次数，把这些受访数字与过去的进行比较和对比。最后，了解一下目前家具方面的趋势。

4. 在互联网上访问 http://www.magiconline.com，了解更多关于在拉斯维加斯举办的 MAGIC 市场的情况，找出网站上对于即将到来季节的流行趋势预测。

今日印象

美国国际玩具博览会

哪种玩具会是今年热卖的 Tickle Me Elmo？每个玩具制造商都希望这个问题的答案就藏在他们的新产品线中，在每年二月在纽约举办的美国国际玩具博览会上揭晓。在这个一年一度的贸易展会中，流行语总是"会是哪个玩具？"然而却无从知晓。Tickle Me Elmo 是在 1996 年一鸣惊人的——假期前在美国各地的店铺都已脱销。此外，多亏了那一年红极一时的 Elmo，所有毛绒玩偶的销售量攀升了 12%。然而 Elmo 现象不是事先计划出来的，即使是最大的玩具公司通常也不能预测什么玩具将会热销。

许多事情都取决于这个活动。每年随着玩具博览会的开幕，生产厂家会展示他们的新产品，零售商会四处打探，看看这一年的下一个大热门会是什么。这一年度玩具盛会将生意与十足的傻气混杂在一起。有的公司搭建起精心制作的布景，雇佣演员团队来推销他们希望会在这一年，尤其是在假日季期间大卖的产品；西装革履的男士们舔着棒棒糖翻看着 Furby 的新朋友们；总经理们讨论着各种玩偶的优点；女演员们坐在为表演而搭建的卧室布景棚里，挠着玩具婴儿的脚底心；公关人员吹着气球。然而，在表演结束的时候，上百万美元的订单已经签好了，而玩具总经理对这一年最火的热门产品是什么已经胸有成竹。

多年以来，生产厂家一直非常依赖特许玩具，把他们的产品与新上映的好莱坞电影联系在一起。今天，看起来好像每一部电影都有与之相关的产品。玩具制造商青睐与电影相关的产品，因为这些产品是有大量广告支持的娱乐套餐的一部分。但是，生产厂家和零售商每年都得翘首以盼孩子们对新的影片是否有反应，他们知道这些玩具非常有利可图。随着 20 世纪 90 年代晚期《星球大战》三部曲的发行，Hasbro and Galoob Toys 重新发行了他们与这部系列电影相关联的完整系列的动作玩偶，他们以 20 年前的影片角色为基础，售出了价值 4.25 亿美元的玩具。

在近年来许多在市场上风行一时的新玩具身上，科技也助了一臂之力。也许近年来反映科技影响力的最令人惊奇的新生事物就出现在婴幼儿和学龄前儿童的细分市场中，很大一部分发展来自于计算机芯片在乐器玩具（比如 Barney's Magical Banjo）和学龄前儿童的学习型玩具（比如 VTch's AlphaBert）中的创造性使用。

零售买手也会每年给传统玩具下订单，他们知道许多父母给他们的孩子买的玩具跟他们自己小时候玩的玩具很相似。许多生产厂家甚至用新的互动科技来更新这些传统玩具，例如，建筑玩具制造商乐高随着光盘电子游戏"乐高岛冒险"的发布走上了高科技之路，该款游戏将科技与传统乐高建筑积木结合在一起。

对于零售玩具买手来说，玩具博览会是他们每年都会参加的最重要的展会。不过他们必须看透那些天花乱坠的广告宣传，考虑他们的顾客会被什么打动，并在此基础上作出选择。随着这些决定而来的是巨大的压力——没有哪家零售商想在假期中堆满没人要的玩具。

Springs Industries：又一家美国纺织厂的流失

2007 年 6 月，Springs Industries 宣布关闭它在南卡罗莱纳州的最后一家工厂。这家纺织公司是家族企业，始于 120 年前南卡罗莱纳州的米尔堡。在《The Charlotte Observer》上发表的采访中，公司的联合首席执行官 Crandall Close Bowles 说道："更新换代的步伐……令我震惊，我从没有想过我们会这么快走到这一步。"Bowles 指出，原本由 Springs 生产的床单和毛巾现在大部分都是在巴西和其它工资较低的国家生产的。2005 年 1 月 1 日，执行了数十年的进口限制解除，外国竞争对手如脱缰的野马般飞驰而来，令 Springs 毫无还手之力。

该公司宣布，关闭美国工厂并将经营转移到阿根廷、巴西和墨西哥的目的在于降低生产成本。工厂在巴西的车间平均工资为每小时 1.40 美元，这差不多是在中国和印度的纺织工人挣到的两倍，但是巴西离美国市场更近，所以装运到店上架更快。另一方面，Springs 在南卡罗莱纳工厂的工人工资平均每小时 15 美元左右。

这些举动的目的在于帮助 Springs 渡过难关。家居用品公司三巨头中的其它两家境遇更糟。2003 年，Pillowtex，即原先的 Fieldcrest-Cannon，指责进口是其关门并导致美国丧失数以千计工作的罪魁祸首。同一年，West-Point Stevens 申请破产，不过之后已被收购。

2004 年，Springs Industries 销售额超过 33.7 亿美元，远远超过他们在 2008 年 22.8 亿美元的销售额。随着 Pillowtex 的停业，Springs 的销售逐渐好转，但 2004 年该公司在床单和毛巾的业务上仍然损失了将近 1,700 万美元，它很难拿到价格有利可图的订单。

2005 年，由于对中国和其它国家的进口限制终止，这些国家运往美国的许多纺织品获准在数量上不加限制，Springs 的损失将近 9,600 万美元。例如，这一年被单进口量猛增 49%，而毛巾进口上升 36 个百分点，国内产品的最大好处——交货快——不足以抵消产品成本上的巨大差异。

到 2007 年底为止，Springs 在美国仅剩下一家毛巾工厂，但还有其它生产枕头、床垫和浴室地毯之类产品的国内工厂。在作出关闭声明时，公司官员说转移到国外市场使 Springs Industries 能够 "……将大规模、高效率、最先进的设备与低廉的劳动力及能源成本相结合，并且令公司可以使用低成本的原材料。"

Springs 在 20 世纪 90 年代中期曾经一度在北卡罗莱纳州和南卡罗莱纳州雇佣了超过 15,000 名工人。这次关停之后，Springs 在卡罗莱纳州将仅剩下大约 700 名工人，大部分在分销机构和两个销售与行政办公室。

其它国内工厂会多快步 Springs 的后尘，背井离乡？零售买手多久以后有可能再也找不到国内货源的纺织品了？

未来趋势

哪个家具市场会占主导地位

2005 年 7 月，当内华达州拉斯维加斯市家具市场开张时，立刻就有人置疑，已经存在近百年的北卡罗莱纳州海因波特市的国际家具市场的未来前景如何？令海因波特引以为荣的是，在每年的 4 月份和 10 月份在 180 幢大楼的 100 万平方米的展位中分布着超过 2,500 家参展商。拉斯维加斯的环球中心市场开张时有 24 万平方米，已经宣布计划到 2013 年为止，展示空间将扩展到将近 110 万平方米——相当于海因波特市现有的市场面积大小，拉斯维加斯市场开业时吸引了 62,000 人，比海因波特市场现有的 100,000 人少不了多少。

出席这两处展会给供应商提供了开发新顾客的机会，同时也跟那些可能只通过电话或互联网进行销售沟通的客户有了面对面接触的机会。对于供应商来说，海因波特市场给出的单位平方英尺的租金更低，在拉斯维加斯的平均费用约为每平方米 320 美元，而这几乎是海因波特的两倍。

买手们想在同一个市场上看到产品的所有系列。对于很多人来说，目前在海因波特市场上能看到的产品比世界上任何其它地方都要多。然而，拉斯维加斯市场的一个优势在于同时推出 "展中展"，例如，维加斯礼品配饰展为礼品买手和供应商提供了一站式目的地，展品包括桌面用品、文具、蜡烛、相框、花瓶和园艺，而室内生活方式展则集中了创新型和以趋势引导的产品。

有些分析家强调，海因波特是 "埋头苦干" 的会展，前来参加的买手心无旁骛，不会因为娱乐消遣而心不在焉。然而有些业内人士对此言论嗤之以鼻。世界上最大的家具生产厂家之一的一位高级管理人员相信，拉斯维加斯无疑正在走向主导行业展会之路，他认为当买手来到家具市场时他们的确是在工作，但是他们也想受到热情款待。

其它家具店管理层持反对意见，他们宁愿把买手送去那些能在那儿完成大部分工作的市场，在这场竞赛中海因波特赢得不费吹灰之力。这两个市场之间还有另一个显著差别，拉斯维加斯的市场日开场缓慢，但自始至终在发展着——这种趋势与海因波特展现的市场日截然不同，也许这样的反应可以归因于拉斯维加斯与海因波特在娱乐生活方面的不同吧。

　　一些公司认识不到拉斯维加斯的重要性，可能就像几年以前他们没能接受中国成为家具出产地一样。目前，哪个市场会赢哪个市场会输的问题悬而未决。归根结底，成功与否取决于买手决定去参观哪个市场。

第十三章

在国外市场上找寻货源

行动目标

- 确定买手从国外市场上采购商品的原因
- 确定在国外市场上采购商品时买手面临的障碍
- 概述当判断从国外市场上采购商品的可能性时需要考虑的因素
- 列举并解释寻找国外货源的途径
- 确定计算国外商品到岸价的组成部分
- 确定当店铺扩张进入国外市场时买手要特别考虑的事
- 认识到商业市场的不断全球化正在发生
- 引证努力"购买美国货"的例子

你已经花了好几天甚至是几周时间来研究市场以及制订商品买货计划。现在你得进行采购，即把你的计划付诸行动，而这涉及到为你们的顾客挑选合适的商品。商品选择是个持续不断的过程，可能发生在你的办公桌前，在生产厂家的样品间里，在小商品集市中，或是在国外市场上。不管你决定去什么地方进行采购，你都必须确保一旦商品进店，你的顾客就马上会买。另外，你要用于采购的金额很可能会影响到你去哪里进行采购。

在这一章里，主要讲的是从国外货源进行挑选和采购，你还将研究这些货源带来的机会和障碍。这里会解释寻找国外货源的途径，也会讲述"购买美国货"运动和零售业全球化带来的影响。

国外市场

买手和零售商必须时刻关注不同国家在全球商业市场中扮演角色的发展变化，一个国家的发展或衰退会对买手在哪里进行采购产生巨大的影响。近年来，中国与印度这两大新兴市场不断经历着经济的蓬勃发展。在中国，消费者的花费持续飞速攀升——使中国成为世界第三大零售市场，令全世界零售商跃跃欲试。

从国际上来看，新兴市场的零售业增长也欣欣向荣，比如土耳其、埃及、印度尼西亚、哥伦比亚和南非，预计这些国家的经济增长势头都会很强劲，而在现代零售业上的投资也会很可观。零售商正越来越多地讨论向现代零售业的最后一个前沿——非洲扩张。

2009 年排名前 250 位的全球零售商总销售额达到 3.76 万亿美元；然而，世界十大零售商在排名前 250 位的总销售额中的占比下降，而他们的综合销售额的增长则停滞不前。事实上，前十名零售商中有四家销售额下滑——Carrefour、Metro、Costco 和 Home Depot。不过，Walmart 仍然保持着无可争辩的领先地位。排名前十的全球零售商如表 13.1 所示。

表 13.1　排名前十的全球零售商

零售额排名	公司名称	公司原属国	净销售额（百万美元）	主营模式	经营国家
1	Wal-mart	美国	401,244	超大型自助商场 / 超级购物中心 / 超级商场	15
2	Carrefour	法国	127,958	超大型自助商场 / 超级购物中心 / 超级商场	36
3	Metro	德国	99,004	现金购货运输自理 / 仓储会员店	32
4	Tesco	英国	96,210	超大型自助商场 / 超级购物中心 / 超级商场	13
5	Schwarz	德国	79,924	折扣商店	24
6	Kroger	美国	76,000	超级市场	1
7	Home Depot	美国	71,288	家居装饰	7
8	Costco	美国	70,977	现金购货运输自理 / 仓储会员店	8
9	Aldi	德国	66,063	折扣商店	18
10	Target	美国	62,884	折扣百货商店	1

对美国来说，有两个协定极大地影响了与国外市场的贸易往来。GATT（关贸总协定）和 NAFTA（北美自由贸易协定）对于买手从国外货源处采购什么以及如何采购都造成了深远的影响。

关贸总协定（1994）减少了大量产品约 40% 的关税，还包括了美国与其它 123 个国家之间新的贸易规定；然而，参加国之间的贸易壁垒是逐渐消除的，其最终结果是美国的买手得以接触到全世界各地的市场。北美自由贸易协定（1994）也逐渐消除了美国、墨西哥和加拿大之间的贸易壁垒，墨西哥也成为美国买手采购产品，尤其是服装及纺织品的重要国家，墨西哥离美国很近，买手也就能更快得到所订的货。

从国外货源采购

美国采购的产品有 30% 以上是从国外市场进口的。在这一节里，你将查看：（1）导致买手寻求国外货源的主要原因；（2）国外采购的障碍。

从国外货源采购的原因

所有想得到的产品在美国几乎都能找到，然而买手还是从国外物色货源和采购商品。汽车、照相机、电视机、DVD 播放机和衣服，这些只是来自国外市场的一部分产品种类，其数量非常庞大，在与美国生产的产品竞争。为什么买手要从国外货源采购商品？主要原因有以下这些：

无法获得的商品

对有些产品来说，唯一可能获得的货源就是国外市场。例如，今天在美国几乎不生产照相机，许多特殊食品也必须靠进口，还有葡萄酒和烈性酒。此外，无法在国内复制的手工制品也靠进口。当顾客想要的产品从国内无法获得货源，买手就必须到国外市场寻求这些商品。

低成本

从国外市场进口的商品常常要比从美国国内渠道采购的同类商品价格便宜。之所以成本低，一般是由于许多第三世界国家工厂付给工人的工资非常低；不过，许多国家的工资正在逐步上升，如日本和韩国。

质量

在美国生产的商品质量是不错，然而有些国家生产的是优质产品。世界上的优质亚麻布来自比利时和爱尔兰，意大利有一些用于服装的精致皮革，来自中国的丝绸和来自印度的棉织物世界闻名。许多美国消费者也意识到国外产品的质量技高一筹，问问消费者性能最好的汽车品牌，他们很可能会提到德国的宝马和奔驰，以及瑞典的沃尔沃。

独特性

顾客总是想找与众不同的东西，国外市场是独具特色的商品的来源之一。款式别致的特殊手工制品可不是能从国内渠道能轻易找得到的。在美国，顾客们好像总是在找寻新的、不同的、独特的产品。看看图 13.1，判断一下你是否知道哪些产品主要是从国外渠道采购的。

中国	美国	
		1. 闹钟
		2. 动作玩偶阿拉丁
		3. 影视片《阿拉丁》
		4. 圣诞节装饰物
		5. 手机
		6. 男式衬衫
		7. 魔术文胸
		8. 办公设备
		9. 运动鞋
		10. 真空吸尘器

图 13.1
测试你的商业智商：你是否能够一整天完全不使用中国制造的东西？看这张产品清单的右面，大部分产品是在哪里制造的，就在相应的国家旁边打个勾

流行趋势

从全球来看，欧洲仍然对流行有很大的影响力，来自世界各地的买手都会参加巴黎和米兰的时装发布会，去发现新的趋势。进行海外采购让买手有机会给他们的顾客提供新的令人兴奋的东西，并让店铺保持流行引领者的地位。阅读今日印象"Zara：供应流行款式和快速反应"来了解更多关于一家国际零售商是如何使时尚圈发生巨变的。

从国外渠道采购的障碍

如果选择从国外渠道进行采购，必须认识到存在着一些障碍。这些问题不应令你对国外货源望而却步，但是要你小心从事。以下是一些典型的障碍：

需要提前进行采购

由于进口产品保证交货所需的提前量比较长，从国外采购产品必须要比国内货源的采购早得多，而这就使得销售预测更难进行。越是长时间的趋势越难预测；不过，行业期刊、流行预测机构、买货办事处和报告服务机构都能帮助买手进行长期趋势预测。

交货问题

从国外货源采购的商品，也常常由于码头罢工和天气问题之类的事件造成不可预知的装船延误。因为海外采购涉及的交货距离太远，在运输过程中可能无法查对货物所在的方位。此外，对于流行商品来说追加单的交货几乎是不可能的，在追加单到货前季节没准已经过去了。你所签订的任何订单都应包括商品交付完成日期，应谈好罚金以防货品晚到。

规格不符

尺寸在全球商业市场上各不相同，从许多国外市场上采购的商品可能在尺码上与美国的不相符。如表 13.2 所示，S-M-L 在不同国家代表不同的尺码。克服这一障碍最有效的方法是给生产厂家提供具体的尺寸规格表。

表 13.2 服装尺码指南

美国的服装尺码与世界上其它地方都不同。因此，当你在美国购物之前了解你的尺码在美国的相应规格是很重要的。这是服装指南，帮你找到你的尺码。所有尺码都是粗略估计的。

女性							
连衣裙及套装							
欧洲	34	36	38	40	42	44	46	48
英国	6	8	10	12	14	16	18	20
美国	4	6	8	10	12	14	16	18

鞋						
欧洲	38	38	39	39	40	41
英国	4½	5	5½	6	6½	7
美国	6	6½	7	7½	8	8½

男性							
西装及外套							
欧洲	46	48	50	52	54	56	58
英国	36	38	40	42	44	46	48
美国	36	38	40	42	44	46	48

衬衫							
欧洲	36	37	38	39	41	42	43
英国	14	14½	15	15½	16	16½	17
美国	14	14½	15	15½	16	16½	17

鞋						
欧洲	41	42	43	44	45	46
英国	7	7½	8½	9½	10½	11
美国	8	8½	9½	10½	11½	12

袜子						
欧洲	39	40	41	42	43	44
英国	9½	10	10½	11	11½	12
美国	9½	10	10½	11	11½	12

儿童					
欧洲	125	135	150	155	160
英国（厘米）	43	48	55	58	60
美国（英寸）	4	6	8	10	12

额外的费用与时间

当你需要亲自出差进行买货时，国外市场没有国内市场那么方便，因为从一个供应商到另一个供应商那儿很困难，访问多个国外市场需要的时间就要多得多。你可能会为了看产品线以及比较所提供的产品要奔波于城市的不同区域，甚至是不同的城市之间。

长期占用资金

进行国外采购的时候，零售商的资金所占用的时间要比国内采购长。国外的工厂通常会要求在货物离开该国以前付款，而大多数国内的生产厂家则会延长信用证条款，允许零售商在货品交付之后等上一段时间再支付款项。

做出决定从国外渠道采购

美国的买手认为海外采购能在全球商业市场上找到令人兴奋的商品；然而，在作出决定采用国外货源之前，你应该考虑以下指导原则：

- 确认来自国外渠道的产品对你们现有产品种类的扩展是合理的。
- 只有在国内市场上采购的产品其成本使你没有竞争力的情况下才考虑国外采购。
- 要认识到国外采购时沟通的线路会更长。
- 仔细研究从国外渠道过来的运输路线安排。
- 要注意国外采购涉及的所有费用。
- 开始时做得小一点、慢一点。在进行大宗商品采购以前先测试一些国外产品。
- 最开始的时候，要保留其它替代货源。

在从国外渠道采购商品以前，你必须确保考虑到了所有与采购货品相关的费用。需要常常关注美国对外贸易规章条例、税务条例、配额以及运输费用，只有你知道了这些信息才能与美国生产的产品进行有根据的比较。

大部分进口到美国的产品都要交税，称之为**税收**（duty）或**关税**（tariff）。这些税收的主要目的是造成进口商品的成本高于国内生产的货品，从而降低进口的数量。税金是按产品价值的某个比例收取的，这个比例根据商品的种类以及原产地而有所不同。

许多美国零售商因为管理进口商品的官僚规定而支付了不必要的费用，他们或许可以通过详细填写采购订单及发票上的描述而省下一大笔钱。计算税收的关键一步就是精确描述运输货品。例如，某家居建材零售商进口砖瓦，精确描述所采购的商品能在某一项上节省 33% 的税收：砖瓦的税率从釉面马赛克地板砖的 20% 到屋顶瓦的 13.5% 不等，而非马赛克地板砖的关税是 19%，在发票上仅仅写上"砖瓦"一词会导致很高的关税。采购服装同样需要精确的描述，衬衫与上装的关税率是不同的。

注明产品的原产地可能也会减少进口关税，不同的税率要看产品是从哪里采购的。曾经有一度同样是陶砖，从意大利进口你要交 13.5% 的税金，如果从以色列进口则是 4.3% 的税金，从巴西进口是免税的，而从捷克共和国进口的话要 55% 的税金。由于零售商在日益全球化的市场中竞争，关注进口税费对增加利润来说更是成为重要手段。

获得正常贸易关系地位的国家享有更低的关税。1998 年，这个类别正式取代了**最惠国待遇**（most-favored-nation status）这个仍然在广泛使用中的术语，这一待遇使得从这些国家进口的产品税率更低。看看下面这个例子就能说明最惠国待遇的影响了。在受到这一特殊待遇之前，销售到美国的 750 毫升装的俄罗斯红牌伏特加每瓶要加收 1.07 美元关税，在新的贸易待遇下，该关税降至 8 美分。

配额对进入美国的进口商品数量以及消费者支付的价格也有影响。**配额**（quota）是指对某些特定产品种类由一国政府预先决定的允许出口到美国的商品数量。配额是保护美国生产厂家的另一途径，因为第三世界国家因其工资远低于美国而能生产更便宜的产品。当进口受到限制时，那些供不应求的商品的价格就会提高。在美国，利用配额对许多行业进行保护，尤其是汽车工业和服装业。

在对国外商品和美国国产的商品成本进行比较时，买手必须计算所有这些费用。买手必须知道国外商品的到岸价。**到岸价**（landed cost）是指国外商品的最终成本，其中包含以下费用：（1）商品成本；（2）税收和关税；（3）佣金；（4）保险金；（5）仓储费用；（6）运输费用。

找寻国外货源

你可以采用许多方法来找寻海外货源。作为买手，你可以亲自去国外市场出差买货或采用中介机构。

亲自出差买货

许多买手制订能从国外市场给他们的商店提供独特的商品品牌的进口计划。开发这些品牌的方法之一是亲自接触国外市场。因为需要直接谈判，流行商品一般都是以这种方式进行采购的；然而，只有大型零售机构才能承担直接派买手去国外市场的费用。如果考虑亲自出差买货，你应该认识到有些问题需要克服，其中就有语言和社交/文化上的差异。表 13.3 列出的资料是访问其它国家时在礼仪方面的注意点。

表 13.3　访问其它国家时在礼仪方面的注意点

柬埔寨	不要触碰柬埔寨人的头或从他们头上传递东西，因为他们认为头是神圣不可侵犯的
中国	如同大部分亚洲文化一样，不要挥舞筷子或用筷子指指点点，不要把筷子直直地插在米饭碗里，也不要用筷子敲碗，这些举动都被认为是极其无礼的
印度	不要赠送用皮革制成的礼物，因为许多印度人是素食者，而且认为牛是圣物。在餐馆中招待印度客户时要牢记这一点。不要挤眉弄眼，因为这被视为挑逗
日本	当着给你名片的人别在名片上写字或把名片胡乱塞到后面的口袋里，这是失礼的。要双手接过名片并仔细拜读
马来西亚	如果你收到马来西亚商务伙伴的邀请，要以书面回复。别用左手，因为左手被视为不洁
菲律宾	不要把主持活动的女性称为"女招待"，这个词是指妓女
新加坡	如果你打算送礼的话，要送给公司，给个人送礼被视为行贿
越南	只与示意与你握手的同性握手，男性或女性在公开场合中有身体上的接触会遭人非议
法国	在商务会见时保持平静，彬彬有礼。不要表现出过分亲密，因为这会引起猜疑。不要询问私人问题
希腊	如果你需要做手势叫出租车，掌心向外举起五根手指被视为冒犯的姿势。将你的掌心向内，并合拢手指
墨西哥	如果到业务伙伴家中拜访，除非业务伙伴谈起，否则不要提及生意的事
西班牙	在西班牙外出就餐时要自己结账。等着服务员先给你拿账单过来被视为无礼

语言

买手必须掌握他们谈判采购商品的那一国语言。在谈判时不用翻译就能沟通其意义重大，而且引起误解就会更少。尽管英语已经成为贸易的国际化语言，许多小国家还是负担不起享有大量说英语的代理人的奢侈。

社交和文化意识

买手必须意识到世界各地的文化都有差异，举手投足间可能就会毁掉买手正在谈判的买卖。在日本，脱鞋进入别人的家可能是举止得当，但在美国则有可能会引起侧目。

去国外出差买货需要的规划大致类似于你们在美国出差买货的计划。国外出差买货规划的一个独特之处在于你必须向国外供应商提交信用证，**信用证**（letter of credit）是由采购方银行开具给卖方的保证款项用于购买所订商品的一种承诺。

除了拜访国外工厂之外，你的市场之行还可以包括参观国外市场上的博览会和贸易展会。这些展会与在美国举办的那些差不多，会持续几天或一周，吸引着世界各地的买手和零售商。

美国买手也许不出国门就能接触到海外渠道，有些国外生产厂家在美国的中心市场开设有办事处。

使用中介机构

对于大多数买手来说，亲自去海外市场出差买货也许并不可行，所花的费用与时间对他们的店铺来说都太多了。另外，有些出差去国外市场的买手也许不适应别国的语言与风俗习惯。在这样的情况下，买手们可以用**中介机构**（intermediaries）或中间人，中介机构也有好几种。

国外买货办事处

代理商（commissionaires）或国外买货办事处在国外市场运营，功能与国内买货办事处类似。国外买货办事处的成员都在当地生活，这样他们能让店铺买手更好地理解国外市场的语言与风俗习惯，他们也比只在那儿待一两个星期的店铺买手更为熟悉市场。此外，这些买货办事处的代理人还能为店铺买手追加商品以及安排商品仓储。他们常常在国外市场物色最合适的商品，一般按照采购总额的某个比例收取费用。

美国买货办事处

在主要的国外市场上有许多美国买货办事处，他们将进口商品带给客户店铺。更多零售商热衷于开发进口项目，而买货办事处就提供这类服务。

进口商

你也许会发现从位于美国国内的**进口商**（importers）那儿来的商品比起你自己到国外市场去出差的成本只高出一点点。进口商可能有资格拿到数量折扣，并把省下的费用传递给买 手。许多进口批发商会冒险在国外市场先行进行采购，并将商品进口到美国，储存在他们的仓库里，之后买手们能更好地把国外商品的成本与从国内渠道获得的商品进行比较。

零售业的全球化

零售业的全球化进程体现在许多方面，包括零售技术、设想与实践的转移，以及涌现出越来越多成为真正全球化企业的零售商。最为明显的是大量零售商在他们自己的国内市场以外做起了生意，这主要是因为在成熟的国内市场上的发展受到制约引起的。阅读今日印象"Walmart 退出德国：全球扩张带来什么样的挑战？"了解更多关于零售商在其它国家扩张时所面临的挑战。

今天，买手可以从世界各地挑选货源。国家与国家之间的贸易壁垒正在减少，实际上每家美国零售商都会采购一些海外产的商品，大多数的美国零售商也都面临着总部在其它国家的企业的竞争。例如，Gap 和 Benetton 已经因为针对同样的消费者而陷入战争。为了在 21 世纪茁壮发展，零售商必须认识到全球化市场的存在。不仅美国零售商会不断进行全球化扩张，本地市场也会对海外竞争更加开放。

从美国国内来说，汽车工业和服装业已经受到市场全球化扩张的影响。对于这两个行业来说，来自远东的海外竞争对手在美国市场上已经成为中坚力量，许多国内工厂由于海外竞争对手云集已经纷纷关闭了。不过，海外生产厂家还不能认为他们的市场份额是理所应当的；他们必须不断关注商业市场的动向，并且要留心竞争对手——不管是来自美国的还是其它国家的。

在 20 世纪 90 年代初，美国与墨西哥及加拿大签订了 NAFTA——北美自由贸易协定，这一**自由贸易协定**（free trade agreement）会逐渐消除相关国家相互之间的所有关税。关于最初的几步是否成功存在不同的观点，要看接触的对象而定。贸易协定造就了胜利者和失败者，许多企业可能会发现自己介乎于两者之间。美国消费者从更便宜的零售价中得到实惠，而美国则失去了许多国内工作机会。

对服装业进行的密切调查揭示了某些变化正在发生。远东及东南亚地区成为美国及欧洲主要的服装及纺织产品进口地；中国台湾、韩国及中国香港的服装工厂生意兴隆。不过这些国家和地区的工资水平也在大大提高，导致出口价格明显上升；而来自孟加拉国、菲律宾、斯里兰卡和土耳其等国的新的竞争者正在进入世界服装市场，这些国家的工资水平仍然较低。图 13.2 说明了世界各地部分工厂劳动力成本。此外，美国许多服装进口商将加勒比海流域作为另一条渠道，这一地区靠近美国本土从而更好掌控。尽管这一地区有大量的劳动力资源，但目前还没有能力出产像远东地区那样的品质好数量大的较高档产品。

图 13.2
世界各地的工厂劳动力成本（包括工资和福利）

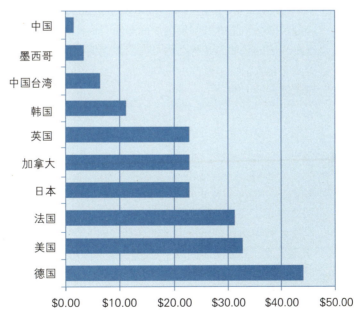

作为买手，你需要时刻关注全球商业市场有什么价格合适的好商品，市场可能在一夜之间发生天翻地覆的变化。海外厂商们也要关注美国商业市场，如果他们要供应消费者需要、想要的产品的话。阅读未来趋势"召回产品：问题出在哪里？"来了解更多关于近来召回的中国制造的产品。

零售业的全球化给买手们带来了不少担忧。当美国企业扩张到海外市场时，必须对产品的搭配组合作出决策。"应该保持大部分美国化吗？"或者"产品应该反映当地偏好吗？"这是买手在进入海外市场时必须回答的两个关键问题。扩张也提出了关于向店铺供货的物流问题。

扩张进入国际零售市场对许多美国零售商来说既有吸引力又有挑战性。感兴趣的零售商必须决定他们是要通过购买现成的国外企业来扩张呢，还是输出一种当地顾客不熟悉的店铺模式。那些已经在国外有店的美国买手则左右为难，面临的另一个困境是要不要与他们的国内商店一样，采用相同的商品货源。例如，Talbots 扩张到了日本，决定不改变其货源，日本店的买手每年四次来美国看样。Talbots 日本店和美国店之间在商品政策上的差异是在日本会有更多的 Talbots 自有品牌的标签，这是为了把 Talbots 建设成为知名的重要零售商。

零售买手在为海外市场的店铺规划产品分类中还面临着重大差异。例如，Talbots 在日本经营着 195m^2 的店铺，其规模大约是美国 Talbots 店铺的一半大小，一个原因是零售空间很贵，但主要原因是店里需要储备的存货量少了，在尺码上不需要有很宽的分类，美国店的尺码范围从 4 号到 18 号不等，而日本店一般只需要储备三到四个尺码。在向海外市场扩张之前，美国零售商必须对市场的各个方面进行评估，以确定他们的零售理念是否在其它市场上也能游刃有余。服装专卖店 Benetton 和瑞典家居零售商 IKEA 是两家成功扩张到美国的海外零售商。

全球市场的未来会怎样？要考虑以下这些可能会对买货产生影响的发展势头：

- 出现了四大贸易板块。它们是西半球、欧盟、俄罗斯及其前卫星国和日本及太平洋西岸。这些板块内的商业可能很繁荣，但发展板块与板块之间的贸易可能更难。
- NAFTA 将成为与其它国家之间的新贸易公约的典范。对许多产品来说，自由贸易协定可能会产生更低的价格，而对所有商品来说，则有了更广阔的市场。
- 远东地区的政治与经济动荡可能会限制美国与远东地区之间的贸易发展。
- 美国文化统治将不断向全世界扩张。与美国文化密切相关的品牌商品的销售将不断在全球市场上增长。

要点总结

- 对商品的选择会发生在买手的办公桌前，中心市场上，生产厂家的样品间里，小商品集市中，或是贸易展会上。
- 买手还有国内还是国外渠道的选择要做。
- 买手采购国外商品是因为（1）有些商品在美国没有，（2）成本低，（3）品质好，（4）独特性，以及（5）流行趋势。
- 采购国外商品的障碍是（1）需要提前进行采购，（2）交货问题，（3）规格不符，

（4）额外的费用与时间，和（5）长期占用资金。

- 亲自出差买货可以找到国外货源；不过亲自出差买货需要买手精通所访问国家的语言，熟悉当地的风土人情。
- 买手们也能通过中介机构，比如国外买货办事处、国内买货办事处或进口商，获得来自国外市场的商品。
- 为了比较国外商品的成本与国内商品的成本，买手必须计算商品的到岸价。
- 今天，买手能从全球化的市场中选择商品，而不仅仅限于美国国内渠道。美国零售商也面临着来自国外渠道的竞争。

复习回顾

零售买货词汇拓展

如果你的词汇表里没有下面这些词，请参考书后术语词汇表。

代理商	commissionaire
税收	duty
自由贸易协定	free trade agreement
进口商	importer
中介机构	intermediary
到岸价	landed cost
信用证	letter of credit
最惠国待遇	most-favored-nation status
配额	quota
关税	tariff

阅读理解

1. 进口到美国的大部分服装和纺织品是来自于哪些国家的？
2. 说说买手们在美国市场上采购不到的国外产品。
3. 列举买手采购国外产品的理由。
4. 为什么对国外商品来说交货问题要比国内商品更为严峻？
5. 在决定从国外渠道采购之后，零售商为什么还要与其它供货渠道保持联系？
6. 为什么大多数买手要考虑通过中介机构采购国外产品？
7. 列举国外商品到岸价的组成部分。
8. 大部分关税与配额的主要目的是什么？
9. 当买手们在采购订单和发票上描述商品时，怎么写才能节省在关税上花的钱？
10. 举例说明扩张进入国外市场的美国零售商。
11. 举例说明扩张进入美国市场的国外零售商。

分析与应用

1. 你是买手，有几个产品系列的足球一直是从国内渠道采购的。市场调查显示，你们的顾客想方设法要购买国内制造的产品，讲述你们店铺将开展什么样的活动让你们的顾客意识到你们的足球是从哪里采购的。

2. 如果你是一家有兴趣扩张进入海外市场的零售商，你会扩张现有的店铺，还是在那儿买下一家现成的零售商？佐证你的决定。

连接网络

1. 在互联网上访问 otexa.ita.doc.gov，进入纺织品与服装办公室（OTEXA）网站，了解 OTEXA 如何推动美国出口纺织品与服装产品。

2. 在互联网上访问 http://dataweb.usitc.gov，进入美国国际贸易委员会网站，了解随着北美自由贸易协定的完全实施，与墨西哥的关税会如何变化。

今日印象

Zara：供应流行款式与快速反应

Zara，这家针对年轻时髦的都会消费者，生产"大众时装"的西班牙流行服装连锁店，如今正加入到一群觊觎美国市场的咄咄逼人的国际零售商中。有些服装零售商抱怨流行的变化无常，而 Zara 却沉迷其中。该公司提倡"现场直播系列"的理念，其设计、生产、配送及销售之神速几乎与顾客转瞬即逝的热情一样快。传统上，时装设计一年只有四个系列，而且主要零售商把大部分生产都发给远在发展中国家的低成本转包商。然而 Zara 却不因循守旧，为了快速周转，有三分之二的服装是在西班牙公司自己所有的工厂中生产的，而全球各地的店铺每两周补货一次，一年有 12,000 种不同的设计，令人叹为观止。

Zara 认识到今天畅销的款式也许下个月就没人要了，于是就组织了能满足两大目标的设计与实现网络。一，公司创造出能引起顾客共鸣的流行想法；二，在 10 到 15 天里把这些想法从画板上搬到货架上——从行业标准来说快如闪电。Zara 为达到第一个目标把设计师和店铺人员从办公室里赶到广场上、迪斯科舞厅和大学等消费者云集之处，所获信息反馈到 Zara 总部——他们经常用手提电脑来传送图像与数据，然后这些从与消费者的接触中产生的设计进入快速生产与物流系统。

顾客趋之若鹜——他们在指定的上货日期在店外大排长龙。他们知道，如果在 Zara 看中了什么，就必须马上买下来，因为下一个星期很可能就买不到了。Zara 的女装分为三个系列：（1）Woman，最贵的产品线；（2）Basic，价位较低的休闲服装；（3）Trafaluc。Zara 所能提供的最新潮最时髦的服装。

公司利润丰厚，达到了与 Gap 这样的大型竞争者同样的利润——而且每平方英尺的销售额更高。尽管 Gap 尚未动摇根本，没有迫在眉睫的危险，但信号已经出现了，消费者可能最终会对卡其裤及一个口袋的 T 恤衫心生厌倦。

Zara 的成功还要归功于一些别的因素。公司不必承担高存货水平的成本，而是通过如此神速地推出新的流行服装而大幅度提高收入。大部分零售商都靠广告宣传，Zara 则完全避开媒体，宁可花钱在黄金地段开店。

Zara 的竞争优势来自于对信息与科技的灵活运用。公司的发展是建立在速度、个性化、供应链管理以及信息分享的基础上，使它从一家名不见经传的零售商摇身一变成为全球化的强大组织。除非其它服装零售商也能复制这个方法，否则他们也许从现在开始十年内就会出局了。

Walmart 退出德国：全球扩张带来什么样的挑战？

2006 年 7 月，Walmart 宣布，在德国经营店铺九年之后，公司将其在德国的 85 家店铺出售给竞争对手Metro。这些店铺的出售令 Walmart 蒙受 10 亿美元损失。那一年，Walmart 在美国之外的 14 个国家中已经经营着 2,700 家店铺。为什么这一全世界著名的零售商在进军德国市场时会遭遇滑铁卢呢？

德国是继美国和日本之后的全球第三大零售市场，Walmart 对扩张进入德国市场曾寄予厚望，但在德国那么长的时间里，Walmart 竟然从未盈利。事实上，该公司仅占领了德国市场的两三个百分点。

Walmart 是通过两次并购进入德国市场的，这两次并购给公司增添了一些本身并不想要的地方，而且有些商店在设计上存在缺陷。Walmart 在德国面临的其它挑战还包括限制性的建筑物规则以及建新店铺的土地稀缺。然而，最主要的原因可能还是公司领导对德国消费者文化的误判。例如，在德国的 Walmart 采用了美国习惯来分装食品，但是许多德国消费者觉得这种做法令人倒胃口，因为他们不想让陌生人处理他们的食物。Walmart 的政策是让员工微笑着接待顾客，而这也让许多德国人感到很不自在。许多德国消费者还认为 Walmart 的许多门店需要重建标识，重组产品结构。

Walmart 在美国以低价著称，但是公司发现，在德国其价格经常被当地的竞争对手，比如 Aldi 和 Lidl，压得很低。Walmart 可能没有办法在竞争中以低价获胜，因为门店数量稀少使得它难以降低营运成本，提高销售收入。例如，Aldi 有超过 4,000 家门店，在控制物流和广告费用方面给了公司巨大的优势，更节约成本。

归根结底，Walmart 最大的问题还是低估了竞争形势。公司以提供低价产品的姿态进入市场，而这个竞技场早已被低价零售商占领。即便 Walmart 的价格低于竞争对手，很多时候其中的差额还是太小，不足以推动消费者到超级购物中心去跑一趟，Walmart 的模式从未被德国人完全接受，他们更喜欢在小商店里买东西。

全球化的扩张对 Walmart 和美国国内其它零售商来说都很重要，因为他们在美国已接近饱和状态。因此，Walmart 不太可能从全球化扩张计划中撤退，但是公司不得不更加谨慎地处理文化差异以及掌握全球化市场中不同的顾客行为。像 Walmart 这样的公司必须认识到没有哪条真理是放之四海皆准的。全球化的零售商不可能在每个市场上都一帆风顺，他们必须要在国际化的舞台上仔细挑选扩张前景最好的地点。

零售分析家预测，Walmart 在拉丁美洲和中国的扩张前景会更为乐观。事实上，该公司在巴西（295 家店）、加拿大（278 家店）和墨西哥（774 家店）还在不断发展与扩张。

国外零售商到美国寻求扩张

美国一直被视为额外收入的丰厚来源，令国外零售商跃跃欲试，力图扩张进入美国市场，在这儿披露的近来国外扩张的细节肯定会让情况有所改变。

来自英国的流行服装零售商 Topshop 最近在纽约百老汇开设门店，面积达 3,700m²。该连锁店在英国有三百多家门店，另外还有大约一百家门店分布在世界各地，现在则正在纽约、芝加哥和洛杉矶寻访合适的店面。公司的成就在于提供物超所值的优质服装，在英国，Topshop 被视为价位适中的流行服装店。

另一家英国零售商 Accessorize 是美国饰品品牌 Claire's 更为现代的时尚版，最近在华盛顿特区开设门店，并且正打算到纽约发展。Accessorize 成立于 1984 年，销售自行设计的首饰、帽子、包袋、化妆品和发饰，面向 18~35 岁的女性，她们追逐时尚，而且花钱要花得物有所值。店铺面积在 37m² 到 84m² 之间，该连锁店较喜欢进驻人口密度高、客流量大的地区，未来将在都市中最好的街面位置，或是封闭的购物中心里谋求进一步发展。

荷兰零售商 G-Star 则采用特许经营模式扩张进入美国。他们在全球范围内的店铺超过 200 家，目前在美国有 12 家店铺，最终目标是在美国开出 125 家连锁店。该品牌以奢华牛仔闻名，始终坚持探索，追求细节以及精致复杂的工艺处理。自从 20 多年前问世以来，G-Star 始终保持稳步发展。店铺主营男装系列、女装系列以及配饰。

西班牙零售商 Mango 在 94 个国家中有 1,300 家店铺，如今扩张到美国，不仅开出了 12 家店铺，还在 JCPenney 商店中开设了 Mango 店中店。JCPenney 将成为 MNG by Mango 在美国的独家零售商，新的商品每月两次送到店里。MNG by Mango 将推出完整的职业及休闲女式运动装系列产品，以及手提包、配饰和鞋类。该品牌将跻身于 JCPenney 的"更好"和"最好"的定价等级。

另一家英国服装零售商 AllSaints 计划到 2015 年为止在美国开设 50 家店铺，该连锁店已进军到纽约、波士顿、迈阿密和洛杉矶。AllSaints 属于高端品牌，但价位让人可以负担得起，比大牌时装店的价格要低，但又比 Zara 和 H&M 更独特。有人将该品牌描述成"……一个中等价位的流行服装品牌，是摇滚乐、瑞克·欧文斯与美女的不期而遇"以及"……给市场带来了买得起的奢侈品。"2011 年，问世仅 17 年的 AllSaints 品牌已经是英国零售业的明星，在过去四年中销售几乎增长了 10 倍，达到将近 2 亿美元。

然而，所有这些企业在美国的成功并没有人能担保。2006 年，日本最大的服装零售商 Uniqlo 在纽约和新泽西开了 8 家店，但除了纽约旗舰店外，其它几家店很快就关掉了。2011 年 10 月，Uniqlo 在纽约新开了 2 家旗舰店，配备了超过 1,100 名员工。来自俄罗斯的进口品牌 Kira Plastinina 曾于 2008 年在美国大张旗鼓地开业，但在 2009 年 3 月就关闭了最后一家店。

除此之外，来自欧洲的成熟品牌如 H&M（瑞典）和 Zara（西班牙）也与美国买手携手，不断前进，这两家店都以销售中等或低价位新潮流行的商品而著称。随着国外零售商的入侵，像 American Apparel 和 Urban Outfitters 这样一些美国休闲品牌的销售还没有受到冲击，但其它零售商，包括 Gap，Abercrombie & Fitch 和 Ann Taylor 的人气已经大不如前了。

未来的美国市场竞争将愈发激烈。随着更多国外零售商的加入，美国的买手们必须要确保他们提供的商品是顾客想要购买的，价格也是顾客能接受的。

第十四章

进行采购

行动目标

- 讲述在市场中进行价格谈判的技巧
- 列举并讲述买手能谈判的折扣的种类
- 列举并讲述 FOB（离岸价）术语的几个类型
- 确定并讲述供应商可能会承诺给买手的补贴和退货权
- 了解自有品牌在零售业中的影响
- 讲述特殊的买货情况（如打包货、折扣商品、二等品和次品）
- 列举并讲述买手所下的订单类型
- 确定采购订单的关键部分

在你决定了要订购什么，并且对于商务谈判过程有了清楚的了解以后，你和供应商必须在商品价格和订单条款上达成一致意见。在这一章中，你将了解买手们所要谈判的条款。这里还讲述了特殊的买货情况，以及解释了订单是如何下给供应商的。

谈判销售条款

你要谈判的最重要的条款包括：（1）价格；（2）折扣；（3）运输；（4）补贴；（5）退货权。

价格

真正的价格谈判在你去市场之前就开始了。你应该尽可能多地了解市场情况以及将与你进行谈判的那些供应商。例如，经济衰退或是生产厂家可能会面临的内部问题意味着供应商也许愿意在价格上做点让步。如果你知道商品已经生产好了，而且会过时，那你就可以有大把机会谈个折扣价。另外，对生产成本有所了解能让你对供应商可能愿意减价多少心中有数。

当你在市场中查看商品时，要在开口询价以前先估算一下零售价。如果供应商报的价格低于你的判断，有可能这是笔好买卖，或者是你忽略了商品中的缺陷。如果报价比你的判断要高，那你有可能高估了某些特点或是商品定价过高。你可以在你购物的商店预测商品零售价，练习这一技巧。

在市场中，要比较不同供应商给出的报价。把市场走个遍，有些供应商可能愿意降价以适应竞争。然而大多数买手不会仅仅因为价格低就选择一家供应商，你还应该检验其它标准，比如供应商的可靠性、交货时间、折扣或所提供的补贴。

供应商提出的减价有很多是建立在增加所采购的商品数量的基础上的。你也许不能增加总的采购量，但你有可能合并订单给同一家从而争取更大的数量折扣。有些减价也有可能以免费的形式提出，例如，当你购买100箱产品时，也许有2箱是免费的。

在所有的价格谈判中，供应商都必须要注意不得违反1936年的罗宾逊-帕特曼法。该法案宣布州际贸易的价格歧视为不合法，所有减价必须建立在对所有买手"比例均等"的基础上。生产厂家必须能证明，给买手的所有减价都来自于卖家的生产成本、销售成本或交付成本的差异。例如，如果卖家交付一大批货给零售商A的成本实际上低于生产一小批货给零售商B，那么供应商可以将此差异以减价的形式给供应商A。

关于价格，你还可能会协商**跌价保证**（price decline guarantee），在规定的一段时间内如果市场价格下跌了可以对店铺起到保护作用。例如，3月1日买手以每台1,000美元采购了电脑，生产厂家在3月15日把价格降到了950美元。有了跌价保证，买手就会按照订单签订后一段时间内的减价为准，受到保护。在这种情况下，供应商会按所采购电脑每台50美元退钱给买手的店铺。

折扣

你要谈判的最重要的条件很可能是折扣，即商品价格的减少。你必须确定每家供应商给出的折扣种类，如果可能，就尽力争取。以下是你可能会遇到的折扣的种类。

数量折扣

供应商经常会提出**数量折扣**（quantity discounts）来诱惑买手订购更多商品。有些买手根据整个季节所需商品的预估数量下订单，并确定供应商认可的取消日期，这样，买手就能为了折扣的目的下数量更大的订单。

供应商给买手数量折扣是因为他们处理数量大的订单能省钱。通过提供数量折扣，生产厂家能得益于更低的生产成本——他们可以大量订购原材料，还可以更有效地计划生产进度。而且，填写一张数量大的订单与数量小的订单所花的时间是一样的。以下是一个数量折扣的例子：供应商对 125 打以上的订单给予 2% 的折扣。这个额度可以用计量单位或计价金额来表示。

季节折扣

有些买手在销售季节前预先进行采购，就会得到**季节折扣**（seasonal discounts）。类似滑雪板、空调或割草机之类的产品会给出季节折扣。生产厂家从中获益，因为他们能更高效地安排生产进度，并保持熟练工一年到头都有活干。以下是一个季节折扣的例子：供应商给在 10 月份下订单采购第二年的割草机的买手提供 2% 的折扣。季节折扣的确很有吸引力，不过你必须确定只订购最新的款式或型号。

商业折扣

很多时候生产厂家会给买手在价格表的基础上提供**商业折扣**（trade discounts），生产厂家可能会报出一系列的折扣作为商业折扣。例如，某商品标价 1,000 美元，可能会给出 40% 和 10% 的折扣——这可不是 50% 的折扣。相反，每个折扣是在拿掉先前折扣金额的余额基础上计算的。根据上面的例子，先计算 40% 的折扣，即 400 美元；这个金额要从标价中扣除，即标价总额 600 美元；然后再在 600 美元的基础上拿掉 10% 的折扣，即 60 美元，给买手的成本就是 540 美元（600 美元 -60 美元）。

现金折扣

生产厂家也会给提前见票付款的零售商以**现金折扣**（cash discounts）。生产厂家都希望付款越早越好，而大多数零售经理则希望买手谈判现金折扣，因为这样能给店铺在市场中提供价格优势。折扣能让盈亏平衡变成盈利，因此没有店铺能够对它视而不见。现金折扣的条件一般以 "2/10 net 30" 这样的方式来表式，意思是如果买手在开票日期的 10 天内付款可以享有 2% 的折扣；如果在此期间内没有付清货款，那么须在 30 天内全额付款。

有若干个关于日期的条件被用来确定给零售商多少时间享有现金折扣。最常用的日期条件如下：

- **以开票日期为准**（ordinary dating terms）是最常见的现金折扣形式，享有折扣的时间是从开票日期开始计算的。之前那个例子就说明了以开票日期为准的付款条件。

例题

11 月 12 日收到一批货物，其开票日期为 11 月 10 日。在 5/10 net 30 的条件下，这批商品的折扣日期是哪天？全额付款何时到期？

题解

因为采用的是以开票日期为准的付款条件，所有日期要从开票日期开始计算——在这种情况下，就是 11 月 10 日。付款条件指的是零售商 10 天内付款即可享有折扣，折扣日期就是 11 月 20 日，即从开票日期开始的 10 天。全额付款是从开票日期开始的 30 天到期——即 12 月 10 日。

- 以收货日期为准（ROG (receipt of goods) dating terms）是指买手从店铺收到货物的日期开始计算折扣时间，而不是从开票日期开始算。这些条件书写成"2/10 net 30 ROG"，在这种情况下，从收货日期开始有 10 天可以享有 2% 的折扣。

例题

11 月 12 日收到一批货物，其开票日期为 11 月 10 日。在 5/10 net 30 ROG 的条件下，这批商品的折扣日期是哪天？全额付款何时到期？

题解

因为采用的是以收货日期为准的付款条件，所有日期要从收货日期开始计算——在这种情况下，就是 11 月 12 日。付款条件指的是零售商 10 天内付款即可享有折扣，折扣日期就是 11 月 22 日，即从收货日期开始的 10 天。全额付款是从收货日期开始的 30 天到期——即 12 月 12 日。

- 以当月月底为准（EOM (end-of-month) dating terms）是指买手从当月月底开始计算折扣时间。这些条件书写成"2/10 net 30 EOM"，在这种情况下，从发票开出的当月月底开始有 10 天时间买手可以享有 2% 折扣。有一个例外，如果开票日期落在当月 25 日或之后，享有折扣的最后一天就要从下一个月的月底，而不是从开票日期所在的当月月底开始计算。

例题

11 月 12 日收到一批货物，其开票日期为 11 月 10 日。在 5/10 net 30 EOM 的条件下，这批商品的折扣日期是哪天？全额付款何时到期？

题解

因为采用的是以当月月底为准的付款条件，所有日期要从开票当月月底开始计算——在这种情况下，就是 11 月底。付款条件指的是零售商 10 天内付款即可享有折扣，折扣日期就是 12 月 10 日，即从 11 月底开始的 10 天。全额付款也是从月底开始的 30 天到期——即 12 月 30 日。

- 以附加日期为准（extra dating terms）是指买手在指定的附加时间内付款可获得现金折扣。这些条件通常写成"2/10 net 30 60X"，在这种情况下，买手从开票日期外加 60 天开始有 10 天时间享有 2% 折扣。

例题

11 月 12 日收到一批货物，其开票日期为 11 月 10 日。在 5/10 net 30 30X 的条件下，这批商品的折扣日期是哪天？全额付款何时到期？

题解

因为采用的是以附加日期为准的付款条件，所有计算要从开票日——本题中为 11 月 10 日——外加供应商同意给买手的附加时间开始。付款条件是指零售商享有折扣的付款时间有 10 天另外再附加 30 天——总共 40 天，折扣日期是 12 月 20 日，即从开票日期开始 40 天内。全额付款是从开票日期开始 60 天到期（净付款日期 30 天外加附加的 30 天）——即 1 月 9 日。

- 以预定日期为准（advance dating terms）是指发票在将来某个特定时间到期。例如，1月14日交货的割草机的发票可以有 "2/10 net 30 as of May 1" 的付款条件在这种情况下，买手从指定日期（5月1日）开始可以有10天享有现金折扣。

例题
11月12日收到一批货物，其开票日期为11月10日，在5/10 net 30 as of December 1的条件下，这批商品的折扣日期是哪天？全额付款何时到期？

题解
因为采用的是以预定日期为准的付款条件，所有计算要从条件中给定的日期开始——本题中为12月1日。付款条件是指零售商10天内付款即可享有折扣，折扣日期是12月11日，即从条件中给定的日期开始10天。全额付款是从给定日期开始30天到期——即12月31日。

回扣（anticipation）是一些供应商给那些在现金折扣日期前付款的买手的额外折扣，回扣通常只有在你们店铺备有现款的情况下才能拿到。

买手并不总是能拿到折扣付款条件。如果一个供应商不太确定买手的信用，会要求商品**货到收款**（GOD），这就意味着当货物交付时运输公司会按发票金额收款。

运输

运输条款也可能需要谈判。如果你们店铺承担货运费用，你应该指定货品如何装运。在你选择货运方式时，时间和费用都是要考虑的重要事项。如果商品要得很急，你就要选择尽可能快的货运方式；不过，速度快往往意味着费用高。

就像折扣一样，运输方式也有很多种。每一种运输方式都要指明由谁来承担货运费，以及买手什么时候拿到货物的所有权。货物的所有权非常重要，因为它表明货物在运输途中由谁对它们负责。FOB——离岸价——是关于运输费用的条款。常用的运输条款有以下几种：

- **产地（工厂）离岸价**（FOB origin (factory)）是商品装运最常用的方式。当卖方将货物交给运输公司时，货物的所有权就转到了买手这儿，运费以及其它费用与风险都由买手承担。
- **目的地（商店）离岸价**（FOB destination (store)）是指由生产厂家承担货运费，当商品送到零售商店时货物的所有权转交给买手的运输方式。对买手来说，目的地离岸价这种运输条款最为理想。
- **目的地离岸价，运费到付**（FOB destination，charges reversed)是指货运费用由买手承担，但货物在运输途中的责任由卖方承担。
- **目的地离岸价，运费预付**（FOB destination，freight prepaid)是指卖方会承担运费，但买手在货物装运后就马上拿到货物的所有权。
- **指定地点离岸价**（FOB shipping point)是指生产厂家拥有货物的所有权并承担货运费，直到商品抵达配送地点，买手则从这个地点开始拿到货物的所有权，并承担运费直到货物到店。

像 Kmart 这样不断将自有品牌与名人沾上关系的店铺增加采用自有品牌备受关注。Kmart 的 Jaclyn Smith 服装系列大获成功，而以美国电视剧《摩登家庭（Modern Family）》的明星之一命名的 Sofia by Sofia Vergar 时装饰品系列也不逊色。Kmart 就是以这种方式来利用自有品牌打造流行形象的。

减少采用自有品牌也同样引人注目。Sears 转而采用 Sears Brand Central 最值得注意。在过去数十年中，Sears 靠许多自有品牌建立起自己的声誉，如 Kenmore（家用电器），Craftsman（工具及绿化园艺），Diehard（汽车电池），Road Handler（轮胎），Toughskins（男童牛仔），Trader Bay（男式运动装）以及 Cheryl Tiegs（女式运动装）。今天，Sears 除了许多自有品牌之外还经营着 1,000 多个全国性品牌。

在经历了一段衰退期后，自有品牌在超级市场得到了发展。今天，大多数超级市场的经营者宣布，所提供的自有品牌的数量有所增加。多年以来，食品类自有品牌的产品质量一直饱受消费者诟病，会发生这种情况主要是因为过去一直把重点放在低价上。店主们现在认识到仅靠价格是卖不掉产品的，还必须要品质稳定，物有所值。

改进包装也促进了超市中自有品牌的经营。对大多数店铺来说，包装升级使得销售量提高，而在广告与促销上投入更多力量也改善了自有品牌的形象。现在许多食品杂货店的广告上有 20% 是自有品牌。

食品杂货店店主也意识到自有品牌与全国性品牌之间的价格差异不能太大也不能太小。他们知道价格过低可能带来弊大于利，因为消费者会因此质疑产品质量。尽管消费者觉得全国性品牌会更贵些，但自有品牌标价还是应该比全国性品牌的价格低至少 20%——不到 20% 的话消费者会被全国性品牌所吸引；另一方面，如果差异有 30%~35%，消费者会认为这个自有品牌有什么不对劲。

大多数零售商不可能完全放弃全国性品牌，他们感到全国性品牌能在市场中创造能量并推动趋势。不过，自有品牌仍会继续在商品组合中锦上添花。

特定买货

相对于开发自有品牌而言，有些买手可能更想做**特定买货**（specification buying）。在某些情况下，买手可以提出具体建议或改进意见来提升商品的质量、工艺或款式。有些特定买货并未涉及提升品质等，只要令商品不同于竞争对手经营的同类产品就行了。

如果你们店铺要做特定买货，你可能需要产品开发人员。而且，特定买货需要足够大的销量来保证生产厂家根据建议改进产品。在进行这类买货时，你还必须关心质量控制问题。

促销买货

促销买货（promotional buying）是指为店铺的促销而特别采购商品，这通常是买手整个商品计划中的一部分。因为大部分零售商在一年中频繁搞促销，买手必须在市场上寻找特别的促销品作为这些促销活动的特色。一般来说，你会有兴趣寻找那些可以给顾客比常规售价更低价格的商品，你必须仔细计算所需数量，这样在促销完成后不会剩下太多的商品。在给店铺带来新的商品之前，你还应该分析你们现有的库存，看看是否有什么商品可以减价作为促销的一部分，如果促销商品之前曾在店内销售过，顾客会更容易识别出商品的价值。

打包货

在市场中，供应商也许还会给你提供**打包货**（job lot）。打包货是供应商以正常价格卖不掉的杂七杂八的商品，因此只能减价。打包货常常会包含价值各异的商品，所以你应该制订出能够快速出清货品的零售价。如果估计打包货的利润没有达到部门的计划，你应该考虑采购其它商品。

采购打包货有其它风险，尺码、颜色和款式可能会杂乱无章。打包货里的商品质量也许非常好，但你们的顾客可能不想买。如果打包货里的商品你们的店里已有了，那风险可能会小一些，因为可以把商品加到你们现有的商品系列中去。当买手在销售季节即将结束之际得到打包货，那又会有另一种风险。尽管价格非常便宜，商品在销售季节中到达你们店铺的时间太晚，要是打折幅度不加大的话，你们可能没办法卖了。

你还必须判断采购打包货对你们现有的商品系列会产生什么影响，可能会出现同类替换的情况。换句话说，从打包货的商品中产生的销售可能会取代店内商品的销量，结果计划毛利就无法维持，因为你可能被迫对店内已有商品进行大减价。

折扣商品

有些店铺的买手可能会专门采购**折扣商品**（off-price），即零售商为了给顾客提供低价的名牌商品而以很低的折扣采购生产厂家过剩的商品。像 Burlington Coat Factory，Marshalls，Syms，S&K 和 T.J. Maxx 这类零售商提供的就是折扣商品，有些供应商甚至还建立了他们自己的直销型折扣工厂店来销售自己的过剩商品。折扣商品商店的价格大约要比百货商店出售的相同商品低 20%~30%。

折扣商品买货需要你在进行采购前耐心等待销售季节的来临。折扣商品商店的顾客更关心价格，而不是抢先拥有新潮时装。等到进入销售季节再行购买，买手通常就能找到市场中过剩的商品，或者供应商会情愿以超低价格出售的产品。

二等品和次品

在市场上，你也有可能会遇到略有瑕疵或稍有损伤的商品。例如，服装上可能出现抽丝或破洞。由于生产制造的工艺流程的性质，会产生一定数量的这类产品。生产厂家可能会发送商业文件公告或通过市场代理人来通知买手有这些产品。

有瑕疵或有损伤的商品一般被归类为**次品**（irregulars）或**二等品**（seconds）。次品有肉眼微不可辨的小瑕疵，二等品有更为明显的瑕疵或损伤。由于可以低价购入这些货品，买手给顾客采购这些商品就能省下一大笔钱，有些直销型折扣店就专门储备二等品和次品。

采购二等品和次品是有风险的。你们的顾客必须要对这些产品有需求，这些产品应与其它产品相协调，并且符合你们店铺的商品政策。有些买手不会去采购次品或二等品，因为这会损害店铺努力建立起来的追求品质的形象。

供应二等品和次品的店铺通常把它们放在与其它一等品分开的区域中进行销售。通常会在商品上附有特殊标签，告知顾客这是次品或二等品。大型百货公司通常把这些商品放在价格低廉的商品部中。

下订单

在你决定好要采购的商品以及约定条件条款之后，就要准备填写采购订单了。采购订单是买手与供应商之间的合同，必须仔细填写，以免出现差错，付出高昂的代价。生产厂家的代表会提供订单，但大多数买手还是愿意用他们自己的订单，因为每家的订单格式都不一样，遗漏了什么重要信息就危险了。

订单的类型

买手可以下各种类型订单，如下：

- 由买手直接给供应商下的常规订单。
- 追加单是之前采购过的商品追加订单。有些流行商品零售商会限制追加单，并且不断下单生产新的商品，让进店的商品保持新鲜，令人兴奋。
- 为满足个别顾客的需要而下的特殊订单。
- 预约订单是商定好交期在未来某个时间的常规订单，愿意提早下订单的买手可能会享有特殊折扣。
- 买手常常会给买货办事处下开放式订单，买手会选择最能满足店铺指定要求的供应商。
- 对于供应商过去没能完成的一批货物或部分订单买手会下退单。

采购订单的组成部分

每张采购订单，类似于图 14.1 所示，通常都标着一个序列号，并包括以下信息：

- 店铺的名字与地址。
- 采购订单的日期。
- 供应商的名字与地址。
- 如果货物不是送到商店，那么送到什么地方。
- 销售条款（折扣日期及 FOB 条款）。
- 订单的取消日期。
- 部门编号。
- 分类编号。
- 商品描述，包括数量、库存编号、单价和总价。
- 买手或其他授权人的签名。
- 特殊说明。

一般来说，买手的采购订单会有好几张副本，原件交给供应商，买手保留副本。在大型商店里，还要把副本送到收货处（在商品到店时要核对送来的商品）和财务部（要为订购的商品付款）。

有时候在你从市场访问出差回来以后再填写采购订单也许会更好，这时你有机会三思而行，可以在没有供应商的压力或其它市场活动的情况下检查订单。

订单的跟进

在订单做好以后，你仍然有一定的责任要确保商品到店。例如，当商品没有按时到店时，你可能需要跟生产厂家或运输公司核实情况；在特别促销前，你应该联系生产厂家以保证所需数量的商品会准时送到；你可能还要追踪延误或遗失的货物。

图 14.1
零售买手所用的采购订单实例

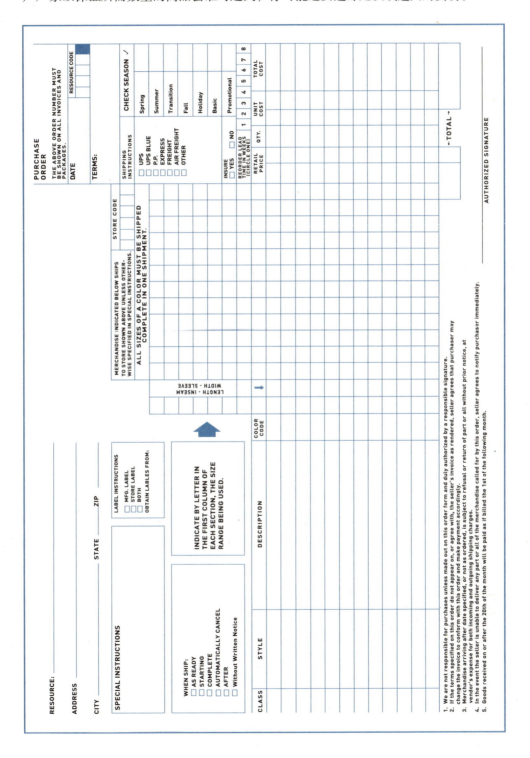

买手还可能要涉及到**质量检验**（quality checks）以确保运来的商品与你在市场中看见过的商品的质量完全一致。店里的其他员工会负责对收到的商品进行**数量检验**（quantity checks），包括清点数量以及核对正确的尺码、颜色和型号等，这些数字要与采购订单及发票核对，以确认收到的是实际订购的商品，以及开给店铺的账单正确无误。如果货物要退还给供应商，必须要填写相应的表格。如果发现有其它类型的不符，可能需要采取不同的行动。

如果供应商发出的是替代品，应通知买手。有时供应商可能无法严格按照要求完成订单，但可以发出几乎完全相同的商品。在替代品装运前买手应该有机会拒绝接受。接受了没有订购的商品的话，你将会为你们店铺树立一个非常危险的方针。

通过商务谈判和订货过程，你与供应商应该在相互尊重、公平对待以及诚信的基础上建立起合作关系。你的成功将有一部分要依靠你与供应商的合作与理解。

要点总结

- 买手必须彻底逛遍市场，以比较供应商的价格。买手可以通过折扣、免费待遇或是供应商许可的其它补贴来真正实现商品的减价。
- 买手应该积极主动地向供应商要折扣。折扣可以把盈亏平衡的一年扭转为盈利。供应商提供的折扣种类包括数量折扣、季节折扣、商业折扣和现金折扣。
- 当谈判折扣日期条款时，买手们可以谈判折扣率以及付款的天数。折扣日期条款的种类包括以开票日期为准、以当月月底为准、以收货日期为准、以附加日期为准和以预定日期为准。
- 买手们还要谈判运输条款。此外，可能买手们要决定采用何种运输方式。目的地离岸价是对买手最为有利的运输条款。
- 买手们也可能要为获得合作广告及退货权而谈判。
- 自有品牌让买手们能够为他们的店铺建立独特性；然而，广告宣传和视觉营销对于提高自有品牌的销售至关重要。
- 在考虑购买打包货、折扣商品以及二等品和次品时，买手必须确定这些产品是否会达到期望利润，以及将会对其它产品的销售产生什么影响。
- 买手填写的采购订单成为店铺与供应商之间的法律合同。
- 当商品到店时，应进行质量检验及数量检验。

复习回顾

零售买货词汇拓展

如果你的词汇表里没有下面这些词，请参考书后术语词汇表。

以预定日期为准	advance dating terms
回扣	anticipation
现金折扣	cash discount

货到收款	COD
合作广告	coorperative (co-op) advertising
以当月月底为准	EOM (end-of-month) dating terms
以附加日期为准	extra dating terms
离岸价	FOB
目的地离岸价，运费到付	FOB destination, charges reversed
目的地离岸价，运费预付	FOB destination, freight prepaid
目的地（商店）离岸价	FOB destination (store)
产地（工厂）离岸价	FOB origin (factory)
指定地点离岸价	FOB shipping point
次品	irregulars
打包货	job lot
折扣商品	off-price
寄售	on consignment
经销	on memorandum
以开票日期为准	ordinary dating terms
跌价保证	price decline guarantee
自有品牌	private brand
促销买货	promotional buying
质量检验	quality check
数量检验	quantity check
数量折扣	quantity discount
以收货日期为准	ROG (receipt of goods) dating terms
季节折扣	seasonal discount
二等品	seconds
特定买货	specification buying
商业折扣	trade discount

阅读理解

1. 根据罗宾逊 - 帕特曼法规定，生产厂家如何能让大型零售商支付更低的价格？

2. 举例说明需要得到跌价保证的产品。

3. 为什么生产厂家愿意向买手提供季节折扣？

4. 一批商品的标价总计 2,520 美元，一位批发买手得到 40% 和 15% 的商业折扣，他应该支付多少金额的货款？

5. 为什么生产厂家愿意向买手提供现金折扣？

6. 在多数情况下，为什么以收货日期为准的付款条件要比以开票日期为准的付款条件对买手更有利？

7. 发票日期是 1 月 5 日，交货日期是 1 月 6 日，订单约定条款是 2/10 net 30 EOM。买手能享受到折扣的最后付款日期是哪天？

8. 什么时候买手能够拿到回扣？

9. 从生产厂家发出的货物有以下条款：2/10 net 30 FOB factory。运费由谁承担？

10. 零售商接受合作广告补贴的风险是什么？

11. 卖方经常会在什么时候同意给买手经销条款？

12. 零售商为什么要提供自有品牌？

13. 零售商应如何推广其自有品牌？

14. Sears 和其它零售商为什么减少了它们经营的自有品牌数量？

15. 为什么几年以来超级市场中自有品牌的产品销量放缓？

16. 说说相对于全国性品牌来说，自有品牌应当如何定价。

17. 采购打包货带来的风险是什么？

18. 采购二等品和次品会带来什么样的风险？

19. 买手何时发出开放式订单？

20. 为什么有些买手要回到酒店房间或办公室去填写采购订单？

应用练习

1. 一批书籍刚刚到你们店铺，折扣为 40% 和 20%。零售商要为这批商品支付多少金额？

2. 供应商发出的商品在 7 月 4 日收到，其开票日期是 7 月 1 日，付款条件是 2/10 net 30 EOM，发票金额是 5,000 美元。如果零售商在 7 月 13 日付款，可以减少多少金额？

3. 发票金额 3,000 美元，开票日期是 4 月 27 日，而商品在 4 月 30 日收到，付款条件是 4/10 net 30 EOM。计算折扣日期。

4. 假设开票日期是 4 月 2 日，交货日期是 4 月 5 日。对以下每项付款条件计算出（a）折扣日期以及（b）全额付款何时到期。

    a. 2/10 net 30

    b. 2/10 net 30 EOM

    c. 2/10 net 30 ROG

    d. 2/10 net 30 30X

5. 北卡罗莱纳州夏洛特市的某零售店铺向纽约一家工厂下了订单。该订单在 8 月 10 日交付给店铺，开票日期为 8 月 5 日，付款条件是 3/15 net 30 FOB Charlotte。如果零售商在 8 月 19 日付款，那么包括运费在内（如果由他们承担的话）他们要支付多少金额？

分析与应用

1. 对于正在谈判的商品，供应商给你选择以下付款条件：

2/10 net 30
2/10 net 30 ROG
2/10 net 30 EOM

哪种条件对你最有利？解释原因。

2. 你们的店铺经理打算提供几个自有品牌的男装，你作为这个部门的买手，被要求准备一个提议，建议应采取什么行动。列出建立自有品牌的利弊，并提出支持你最终决定的论据。

3. 讲述百货公司和专卖店能用来与折扣商品零售商竞争的有效手段。

连接网络

在互联网上访问一家百货公司的网址，比如 www.jcpenney.com，记录关于该公司所销售的自有品牌的信息，报道所提供的品牌、它们的价位以及对这些自有品牌所做的促销的类型。

今日印象

Liz Claiborne

2007 年，以纽约为基地的服装制造商 Liz Claiborne 宣布计划裁减 800 个工作岗位，约占该公司全体员工的 9%。另外，公司还考虑出售、特许经营或关闭旗下 16 个品牌，在审议中的品牌包括 Dana Buchman，Ellen Tracy，Emma James 和 Tapemeasure 等著名商标在内。

是什么导致这么天翻地覆的变动？是什么导致这个曾经在职业女性中引领潮流的公司摇摇欲坠？ 2007 年早些时候收入下降达 65%，造成这些亏损的一个关键原因可能要追溯到 Liz Claiborne 做出为 JCPenney 开发一条产品线的决定，Liz Claiborne 最大的客户 Macy's 对这一举动不满，因为这样的话 Liz Claiborne 品牌就不再是独家经营的了，Macy's 的回应是砍掉了 Liz Claiborne 品牌数百万美元的订单。

百货公司的市场萎缩，Macy's 又雪上加霜，迫使 Liz Claiborne 出此下策。同时，越来越多的百货公司转而经营他们自己的自有品牌。此外，Liz Claiborne 还背负着许多落后过时、缺乏个性的产品线，在过分拥挤的美国服装市场中毫无建树。有些业内分析家甚至感到该公司的品牌尾大不掉，几乎没有发展潜力。

Liz Claiborne 大刀阔斧进行改革，公司改组为两个分部——"直营品牌"分部负责监督他们的零售连锁店，比如 Lucky Brand Jeans；而"合作品牌"分部则管理百货公司品牌，比如 Ellen Tracy。这一举动是为了减少企业对百货公司的依赖性。Liz Claiborne 打算发展其直营品牌，计划为这些品牌开设数百家新店。该公司在 2007 年新开设了 125 家门店。

他们的目标是削减开支，为 Liz Claiborne 松绑，从而致力于更有利可图的流行系列。公司代表说，未来的增长率将由 Kate Spade，Juicy Couture，Lucky Brand Jeans 和 Mexx 激发出来。2012 年 5 月，公司以 Fifth & Pacific 为名重新推向市场，目的是要让 Liz Claiborne 重新成为受到购物者青睐的品牌。

对于其合作品牌，Liz Claiborne 有好几种处理方案。他们可以撤销商标或是把它卖给竞争对手，比如 Kellwood Co.，或者是寻求独立连锁店的独家许可证经营，类似 JCPenney 对 Liz & Co. 品牌的这种安排。正在考虑之中的品牌包括 C&C California，Dana Buchman，Ellen Tracy，Emma James，Enyce，First Issue，Intuitions，JH Collectibles，Kenise，Laundry by Design，Mac & Jac，prAna，Sigrid Olsen，Stamp 10，Tapemeasure 和 Tint 在内。

Liz Claiborne 的总体计划是戒除企业对百货公司的依赖，加强自己的零售商店。该公司致力于像 Juicy Couture 和 Lucky Brand 这样有前途的品牌，对它们进行大量的推销，控制它们的形象。换句话说，Liz Claiborne 的举动更像是个零售商。

这一战略是否会奏效？更多的 Lucky Brand 店是否会成功？ Kate Spade 能否成为

下一个 Coach？只有时间才能判断。最终将由消费者来裁决零售商的这些战略性举动是否正中目标。

未来趋势

实行 RFID：供应商能否提供支持？

多年以来，广告中播放着这样的场景：顾客们推着购物车走出结账通道，电子读取机能够在购物车轮的滚动中扫描车中每一件商品的价格——无需购物者把商品拿出来逐一进行扫描。这并不是在做梦，要实现这一壮举在技术上已经可以做到了。然而，顾客还不能指望明天就能在店铺中实施这一技术。最初顾客花了好几年才接受了商品扫描，而使大多数零售商都装上扫描仪，并制订出各种对策来减轻顾客对于价格出错的担心又花费了数年时间。这一技术的实施也不可能一蹴而就，不过零售分析家感到这终将发生，接受的步伐在不知不觉地发生变化。

完成这一壮举的技术——RFID——早已出现，许多零售商在储存室和仓库中早已加以利用。RFID（射频识别技术，俗称电子标签）是将能射频识别的标签安装在商品上的技术，这种标签比常规条形码更为强大。RFID 标签从本质上来说就是微晶片和天线，电子读取机能在大约 30 英尺范围内读取到标签。商品装有 RFID，零售商就能随时随地追踪标签商品所在的位置（例如从储存室到店铺货架上，或是从货架上到POS 结账处）。

当零售商店实施了 RFID 技术时，存货管理基本上就更加自动化、更加现代化了。能射频识别的手提设备也大大减少了寻找放错了地方的商品所花的时间，还能向保安人员发出可以看得见和 / 或听得见的报警信号，提醒他们有东西或有人未经许可闯入禁区。此外，RFID 还能替代现在使用的电子商品监视标签，如果行窃者试图拿着商品不付钱就要离开商店，就会激发警报。最重要的是，RFID 技术能加快 POS 机结账速度。

有些零售分析家认为，比起在纸箱 / 运货板上以及在供应链的运作中所起的作用来说，RFID 最终将会在商品层面上更好地发挥自身价值，但大多数零售商尚未做好准备进行这个转变。成本是最主要的顾虑；不过，达到临界点以后成本是会下降的。零售商面对的另一个问题是"谁来为电子标签买单？"是应该由零售商付钱呢，亦或这应该是零售商要求供应商提供的服务？

在百货公司里，电子标签的身影出现在各种产品上，小到食品，大到家用电器。墨西哥的高档百货公司 Liverpool 有 61 家连锁店，其中两家已经在商品企划和补货中采用了 RFID 技术，商店在储存室和销售区域中采用 RFID 进行盘点。通过这一技术的运用，Liverpool 的存货准确性从 80% 激增到 99%。日本主要的奢侈品百货公司之一 Mitsukoshi 在旗舰店的女鞋部试验 RFID 标签的使用，其结果令人印象深刻，因此他们继续在第二个产品大类——设计师牛仔上，使用 RFID 标签。2004 年德国的 Metro 商店在其所有店铺中全面铺开使用 RFID，招募了 20 家供应商，让他们至少在一部分产品上安装标签，2006 年增加到 40 家供应商，而且店铺管理层正在与其它供应商讨论他们的哪些产品也应该用电子标签。Walmart 正在测试 RFID，要求 100 家供应商将电子标签纳入他们的系统中去，以保住他们作为连锁店供应商的地位。其它的全球顶级零售商，包括 Metro，Target，Carrefour 和 Tesco 很快顺应潮流，将 RFID 作为选择大型供应商的先决条件。

要使 RFID 发挥潜力，送货给零售商的所有商品都必须有 RFID 标签。现在，来自生产厂家的本身挂有标签的商品还太少，对大多数零售商来说在店铺层面上实施 RFID 扫描不太值得。此外，零售商与供应商仍然需要探讨，由谁来付钱创建 RFID 并在商品上贴上商店层面的标签。大多数零售分析家仍相信这一技术会普及；然而，他们认为这比当初的设想要花上更长的时间。

自有品牌意味着利润

自有品牌不断发展，并对全国性品牌形成更大的威胁，而且如今自有品牌也不再是最便宜的品牌了。随着自有品牌的发展，可能终有一天它们会成为其供应商最大的竞争对手。这一趋势也意味着一些买手正逐渐成为品牌经理，他们要承担起很多责任，比如趋势追踪、产品创新、创建并维护品牌形象与特性，以及培养关于品牌营销、品牌再定位和品牌重建方面的专门知识或技能。

自有品牌几乎渗透到了各种类型的零售商店中，但其市场份额在超级市场中最高，几乎控制了美国食品业的 16%。密苏里州圣路易斯市的一家自有品牌生产厂家 Ralcorp Holdings Inc. 近年来因其自有品牌的麦片、饼干和果冻的销售量增长，总销量激增近 60%，该公司的产品在各零售店和食品店旗下的商标都有售。其它生产厂家的自有商标也在牛奶、奶酪及禽蛋类产品中抢占了大量市场份额。除此之外，自有商标还在一些全国性品牌的失误之处大显身手，例如，ConAgra 近期因涉及沙门氏菌污染问题而召回 Peter Pan 以及 Great Value 牌花生酱产品，自有品牌的花生酱因此销量大涨。

自有品牌给零售商带来的利润通常要比全国性品牌高，它们也给顾客带来了更多选择，并能通过建立品牌忠诚度帮助零售商吸引并留住顾客，其它零售商不可能经营竞争对手的自有品牌。自有品牌为商店另辟蹊径，让他们得以在竞争中脱颖而出。但是，自有品牌要想获得成功，还必须加以推广，这样顾客才能认识它们。

今天的自有品牌有创新、有活力，对产品的质量及成分的更为重视，对包装与营销的设计越来越用心。大多数零售商将自有品牌视为企业运作不可分割的一个部分，甚至开始转变这些品牌的营销方式。美国东南部的食品杂货连锁店 Publix 近期就向购买全国性品牌商品的顾客免费赠送自有品牌的产品。

近年来，零售商改变了生产基本日用产品的做法，转向更高级的产品。例如，超市中的自有品牌一改其落后过时的形象，现在凭借其精美的包装即使跻身于全国性品牌身边也毫不逊色。不过，向更高端的市场进军也有风险——全国性品牌与自有品牌之间的价格差异接近会令零售商涉险。如果这两者之间价格相差无几，大多数顾客很可能会选择全国性品牌。

在自有品牌对顾客的竞争中，零售商必须认识到，顾客不会只基于价格因素来进行未来的购物。顾客必须经过一而再、再而三的使用才会对自有品牌的产品建立起感情上的纽带。总之，自有品牌对大多数顾客来说只不过是个品牌而已，对于再次购买自有品牌产品的顾客来说，在品质与价格两方面的需求都要得到满足才行。

第五部分

激励顾客购买

第十五章

给商品定价

行动目标

- 确定构成零售价格的要素
- 计算初始加价率
- 用基于零售额的加价来计算零售价
- 确定影响零售价的因素
- 讲述价格系列的好处及局限
- 讲述店铺形象对定价决策的影响
- 讲述用来评估定价决策的方法
- 确定调整零售价的几种类型
- 区分降价百分比与折扣百分比
- 计算降价百分比与折扣百分比

商店一旦采购好商品，就要确定零售价。价格必须足以支付商品的成本以及经营业务的费用，同时为店铺带来利润。零售价还必须对消费者有吸引力，定价要有竞争力，适应市场情况。确定最佳零售价并没有什么公式可循，但是通过分析顾客购买行为、以往销售记录、预期费用以及经济形势和市场环境，你就能为商品制订一个合适的价格。

价格是被交换物品的价值。换句话说，价格量化了产品或服务的价值，是你们的商店或部门所售商品金额的主要决定因素。除此之外，价格通常是零售策略诸多要素中可以快速改变的那一个，以应对经济形势和市场环境的变化。

在这一章里，你们将学习确定零售价所需的数学计算方法，影响零售价的因素，以及零售价如何调整。

确定零售价

零售价包括（1）商品的成本，加上（2）称之为加价的加成。加价必须足够大，在支付零售机构的营业费用的同时还能产生利润。

构成零售价的要素

商品成本（cost of goods）包括商品的实际成本加上把商品从供应商处运到商店的过程中所涉及的运输费用。商品成本上再加上**加价**（markup）就决定了商品的零售价。

要制订出最合适的加价，你需要估算费用与利润，这些估算还要求事先已经制订好销售预测。当你在计划费用时，必须要知道有些费用是不会变的，而其它费用则会随着销售而增加或减少。一般来说，费用可以分为固定费用与可变费用。不管店铺售出多少商品，**固定费用**（fixed expenses）都不会发生变化，固定费用的例子包括房屋抵押贷款及保险费。**可变费用**（variable expenses）与销售直接相关，这类费用一般会随着销售的增加或减少而递增或递减，可变费用的例子有佣金、运输费用、物料以及广告宣传。你可以用以往记录与行业平均水平估算达到预估销售水平所需的费用。

在商品定价前还必须制订利润目标。零售商获得的利润因业务类型不同而各不相同。食品杂货店的商品周转非常快，可以获得不到销售额 2% 的利润；而专卖店的商品周转慢多了，利润可能会超过 5%。美国零售联合会报道了各类零售企业的平均利润百分比，这些数字可以作为零售控制的衡量标准之一。

如果没有对加价的幅度进行认真计划，也许会导致零售价过高，商品可能卖不动。或者，如果加价太低，所产生的收入不足，无法支付费用并给店铺带来利润。

确定加价率

根据这些要素，下列公式表达了零售价的构成：

> 零售价 = 成本 + 加价额

这个公式也可以重新排列如下来计算成本或加价额：

> 成本 = 零售价 − 加价额
> 加价额 = 零售价 − 成本

公式中的所有组成部分都能用货币金额或百分比来表达。在大多数情况下，你更感兴趣的可能是加价率，而不是加价金额。当你将计算结果与店铺以往记录或行业平均水平相比较时，百分比是一种更好的控制方式。

一般来说，加价率是以零售价的百分比来表示的。公式如下：

> **加价率 = 加价额 / 零售价**

让我们进行计算来验证这一情况。假定某商品的单位成本是40美元，而加价额是35美元，在零售价的基础上其加价率为46.7%（35美元 / 零售价75美元）。

制订初始加价率

作为买手，你怎样才能制订出最适合的加价呢？你必须估算关于零售价的要素，以及任何计划在价格上要做的折让。这些要素包括销售、费用、利润、减价和现金折扣。你可以用下列公式来确定初始加价率：

> **初始加价率 =（费用 + 利润 + 减价 − 现金折扣）/（销售 + 减价）**

让我们更仔细地研究一下这个公式。首先，你必须要认识到所有这些数字都是"计划的"，或者是在预期销售水平的基础上预测的。预测的不准确会导致定价决策的不准确。

销售

首先应当制订销售水平。正如你已了解的，销售预测是建立在以往销售记录以及内部和外部条件变化的基础上的。这个算式的其它组成部分都是建立在预期销售水平的基础上的。

费用

你必须联系预期销售水平来制订固定费用和可变费用，必须对销售对可变费用的影响进行预估。

利润

还必须预估店铺期望从销售额中获取多少金额的利润。同样，也可以用店铺以往记录或行业平均水平来进行这一预测。

减价

在确定初始加价时，你也必须要考虑你们店铺或部门会经历的计划减价。减价包括降价、员工折扣、顾客折扣以及损耗。

- **降价**（markdowns）是指初始零售价的减少。几乎各行各业都必须计划减价，因为顾客可能不会在商品原价时购物，商品会因为陈列过久或触摸过多而残旧了，或者是在季末时需要降低价格来清理库存商品。在这一章里，谈到零售价调整的一节里会更为全面地解释降价。初始零售价必须要高到足以采取降价并仍能产生计划销售额与利润。
- 折扣也减少了某些售出商品的初始零售价。折扣可以给到员工或是特殊的顾客群体，比如老年人。你必须要对计划的这段时期中会发生多少折扣有一定的预估。
- **损耗**（shrinkage）是指不是由于销售引起的存货减少，损耗的主要原因是员工监守自盗和店铺失窃。当你在进行预估时，要认识到会发生损耗而且很可能无法完全控制住。预估损耗包含在初始加价计算当中，且会抬升计划零售价。

现金折扣

有些供应商可能会给提前付款的零售商现金折扣。有现金折扣时，零售价可以降低，因为这些折扣减少了营运费用。在初始加价公式中是扣除现金折扣的。

初始加价公式的组成部分可以用货币金额来预估，也可以按销售额的百分比预估。让我们用这两种方法来看一下例题。

例题

假设某店铺计划销售额 $50,000，其中利润 $2,500，计划降价 $5,000，计划损耗 $500，没有发生员工或顾客折扣，计划费用 $15,000。用初始加价公式，可以计算出加价率如下：

$$初始加价率 = (\$15{,}000 + \$2{,}500 + \$5{,}500) / (\$50{,}000 + \$5{,}500)$$
$$初始加价率 = \$23{,}000 / \$55{,}500$$
$$初始加价率 = 0.414$$
$$初始率 = 41.4\%$$

在计划加价时，许多店铺是在预估零售额的百分比基础上预测的。这种假设是认为即使货币金额会由于不同的销售预测产生变化，销售的百分比会保持相对平稳。

例题

计划费用为销售额的 30%，店铺期望利润为 5%，降价预计为销售额的 10%，损耗预估为 1%。用同样的公式，初始加价可以从这些百分比中计算如下：

$$初始加价率 = (0.30 + 0.05 + 0.11) / (1.00 + 0.11)$$
$$初始加价率 = 0.46 / 1.11$$
$$初始加价率 = 0.414$$
$$初始加价率 = 41.4\%$$
（注意：当用百分比来计算时，销售的百分比总是等于 100。）

你很少能对店里经营的所有产品应用同样的加价。某些商品的加价可能需要低于计划初始加价，而其它商品能达到相当高的加价。另外，成本相同的产品对于顾客的吸引力可能差别很大，因而会需要用不同的加价。有些流行服装和容易腐坏的食品会需要很高的加价以抵消大幅度的降价或极高的损坏率。即使采用的加价各不相同，总体目标还是要达到店铺或部门的计划加价目标。

初始加价率一经设定，即可计算单项商品的零售价。如你所知，零售价就是商品的成本加上期望的加价额。店铺管理层往往已经为店铺设定了加价率，你的任务则是在商品的成本与加价额已知的情况下确定其零售价。

因为我们是在零售价的基础上处理加价率，故零售价百分比总是等于 100%。让我们用这个数据来确定零售价。在前面举的例子中，计划加价率是 41.4%。假定商品的成本是 50 美元，零售价会是多少？首先，填上你已知的数据，如下所示：

	$	%
成本	$50	
+ 加价额		41.4%
= 零售价		100%

你还知道成本占比为 58.6%（100% – 41.4%）。记住，这个公式可以重新排列来计算成本如下：成本 = 零售价 – 加价额，这个公式对百分比和货币金额同样有效。现在，你可以运用简单代数来确定零售价。你知道零售价的 58.6% 等于 $50（即成本），可以这样表示：

$$0.586 \times 零售价 = \$50.00$$
$$零售价 = \$50.00 / 0.586$$
$$零售价 = \$85.32$$

有些行业采用**加倍定价**（keystoning）来确定零售价。他们就是把成本加倍来决定零售价的，由此产生的加价总是零售额的 50%。在竞争激烈的市场环境下，加倍定价会导致商品定价比竞争对手高很多，从而导致销售很差。在某些情况下，加倍定价可能不足以支付营运费用，或是不能带来利润。

影响零售价的因素

显然，在你确定零售价时必须要考虑成本和营运费用。如果售价不足以支付这些成本与费用并产生利润的话，店铺就无法生存下去。在大多数情况下，这些考虑因素会被看成最低限价或**价格下限**（price floor），低于这个价格下限产品就无法定价了。

之前解释的是在成本导向的基础上确定零售价，即在商品的成本上还要加上经过计算的加价。然而，这样的数学计算并没有考虑到零售商在确定零售价之前会考虑的其它重要因素，它们包括：（1）目标市场；（2）经营方针；（3）竞争对手；（4）经济形势。

目标市场

由管理层确立的总体目标决定了店铺的目标市场。作为买手你必须了解你们店铺在市场中是如何定位的，你还必须确定你们的顾客是如何看待价格的。有些顾客将某些产品的价格高低与品质优劣联系在一起，比如服装和电子产品。对你们目标市场的了解也会确定店里或部门中商品的价格范围。对流行敏感的顾客渴望买到最新的款式并愿意因此支付更高的价格，而对价格敏感的顾客则会在市场中搜寻最低的价格。总之，你必须确定你们的顾客是否会认同你给商品的定价，以及在此基础上他们所得到的价值。阅读今日印象"Nordstrom Rack"来了解更多关于 Nordstrom 是如何用两种类型的店铺吸引不同类型的市场的。

经营方针

管理层还会确定店铺形象以及应该贯彻哪些方针来创造所期望的形象。价格决策必须以经营方针为指导，你要为实施经营方针及创造期望形象而制订策略。

有些店铺想要创造一个颇具声望的形象，也许会采用撇脂价格作为其定价策略的基础。采用**撇脂定价**（skimming）的店铺向对产品极度渴望的顾客收取他们愿意支付的最高的价格。许多店铺在新产品投放市场时采用这个策略，而当产品供应不足时，也可以把这个策略作为限制需求的手段。

折扣店则采用**渗透定价**（penetration）策略。他们关心的是以低价产生很高的单品销售量，从而快速渗入市场。每一件商品产生的利润微不足道，但售出的单品数量越多，为店铺产生的总体利润就越高。当店铺想要快速赢得市场份额时会采用这个策略。另外，低价也会阻碍许多竞争对手进入市场。

有些零售商甚至会采用**招徕定价**（loss leaders），即给特定产品指定一个不会产生任何利润的价格。招徕定价的目的在于给店铺带来客流，零售商希望顾客一旦进店就会购买其它商品。有些零售商还相信招徕定价给顾客的印象是店里所有的价格都很低。不过，采用招徕定价要有娴熟的技巧，管理层必须确定顾客是否真的购买了其它商品。许多顾客买了特定商品，然后并没有购买别的东西就扬长而去。另外，减价幅度太大也会让有些顾客质疑商品是否有损伤或者质量很差。

零售商还会在预期的顾客情绪反应基础上确定定价策略。他们通常采用非整数或整数定价。**非整数定价**（odd-cent pricing）是以指定数字作为尾数，试图影响顾客对于零售价的感知。采用这一技巧的人假定购买 9.99 美元产品的顾客要比 10.00 美元的顾客多，认为顾客会把这个价格看成 9.00 美元加上几美分，因为他们更关注整数标价而不是美分。然而，调查研究表明非整数定价对销售几乎没有影响。一般折扣店会采用非整数定价，而享有声望的店铺则采用整数定价。

有的店铺试图创造出颇具声望的形象或高档形象，经常会对产品采用**整数定价**（even pricing）。例如，他们会采用 32.00 美元的零售价而不是 31.95 美元。整数定价往往能强化许多产品的高档形象，比如珠宝和香水。

店铺也会实行**价格系列**（price lining）策略来支配定价决策。价格系列是指选择指定价格，并只用这些价格来给各种各样的商品定价。例如，男式白衬衫可能定价为 19.95 美元，29.95 美元和 39.95 美元。

之所以会有价格系列是因为顾客购买大多数商品时都想要有选择余地；不过，买手们必须要保证顾客能辨别出所售商品之间的不同之处。价格线少一些会减少顾客的困惑，也让销售人员对商品更加熟悉，更清楚其中存在的差别。买手们选择商品会更容易，因为他们的选择必须根据预先决定的价格水平定价。

价格线通常是经过对以往销售的认真分析而设定的，选择的是那些代表大量销售的价格。许多零售商对许多商品设定三个**价格点**（price points），可以大致分类为良好、优良或优秀的商品；然而，这种相对的表达方式只对特殊种类的商品有特定的意义。

让我们来举例说明如何制定一个价格点。假定买手从四家供应商那里以下列单位成本采购丝巾：

| 供应商 1 每条丝巾成本 $5.26 |
| 供应商 2 每条丝巾成本 $5.33 |
| 供应商 3 每条丝巾成本 $5.00 |
| 供应商 4 每条丝巾成本 $5.13 |

如果对这些丝巾的每一个成本都应用事先确定的加价率，那么就会计算出四个不同但很接近的零售价，这会导致顾客和销售人员都产生困惑。大多数买手都会设定一个价格点，比如 10.99 美元，从而减少顾客因试图找出丝巾之间可能存在的细小差别而造成的困惑。

价格系列的主要局限在于价格点的要求有时候会阻碍买手获得多花色品种的产品，要维持均一的品质也有难度。

价格系列的一个极端例子是整个店铺采用均一价政策。在这个政策下，店里的每件商品都以相同的价格出售。这种方法通常在那些只经营便宜商品的商店里可以看到。阅读今日印象"Dollar Tree：成功定价一美元的商品"来了解更多关于一家零售商是如何运用这一定价策略的。

竞争对手

在设定零售价时，零售商还必须研究竞争对手的价格。你必须决定价格是要与竞争对手的持平、更低，还是更高。要在竞争对手的价格基础上建立定价策略，你需要密切关注在市场上发生的价格变动。

定价与竞争对手持平

采用这种策略的店铺不强调将价格作为一种营销手段，向顾客强调的是服务或地理位置之类的因素。

定价低于竞争对手

有些零售商试图设定低于竞争对手的零售价。然而，这样做需要的是以较低的成本采购商品，或者营运费用低于竞争对手。有些零售商可能会储备自有品牌的商品，这些商品不那么容易与竞争对手经营的类似商品作比较。因为自有品牌的商品通常成本比较低，店铺会获得较高的利润率。

试图以低价与对手竞争的店铺如果卷入价格战的话将带来灾难性的后果。当几家竞争店铺相互间试图以低于对方的价格销售商品时，就会发生**价格战**（price war）。处在价格战中的店铺争相降低价格来吸引对方的顾客。以降价来击败竞争对手的店铺无利可图，而如果店铺唯一的竞争手段是价格，那么就不可能吸引那些渴望有更多服务或产品种类更丰富的顾客。

定价高于竞争对手

有些零售商试图以对类似商品定价高于竞争对手的方法来营造出享有声望的形象；不过，顾客必须要感到这么高的价格物有所值才行。通常定价高的店铺会提供免费服务（比如送货及服装修改）、独家经营的商品、品质更好的商品，或是更为个性化的销售服务。

经济形势

定价决策还必须顺应经济形势。例如，在经济衰退时期要降低价格产生更多销售。供求关系对零售价也有影响。当某一产品供不应求时，零售商的要价可以高一些；反之亦然，当供过于求时必须降低价格。例如，在冬季，当西红柿的供应不足时，价格猛增；但在夏季，当西红柿货源充足时，价格骤降。

调整零售价

必须经常对零售价进行调整以适应多变的形势。典型的三种价格调整：（1）降价；（2）取消降价；（3）提价。

降价

每一件商品在以初始零售价销售时都有可能卖不掉，因而降价就成为商品决策的关键要素。因为降价对店铺或部门的收入影响如此重大，必须加以认真计划与控制。

降价的原因

采购差错、定价失误以及销售不当都会导致降价。此外，有些降价是作为吸引顾客的一种销售促进手段发生的。商品降价的原因有以下这些：

- 当买手高估顾客需求时发生超买，为了清除过量存货而采用降价。小心保存销售记录、认真分析当前趋势，将帮助你避免这个问题。
- 有时候商品定价高于顾客预期。当采购到以前从未经营过的新商品时常常会发生定价过高的情况。
- 销售行为不当是降价的另一个原因。有时候销售人员对于产品的销售并未付出应有的努力。当新产品到店时，他们可能没有及时向顾客介绍，结果直到时间太晚已无法按原价出售时，商品仍束之高阁。
- 到了季末，当某一特别系列的产品只剩下零零碎碎的库存时也会发生降价。例如，也许只剩下一点点小号和特大号的运动衫了，对这些商品进行折价处理以清理库存，这样新的商品才能加入到存货中。
- 另外，有些商品库存时间很长，可能已经弄脏或破损了，这些货物需要减低价格处理。

降价的时机

关于采取降价的最佳时间在零售商中存在分歧。有些零售商希望以初始零售价将商品售出，就尽可能地延迟降价。别的零售商则等到季节的晚些时候采取降价，在顾客心目中建立起每年同样时间会有特价促销的概念。这类零售商中有一些，比如波士顿的 Filene's Basement，就以销售季节结束时的**自动降价**（automatic markdowns）而著称。例如，商品 12 天后还未售出，重新定价为原价的 75%；6 天之后，50%；再过 6 天，25%；在最后 6 天之后，就给到慈善机构了。尽管顾客们知道后来的降价幅度会更大，许多人还是尽早购买以免商品售罄。

大多数零售商认为应尽早采取降价来保持新鲜商品源源不断地补充进店。另外，早期降价比到季节晚些时候才降价其幅度要小。对于流行商品而言，销售一开始下跌就应该采取降价，基本款或主打商品的折价应该在商品库存时间过久开始变旧之前进行。

要想有效，降价幅度就必须足以吸引顾客购买商品。例如，一件商品从 15 美元减到 14 美元很可能不足以使顾客对这一产品产生新的兴趣。

记录降价

作为买手，你需要保存关于降价的次数与金额方面的信息。以往降价的情况对于计划初始加价至关重要。而且，降价信息还要用来检验损耗情况。此外，了解具体的降价信息也让你知道哪些产品要靠降价来产生销售，将来应该削减这些产品的采购量。

买手们也对销售季节之中的**降价百分比**（markdown percentage）感兴趣。要计算这个数字，你必须知道降价总额和销售总额。降价百分比可以用以下公式进行计算：

> **降价百分比 = 降价货币金额 / 总销售额**

对于零售会计程序，你会像上述这样计算降价百分比，但是为了广告宣传的目的，则要计算**零售价折扣百分比**（off-retail percentage），用以下公式来计算零售价折扣率：

> **零售价折扣百分比 = 降价 / 初始零售价**

例题

假定最初以每条 $10 采购了 100 条领带，标价为每条 $20 出售。在季节末，除了 10 条之外其它领带全部都按定价售出，这 10 条降价到 $12 最终也售出。总的降价为 $80（10 条领带 × $8 降价）。总销售额为 $1,920（90 条每条 $20 的领带为 $1,800，加上 10 条每条 $12 的领带为 $120）。代入公式中，计算出总降价百分比如下：

> **降价百分比 = 降价货币总额 / 总销售额**
> **降价百分比 = $80 / $1,920**
> **降价百分比 = 0.04166**
> **降价百分比 = 4.2%**

针对上面那个例子，最后 10 条领带每条从初始零售价 20 美元降价 8.00 美元，应广而告之的零售价折扣百分比就是 40%（8 美元 /20 美元）。

取消降价

对于在销售季节之初就涉及到降价的许多促销活动来说，很可能并不是所有库存的降价商品都会以减价后的价格售出。例如，像总统日促销之类的活动可能只持续几天，在促销结束以后，商品又重新定价，通常是恢复其初始零售价，即出现**取消降价**（markdown cancellation）。

你应该对这样的取消进行记录。假设有 100 件初始零售价为 12 美元的商品，因特价促销，每件商品都降价 2 美元。在促销结束时，有 90 件商品以促销价格售出，而其它则重新定价为 12 美元。对这一商品的取消降价应记录为 20 美元（2 美元价格提升 ×10 件剩余库存）

提价

在价格上升阶段，许多零售商会发现有必要提高初始零售价。对于基本商品来说，当批发价格上涨时很可能会出现**提价**（additional markups），或是零售价格上涨，已经在销售区域的商品很可能会重新标价，来反映出新采购商品的涨价。流行商品因为销售时间太短，在季节中不太可能提价。

评估定价决策

定价决策一经制订，零售商就必须对其有效性进行评估，通常会依据该公司计划要达到的定价目标对定价决策进行评估。定价决策是否成功有三个衡量标准：（1）市场份额；（2）利润；（3）加价达成。

市场份额

市场份额是指店铺销售在整个行业或是某一特定商业领域的总销售中所占的比率。店铺的目标也许在于保持或增加市场份额，不过，占有最大市场份额的公司不一定总是最赚钱的。店铺为了占有市场份额可能不得不降低价格，而降低价格可能会造成利润下降。

利润

所有店铺都想确定合适的零售价来使利润最大化。管理层通常会规定销售额的某个百分比作为利润目标。实际利润可以与行业平均水平或以往记录相比较，你也可以用从某一阶段到下一阶段利润增长的百分比来表示你们的目标。

加价达成

对买手的评估可以看在某个特定的销售水平下，其加价目标达成得有多好。加价公式中含有预估利润，因此，如果在预期销售水平下达到加价目标，就会产生利润。

要点总结

- 零售价必须足以支付商品的成本以及经营业务的费用，同时为店铺带来利润。
- 加价可以通过预估店铺费用及计划利润计算得出，这两者都能采用以往店铺记录和从行业协会得到的行业平均水平来制订。
- 对买手来说，加价率通常比加价的货币金额更为重要。
- 要计划初始加价率可以首先制订销售预测，然后再根据这个销售量来预测费用、利润、减价以及现金折扣。
- 很少会有店铺对所有产品采用同一个加价。即使采用不同的加价，总体上还是要实现计划加价目标。
- 除了数学运算之外，在确定零售价之前还必须考虑其它因素，包括目标市场、经营方针、竞争对手以及经济形势。
- 当新产品进入市场时，用得最多的是撇脂定价和渗透定价策略。撇脂定价产生的销量低，但是加价高，而渗透定价的目的在于以较低的加价获得较大的销量。
- 价格系列从根本上左右了定价决策。设定价格点，只有定价在这些水平的商品才能采购进店。
- 通过降价、取消降价和提价对零售价进行调整。
- 定价决策成功与否要根据市场份额、利润以及加价达成来评估。

复习回顾

零售买货词汇拓展

如果你的词汇表里没有下面这些词，请参考书后术语词汇表。

提价	additional markup
自动降价	automatic markdown
商品成本	cost of goods
整数定价	even pricing
固定费用	fixed expenses
加倍定价	keystoning
招徕定价	loss leaders
降价	markdown
取消降价	markdown cancellation
降价百分比	markdown percentage
加价	markup
非整数定价	odd-cent pricing
零售价折扣百分比	off-retail percentage
渗透定价	penetration
价格下限	price floor
价格系列	price lining
价格点	price point

价格战	price war
减价	reductions
损耗	shrinkage
撇脂定价	skimming
可变费用	variable expenses

阅读理解

1. 构成零售价的两个要素是什么？

2. 讲述固定费用与可变费用之间的差别。

3. 列举减价的四种类型。

4. 为什么大多数商店没有对他们经营的所有产品采用均一的加价率？

5. 为什么流行服装的加价一般要比基本商品更高？

6. 讲讲什么时候最适合撇脂定价法。

7. 讲讲什么时候最适合渗透定价法。

8. 为什么有些零售商采用招徕定价法？

9. 价格系列有什么好处？

10. 价格系列有什么缺陷？

11. 采用非整数定价法的基本原理是什么？

12. 采用整数定价法的基本原理是什么？

13. 什么时候可以实行定价高于竞争对手的定价策略？

14. 零售店铺怎样才能令相同的产品定价低于竞争对手的标价？

15. 讲讲供求关系是如何影响零售价的。

16. 店铺怎样确定是否采取了正确的定价决策？

17. 列举并解释降价的三个原因。

18. 采取早期降价的好处是什么？

19. 请解释为什么有些零售店铺只有在季节结束之际才会采取降价。

20. 为什么店铺会采用提价？

应用练习

1. 计算下列条件下的初始加价率：

a. 销售 = $ 60,000

　 费用 = $ 25,000

　 利润目标 = $ 8,000

b. 费用 = 38%

　 减价 = 10%

　 现金折扣 = 1%

　 利润目标 = 5%

c. 销售 = $ 185,000

　 减价 = $ 12,000

　 费用 = $ 53,000

　 现金折扣 = $ 18,000

利润目标 = ＄15,000

d. 利润目标 = 7%

减价 = 18%

现金折扣 = 4%

费用 = 33%

2. 计算下列条件下的零售价:

a. 加价率 = 45%

成本 = ＄14

b. 加价率 = 60%

成本 = ＄2

3. 计算下列条件下的（1）降价的货币金额，（2）取消降价的货币金额，以及（3）降价百分比。

初始零售价	促销价格	开始促销时的现货数量	销售数量	促销后零售价
$50	$40	36	20	$50
$35	$27	36	20	$35
$30	$20	48	25	$30
$20	$15	52	15	$20

4. 计算下列条件下可以登在广告上的零售价折扣百分比:

a. 初始零售价 = ＄50

促销价格 = ＄35

b. 成本 = ＄25

初始加价 = ＄25

降价 = ＄5

c. 成本 = ＄125

初始加价 = ＄120

促销价格 = ＄230

连接网络

1. 在互联网上，进入一家离你比较近的 outlet 商店的网站。记录 outlet 商店中提供的五种产品的价格，将这些价格与附近传统购物商场或购物中心的零售价相比较。记录下你的调查结果。哪一家给出的价格最低？

2. 在互联网上，用搜索引擎查找出一家价格均一店的网址。报道你找到的网站的类别（例如产品种类、价格、是否能在线购买）。

今日印象

Dollar Tree: 成功定价一美元的商品

街角的五分一角店本该在很久以前就被超级商场逼得走投无路了，但情况却并非如此。事实上，有几家称为"一元店"的顽强分子证明，仅仅靠 Walmart 的残羹剩饭过活也能赚到钱，而且这些店铺的增长还很明显。其中一家店铺"Dollar Tree"就被一本商业杂志月刊 Retail Merchandiser 称为"星级商店"，甚至荣登美国零售联合会的全美前一百家零售商排行榜。

像 Walmart 和 Kmart 这样的传统折扣商店一直在提升商品档次和外观形象，并且推出了类似 Martha Stewart 这样独具特色的品牌。当它们采取这些措施时，出现了未被满足的需求，而像 Dollar Tree 这样的公司就应运而生了。

目前 Dollar Tree 在美国所有 48 个相邻的州里运营着数千家店铺，而其中大多数都在一年以内获得盈利。大多数店铺的规模相当于超级商场中的一个部门，而年平均净销售额可达一百万美元。

随着 Dollar Tree 的发展，店铺的商品组合也有所改变。现在只有大约 12% 的商品是尾货，Dollar Tree 的许多产品都是自行进口的，是根据特殊要求定做的，或是为该公司特别包装的；此外，店里面总是放满了应季商品。Dollar Tree 的买手了解海外制造业，擅长与供应商谈判。随着公司的发展壮大，它对供应商的影响力也与日俱增。买手们谈的交易条件更为优厚，公司的顾客会感受到物超所值。Dollar Tree 的买手们还在像 Hallmark 这样的礼品店以及纪念品店中寻找趋势，并且在这些趋势的基础上为 Dollar Tree 定制商品。另外，买手们还与初选供应商，即平行品牌的制造商发展关系，所以 Dollar Tree 销售 Fabulous 品牌，而不是 Fantastik 品牌。

Dollar Tree 的商品在花色品种上不断推陈出新，与时俱进，令人为之兴奋，经营十分成功。更多人们要频繁购买的基本消费品的加入既带来了客流，又提升了销售。

Dollar Tree 有一条很明确的策略使它与像 Family Dollar 和 Dollar General 这样的竞争者截然不同——每样东西都是一美元，竞争对手则有许多不同价格点的商品。另一个差别是像 Dollar General 和 Family Dollar 这样的店铺往往以沿街商铺的形式出现——让自己成为目标店铺；Dollar Tree 则经常在更大的购物中心，包括一些封闭式的商场中开店，而且经常毗邻 Walmart 和 Target 这样的商店。这就意味着 Dollar Tree 的销售量更多地取决于那些商场中有多少人来购物，零售业总体的衰退也会对 Dollar Tree 产生负面的影响。

像大多数定价低廉、花色品种有限的零售商一样，Dollar Tree 早已在低收入家庭中牢固地确立了其地位，但是近来其渗透势头在所有收入群体中都很强劲。有 67% 的美国人定期在价格均一的商店购物，而且这一趋势有增无减。

未来趋势

Nordstrom Rack

Nordstrom 是高端百货公司，在 28 个州运营着多家店铺，即使是在经济困难时期，大多数零售商仍然对 Nordstrom 充满信心。该连锁店经营着两种类型的商店——高端百货商店以及名为 Nordstrom Rack 的折扣商店。Nordstrom Rack 提供来自 Nordstrom 百货商店和 Nordstrom.com 的减价商品，包括各种服装、配饰及鞋类，还有专门为 Nordstrom Rack 采购的特价商品。Nordstrom Rack 商店大大推进了 Nordstrom 的发展，而仅仅从其百货商店中分流走很少一部分顾客，有一项报告估计重叠部分的顾客低于 30%。事实上，北卡罗莱纳州一家新开的 Nordstrom Rack 商店就在 Nordstrom 百货商店那条街的正对面。

Nordstrom Rack 于 1972 年在西雅图市中心的一个地下室开出了第一家商店，当时作为一个清货部门存在。从那时起，它发展成立了自己的分公司，目前已有 95 家 Nordstrom Rack 店。Rack 店以 Nordstrom 原价的四到五折销售来自 Nordstrom 店和 Nordstrom.com 的商品。

Nordstrom Rack 让连锁店得以扩展其顾客基础，同时出清百货商店卖不掉的商品。此外，Rack 店对连锁店有吸引力还因为与开一家品种齐全的百货商店相比，其开店费用仅为十分之一。提供全面服务的百货商店需要有琳琅满目的时装和设计师品牌服装，数以百计训练有素的员工，以及一流的客户服务。而另一方面，Rack 店只需要商店布局中规中矩，店铺前面有几个收银台就行了。顾客们到 outlet 来是冲着它的价格，对其它方面的期望不高。然而，Rack 店虽然说不上奢华，但也不至于简陋得让顾客感觉好像在仓库中购物。而且，outlet 在收取一点点费用的情况下，还提供一些服务，如服装修改。此外，Rack 店每周都有新货送到。

在经济形势低迷的情况下，消费者手头拮据，即使是高收入的购物者也在寻找便宜货。例如，最近一个季度中，Nordstrom 百货商店的销售下降了 6%，但是在同一时期，Nordstrom Rack 的销售同店比上升了 6.3%。因此，像 Nordstrom 这样的奢侈品零售商极力扩张 outlet 经营方式。事实上，这些零售商的 outlet 店并不只是提供已经停产的或卖剩下来的存货，它们销售的有些商品在全价百货商店可能也有卖。

Nordstrom Rack 和类似的奢侈品零售经营方式在未来将面临一个严肃的问题，随着经济形势回暖，当消费者考虑的不只是价格时，其销售是否会下滑？

第十六章

商品的促销

行动目标

- 讲解促销活动的目的
- 确定促销组合的要素
- 讲述买手在策划和实施促销活动中扮演的角色
- 解释促销活动的目标是如何设定的
- 讲述如何制订促销预算
- 了解如何选择促销活动的商品
- 讲述如何创建促销活动的进度表
- 了解如何评估促销活动
- 解释如何协调整合店铺的促销活动

买手也许为顾客采购到了合适的商品，并且给出了合适的价格，但是，没有促销活动，销售和利润都不会达到最大化。因为商品不会自动销售，你必须对店铺进行的促销活动做到心中有数。许多零售商店里的产品与竞争对手的产品一模一样或是大同小异，是促销让你得以从竞争中脱颖而出。

买手在促销活动中扮演的角色会因店铺不同而大相径庭。在小型独立店铺中，店主会承担几乎所有的业务职能，包括商品的买货和促销在内。在大型零售商店，可能由其他人，甚至是促销部门来帮助策划及实施促销工作。促销经理、广告宣传经理、艺术家、广告文案拟稿人以及陈列助手，这些只是促销策划涉及到的其中一部分人员。在大型零售机构中，买手仅仅协助策划促销活动，其他人来执行计划。买手必须为促销选择商品，采购支持促销活动所需的商品，并且与能支持店铺的促销活动或扩大活动规模的供应商谈判。

在这一章里，你将学习策划促销活动时必须要考虑的要素，这里还讲述了制订和协调促销活动所涉及的步骤。

零售促销活动

促销是所有零售商店营运的一个不可或缺的部分，而促销决策需要买手参与其中。促销计划的制订必须建立在买手对顾客的动机和喜好的认知以及他或她所能获得的产品信息的基础上，在这些方面来说，买手在促销活动的制订中所起的作用是举足轻重的。

促销（sales promotion）是指传递关于产品、服务、形象和理念的信息以影响顾客的购买行为。换句话说，促销包括所有由零售商进行的向顾客提供信息以产生销售的活动。店铺促销活动的目的在于建立顾客的信心，让顾客继续惠顾。

所有促销活动都应本着下列总体目标：

- 产生销售，并且使利润最大化。
- 建立顾客忠诚度，并且继续惠顾。
- 展现或提升店铺形象。

不管规模大小或坐落何方，大多数店铺都会结合使用几种促销手段来告诉消费者店里有些什么产品，并且说服他们前来购物。这些不同的促销方法称为**促销组合**（promotional mix）。促销组合的主要元素包括以下这些：

- 广告宣传。
- 视觉营销。
- 人员销售。
- 公共宣传。
- 特殊事件。
- 其它促销活动。

通过对这些要素的协调，你将向顾客呈现出一体化信息。

广告宣传

促销组合最常用的要素之一就是**广告宣传**（advertising），广告是由指定赞助商对产品、服务或想法所制订的付费的、非个人的促销信息。广告宣传通常有以下目的：

- 增加销售量。
- 增加店铺客流量。
- 吸引新的顾客。
- 介绍新的产品或服务。
- 开发对自有品牌的需求。
- 增加顾客的满意度。
- 在萧条时期增加销售量。
- 预售商品。

在大型零售店，买手通过填写对广告宣传的需求来启动广告宣传的制订，需求中包括商品的具体细节以及商品给顾客带来的好处。在小型店铺，很可能由店主负责制订广告宣传，或是通过各种媒体或广告公司获得这类服务。**媒体**（media），即选定用来传递广告宣传信息的途径，可以包括印刷登载或广播电视渠道。要挑选最合适的媒体应该基于以下因素：

- 要做广告的商品。
- 店铺所在的商圈。
- 竞争对手所用的媒体。
- 销售季节。
- 要传达到哪种类型的顾客。
- 有多少预算。

视觉营销

店铺的布局与陈列也是促销计划的关键要素。**视觉营销**（visual merchandising）是指为了刺激顾客购买欲而设计的店铺设施布局以及店内商品摆放。

买手们往往有责任要求陈列要突出他们所采购的商品的特点，并且展现出目前最能代表店铺目标顾客的趋势和时尚。在视觉营销的规划中，买手的工作是确保视觉营销传达出买手所要表达的关于商品的信息。在你为陈列提出建议时，要考虑以下这些方面：

- 把新的商品陈列在显眼的地方，不要让大减价的商品陈列冲淡了特色商品的陈列效果。
- 如果价格对你们的顾客来说很重要的话，就要在陈列中清清楚楚地标明价格。
- 采用有特色的陈列方式，帮助顾客想象他们自己使用这些产品时的样子。对于流行商品来说，要用商品来讲故事——要展现完整的造型而不只是几件商品。要从其它部门借用合适的配饰。
- 给广告商品的陈列以最大的能见度。

视觉营销是你们店铺能做到的最经济、最有用的促销形式之一，要充分利用这一工具。当你要求做视觉营销时，应对可行的陈列方式给出你的想法。保存陈列方案的档案，从驻地买货办事处、供应商那儿采集陈列的实例，收集样品间的陈列照片，或是室内装潢的设计稿，以及中心市场中与你们相似的店铺的橱窗陈列。

人员销售

零售商将自己同竞争者区分开的一个重要方法是提供高水准的顾客服务。今天，许多零售商更注重服务，而不是依靠大量没完没了的促销。特别是小型零售商，不能总是跟大商店拼价格，但是他们能以更好的人员销售满足顾客，从而与大商店一争高下。**人员销售**（personal selling）是指销售人员为了满足顾客的欲望和需求，对所销售的产品进行介绍，与顾客之间发生的面对面、一对一的交流。

买手们自己通常并不进行销售，他们的职责是帮助销售人员进行销售。在这个方面买手的职责如下：

- 向销售人员提供有助于产品销售的产品信息。
- 在店铺会议上或在书面交流中向销售人员强调产品的卖点。
- 访问销售区域，观察顾客，并且与销售人员一起工作。在与销售人员的接触中，你会了解到顾客对于商品的反应。要了解顾客的需要，经验丰富的销售人员也是宝贵的信息来源。

传播产品信息是买手工作的重要部分。让销售人员了解产品的特点与好处可以建立起他们的兴趣与热情，还能增加销售，所以你要尽可能多地向他们提供产品信息，熟悉产品、充满热情的销售人员会将这种能量传递给他们的顾客。你所需的大部分产品信息都能从供应商那里获得；此外，有些供应商还为销售人员提供培训课程，让他们了解重要的产品信息，学习产品的销售技巧。今天，大多数零售商致力于改善店里的人员销售及顾客服务。由于能够提供出色的客户服务，Nordstrom在零售行业里声誉卓著。

自助商店也在加强客户服务。任何进入Walmart的人都知道人员销售从一进大门口就开始了，顾客遇到的接待员向购物者表示欢迎，告诉他们在哪里可以找到商品，并且给退回来的商品做上记号；在顾客出去时，接待员还会对他们的惠顾表示感谢。这种问候客人的做法是令Walmart在零售业中独占鳌头的许多因素之一。在很多Home Depot和Kmart商店，顾客按一下呼唤按钮就能得到个性化的客户服务，会有信息提示店铺员工，有顾客需要帮助。

公共宣传

你也可以通过**公共宣传**（publicity）来促进商品的销售，即由媒体免费地、自发地提及公司、产品或服务。广告宣传与公共宣传的差别主要在于是否付费与赞助，广告宣传是付费的促销信息，而公共宣传则是免费的；广告宣传有指定的赞助商，但公共宣传则没有。

要获得公共宣传，你必须要有让公众感兴趣和有报道价值的内容。当一家公司发新闻稿给媒体时，往往会获得宣传。新产品的公告就是典型的**新闻稿**（press releases），比如新的汽车、新型号的电脑或设计师设计的新时装，有关新公司或新的分店开业的公告很可能会在许多社区中得到公共宣传，而涉及顾客的**特殊事件**（special events）也是公众宣传的好机会。

你的宣传稿应该包括以下信息：

- 谁：涉及到的公司或人员。
- 什么：重要事件。
- 何时：日期与时间。
- 何地：地点。
- 为什么：事件的原因。

公共宣传极少作为单一的促销组合要素使用，它常常用来补充其它策划好的促销活动。

特殊事件

店铺还会策划与促销活动主题相配合的特殊事件，这些特殊事件并不是店铺日常营销活动的一部分。特殊事件的例子包括时装发布会、新书签售会、趋势研讨会等等。

纽约市的 Macy's 年度感恩节大游行是最著名的特殊事件之一，尽管很难衡量，但大多数零售商都普遍认同若没有这些事件，销售很可能会更差。特殊事件激发人们对店铺及其商品的兴趣和热情。阅读未来趋势"Victoria's Secret：运用网络作为促销工具"来了解更多关于零售商如何运用互联网对特殊促销事件进行网络直播。

其它促销活动

店铺还可以采取其它促销活动，比如特卖、优惠券以及赠品等，促销活动给顾客增加了购物的理由。举个例子，Kmart 测试了一项新的促销技术——在结账通道上方安装电视机显示屏，既能娱乐顾客又能推销商品。电视节目和广告宣传的比例通常为七比三，个别有能力的店铺可以根据时间段以及店铺客源定制节目。许多食品店还采用了即时优惠券发行机，可以附在促销商品前面的货架旁边，现在这种装置也出现在折扣商品和日用商品周围。

当你要决定什么促销组合比较合适时，需要考虑以下这些：

- 前一年促销活动组合的成败。
- 店铺期望的形象。
- 目标顾客。
- 店铺目标。
- 竞争环境。

制订促销计划

一旦你明确了用于推广商品的促销组合的要素，就应该要确定如何才能更为有效地结合这些不同的要素以达到你的目标。这些促销活动结合起来就会组成你的**促销行**

动（promotional campaign），即围绕着特定的主题、为了达到企业期望目标而构建起来的一系列有计划的、协调一致的促销活动。促销行动要求促销的目标明确、全面周到且组织严密。

成功的促销行动需要全面策划并且认真执行以下步骤：

- 设定目标。
- 制订预算。
- 选择促销商品。
- 安排促销活动日程表。
- 制订促销信息。
- 评估促销活动。

设定目标

制订促销计划的第一步就是要决定你要努力完成什么目标。应该对促销组合的每一个要素都设定具体目标，也许会有很多其它的可行性目标和目的，但是所有促销活动的终极目标都是增加店铺销售并使利润最大化。广告宣传、特殊事件以及公共宣传鼓励顾客来到店里，而同时视觉营销、人员销售以及其它促销则说服顾客购买商品。

精心策划的促销行动不一定会提高销售、增加利润，除非营销组合的其它要素（价格、位置和产品）都与促销相配合。例如，价格也许太高了，产品可能没有放在销售区域中最恰当的位置，或者顾客想要的颜色、尺码种类不齐。

当你制订促销行动的目标时，应该具体表述要完成什么。首先，这些目标应该提供一个能用来衡量你们店铺或部门绩效的标准。以下列举了可以设定为促销行动目标的一些例子：

- 店铺客流在一周生意最清淡的那天增加 20%。
- 一周销售量增加 5%。
- 教会顾客如何使用新产品。
- 让 75% 的目标顾客知道特殊事件即将到来。

制订预算

策划促销行动的下一步是制订预算以实现已经计划好的目标。**促销预算**（promotional budget）是指在一个特定的时段内要在促销活动上花多少钱的计划。这个预算的基础通常是计划销售，对大多数零售商来说，促销支出平均占销售的 1% 到 4%，但这个比例会根据零售商的类别及规模有所不同。一旦确定了促销预算，就必须设定分配给每一项促销活动的金额，分配的精确百分比要看其它因素而定，比如促销目标以及竞争对手的促销活动。

店铺经理通常会制订为期六个月的预算，在这个时段里，管理层可能需要根据实际销售调整预算，当销售未能达到预期时，或增加预算，或减少预算，或重新安排资金。

许多店铺用来增加促销预算的一个办法是通过**合作广告**（cooperative advertising），即生产厂家与零售商分摊推广其产品的广告宣传费用；然而，并不是所有的供应商都会提供合作广告的。管理层期望买手们与供应商谈判，用合作广告来增加店铺的促销费用。在支付费用之前，生产厂家会要求证实广告宣传达到了某些具体要求，广告的副本与表明生产厂家所分摊的广告费用的声明是一起发出的。

接受合作广告对店铺来说会有一些问题。你必须要当心，不要因为受到合作广告的吸引而采购错误的商品。超买会导致降价，而过度的价格削减会严重损害店铺的利润。有些买手满脑子想的都是获取广告补贴，结果接受了二流商品。在进行采购时，你必须要确保自己在采购最好的商品，而不是合作广告条件最优厚的商品。另外，合作广告也许不符合店铺的总体规划，而且有可能与店铺策划的其它促销也不协调。此外，享受合作广告的优惠需要保存额外记录。

不过合作广告还是有不少好处的。它令生产厂家和零售商双方通过分摊广告费用来增加曝光机会，你也许还能通过更为频繁地投放更大型的广告来增加广告信息的影响力。广告做得多，会让你们店铺在所有的广告宣传上都享有更低的价格。对于生产厂家来说，店铺的声名显赫会加强产品在当地范围内的接受度。买手们还可以与供应商协商其它的促销物料，比如赠品、POS机周边的陈列，甚至是陈列道具。这些物料有个问题，就是生产厂家的名字会出现在很显眼的位置，可能与你们店铺要展现的形象不符。

选择促销商品

你的下一个决策是确定在促销活动中要以什么商品为特色。一般来说，挑选商品要与促销部门选定的主题一致。促销目标会影响在促销中主推的商品，不过以下这些也应予以考虑：

- 挑选销路好、受欢迎、有望成为畅销产品的商品或款式。
- 推广会立即引发关注的产品，或是与当季促销密切相关的产品。
- 挑选那些供应商也会大力推广的商品进行促销。
- 挑选那些很容易形容、让顾客很容易形成视觉图像的商品，要让促销部门能够将产品的价值与对产品的向往传达给顾客。
- 挑选新商品。一家有着流行引领者形象的企业会推广最新的时尚。
- 挑选在价格上特别有吸引力的商品。在季末很可能需要进行特价促销，以便为新的商品腾出空间。降价必须广而告之，吸引顾客。
- 推广自有品牌，让它们赢得顾客的接纳。

不应挑选某些产品做推广，以下是指导原则：

- 不要指望靠促销来纠正买货上的失误。促销无法说服顾客购买他们不要的产品。
- 不应推广陈旧过时的商品。
- 不应推广无法快速追加的商品。顾客的需求可能会高于预期，如果在一段合理的时间内得不到广告商品，许多顾客可能会很失望。
- 不应挑选以前做过广告、现在仍然库存的商品做推广。
- 不应推广最初就被顾客拒绝过，或是已经过了巅峰期的商品。

简而言之，促销活动无法销售顾客不想要的商品。要为促销行动挑选那些具有代表性的商品，能让你们的部门或店铺人潮涌动的商品。买手是店里最有资格挑选最合适的促销商品的人。

安排日程表

还必须制订一张促销活动的日程表或时间表。你需要决定隔多久做一次促销，然后制订**促销日程表**（promotional calendar），即长期促销行动的书面时间表。日程表必须包含以下内容：

- 何时发生促销活动。
- 推广什么商品。
- 会采用哪些促销组合要素。
- 由谁来负责这些活动。
- 有多少预算。

在十一月和十二月繁忙的假日季节里会有许多促销；不过，零售商也会利用其它节假日来举行许多促销，如总统日和美国独立纪念日。食品杂货店的促销通常发生在周四、周五和周六，但许多超级市场则在一周的其它时间内利用促销提高销量。

对特殊类别商品的促销大多数安排在季节的同样时段。例如，泳装促销通常在二月份开始，而"开学日"促销在七月份开始。有些零售商甚至会创立他们自己的促销时段，如"店庆日"优惠或"午夜疯狂"特价。另外，有些促销还可以安排作为生产厂家促销的补充。

在你安排促销活动的时候，应该要确保接收到信息的顾客数量越多越好。如果选择电台广播作为传递促销信息的媒介，你必须保证所挑选的广告时段会让广告宣传最大限度地传播到组成你们目标市场的大量潜在听众那里。换句话说，到达率和频次你都必须要关心。**到达率**（reach）是指接收到一条或数条促销信息的人数；**频次**（frequency）是衡量顾客隔多久会接收到一次促销信息。多数情况下，一次广告不足以让期望受众了解你的信息。

制订促销信息

现在你必须确定你想通过促销传达什么信息。你的信息必须对目标顾客有吸引力，要向顾客强调他们有理由购买这个产品。信息要言简意赅，不要让顾客过量接收信息，只强调商品的少量事实会引起顾客的强烈兴趣。提一提产品**特点**（features）——即让产品显得与众不同的卖点——但要强调每件产品的优点，顾客要买的是产品的优点，而不是特点。总之，要让这些信息十分可信。

作为买手，你有责任向促销部门提供所有促销产品的信息。他们需要了解产品是如何使用的，产品的特点以及优点，还有产品的材质、颜色、尺码以及有什么品牌等等内容。你应该向广告文案拟稿人、艺术家和陈列人员强调你为什么会采购这个产品，以及为什么你认为顾客会购买这个产品。你对产品的热情必须感染到负责执行促销活动的人身上。

用以下标准评估每条促销信息：

.

- 促销信息是否会引起关注？你们的目标顾客会看见或听到这些信息吗？
- 促销信息是否会激发兴趣？关注是短暂的，但是给顾客提供足够的信息必定会引起他们的兴趣。
- 促销信息是否引发了顾客对产品的渴望？产品的优点是否得到强调？
- 促销信息是否会获得顾客的信服？换句话说，这些信息是否能说服顾客来购买产品？
- 最后，促销信息是否带动顾客行动起来？是否会让顾客马上来购物？许多零售商用印有日期的优惠券或有时间限制的优惠这两种方法来推动顾客购物而不再观望。

评估促销活动

尽管有许多办法可以评估促销活动的效果，要确定某次特定活动对销售影响如何还是很困难。顾客对许多促销可能不是马上就有反应的，他们可能会在某次促销活动之后数月才去店里看看，买点东西。

店铺记录对于评价促销活动的效果很重要。要保存好卖掉什么产品以及每样产品卖掉多少的记录，还有任何可能影响销售的特殊情况，如气候条件、竞争对手的广告宣传，以及同一时期的其它促销。你还应该调查一下在特定促销活动以后产生的销售量和销售金额。另外，有些零售商会在促销活动进行过程中清点进入店铺的顾客数量。如果使用优惠券的话，可以清点优惠券的数量，而如果用以发放优惠券的媒介不止一种，那么每种媒介可以有不同的编号，从而让你能够确定哪种手段对目标顾客的传达最有效。有些小型店铺的店主甚至开口询问顾客，是哪种促销活动促使他们购买这个产品。

促销活动的最终目的是销售商品，但也应通过促销产品的挑选、店铺内部布置、商品陈列以及销售人员提供的客户服务来加强店铺的期望形象。在大型零售商店，促销部门会就何时、何地、如何推广商品作出最后决策，买手扮演的主要角色则是为促销活动挑选合适的商品、提出促销想法，以及向促销部门提供产品信息。阅读今日印象"二维码：移动广告最热门的新工具"来了解更多关于零售商是如何运用数字化的条形码的。

协调促销活动

协调一致的促销活动对于达到期望目标是很重要的，应确保计划最大限度地让潜在顾客众所周知。广告宣传、特殊事件以及其它促销应该充分引起顾客的兴趣和渴望，把他们带进店铺。视觉营销应当提醒顾客他们为何而来，而了解情况的销售人员应能说服顾客购物。经常会因为销售人员不了解情况，不知道什么商品在促销而有销售流失。

不管店铺规模大小，都应该有专人来控制促销决策，必须授权给某个人负责把每一个有计划的促销活动进行到底。例如，在进行广告宣传时，必须有人检查广告校样，查看要张贴的海报副本，确保有充足的商品库存，并且与视觉营销人员联系以保证会做好陈列。必须明确职责分配，应建立任务列表，包括参与促销行动的所有人的姓名与职责在内，这张清单应该在促销活动涉及的所有部门中流转。广告宣传应由陈列加强，凸显出广告商品，而且销售人员也必须充分了解促销的目的以及商品的卖点。

必须通知销售人员即将开展的促销行动的内容，如果促销涉及到新产品，可能需要特殊培训。必须通知收货人员促销事宜，保证库存商品价格正确、数量充足。需要提前知会视觉营销人员，以创建与促销主题协调一致的陈列。

与销售人员的配合对于协调促销活动来说尤为重要。促销活动的目的是帮助销售商品，而完成销售的是销售人员，需要人员推销来让促销信息适应顾客个人需要。销售人员应知道以下内容：

· 正在进行什么促销活动。

· 为什么选择这个商品进行促销。

· 在何时何地进行促销活动。

· 促销活动将如何协调。

· 应该向顾客强调促销商品的哪些特点与优点。

· 关于广告商品，他们应期待从顾客那儿听到什么样的问题。

对所有产品的促销活动都必须要协调一致。有些产品，比如男士香水，很容易就能用一系列活动进行推广，这些产品一般在专门为香水设计的特殊区域中会卖得更好。有些店铺在某些电视广告中将店铺的名字附加在全国性的香水广告上，每月账单里可能会夹着一张有香水样品的卡片，这一促销技巧让男士更愿意来店里试试香水。买手们还会与供应商合作搞促销及其它店内活动。

要点总结

· 买手在促销中扮演的角色会因店铺不同而产生相当大的差异。

· 买手的关键作用是挑选促销商品，采购支持促销活动所需的商品，以及与供应商谈判，让他们支持店铺的促销活动。

· 促销活动的主要功能是产生销售并使利润最大化，建立顾客的忠诚度，以及展现店铺形象。要完成这些目标，可以采用许多不同的促销组合要素。

· 促销组合的要素主要包括广告宣传、视觉营销、人员销售、公共宣传、特殊事件以及其它促销活动。这些要素必须有机地结合在一起，向顾客提供简洁明了的信息。

· 买手们必须要求为他们采购的新商品进行广告宣传和视觉营销。另外，他们必须向促销部门提供产品信息以及顾客偏好方面的信息；还必须向销售人员提供产品信息。

· 成功的促销活动要求全面的规划，并且认真执行以下步骤：设定目标、制订预算、挑选促销商品，安排促销活动日程表、制订促销信息以及评估促销行动。

· 促销行动中的各项活动应该确保公司的广告宣传信息最大限度地让广大的潜在顾客众所周知。

· 店里应该有专人控制所有的促销决策，因为要达到店铺的期望目标，协调一致的行动是很重要的。

复习回顾

零售买货词汇拓展

如果你的词汇表里没有下面这些词，请参考书后术语词汇表。

广告宣传	advertising
合作广告	cooperative advertising
特点	features
频次	frequency
媒体	media
人员销售	personal selling
新闻稿	press release
促销预算	promotional budget
促销日程表	promotional calendar
促销行动	promotional campaign
促销组合	promotional mix
公共宣传	publicity
到达率	reach
促销	sales promotion
特殊事件	special events
视觉营销	visual merchandising

阅读理解

1. 小型和大型零售店的买手在促销计划中扮演的角色有何不同？

2. 为什么买手应该参与促销计划？

3. 所有促销行动的目标应该是什么？

4. 列举促销组合的关键要素。

5. 广告宣传的总体目标是什么？

6. 区分广告宣传与公共宣传的基本要素是什么？

7. 公共宣传文稿的目的是什么？

8. 公共宣传文稿中应包括哪些信息？

9. 促销行动中的促销组合要素是如何挑选的？

10. 为什么要具体表述促销活动的目标？

11. 一般会采用什么样的方式来计算促销行动的预算金额？

12. 通常会对什么时间段进行促销预算的规划？

13. 管理层为什么会对买手获得合作广告很有兴趣？

14. 列举零售商采用合作广告的优点和缺点。

15. 一般会挑选哪些类型的商品做促销？

16. 做促销不应该挑选哪些类型的商品？

17. 有哪些因素会影响促销活动的日程安排？

18. 讲一讲用于评估促销活动影响力的方法。

19. 解释一下促销活动应如何与销售人员进行协调。

20. 为什么促销活动必须与供应商协调？

分析与应用

1. 随着流媒体的提高，并且越来越频繁地用于介绍时装发布会，比如 Victoria's Secret 举办的网络直播，买手可以在他们的电脑上观看时装发布会，而不必亲临各城市现场。探讨一下买手利用网络来观看流行商品的最新系列有什么利弊。

2. 利用以下提纲，为你熟悉的一家零售企业完成一个促销计划。

  a. 描述要执行促销计划的这家零售店铺及其目标市场。

  b. 设定促销计划的目标。

  c. 列出要促销的商品。

  d. 为促销计划制订预算。

  e. 描述要在促销行动中采取的活动。

  f. 制订活动的日程表（时间表）。

  g. 制订责任表，指明安排谁来负责完成每个活动。

  h. 讲讲将如何评估每个促销活动的结果，及其对店铺的好处。

连接网络

1. 如果 VictoriasSecret.com 正在网络直播半年期的时装发布会，就在线观看一下。列张清单，记下网络直播时发生的问题，讨论一下这些问题与网络直播带给零售商的好处孰轻孰重。

2. 访问五个不同零售商的网站，列出用于吸引并留住顾客的促销工具（如抽奖、免费赠品等），评估每项促销活动的效果。

今日印象

二维码：移动广告最热门的新工具

移动广告与信息收集最热门的新工具之一就是二维码。在全美范围的零售商中，这些墨迹点点的方块图案出现在店里，遍及各种产品。尽管还算不上无所不在，但随着消费者把他们的旧手机更新换代成新的智能手机与平板电脑，已经预示着这些数码时代的条形码将横扫全国上下。

零售商可以用二维码唤醒货架上的产品，给顾客提供更多信息。扫一扫二维码，顾客就能进入网页或打开视频，就可以了解更多产品信息。

这种易于接近顾客的优点也让零售商有了一条新的途径，可以给消费者提供独特的、专门的优惠，能抓住他们真正的好奇心——因为消费者是对产品很有兴趣才会去扫描二维码的。每次有新的广告宣传活动，零售商都可以改变优惠条件，以求最适合顾客的偏好，而顾客偏好在他们的数据库中可以很容易追踪到。此外，顾客对二维码的使用让零售商可以很清晰地判断出促销活动成功与否，也向他们清楚地指明了他们需要做些什么来激发顾客的兴趣并刺激销售。然而，二维码在整个零售业中取得成功的关键还在于零售商能结合科技与创造性，为消费者带来令人心动的体验。

二维码很快就得到那些寻找与顾客沟通的新途径的零售商的应用。而且，消费者也在使用二维码。2011 年，二维码的使用量猛增至一个月二百万，几乎是 2010 年的两倍，而在 2009 年每月仅八万。不过，普通消费者对二维码的认知仍然很落后。根据 Forrester Research 的调查，在美国，只有 5% 的智能手机机主扫描过二维码，但使用量正快速攀升。

尽管对大多数消费者来说二维码仍然很神秘，其实它们并不是什么新鲜玩意儿。这项技术是 20 世纪 90 年代中期在日本发明的，当时智能手机刚刚获得认可。二维码在美国的发展则与装有高性能照相机及应用软件的智能手机及平板电脑同步。Nielsen Company 预计，到 2011 年年底，所有美国人中将有半数都会拥有智能手机，二维码的使用也会相应增加。

广告商偏爱二维码，因为它们所费不多又容易实施；事实上，二维码几乎可以放在任何地方，从印刷广告到体育馆座椅靠背都行。Macy's 店里到处都有二维码，旁边还有使用说明，教你如何一步一步地使用二维码，在那儿扫描二维码的顾客可以获得由 Bobbi Brown 发布的化妆实用小窍门的视频，或是 Martha Stewart 给出的室内装饰方面的建议。Home Depot 的顾客可以扫描二维码现场获得如何操作的信息。其它许多零售商纷纷开展各自的二维码运动。

顾客扫描二维码的意义是不言而喻的，但是对零售商和买手们来说，二维码还有其它非常重要的作用。二维码不仅能传达信息；它们还能收集信息，知道二维码是在何时何地扫描的。当新产品在店铺上架时，零售买手就能很快确定其引发的兴趣水平。从理论上来说，零售商能就什么类型的顾客对被扫描的产品感兴趣建立起数据库。

在这个数码时代中，零售商在寻求新的方法与顾客沟通，而二维码仅仅是各种新的技术手段其中之一。

未来趋势

Victoria's Secret：运用网络作为促销工具

今天，许多零售商在开发 360° 全方位接近店铺和产品的方法，换句话说，顾客可以在任何时间任何地点对它们触手可及。用网站来支持店铺的目录册，目录册又支持了店铺，反之亦然，其目的在于开展与传统店铺无缝对接的在线以及目录册业务。这些战略举动让顾客更容易在自己最方便的时候连接到零售商并进行购物，在线网站的实施也给零售商提供了最好的促销工具。

Victoria's Secret 就施行了这种策略，近年来大获成功。当网站初建时，管理层有几个主要目标：首要目标是最大限度地开拓所有分销渠道，包括零售店、目录册、直邮 / 电邮形式以及网站；第二个目标是开发新的商业机会，包括利用互联网进行突破性的市场活动，如网络直播。总之，网站设计是为了加强 Victoria's Secret 品牌现有的影响力，以及通过额外的渠道产生更多的销售。

当管理层决定进军电子商务领域时，Victoria's Secret 名声显赫，管理层想在网络策略的实施中结合所有商业元素来向顾客展现始终如一的信息。例如，近期当网站上主推 Body by Victoria 文胸时，目录册和店铺橱窗也步调一致，管理层努力在三个平台上都采用统一的促销形象和品牌信息，从而传达给所有类型的顾客。

　　对 Victoria's Secret 来说，网络成了非常成功的促销工具。公司通过网站收到了一百多万个对目录册的新需求，而有超过一百七十万的网站注册用户定期收到独家所有的特价及促销的最新消息。据公司管理层介绍，网站最富有成效的促销方式是电子邮件，公司向网络购物者发放独家优惠，以最小的成本获得了相当大的效应。

　　管理层还利用网络把秀场搬到了手提电脑上。Victoria's Secret 史无前例的网上直播时装发布会是件破天荒的事，活动当天有超过一百万名访问者，而在发布会直播后的三十天中有两百万名访问者。仅仅在 Super Bowl 赛事中播放了一条电视广告，邀请消费者来观看内衣发布会的网络直播，观众就蜂拥而至。不过尽管此举获得成功，技术上的难题还是给一些顾客带来了不愉快的体验：许多顾客无法登录，已登录顾客看见的画面跳动不连贯。但是这次网络直播令该公司在网络上一举成名，也向其它零售商展示了传统促销与在线促销相结合的力量。

　　Victoria's Secret 在第一次网络直播完成后仅仅几天就开始策划第二次网络直播了，在技术上进行了提高，从而使得超过两百万的观众观看了 2000 年 Victoria's Secret 戛纳时装发布会网络直播——毫无问题。据公司领导介绍，流媒体能力有了很大的改善，从而使内容的传递更为流畅自如。2000 年时装发布会网络直播期间首次出现的另一突破性技术革新是"边看边买"的特色：当观众在浏览视窗左侧观看网络直播时，屏幕右侧出现的商品与模特正在展示的产品相同，购物者只需从这些网页上挑选出要购买的商品，轻轻点击并加入购物篮即可，当发布会结束后，顾客前往结账，在这时她们需要指定颜色、尺码及数量。

　　Victoria's Secret 打算继续对每年的时装发布会进行网络直播，并将它作为其传统的一部分，即采用前沿科技向全世界的顾客推广这一品牌。时装发布会的网络直播已成为该公司促销策略的重要组成部分，他们会不断提高全球对该零售商的认知与热情，通过 VictoriasSecret.com 网站在美国以及全球市场中创造商机。

附录 A

零售业基本数学公式

价格计算基本方法

加价额 = 零售价 – 成本

零售价 = 成本 + 加价额

成本 = 零售价 – 加价额

加价率 = 加价额 / 零售价 或者（零售价 - 成本）/ 零售价

初始加价率 =（费用 + 利润 + 减价 – 现金折扣）/（销售 + 减价）

零售价 = 成本 /（100% - 零售价基础上的加价率）

降价额 = 初始零售价 – 最终零售价

取消降价额 =（新的零售价 – 销售价格）× 重新定价的商品数量

降价率 = 降价额 / 销售额

零售价折扣百分比 = 降价额 / 初始零售价

计算计划存货水平

存销比法

存销比 = 存货金额 / 实际销售额

月初存货 = 存销比 × 计划销售额

最大数量 = 每周销售量 ×（追加周期 + 交货周期）+ 备用库存

库存周转率 = 销售 / 平均库存

商品计划计算方法

计划采购零售额 = 计划销售 + 计划减价 + 计划月末存货 – 计划月初存货

计划采购（成本额）= 计划采购零售额 ×（100% – 加价率）

买货余额 = 计划采购额 – 订单商品额

买货余量 = 计划采购量 – 订单商品量

利润计算方法

净销售额 = 总销售额 – 顾客退货及补贴

利润（亏损）= 净销售额 – 售出商品成本 – 费用

利润 % = 利润额 / 净销售额

附录 B

决策的制订

买手在工作中必须经常性制订决策，因此，他们必须借助逻辑框架来提高解决业务问题的能力。作决定是我们日常生活的一部分。有些决定很容易作出，而其它决定则需要深思熟虑。尽管你会单独作出一些决定，有些时候你还是需要向他人求助，或者与其他人一起合作来达成某项决策。

与你每天作出决定的数量密切相关的是你不得不从中进行选择的备选方案的数量。备选方案越多，作出决定越难。随着备选方案数量的增加，信息对于作出行之有效的决定变得尤为重要。

你会不知不觉地自动运用决策制订过程，事实上，你在日常生活中作决定所运用的步骤与那些在商业中用到的步骤是相似的。决策制订过程的方法之一是通过以下四个步骤：

1. 确定问题所在。
2. 列出备选方案并进行评估。
3. 选择最佳方案。
4. 实施你的决策并跟进。

确定问题所在。太多人对于计划如何解决问题极少表现出很大兴趣，他们总想立即开始找出解决方案。他们误以为计划对于决策制订过程来说并不十分重要，然而，证据表明那些花费时间清清楚楚确定问题所在的人所制订的决策更好。

如果你和团队（其他买手、销售人员、经理等）一起工作，就需要确保每一个成员对问题或是必须制订的决策都有相同的看法。如果你的团队中有三个人，那么你们可能就有三种不同的看法。你们还需要与团队中的其他成员分享这件事情或这个问题对他们会有什么影响，如果我们能意识到自身与问题之间有关联，就会倾向于更为投入地亲自参与解决问题。

此外，你们的团队也还应该为这个问题确立一个可量化的目标。例如，你们想要"在11月15日之前提高10%的销售"。无论你们为了增加销售制订出什么样的决策，你们都会知道自己是成功了还是失败了。一旦你们在问题是什么以及如何评价结果上达成一致意见，你们就已经准备好要制订解决问题的策略了。

列出备选方案并进行评估。要完成你的目标，可以有许多办法，而你必须对每一种办法进行评估。通常你接收到的信息越多，所制订的决策就会越有效。

许多团队都会用头脑风暴来集思广益。所有想法对你们的组织都有潜在价值，都应加以考虑。头脑风暴就像是播种，有些种子，就像有些想法一样，是好的，会结出果实，其它则不会。有可能会出现不太恰当的想法，然而有些看起来标新立异的建议却可能会激发出许多好主意。

没有什么想法是太愚蠢的，不该写下来的。如果你不把各种想法都记下来，好主意可能就溜走了。在头脑风暴阶段，只需记录想法，不必对其进行评判。

下一步，你将甄别出好主意，剔除坏主意。你应区分哪些是毫无意义的，哪些是严肃的，把清单上的想法减少到一个切实可行的数目。在评判每一个备选方案时，要运用以下原则：

- 这个建议是否行得通？可以做得到吗？
- 这个建议是否能在你们规定的时间框架内得到实施？
- 你们是否有实施这个建议所需的资源？
- 这个建议以前是否有过尝试？结果如何？
- 这个建议是否切实可行？

一旦将备选方案减少到了可控数量，你再把剩下的每一种方案可能带来的积极和消极的结果都仔细审视一下，要对能到手的所有信息都加以考虑。

选择最佳方案。现在你已准备好选择一个解决办法——你必须制订决策。在大多数情况下，个人选择比团队作决定要容易。团队要制订决策是个更为漫长的过程，因为必须考虑更多人的想法。有可能需要团队成员投票决定，如果这么做，你们团队必须决定是在简单多数还是一致同意的基础上作出决定，或是介于两者之间。

决定的实施与跟进。在决定好采用哪种方案以后，应该制订一个行动计划来列明谁要做什么，以及需要何时完成。

没有跟进和反馈，决策制订就毫无价值。有必要监控行动的执行情况。决策制订并非以决策的实施告终，你必须对结果进行检验和评估。你需要了解什么做得对，以及什么做错了。通过这种方式，你可以从中识别出改进提高的机会，让这一领域将来的决策制订更容易些。

运用团队制订决策。你们的组织面临的许多决策将不得不由团队而非个人制订。然而，当你试图与团队成员达成共识、意见一致时，团队决策制订会令人产生挫败感。记住，并不是所有决策都应该交给团队来制订。在所有组织中，个人与团队在决策制订上同样占有一席之地。当团队能对解决问题有所帮助时，应采用团队决策制订，例如有些问题非常复杂，无法由个别人轻易掌控。另外，如果决策需要团队成员共同实施，那最好让大家都参与到决策制订中来，人们总是更愿意执行由自己参与作出的决定。

团队决策制订与个人解决问题相比既有长处也有短处。团队决策制订的主要长处在于：

- 团队拥有的信息总是比其中任何一个成员所有的更多，因此，如果一个问题情境需要用到知识，那么团队要比个人更有优势。
- 个人思考时会墨守成规，而每一个团队成员都能帮助其他人摆脱困境，因为大家的思路不会完全相同。

- 有许多问题的解决办法有赖于其他人的有力支持。当团队在解决这类问题时，会有更多的成员感觉到对于方案生效负有责任。

　　然而团队决策也有缺陷：

- 人们总想随波逐流。做一个好成员的想法使得一些团队成员保持沉默，闭口不谈他们的不同意见，这会导致所有方案未经彻底检验就达成共识。
- 有些团队会受强势者支配，这个人可能有很强的游说能力，也可能只是在主导讨论时坚持己见，而这个人可能并不是团队中解决问题的最佳人选。另外，团队领导者也可能因为他或她所处的地位对任何讨论的结果施加极大影响。
- 总之，团队达成决定所需的时间比单独个人决策的时间要长。如果某一问题需要速战速决，那就需要个人决策。

　　采用前面提到的原则来判断你或你的组织所面临的问题应该由个人还是由团队来处理，然后继续决策制订过程。

术语词汇表

提价 additional markup
在商品到店时所标的销售价格上提高商品的零售价。

以预定日期为准 advance dating terms
约定发票在将来某个特定时间到期，而折扣就从这个时间，而不是从开票日期或交货日期开始计算。

广告宣传 advertising
由指定的赞助商对产品、服务或想法所制订的付费的、非个人的促销信息。

回扣 anticipation
一些供应商给那些在现金折扣日期前付款的买手的额外折扣。

助理买手 assistant buyer
帮助买手完成他们的职责的人，有可能是在培训中的买手。

分类计划 assortment planning
指根据诸如品牌、颜色和尺码等特定因素确定要采购的每一件产品的具体数量和特征。

自动降价 automatic markdown
对于在指定时间段之后仍未能售出的商品给出预先决定的降价。

自动追加系统 automatic reordering system
是指运用计算机和条形码来生成基于与理想库存模型计划相比较的销售的每周商品订单。

可获性 availability
指的是顾客愿意投入多大精力去获得某个特别的产品。

平均库存 average stock
通过预先约定的时间段的存货总金额除以这些时间段的总数计算得出。

均衡的分类 balanced assortment
以最小的存货投入满足尽可能多的顾客需求的商品分类。

条形码 bar coding
采用宽度不等的线条和空白的图案来识别被扫描的产品。

基本商品 basic merchandise
顾客会常年购买的、期望零售店铺一直备有库存的商品。

基本库存清单 basic stock list
提供给买手的像商品描述、零售价、成本、销售速率以及最大和最小追加数量之类信息的清单。

基本库存计划 basic stock plan
这个计划用于确定在指定时间段中零售商为了保证能有充足的数量而必须持有或下单订购的商品的量。

行为数据 behavioristic data
包含关于消费者购买行为的信息，比如他们一般什么时候进行购物或是购物的平均金额。

月初存货 BOM inventory
月初的现货量。

月初库存水平 BOM stock level
月初的存货量。

从下至上计划 bottom-up planning
指通过把由每个部门经理制订的计划销售数字加在一起来估算店铺的总销售。

宽度 breadth
指店铺或部门在一个产品分类中经营的产品线的数量或品牌的数量。

实体店 bricks-and-mortar
指作为实际店面存在的传统零售形式。

宽而浅 broad and shallow
指所提供的品牌选择范围很宽而深度很浅。

经纪人 broker
与零售商打交道时担当生产厂家代理的人。

买手 buyer
在零售企业中其主要工作内容是采购商品的人。

买货 buying
指选择和采购产品以满足消费者欲望和需求的商业活动。

买货办事处 buying office
坐落在主要市场中心的组织机构,目的在于向客户店铺提供买货建议以及其它与市场相关的服务。

同类替换 cannibalization
当店铺的存货中增加新的商品时现有产品的潜在销售产生损失。

职业路径 / 阶梯 career path / ladder
展示某一特定职业的职位晋升情况的图表。

现金折扣 cash discount
给予提前见票付款的零售商的折扣。

中心市场 central market
对某个产品线来说大量主要供应商云集的城市。

集中商品企划方案 central merchandising plan
集中商品企划方案的情况下,有一个代表着一组店铺的中心办公室承担着为所有店铺选择及采购商品的责任。

集中买货 centralized buying
即所有买货活动都是由零售商的核心总部来执行的情况。

连锁店 chain store
在同一物主属下的两家或多家零售店铺。

经典款 classic
即使产品做了小的改动,对其需求仍然源源不断的款式。

分类 classification
指店铺内或部门中特定种类的产品。

虚拟店铺 clicks-and-mortar
指零售商除了传统店面之外还在发展的网上业务。

货到收款 COD
即当货物交付给零售商时运输公司会按照发票金额收款。

合作者 collaborator
从两方面看待双方关心的问题,并设法寻找解决途径,让双方都能赢的谈判者。

佣金式(商品经纪人)买货办事处 commission (merchandise-broker) buying office
一种由办事处代理的生产厂商而不是由零售客户付费的独立买货办事处形式。

代理商 commissionaire
在海外市场运作的买手,其职能与国内买货办事处类似。

比较购物员(比较购物公司)comparison shopper
在竞争对手的商店购物,提供这一地区其它零售商在商品组合、价格和促销方面信息的公司。

妥协 compromise
建立在谈判双方都对自己的要求做出一些让步的基础上达成的协议。

集中化目标市场营销 concentrated target marketing
零售商专注于某个细分市场的做法。

消费者顾问团 consumer advisory panels
由具有代表性的顾客组成，对店铺政策、服务以及商品分类提出建议。

便利型产品 convenience product
顾客期望店铺一直都有随时能买得到的商品。

合作广告 cooperative advertising
一些供应商提供给零售商的补贴，供应商会分摊所有以其产品为主的广告宣传的费用。

进价金额核算法 cost method
一种需要用成本价，而不是零售价来保存库存记录的存货评估方法。

售出商品成本 cost of goods sold
指的是商品的实际成本，加上将商品从供应商处运到店铺的运输费用以及所有的工场间费用。

累积加价 cumulative markup
在某一特定时期内所有售出商品获得的加价。

顾客数据库 customer database
关于众多单个顾客的综合性数据的有组织的集合体。

数据 data
各种信息、情报。

数据挖掘 data mining
通过对所储存的数据进行搜寻，找出原本可能会被忽视的趋势和模式。

数据仓储 data warehousing
是指电子化储存顾客及营运数据。

数据库营销 database marketing
在追踪和分析顾客行为的基础上向零售商不断提供信息的活动。

衰退期 decline stage
产品生命周期的最后阶段，此时目标市场萎缩，价格削减致使利润率降至最低点。

交货周期 delivery period
从下订单开始到商品能够进入销售区域之间的时间。

人口数据 demographic data
包括像顾客的年龄、性别、家庭规模、收入、受教育程度、职业及种族之类的特征。

人口趋势 demographic trend
与消费者特征（比如婚姻状况和出生率等）相关的趋势。

百货商店 department store
向个人及家庭出售各种各样商品的企业。

部门化 departmentalization
将不同的店铺活动内容安排给各部门或分部。

深度 depth
每个品牌或产品类别中供顾客选择的数量。

目标店铺 destination store
消费者有计划地前来购物的店铺。

直接营销 direct marketing
与精心选定的顾客个体之间的直接沟通，这样既能立即得到回应，又能培养持久的顾客关系。

折扣百货商店 discount department store
注重于一站式购物以满足所有家庭成员需求的零售商，吸引的是那些图省钱而不太看重服务的消费者。

金额控制 dollar control
建立在计划库存金额，而不是特定库存单元的基础上的存货计划。

耐用性 durability
指一件产品能维持多长时间。

耐用品 durables
能承受多次使用的产品（比如汽车、家具及家用电器），通常使用时间长达数年。

税收 duty
进口到一个国家的商品所交的税。

早期采用者 early adopters
在产品生命周期的早期阶段购买流行商品的消费者。

电子数据交换 electronic data interchange
用来支持零售商和供应商之间传递销售数据及商业文件（比如发票和采购订单等）的技术。

情感购物动机 emotional buying motive
有关顾客的感受，而不是逻辑性的购物动机。

以当月月底为准 EOM dating terms
允许买手从当月月底开始计算现金折扣的付款条件。

月末存货 EOM inventory
月底的可用库存。

整数定价 even pricing
对产品以 $32.00 这样的整数定价，以营造高档形象的策略。

异常报表 exception report
当销售或库存水平没有达到计划水平时由电脑产生的报告。

独家分销 exclusive distribution
有些供应商在一个商业区域中将产品只出售给一家零售商的做法。

博览会 exposition
在会议中心或展览大厅定期举办的展会，展示特定产品种类中最新的商品。

外力 external forces
出现在企业外部的因素，比如经济形势和竞争态势。

以附加日期为准 extra dating terms
买手在指定的附加时间内付款即可获得现金折扣的付款条件。

热潮 fad
一种极为短暂的流行。

流行 fashion
在特定的时间、特定的场合为特定的人群所接受并使用的盛行的款式。

流行预报员（流行预报公司）fashion forecaster
预测长期流行趋势的商业顾问。

流行商品 fashion merchandise
在一段相对较短的时间（通常是一季）当中有着极高需求的商品。

特点 features
让产品显得与众不同的卖点。

先进先出 FIFO
假设先收到的商品先卖出的先进先出存货控制方法。

固定费用 fixed expenses
不管售出多少商品都不会发生变化的费用。

离岸价 FOB (free on board)
采购订单上的条款，指明支付运费的是供应商还是零售商。

目的地（商店）离岸价 FOB destination (store)
指明由生产厂家承担货运费，当商品交付时货物的所有权转交给买手的运输条款。

目的地离岸价，运费到付 FOB destination, charges reversed
指货运费由买手承担，而货物在运输途中的责任由卖方承担的运输条款。

目的地离岸价，运费预付 FOB destination, freight prepaid
指卖方会承担运费，但买手在货物装运后就马上拿到货物所有权的运输条款。

产地（工厂）离岸价 FOB origin (factory)
当卖方将货物交给运输公司时，货物的所有

权就转到买手这儿的运输条款，运费由买手负责。

指定地点离岸价 FOB shipping point
指生产厂家拥有货物的所有权并承担货运费，直到商品抵达配送地点，买手则从这个地点开始拿到货物的所有权并承担运费直到货物到店的运输条款。

预测 forecasting
指推测在一系列特定条件下消费者会做什么。

自由贸易协定 free trade agreement
国与国之间的协议，目的在于消除对交易中的商品征收的关税。

频次 frequency
顾客隔多久会接收到一次促销信息的衡量方法。

职能部门化 functional departmentalization
指性质相似的活动内容集合在一起成为主要职责范围，由专人负责，向店主或店铺的主要管理者汇报。

通用品牌 generic brand
没有品牌名字的商品。

地理数据 geographic data
包含消费者在哪里居住的信息，比如邮政编码、街区、城市、县、州或地区。

地区部门化 geographic departmentalization
指建立在地理区域的基础上的组织架构（例如，零售商会有北区、南区、东区和西区分部，每个分部都由一位管理人员领导）。

存货毛利回报率 GMROI
衡量零售商销售盈利情况的一种方法。

毛利 gross margin
扣除售出商品成本后剩下的销售收入。

成长期 growth stage
产品生命周期中创新者将其购买的新产品推荐给朋友，从而增加销售以及产品变化

的阶段。

硬货 hard lines
店铺经营的除了服装饰品类以及家用装饰品以外的所有商品（例如五金器具、体育用品、家用电器、家具、草坪及花园用具等）。

高级定制服装 haute couture
高级时装，或是最先被流行引领者接受的那些款式。

热点商品 hot item
由于顾客对其趋之若鹜而难以保证库存的商品。

超大型自助商场 hypermarkets
从食品到家用电器各种商品应有尽有的特大型的超级市场和日用百货商店。

形象 image
消费者对零售店铺持有的看法。

进口商 importer
从国外货源采购商品，并且将这些商品销售给国内零售商的企业。

冲动型产品 impulse product
顾客经常由于不可抗拒的冲动而购买的产品。

损益表 income statement
显示利润核算的业务报表。

独立买货办事处 independent buying office
私人所有、自主经营的买货办事处。

单项加价率 individual markup percentage
通过先确定某个商品的加价额（即从商品的零售价中扣除其成本），然后用加价额除以零售价来计算的量化绩效指标。

创新者 innovator
更愿意购买新款式的消费者。

中介机构 intermediary
一种中间人。

内力 internal forces
企业内部那些可能会影响销售的活动，比如增加或减少广告宣传费用。

介绍期 introduction stage
产品生命周期中产品只为极少数人接受的阶段。

存货控制系统 inventory control system
是指对库存水平的维护，而库存水平与变化着的消费者需求息息相关。

次品 irregulars
有小瑕疵的商品，这些小瑕疵通常肉眼微不可辨。

IT
信息技术。

打包货 job lot
以正常价格卖不掉的杂七杂八的商品，因此会将整批货品打包，以处理价格提供给买手。

关键货源 key resource
集中了零售商大部分商品采购的供应商。

加倍定价 keystoning
一些小型零售商通过将商品成本加倍来计算零售价的手法。

数字信息亭 kiosk
用于电子零售的触屏式电脑终端。

滞后采用者 laggard
当一个款式进入产品生命周期的衰退期时才接受它的消费者。

到岸价 landed cost
国外商品对于进口商的最终成本，其中包括商品成本、税收和关税、佣金、保险金、仓储费用以及运输费用。

晚期采用者 late adopter
当产品经过顶峰后才接受某个流行的消费者。

信用证 letter of credit
由采购方银行开具给卖方的保证用于货物付款的一种承诺。

特许产品 licensed product
通过名人或公司名称、标志、口号或虚构角色的身份设计及销售的产品。

后进先出 LIFO
假设最后收到的商品最先售出的后进先出存货控制方法。

长期预测 long-term forecast
对一年以上的情况做出预测。

招徕定价 loss leader
是指为了形成店铺客流而给产品定出低于成本价的定价手法。

管理培训计划 management training program
由零售店铺提供给大学毕业生的在零售业中从事管理类职业的计划。

生产厂家代理人 manufacturer's representative
生产厂家的代理，与零售商打交道。

降价 markdown
已经进入库存的商品零售价的削减。

取消降价 markdown cancellation
提高零售价以抵消之前采取的所有或部分降价。

降价百分比 markdown percentage
买手采用的控制工具，通过用总销售额去除降价总额计算得出。

市场 market
有能力、有欲望并且愿意购买的人群——即店铺的潜在顾客。

购物篮分析 market-basket analysis
描述揭示顾客购物篮中商品间相互关系的数据挖掘技术解决方案。

细分市场 market segment
有着相似的需求或其它重要特征的潜在顾客
群体。

市场细分 market segmentation
将整个市场划分为细分市场。

市场营销理念 marketing concept
坚信所有商业活动都应该是为了尽力满足消
费者的欲望和需求的信念。

市场调查 marketing research
对与市场相关的问题进行收集、记录并分析
信息的系统化过程。

加价 markup
在商品的成本上增加的用来计算零售价的
金额。

大规模定制 mass customization
向顾客个别提供经过大规模生产的产品，但
仍然给了他们"就是自己想要的"。

成熟期 maturity stage
产品生命周期中销售达到最高水平，并且所
有类型的零售商都经营这一产品的阶段。

最大数量 maximum
在任意一个追加的时间点必须有现货或有订
单的商品数量。

媒体 media
选定用来传递广告宣传信息的途径。

商品经理 merchandise manager
在零售店铺中管理买货职能的人。

商品组合 merchandise mix
顾客所能购买的产品的类型或组合。

商品计划 merchandise plan
店铺或部门在一段特定的时间段里以币值计
算的销售目标规划。

小商品／服装集市 merchandise／apparel mart
坐落在许多城市中，给零售买手提供一站式

购物的单一建筑物或建筑群。

中间商 merchant middleman
从生产厂家那儿购买，并在销售给零售商之
前占有货物的中间人。

中间人 middleman
买手和卖家之间的中介。

理想库存模型 model stock
根据对店铺的顾客来说十分重要的选择因素
细分的理想的商品组合。

最惠国待遇 most-favored-nation status
同意给予某些国家的待遇，允许它们在其出
口产品上享有更低的关税。

多元化目标市场营销 multisegment target
marketing
零售商关注多个不同的细分市场的做法。

窄而深 narrow and deep
指产品种类或品牌很少而库存量很大。

全国性品牌 national brand
在全国各地几乎到处都能买到的产品，比如
Arrow 衬衫或 Levi 牛仔裤。

商务谈判 negotiation
达成双方都满意的协议的过程。

净销售额 net sales
通过从销售总额中扣除顾客退货和补贴后计
算得出。

人际关系网 networking
指辨别出那些对你找工作有帮助的人，并与
之进行交流。

缝隙市场 niche
更大的消费者市场的一小部分。

非耐用品 nondurables
使用几次就用完了，或仅仅由于款式变化而
过时的产品。

代理中间商 nonmerchant middleman
在商品出售给零售商之前没有从生产厂家那儿获得货物所有权的中间人。

淘汰 obsolescence
在产品的效能用尽之前就由于流行的变化而过时。

非整数定价 odd-cent pricing
一些零售商采用＄5.99这样的非整数，在顾客的印象中造成价格更低的感觉的定价手法。

折扣商品 off-price
是指零售商为了给顾客提供低价的名牌商品而以很低的折扣采购生产厂家过剩的商品。

零售价折扣百分比 off-retail percentage
为了广告宣传的目的所采用的百分比，通过用初始零售价去除降价金额计算得出。

寄售 on consignment
买手把商品拿到店里，但仅在商品售出后才付款。

经销 on memorandum
指进店的商品有退货权。

在线零售 online retailing
在互联网上进行的电子化零售。

买货余额 open-to-buy
在一段时间内剩下的买手要用掉的金额。

营业费用 operating expenses
企业经营所引起的所有费用，固定费用和可变费用都算在内。

以开票日期为准 ordinary dating terms
最常见的现金折扣形式，表示现金折扣从开票日期开始计算的付款条件。

组织架构图 organizational chart
标明公司所有员工以及员工相互之间关系的内部架构图表。

直销型折扣店 outlet store
通常以折扣价格来销售滞销品和过时商品的零售店铺。

超买 overbought
当买手在特定的时间段里采购超过计划时所存在的状态。

惠顾购物动机 patronage buying motive
有关顾客选择这家商店而不是另一家的购物动机。

渗透定价 penetration
用很低的利润率来产生非常大的销量，通常用来快速赢得市场份额。

定期盘存制 periodic control system
以周期性（比如月度或年度）为基础的存货控制。

永续盘存制 perpetual control system
以连续不断的方式进行存货控制。

人员销售 personal selling
销售人员为了满足顾客的欲望和需求，对所销售的产品进行介绍，与顾客之间发生的面对面、一对一的交流。

定位 positioning
确定一个消费者群体并且为了满足他们的需要而开展的零售活动。

新闻稿 press release
零售商向媒体发送的公告，目的在于获得对新的产品、特殊事件、新店开业等等的宣传。

价格协议方案 price agreement plan
集中化买手选择好供应商，门店买手可能会向其采购的方案。

跌价保证 price decline guarantee
在规定的一段时间内，如果市场价格下跌的话保护店铺的条款，供应商将会退款或补偿给买手价格下跌的金额。

价格下限 price floor
最低价格，产品定价不应比它更低。

价格系列 price lining
选择吸引目标顾客的指定价格，并且只经营这些价格点的商品分类。

价格点 price point
由店铺设定的像良好、优良及优秀之类的特定价格范围。

价格战 price war
当几家零售商相互间试图竞相减价时发生价格战，销量可能会增加，但通常会牺牲利润。

一手资料 primary data
来源于采取特定调查而产生的数据资料。

自有品牌 private brand
由零售商开发的商品品牌，这样能让他们向其顾客提供独一无二的商品。

私有制买货办事处 private buying office
由办事处代理的零售店铺所拥有并运作的买货办事处。

产品生命周期 product life cycle
展示一个产品终其一生的预期行为的图表。

产品线 product line
具有相似特征及用途的产品的大类。

产品部门化 product line departmentalization
在商品大类（比如家具、家用电器、童装或珠宝等）的基础上将零售店铺部门化。

利润 profit
从毛利中减去营业费用后剩下的金额。

损益表 profit or loss statement
显示利润核算的业务报表。

促销预算 promotional budget
在一个特定的时段内要在促销活动上花多少钱的计划。

促销买货 promotional buying
采购将在店铺的促销计划中作为特色推出的商品。

促销日程表 promotional calendar
长期促销行动的书面时间表。

促销行动 promotional campaign
围绕着特定的主题构建的一系列有计划的、协调一致的促销活动。

促销组合 promotional mix
包括广告宣传、视觉营销、人员推销、公告宣传、特殊事件以及其它促销活动在内的各种不同的促销手段。

心理数据 psychographic data
包含消费者的生活方式、兴趣爱好以及意见观点等方面的信息。

心理趋势 psychographic trend
与消费者的生活方式、兴趣爱好以及生活观念有关的趋势，比如他们如何使用自己的时间。

公共宣传 publicity
由媒体免费地、自发地提及公司、产品或服务。

质量检验 quality check
检验店铺收到的商品是否与所订购的商品质量相同。

量化绩效指标 quantitative performance measurements
为衡量买手工作绩效而设定的用数字表示的评估标准。

数量检验 quantity check
检验店铺收到的商品是否与订购的数量相同，以及尺码、颜色、型号等是否正确。

数量折扣 quantity discount
给买手提供的折扣，用来诱惑他们订购更大数量的商品。

快速反应 Quick Response
建立在零售商和供应商合作关系基础上的存货管理系统，采用单元控制及电子数据交换来保证店铺的库存中能有合适的商品。

配额 quota
对某些特定产品种类由一国政府预先决定的允许进口的商品数量。

托售批发商 rack jobber
向客户店铺提供服务的特殊类型的供应商，该供应商被分派到货架位，并且负责保持货架位上储存有快速周转的商品。

理智购物动机 rational buying motive
与人类基本需求（比如食物、衣服和居所）有关的购物动机。

到达率 reach
指接收到一条或数条促销信息的人数。

减价 reductions
包括降价、员工和消费者折扣以及存货短缺。

追加周期 reorder period
商品的订单与订单之间的时间量。

报告服务机构 reporting service
报道不断变化中的、可能会对零售店铺的买货决策有影响的市场趋势的组织机构。

备用库存 reserve
为了满足未能预期到的销售而库存的商品数量。

售价金额核算法 retail method
建立在库存商品零售价的基础上的存货估价方法。

零售策略 retail strategy
指导零售商的总体框架或行动计划。

零售业 retailing
所有涉及向最终消费者销售商品及服务的商业活动。

退货 returns
顾客退给店铺的商品，或是零售商退给供应商的商品。

射频识别技术 RFID
在每一件商品的个体上采用射频识别标签的技术，俗称电子标签。

以收货日期为准 ROG (receipt of goods)
允许买手从交货（收到货物）日期而不是开票日期开始计算折扣的付款条件。

受薪式（固定费用）买货办事处 salaried (fixed-fee) buying office
由办事处所代表的零售店铺直接支付费用的独立买货办事处。

销售预测 sales forecast
是指对未来特定的一段时间内，在计划的营销方案下的销售做出预测。

促销 sales promotion
指传递关于产品、服务、形象及理念的信息来影响顾客的购买行为。

季节性基本商品 seasonal basic
顾客只有在一年里特定的时间才会想到要买的产品，比如复活节彩蛋染料或是风筝。

季节折扣 seasonal discount
对在销售季节前预先进行采购的买手提供的折扣。

二手资料 secondary data
因为某种其它目的而收集的、但是可以用来解决手头问题的数据资料。

二等品 seconds
有明显的瑕疵或损伤的商品。

选择因素 selection factors
当店铺的顾客在作出购物决定时对他们最重要的产品特征。

选择分销 selective distribution
供应商在某一商业区域中只将其产品出售给

选定的零售商的情况。

购物型产品 shopping product
顾客会对其价格、品质、适用性以及款式进行比较的产品。

短期预测 short-term forecast
对一年或更短的一段时间做出预测。

损耗 shrinkage
商品短缺，通常是由店铺失窃或员工监守自盗引起的。

六个月商品计划 six-month merchandise plan
零售商用来将利润目标转化为六个月的商品计划及控制框架的工具。

撇脂定价 skimming
当店铺尽可能收取最高的价格时出现的定价策略，会导致销量偏低，但每件商品的利润率非常高。

库存单位 SKU (stock-keeping unit)
确定商品分类当中单件商品的数字／编号。

软货 soft lines
服装饰品类产品以及家用装饰品——比如床单、窗帘或浴室用品等。

特殊事件 special events
这些事件不是店铺日常营销活动的一部分。

超级专卖店 specialized superstore
这类超级商店提供一到三个品类的商品，每个品类的花色品种齐全，其折扣价格使得处在同一地区的其它零售商无法与之匹敌。

特殊型产品 special product
顾客的购买行为直接指向获取某件特殊产品，而不考虑时间、精力或费用。

专门店 specialty store
专门销售某一个特定产品线的零售商。

特定买货 specification buying
在特定要求或做出改动的情况下采购由供应

商提供的商品。

商品的标准分类 standard classification of merchandise
采用四位数编码对商品进行分类的编码系统。

存销比 stock-to-sales ratio
表明计划销售和产生这些销售所需的存货量之间关系的数字。

库存周转率 stock turnover rate
在一段指定时间里平均库存售出的次数。

商店品牌 store brand
只在指定店铺销售的品牌，也被称为自有品牌。

款式 style
与该产品的其它外观明显不同的产品外观。

子分类 subclassification
将商品分类划分成其它分类，比如男鞋可以细分为时装鞋、休闲鞋、运动鞋、工作鞋和靴子。

超级购物中心 supercenters
特大型的超级市场和日用百货商店。

超级市场 supermarket
销售食品杂货、奶制品、肉类、农产品以及非食品类商品的按部门划分的商店。

超级商店 superstore
在某个地区中任何一家比常规店铺大的、销售特定品类的商品的店铺。

战术 tactics
用来达到目的的技巧。

目标市场 target market
零售商的市场营销活动所针对的特定消费者群体。

关税 tariff
对进入一个国家的货物所收取的税金。

从上至下计划 top-down planning
指由高级管理层估算未来时间段内的总
销售。

行业协会 trade association
由有着相似特征的企业组成的，目的在于向
其会员提供各种服务（比如更新目前趋势及
市场情况）的组织。

商业折扣 trade discount
在生产厂家的价目单定价的基础上提供给买
手的折扣。

贸易展会 trade show
在会议中心或展览大厅定期举办的展会，展
示特定产品种类中最新的商品。

调拨 transfers
发往连锁店的另一家店铺，或是从另一家店
铺收到的商品。

趋势 trend
大方向上的变化或动向。

最后通牒 ultimatum
最终提议或报价，如果不接受，谈判就会终结。

无差别目标市场营销 undifferentiated target
marketing
零售商尝试取悦于所有消费者的做法。

单元控制 unit control
一种追踪特定单元商品动态的存货控制系
统。

通用产品代码 UPC (universal product codes)
在产品的条形码上可以找得到的商品识别
代码。

可变费用 variable expenses
其变化与销售直接相关的店铺费用。

速率 velocity
产品移动通过产品生命周期的速度。

供应商 vendor
向零售店铺提供商品的组织或个人。

供应商日志 vendor diary
店铺跟与店铺做生意的每一家供应商之间交
易的简要总结。

供应商自营店铺 vendor-owned store
由生产厂家拥有并运营的零售店铺。

视觉营销 visual merchandising
指为了刺激顾客购买欲而设计的店铺设施布
局以及店内商品摆放。

缺货单系统 want slip system
指保存顾客对库存中没有的商品的需求的记
录，目的在于为店铺进行将来的采购。

仓储会员店 warehouse club
巨大无比的仓库，以很大的数量向顾客提供
极为有限的若干产品线，通常不怎么装修，
几乎没有销售人员协助，没有特别的装饰，
也没有送货服务。

仓库调拨方案 warehouse requisition plan
集中买货的一种形式，门店买手必须向连
锁店仓库进行商品采购，该仓库存放有已
经由总部买手采购好的各类商品。

批发商 wholesaler
以很大数量从生产厂家那儿采购商品，再以
较小数量转售给零售商的组织。

译者后记

　　2014年4月，我在东华大学（原中国纺织大学）时的好友牛龙梅说有本关于零售买货的原版书要翻译，问我是否感兴趣。早在大学时代学专业英语时，我就对翻译很感兴趣，甚至还尝试着想把原版教材翻译成中文。听说有机会翻译一本书，我真是太高兴了。当我看到原版书的内容与我多年工作的行业息息相关时，更是毫不犹豫地接受了这份工作。书有五百多页，使用的纸张质地挺括，整本书几乎有一块砖头那么厚，拿在手里沉甸甸的。出于对初次尝试翻译的无知无畏，在晚上下班回家后，我开始笔译。我过于乐观地估计了翻译进度，以为自己每天翻译十页，可以在两三个月里完成初稿。事实上这样的进度即使是后来我辞职，泡在图书馆里专心翻译时也很难达到，更别说长期保持了。感谢我的老公沈舒浩再次容忍我任性地辞职，感谢我的儿子沈略无奈地接受下岗的妈妈依旧不做家务不做饭的残酷现实，是他们让我底气十足地成为一个不事生产的译者。我的挚友俞沁园在我情绪低落时给了我很多安慰和鼓励，在我开心时与我一起分享我的喜悦，亲爱的，谢谢你！

　　辞职回家在图书馆全职翻译的日子我很快乐，图书馆窗明几净，推门进去看见一张张宽大的桌子，顿时感觉十分安心，可以静下心来写写看看，查字典翻资料，时间过得很快很充实。笔译的内容写满了一本笔记本，又打开一本新的继续写；手中的水笔用完了一支笔芯，又换上一支新的继续写；完成笔译，一边录入电脑一边修改；完成录入，再从头开始，一边看原版一边核对译稿……看着这些文字从笔尖流出、在电脑上闪烁让我充满了成就感，我是如此喜爱这个工作！感谢牛龙梅把这次机会介绍给我，感谢编辑徐建红老师对我的信任，让一个新人独立完成这本书的翻译，让我能从事这样一份自己喜爱的工作。本书是拜托顾彤宇老师进行校对的，感谢顾老师在百忙之中如此认真仔细地逐字逐句校对，耐心地指正了翻译中的不少错误和不当之处，让我从中得到了学习和提高。

　　在翻译的过程中，我遇到一些疑问，感谢很多亲朋好友为我解惑：大哥蒋鹏杭以一贯严谨的态度不厌其烦地回复我对于美国商业的一些问题，二哥蒋鹏闽和妹妹沈舒静从财务角度解答了我的问题，老同事曲乐、马旭东、尤青云、老同学陈炯等不吝赐教，在各自的专业上给予过我很多帮助。能够专心从事翻译，还要感谢家人朋友对我生活上的多方照顾：父亲蒋龙才、母亲周粉兄总是让我好好翻译，不要为他们担心；沈玉清、周拯华二老不辞辛劳，让我在家务上没有后顾之忧；老同事华小珈为我排忧解难，给了我很多关心和安慰。感谢大家的支持！

译者